Wilhelm Kiesselbach

Socialpolitische Studien

Wilhelm Kiesselbach

Socialpolitische Studien

ISBN/EAN: 9783744679923

Hergestellt in Europa, USA, Kanada, Australien, Japan

Cover: Foto ©Suzi / pixelio.de

Weitere Bücher finden Sie auf **www.hansebooks.com**

Socialpolitische Studien

von

Wilhelm Kiesselbach.

(Nach den in der Deutschen Vierteljahrsschrift veröffentlichten Aufsätzen des
Verfassers zusammengestellt und neu durchgearbeitet.)

———

Stuttgart.
Cotta'scher Verlag.
1862.

Motto:

Was ich erstrebe? Den Gang der Verwandlungen alles Vorhandenen
Forsch' ich und suche den Grund dieser sich ordnenden Welt.

Nach Lotichius.

Buchdruckerei der J. G. Cotta'schen Buchhandlung in Stuttgart und Augsburg.

Seinem lieben Freunde

Herrn Oberamtmann Friedrich von Preen

zur Erinnerung an vergangene Tage

gewidmet

vom Verfasser.

Zueignung.

Lieber Freund!

Die Mehrzahl der hier zusammengestellten Aufsätze ist, wie Du weißt, in jenen glücklichen Jahren entstanden, als wir zusammen im traulichen Mannheim anfingen, den social-politischen Erscheinungen der Zeit eine ernstere Aufmerksamkeit zuzuwenden. Sie wollten damals und wollen auch noch heute, ohne den leisesten Anspruch auf eine wissenschaftliche Begründung der Socialistik zu machen, nur ein wenig dazu beitragen, daß das Wesen der Gesellschaft in der Politik mehr zur Geltung kommt. In diesem Punkte finden die verschiedenen Abhandlungen ihren Zusammenhang, die sonst ja vereinzelt niedergeschrieben sind, wie die Stoffe sich gerade in dem Verlaufe anderweitiger Studien darboten.

Wenn ich hier aber die Bitte an Dich richte, Dir die nun zu einem Buche herangewachsenen Arbeiten widmen zu dürfen, so erkenne darin freundlichst den Wunsch, daß ich offen Zeugniß von der Verpflichtung ablegen möchte, welche ich Dir im Betreff derselben schulde. Deine mit so liebevoller Hingabe ordnende und waltende Amtsthätigkeit, Deine gründliche Kenntniß des täglichen Lebens in seinen mannichfachen Gestaltungen hat mir für viele sociale Beziehungen erst eigentlich das genügende Verständniß eröffnet. In Deinem Lieblingsworte: „Keine politischen Begriffe, nur Anschauungen und Vorstellungen!" liegt das Grundwesen der Gesellschaftswissenschaft enthalten.

So mögen denn diese Blätter mit alten theuren Erinnerungen aus der schönen Pfalz auch neue herzliche Grüße unveränderlicher Freundschaft von dem nordischen Küstenlande Dir in Dein liebliches Wiese-Thal zutragen!

4. Juni 1862.

W. Kiesselbach.

Inhalt.

Zur socialen Anthropologie.

Wie die Alchymie und Astrologie der Chemie und Astronomie, so ist auch der Socialismus der eigentlich wissenschaftlichen Erfassung des gesellschaftlichen Lebens, der Socialistik, vorausgegangen. Im Kindesalter des Menschen waltet bekanntlich von allen geistigen Thätigkeiten die Phantasie bei weitem vor; ein ähnliches Gesetz scheint im Entwickelungsgange der Menschheit bei frisch auftauchenden Ideen oder dem Beginn von neuen Erfahrungsansammlungen zu gebieten. Plato's Republik ist älter als die Aristotelische Realpolitik, und bei dem Wiedererwachen der Wissenschaften am Schlusse des Mittelalters setzt die Staatswissenschaft, wie Mohl so geistreich dargelegt hat, mit den „Staatsromanen" ein. Erst später arbeitet sich der nüchterne, auf praktische Resultate hinzielende Gedanke in dem Einzelnen wie im Völkerleben durch. Zwar dürfen wir, wenn schon alles den „socialistischen" Bestrebungen Anhängende in Theorie und Praxis gegenwärtig als völlig abgethan erscheint, auf der andern Seite noch nicht behaupten, daß die auf festeren Grundlagen emporsteigende Gesellschaftswissenschaft bereits zu sichern Ergebnissen gelangt sey. Dieselbe befindet sich vielmehr erst im Anfange des eigenen Aufbaues; sie hat noch kaum das ihr zugehörige Gebiet scharf umgrenzt, und ihren verschiedenen Theilen fehlt noch die nöthige geordnete Ineinanderfügung. Allein niemand wird den nachhaltigen Ernst und den keine Mühe scheuenden Fleiß in Abrede stellen wollen, mit welchem eine Reihe von tüchtigen Köpfen sich heutzutage den mannigfaltigsten Untersuchungen über das Wesen der socialen Verhältnisse hingeben. Namentlich aber

haben wieder die Deutschen sich des neuen wissenschaftlichen Gegen=
standes mit Eifer und Liebe bemächtigt; der von Frankreich und
in gewisser Hinsicht auch von England ausgegangene Anstoß gelangt
bei uns erst eigentlich zur vollen Kraftentwickelung.

Und welch' eine Fülle bis dahin ungeahnter Anschauungen ist
dadurch bereits in der Politik wie in der sogenannten National=
ökonomie zu Tage gefördert! Statt mit den abstrakten Rechts=
formen oder dem Zusammenspiel der verschiedenen Staatsgewalten
in der legislativen, exekutiven und richterlichen Funktion, die man
so lange Zeit hindurch fast ausschließlich ins Auge faßte, statt mit
der Bewegung der todten Wirthschaftsgüter, hat die Staatswissen=
schaft in allen ihren Zweigen fortan mit dem lebendigen Menschen
zu thun. Der Erdbewohner selber, in der Ungebrochenheit seiner
Natur, ist der Ausgangspunkt ihrer Lehren, die größtmöglichste
Summe von Wohlbefinden unter allen Mitgliedern eines Volkes
die in der Anwendung der Lehren zu lösende Aufgabe geworden.

So wohlthuend indessen auch, troß der Kürze der seit dieser
Umkehr der politischen Wissenschaften verflossenen Zeit, die neuen
Forschungen über das Armenwesen, über die Stellung der Familie
und der Gemeinde im Staate, das Bauernthum oder die Fabrik=
bevölkerung, die Geldcirkulation, das Kreditwesen, die Associationen
u. s. w. bereits gewirkt haben, die Socialistik, wenn wir so
die junge „Wissenschaft vom gesellschaftlichen Leben" bezeichnen
dürfen, scheint doch über das zu erreichende Ziel einigermaßen
ihren Ausgang außer Augen zu verlieren; und es steht deßhalb zu
fürchten, daß ihre Rathschläge schließlich der Natur des Menschen
nicht immer ganz entsprechen werden. Uns wenigstens kommt es
seltsam vor, daß während so viele geistreiche Schriftsteller sich gegen=
wärtig mit den verschiedenen Erscheinungsformen des socialen
Getriebes befassen, doch nur Einzelne, so weit es uns bekannt ist,
an eine wissenschaftliche Zerlegung und Darstellung der im Men=
schen vorhandenen Anlagen und Eigenschaften gegangen sind, aus
deren Thätigkeit und Wirkung nach außen erst das Gesellschafts=
thum sich zusammenfügt. Vollgraf in seinem Werke „Polignosie
und Polilogie" und Bastian in dem Buche „Der Mensch in der

Geschichte" arbeiten allerdings nach der bezeichneten Richtung hin; allein sie befolgen beide dabei eine so abstrakte Methode, daß die von ihnen vielleicht gewonnenen Ergebnisse keineswegs schon ein wissenschaftliches Gemeingut werden konnten. Das war eben die Ursache, aus welcher alle früheren socialistischen und communistischen Weltverbesserungsvorschläge als von vornherein in sich haltlos auftraten, daß die vorgebrachten Pläne, statt sich der seit Jahrtausenden in ihren Grundzügen unveränderlichen menschlichen Natur anzuschließen, ihrerseits vielmehr dieselbe völlig umzukneten bestimmt waren. Und wenn nun die neue Socialistik sich gerade dadurch von jenen phantastischen Systemen unterscheidet, daß sie die nicht minder scharf erkannten Schäden unserer Zeit dem socialen Wesen der Menschen entsprechend zu heilen sucht, so sollte vor allem dieses sociale Wesen selbst in seinen tiefsten Tiefen ergründet werden. Mit Einem Worte, die Socialistik muß, wenn sie wirklich ihre ausgesteckten Ziele erreichen will, die sociale Anthropologie zur Basis nehmen. Nur auf solchem Boden werden die von ihr zu errichtenden Gebäude Stand halten.

Der Satz, „daß der Mensch seiner Natur nach ein sociales Wesen ist," hat zwar das nämliche Alter, wie die Staatswissenschaft selbst, die für uns ja mit Plato und Aristoteles ihren Anfang nimmt, und ist so oft wiederholt, als ein neues Werk über Staat und staatliche Dinge ausgearbeitet worden. Allein mit der bloßen Wiederholung dieses Aristotelischen Wortes glaubte man nun auch genug gethan zu haben, um den Ursprung des gesellschaftlichen und des daraus hervorgehenden politischen Lebens zu erklären; höchstens, daß der Eine oder Andere erläuternd „den Zustand der individuellen Hülflosigkeit das Urelement jeder menschlichen Gesellschaft" nannte — an eine geschlossene wissenschaftliche Untersuchung des altgriechischen Axioms ist bisher, so viel wir wissen, noch niemand hinangetreten. Die Erwerbung der „Menschenkenntniß" blieb dem Einzelnen aus dem unmittelbaren Verkehr in der großen Welt überlassen; der angehende Staatsmann war allein auf den empirischen Weg hingewiesen, um sich die benöthigte Einsicht in die Menschennatur zu verschaffen; die aufgestellten politischen Theorien gingen ihm dabei nicht nur nicht hülfreich an die Hand, sondern sie trugen vielmehr mit ihren Abstraktionen das Ihrige redlich dazu bei, den nüchternen, rein auf die Wirklichkeit gerichteten Blick zu blenden und zu verwirren. So ist denn in der Politik und auf dem Gebiete des socialen Lebens mancher Vorschlag aufgetaucht, welcher ungemein brauchbar und zweckmäßig erscheinen würde, „wenn die Menschen Engel wären," der indessen thatsächlich leider nur Hirngespinnste enthält, weil die Menschen eben keine Engel sind. Alle jene zu Zeiten revolutionärer Gährungen im Schooße eines Volkes stets neu sich kundgebenden Hoffnungen, daß mit der gewaltsamen Beseitigung der vorhandenen drückenden Verhältnisse zugleich auch ein ganz frisches Menschendaseyn mit dem Jahre I beginnen werde, die thörichten Bestrebungen nach einer tabula rasa, die dabei im Hintergrunde lauernden Pläne, mit Macchiavelli'schen Mitteln, und sey es bis zur Guillotine hin, die widersetzlichen Elemente zurechtzuschneiden, entspringen insgesammt aus dem Mangel an einer klaren Erfassung des Menschen, wie er ist; und sie werden so lange bei jeder Gelegenheit immer wiederkehren, bis dem berühmten, seither nur an den Einzelmenschen gerichteten Gebote: Erkenne dich selbst! auch von einer ganzen Nation, als einer individuellen Gruppe in der Menschheit, volle Genüge geleistet ist. Das neuerdings mehr und mehr erwachende Streben nach einer den Gesetzen der Geschichte gemäßen, organischen Entwickelung und Ausbildung unserer gesellschaftlichen und staatlichen Zustände bedingt als unterste Grundlage von Seiten aller dabei Mitwirkenden ein feines Verständniß des socialen Wesens im Menschen und der daraus hervorgehenden gesellschaftlichen Naturnormen; sonst laufen wir aber= und abermals Gefahr, den durch eigene innere Hebel in Bewegung gerathenen Proceß des Gesellschaftslebens mit mehr oder weniger doctrinären Eingriffen zu stören oder gar zu unterbrechen. Es ist z. B. eine eigenthümliche Erscheinung in der Geschichte, daß jede Gestaltung religiöser, politischer und kulturlicher Verhältnisse i.n menschlichen Zusammenleben, welche einmal mit ursprünglicher Nothwendigkeit aufgetaucht ist, d. h. eine Zeit lang eine innere Berechtigung in sich getragen hat, dieses ihr Daseyn auf der

Stufenfolge der Generationen auch bis auf das Letzte ausnützt. Und wenn dann endlich eine derartige Bildung wirklich abstirbt, so bemächtigt sich meistens noch die Wissenschaft, Kunst oder Poesie der geschichtlich leer gewordenen Formen, um mit ihnen eine vergeistigte Wiedergeburt zu vollziehen. Namentlich aber macht sich dieses Gesetz auf dem Felde von politischen Einrichtungen und ihrer allmähligen Umbildung geltend. In die Gegenwart hinein ragen aus der Vergangenheit eine Menge von Gewohnheitsüberlieferungen, die einst unmittelbar aus früheren Zuständen hervorgegangen sind, in denen jedoch für die heutige Welt kaum noch ein einziger Tropfen wirklichen Lebensblutes klopft. Und dennoch werden sie unter der Masse der menschlichen Errungenschaften trotz dem Wechsel der Jahrhunderte mit fortgeschleppt. Es ist, als ob die Natur bei der Begründung und Anordnung der socialen Verhältnisse die Bestimmung getroffen hätte, daß einmal die Reihe der sich folgenden Geschlechter unauflöslich an einander geknüpft werde, und dann das im Leben neu Auftauchende bei der Zähigkeit der vorhandenen Bildungen sich stets zu einem Compromiß mit den Resultaten der Vergangenheit entschließen müsse. Wie aber will man diesem socialen Geheimnisse näher kommen, so bald man nicht zuvor das „seiner Natur nach sociale Wesen des Menschen" gründlich erforscht hat?

Wenn wir nun aber oben gesagt haben, daß die fortan unerläßlich gewordene sociale Anthropologie sich noch nicht zu dem Grade einer Wissenschaft durchgebildet habe, so liegt darin keineswegs auch zugleich die Ansicht enthalten, als ob nun der unermüdliche Menschengeist überhaupt in der angedeuteten Richtung noch gar nicht untersuchend thätig gewesen wäre. Im Gegentheile vermögen wir keinen Augenblick uns der Wahrnehmung zu verschließen, wie eigentlich seit dem Beginne der Menschengeschichte gerade die tüchtigsten Köpfe auf allen Gebieten des geistigen Lebens, bewußt oder unbewußt, die Natur des Menschen zum Gegenstande ihres Nachdenkens gemacht haben. Seit jenen Tagen, in denen der Verfasser der Mosaischen Kosmogonie mit den Worten: „Im Schweiße deines Angesichts sollst du dein Brod essen," den Kern

des socialen menschlichen Wesens berührte, haben bis auf die Ge=
genwart hin Dichter, Philosophen, Gesetzgeber, Künstler, Aerzte
und alle diejenigen, welche die Erfahrungen ihres Lebens, und
sey es auch nur wie Shakespere's Polonius, wie Chesterfield, Col=
bert oder Freiherr von Knigge zur Belehrung ihrer Söhne oder
der Nachwelt im Allgemeinen aufzeichneten, ein ungeheures Material
für die sociale Anthropologie angehäuft. In tausenden von sprich=
wörtlich gewordenen Axiomen, von Hesiod's Verse an: „Vor die
Tugend haben die Götter Schweiß gesetzt," bis zu dem bürgerlichen
Wunsche von Frau Marthe Schwerdtlein hin: „Möcht's gern ge=
druckt im Wochenblättchen lesen," sind die einzelnen über die mensch=
lichen Kräfte und Neigungen gefundenen Wahrheiten derselben ab=
gelagert; ja die gesammte Geschichtschreibung mit Einschluß der
Ethnographie spielt, genau genommen, schließlich um diesen Angel.
Oder wurzelt nicht eben darin die Größe aller poetischen Meister=
stücke der Weltliteratur, daß in denselben die einzelnen Seiten der
menschlichen Natur mit ihren Stärken, ihren Schwächen erfaßt und
zur Anschauung gebracht werden? Bewundern wir nicht eben deß=
wegen die Weisheit eines Lykurg, eines Mahomet, weil sie die
Zustände und den Charakter ihres Volkes so richtig begriffen und
in ihren Einrichtungen und Festsetzungen beiden so gerecht zu
werden verstanden? Und ist endlich der Ursprung der christlichen
Religion nicht hauptsächlich aus dem Grunde im Mittelalter auf
eine unmittelbare göttliche Offenbarung zurückgeführt worden, weil
in ihr mit dem Gebote der Menschenliebe alle sonst unmittelbar
in uns waltenden socialen Triebe zur selbstbewußten sittlichen Ver=
edlung gebracht werden?

Die Frage nach der menschlichen Willensfreiheit wird nicht
allein in jeder Confirmationsstunde wieder und wieder erörtert,
sobald der Persönlichkeit und Allmacht Gottes die Selbstthätigkeit
des Geschöpfes gegenüber gestellt wird; sondern auch die regelmäßi=
gen jährlichen Zahlen der Verbrecherstatistik geben stets von Neuem
dem denkenden Menschen hinreichende Veranlassung, sich zugleich
mit der Begrenzung des freien menschlichen Willens, gegenüber
von den im socialen Getriebe waltenden Nothwendigkeiten, in irgend

einer Weise auch mit der socialen Natur des Erdbewohners über=
haupt zu beschäftigen. Der Reisende, welcher „vieler Menschen
Städte geschaut und Sitten erkannt hat," was thut er in seinen
ethnographischen Berichten am Ende anders, als daß er das ge=
sellschaftliche Wesen des Menschen unter gegebenen klimatischen und
geographischen Verhältnissen, innerhalb bestimmter wirthschaftlichen
Zuständen, auf der vorhandenen Stufe geschichtlicher Entwickelung
darzustellen sucht? Alle Erörterungen, die sich mit dem National=
charakter eines Volkes beschäftigen, gehören unmittelbar in den
Bereich der socialen Anthropologie. Und ebenso gibt der Psycholog,
der aus reinem Wissenstriebe in die Tiefe der menschlichen Seele
hinabsteigt, um sie in ihren feinsten Regungen zu belauschen, einen
unentbehrlichen Mitarbeiter bei der Ausbildung dieser neuen Wissen=
schaft ab. Denn da der einzelne Mensch fortwährend in Berüh=
rung mit Andern lebt, so müssen auch unausbleiblich alle in ihm
hausenden Gefühle und Gedanken, sobald sie sich äußern, eine auf
kleinere oder größere Lebenskreise sich erstreckende Einwirkung aus=
üben, d. h. einen socialen Charakter annehmen.

Aus diesen Andeutungen wird nun wohl schon sattsam erhellen,
daß das von der socialen Anthropologie zu ordnende und zu ver=
arbeitende Material längst von tausend und aber tausend fleißigen
Händen an's Tageslicht gefördert ist. Es fehlt indessen noch immer
an einer Vereinigung des zerstreut umherliegenden Stoffes, und
somit an der Möglichkeit, denselben in der Wirklichkeit für das
sociale Leben verwerthen zu können. Wir dürfen uns jedoch über
die Thatsache, daß aus einer solchen Masse menschlicher Erfahrungen
sich noch keine geschlossene Wissenschaft gebildet hat, kaum sehr
verwundern; auf einem verwandten Gebiete stoßen wir auf eine
analoge Erscheinung. Jahrtausende lang haben ja die Menschen
ihre Felder bebaut, ihre Handwerke betrieben und Handel und
Wandel über die Erde verbreitet. Der Güter= und Geldverkehr
regelte sich von selbst in dem Parallelogramm von Angebot und
Nachfrage, die Waaren suchten bei ihrer Versendung den raschesten
und billigsten Weg auf; Carthago besaß bereits in seinen mit einem
Petschaft versehenen Ledersäckchen ein künstliches Umlaufsmittel,

der drei Meilen breite Gartengürtel, welcher die Stadt umgab, ist die beste Verkörperung der Lehre von der Abstufung der Boden= rente; im Mittelalter gab es mächtige Kaufmannsverbindungen. Und doch schossen erst im vorigen Jahrhunderte alle die auf dem wirthschaftlichen Gebiete praktisch hie und da erworbenen Kennt= nisse der Menschen zu der Wissenschaft der Nationalökonomie zu= sammen. Erst seit kaum hundert Jahren ist der vernunftbegabte Erdbewohner der sein Arbeitsleben beherrschenden ökonomischen Ge= setze inne geworden und vermag nunmehr, denselben entsprechend, selbstbewußt bei Neugestaltungen die Resultate seines Schaffens zu heben und zu fördern. Es mußte aber zuvor die Nationalökonomie zur völligen Durcharbeitung ihres Inhaltes gelangt seyn, ehe über= haupt an eine „Socialistik," und nun vollends an eine sociale Anthropologie gedacht werden konnte. Viele Decennien hin= durch glaubten die Gelehrten der Volkswirthschaft sich völlig Genüge zu thun, wenn sie sich nur mit der Güterbewegung und den ihr innewohnenden Regeln befaßten. In der Lehre von der Erzeugung, Vertheilung und Verzehrung der Sachwaaren, in der Darstellung der Haupteinrichtungen des Verkehrs meinte man das gesammte sociale Getriebe umschlossen zu haben. Daß aus demselben poli= tische und kulturliche Rückwirkungen hervorgehen, daß die Waare nur in Hinsicht auf den Menschen eine Bedeutung hat, blieb lange Zeit dem Blicke auch der redlichsten Forscher verborgen. Ja, als endlich beim Fortschritt der Wissenschaft auf den Drang des wirk= lichen Lebens hin das „nationale System" in der Volkswirthschaft zum Vorschein kam, waren sehr ehrenwerthe Männer auf dem Standpunkte ihrer atomistischen ökonomischen Studien der Ansicht, daß dasselbe die Reinheit der jungen Wissenschaft nur gefährde. Einzig der überraschende Anhang, welchen der Socialismus und Communismus trotz ihrer inneren Haltlosigkeit und Unnatürlichkeit fanden, lenkte die Aufmerksamkeit namentlich in Deutschland von der Arithmetik der Nationalökonomie auf die Physiologie des Ge= sellschaftsthums hin; zumal da bald darauf auch auf dem Gebiete der Staatswissenschaft im besonderen Sinne des Wortes die neueren politischen Vorgänge den zeitherigen Formalismus beseitigten und dem Administrativstaate ein größeres Recht einräumten. Seitdem freilich regt es sich bei uns überall; das sociale Leben wird von einer Menge seiner Beobachter in allen seinen verschiedenen Erscheinungen erforscht, und es ist namentlich ein Verdienst der Cotta'schen Vierteljahrsschrift, diesem für unser ganzes nationales Daseyn so wohlthätigen Streben den nachhaltigsten Vorschub geleistet zu haben. Die deutsche Wissenschaft hält somit gegenwärtig unmittelbar vor der Thüre der socialen Anthropologie selbst; von der Betrachtung der gesellschaftlichen Erscheinungen muß sie demnächst zu der Ergründung der socialen Natur des Menschen übergehen; — noch hat sie indessen diesen letzten Schritt nicht gethan.

Ein Beispiel läßt es vielleicht am besten ahnen, welch eine Fülle ebenso interessanter als praktisch wichtiger Fragen hier noch zu beantworten sind. Die Rechtsphilosophie hat seit lange gelehrt, daß das Zusammenleben der Menschen im Staate nur unter der Bedingung möglich ist, daß jeder Einzelne einen Theil seiner unbegrenzten individuellen Freiheit aufgibt. Aber der Staat umfaßt ja nicht allein die rechtlichen Verhältnisse seiner Bürger. Dasselbe Gebot zeigt sich in gleicher Weise unabweislich auf dem geistigen Gebiete des Staatslebens. Hat man nämlich einmal genau untersucht und festgestellt, wie weit der höchst gebildete Einzelmensch noch „der Bedingung endlicher Naturen," um diesen Schiller'schen Ausdruck zu gebrauchen, unterworfen ist, in wie weit er in dem äußern socialen Zusammenleben bei dem besten Willen dennoch des von außen kommenden Zwanges bedarf, in wie fern er selbst in religiösen oder politischen Angelegenheiten, und sey es für Stunden, z. B. noch nach dem Symbol greift: dann gilt es zu berechnen, den wie vielsten Theil des ganzen Volkes macht nun jene Klasse der Höchstgebildeten, Besten aus? Welche Verhältnisse finden bei den folgenden und wieder folgenden Schichten geistiger Bildung statt? Eine das gesammte Staatsleben angehende öffentliche Angelegenheit, mag sie nun administrativer Natur seyn, oder sich nur auf die Staatsform beziehen, oder endlich die in ihm enthaltene geistige Bethätigung der Unterthanen betreffen, darf doch unmöglich von dem Standpunkte der Spitzen der Gesellschaft aus

behandelt werden. Die Gesellschaft besteht ja aus dem Zusammen=
wirken aller in ihr umfaßten Mitglieder, vom gedankenblassen
Gelehrten an bis zum untersten Taglöhner hin. Es kommt darauf
an, ihren Durchschnittsstandpunkt zu gewinnen, denn nur
dieser kann bei der zu treffenden Entscheidung maßgebend seyn.
Die Briefe Friedrich's, des Großen, an Maupertuis lassen aller=
dings den König als einen im höchsten Grade liebenswürdigen und
geistreichen Menschen erscheinen; allein seine Spöttereien über das
Christenthum, seine zeitweilig hervortretenden atheistischen An=
schauungen sind, zum mindesten gesagt, ein staatsmännischer Fehler.
Vermag schon der Einzelmensch bei den Wechselfällen seines Schick=
sals der Religion auf die Dauer niemals zu entbehren, so ist
vollends an ein geordnetes Volksleben ohne religiösen Hintergrund
gar nicht zu denken; und die verschiedenen Bildungsstufen inner=
halb einer Nation bedingen damit zugleich von selbst bei der Re=
ligionsform die Unveränßerlichkeit des Symbols, welches ein Jeder
seiner innern Durchbildung gemäß mehr oder weniger sich vergei=
stigt. Der Philosoph von Sanssouci bedachte nicht, daß viele
Dinge in einem ganz andern Lichte erscheinen, sobald man sie
unter sociale Gesichtspunkte bringt; sonst würde er wohl schwerlich
des Christenthums gespottet haben, dessen sociale Rückwirkungen
einzig in der Menschheitsgeschichte dastehen. Denn wenn man den
Satz aufgestellt hat: „der Geist des römischen Rechts ist der Geist
des Rechts überhaupt," so läßt sich in noch ganz anderer Weise
mit innerer Wahrheit sagen, daß der Geist der christlichen Religion
die Menschenreligion überhaupt in sich hege. Wie alt auch immer
die Erde werden, wie weit die menschliche Bildung vorschreiten
mag, im Christenthum ist ein für allemal die Grundlage gewonnen,
um darauf jede noch so vergeistigte Weltanschauung aufzubauen,
ein für allemal der Boden bereitet, der jede religiöse Gemeinschaft
im Kreise der Kulturvölker tragen wird. Enthält doch die christ=
liche Lehre das höchste Endergebniß der gesammten Völkerarbeit
Asiens, welches dieser Erdtheil in demselben Augenblick an Europa
abgibt, als er, ermüdet von dem Jahrtausende dauernden Ringen,
sich anschickt, nunmehr eine eben so lange Ruhe anzutreten. Aber

auch nur in dieser angedeuteten Auffassung wird es unserer Ansicht nach möglich seyn, den socialen Geist des Christenthums wahrhaft zu bemessen. Wohl ist unser Erdendaseyn für uns ein Räthsel; wir wissen nicht, woher es kommt, wohin es führt; wir gelangen höchstens zu einer Ahnung, nie zu einem wirklichen Verständnisse seines innersten Geheimnisses. Allein wenn wir uns stets als Geschöpfe der Natur betrachten, welche, mit einer gewissen Summe von Eigenschaften und Anlagen versehen, durch den uns abgemessenen Raum der Jahre schreiten, so dürfte uns die Untersuchung dieses unseres Wesens und des Ganges seiner Entwicklung in Gesellschaft mit andern wie für sich doch eben ziemlich sicher jener Ahnung zuführen.

Die oft wiederholte Frage, ob die vorhandene Welt in allen ihren Einzelnheiten die möglichst beste sey, die überhaupt werden konnte, schließt eine eben so große Thorheit in sich, als die Leidenschaft war, mit welcher die Optimisten und Pessimisten ihren unfruchtbaren Streit führten. Warum hat man indessen niemals eine andere verwandte Frage aufgeworfen, die unmittelbar zu der Wissenschaft der socialen Anthropologie leiten mußte? — Die Frage nämlich, auf welche Weise, gemäß der Eigenart des Menschen, sich das menschliche Zusammenleben einrichtet, und wie zu den socialen Gesetzen die Willensfreiheit des Einzelnen sich verhält? Es ist das höchste Ziel der Physiologie, nachzuweisen, wie in dem Organismus des menschlichen Körpers an den Sinneswahrnehmungen das Selbstbewußtseyn und die nach Außen sich richtende Bethätigung desselben, der Wille, entsteht. Das gefundene Resultat ihrer Forschungen aber hätte dann die Physiologie an die Anthropologie abzuliefern, damit sie die im socialen Verbande vor sich gehende Weiterentwicklung des menschlichen Seelenlebens an der Hand der Menschheitsgeschichte verfolge. Die unterste geistige Regung im Menschen ist der körperliche Instinkt; seine Sinneswahrnehmungen sind noch nicht durch das Selbstbewußtseyn vermittelt, er gehorcht ihnen unmittelbar. Neben den körperlichen Instinkten walten indessen auch eine Menge socialer Instinkte in ihm vor, die das Einzelleben, wie das gesellschaftliche Leben in Thätigkeit bringen und fortführen, ehe der Erdbewohner den ihn bisher beherrschenden dunklen Trieb mit der bewußten Handlung zu vertauschen vermag, und deren in dem Einzelnen wie in der Masse wirkende Kraft selbst dann nicht erlahmt, wenn auch in der Menschheit bereits das geistige Verständniß jener Gesetze emporgetaucht ist.

Diese Bemerkungen genügen wohl, den Leser zu der Ueberzeugung zu bringen, daß sich auf dem bezeichneten Gebiete für die sociale Anthropologie eine Menge der interessantesten Perspektiven eröffnen.

Es führt indessen die Betrachtung der socialen menschlichen Natur in jedem gesellschaftlichen Verhältnisse auf den hervortretend conservativen Charakter der socialen Anthropologie hin. Der Idealismus schwärmt für den republikanischen Staat, die Selbstregierung des Volkes ist ihm die einzige des Menschen wahrhaft würdige Form des gesellschaftlichen Zusammenlebens; und wenn auch die geschichtliche Vergangenheit die Unhaltbarkeit derselben überall da gezeigt hat, wo man es nicht mit einer einzelnen Stadt zu thun hat, er verlegt die Verwirklichung seiner Wünsche hoffend in die Zukunft. Die sociale Anthropologie dagegen wird es aus der Natur des Menschen zu begreifen suchen, daß in großen Flächenreichen bei ausgebildeteren wirthschaftlichen Zuständen eine Gleichheit der Bürger völlig unmöglich ist, indem die nothwendige, in Gliederungen sich aufbauende Ordnung stets auf eine einheitliche Regierungsspitze zulenkt, welche sich auf die Dauer allemal erblich gestaltet; und da ihr die Geschichte nur als ein thatsächlicher Ausdruck der allgemeinen Menschennatur erscheint, so liefert ihr gerade die Vergangenheit mit ihren Lehren den sichersten Beweis, daß es in der Zukunft nicht anders seyn wird. Denn das Menschengeschlecht bildet sich wohl im Großen und Ganzen weiter aus, allein die Grundanlagen seiner Natur bleiben immer dieselben.

Wenn wir es jedoch hier zu unternehmen wagten, die Aufgabe der socialen Anthropologie etwas näher zu charakterisiren und auf die Methode hinzuweisen, nach welcher sie unseres Bedünkens ihre Untersuchungen anzustellen hat, so bescheiden wir uns dabei ausdrücklich der Absicht, als ob wir damit umgingen, die innere

Gliederung dieser neuen Wissenschaft ein für allemal festzustellen zu
wollen. Unser einziger Zweck läuft darauf hinaus, auf eine in
den Staatswissenschaften noch vorhandene wesentliche Lücke hinzu=
weisen. Wohl haben die Philosophen sich seit langer Zeit mit der
Ergründung der Menschennatur im Allgemeinen beschäftigt; noch
immer fehlt uns indessen eine geschlossene wissenschaftliche Erfassung
derselben nach der socialen Seite hin, und ohne Kenntniß
von dem im Menschen waltenden socialen Wesen stehen doch am
Ende alle nationalökonomischen und politischen Lehrsätze mehr oder
weniger in der Luft. Wir wollten jedoch, wie gesagt, hier nur
Andeutungen geben; fähigere Köpfe mögen mit schöpferischem Geiste
und ordnender Hand das reiche Material zur Begründung einer
wirklichen neuen Wissenschaft verwerthen.

Die Empirie beginnt allemal ihre Untersuchungen und Beob=
achtungen bei den einfachsten Bildungen, um erst später nach ge=
wonnener Einsicht in die darin waltenden Gesetze zu den reicher
gegliederten Gestaltungen überzugehen. Versetzen wir nun dem zu
Folge den Menschen in den Anfang seiner Geschichte, entkleiden
wir ihn im Gedanken mit Hülfe der auf uns gekommenen histo=
rischen Ueberlieferungen und der Anschauungen, welche ganz wilde
Völker uns noch heute bieten, aller weiteren Ausbildungen seiner
ursprünglichen Anlagen, so dürfen wir allerdings die menschliche
Selbstsucht wohl als den Haupthebel des unmittelbar aufwachsenden
socialen Getriebes annehmen, so wenig dieser Ausgang auch den
poetischen Ausschmückungen des Paradieses entspricht. Zuerst ver=
langt die Befriedigung der körperlichen Bedürfnisse an Nahrung
und Kleidung von dem Menschen ein unausgesetztes Anstrengen
seiner Kraft, um sich die benöthigten Lebensmittel und die Stoffe
zum Anzuge zu verschaffen; und auf diesem Boden entwickelt sich
dann der gegenseitige Austausch von Sachgütern und Diensten.
Immer aber ist es der Vortheil des eigenen Ich, welchen er dabei
im Auge behält; er würde dem Andern nicht von seinen gewonnenen
Vorräthen mittheilen, sobald er dafür nicht eine Gegengabe em=
pfinge, und nur die mit der Theilung der Arbeit hervorgehende
größere Leichtigkeit in der Beschaffung der nothwendigen Gegen=

stände knüpft ihn an den neben ihm lebenden Mitmenschen. Verfolgen wir dann die Entwicklung dieses einen menschlichen Triebes
in dem Gange der Menschheitsgeschichte weiter, richten wir unsern
Blick auf die Einwirkungen, welche derselbe auf die Gestaltung des
Gesellschaftsthums ausübt, so gelangen wir auf solchem Wege
schließlich zur Nationalökonomie, der Arithmetik des Egoismus,
wie er bei dem Streben nach Sättigung der äußeren Bedürfnisse
des Menschen vorherrscht. Bestände also wirklich der ganze Inhalt
der socialen Natur des Menschen nur aus der Selbstsucht, so würde
in jener Wirthschaftslehre auch heutzutage schließlich die Summe
aller übrigen Staatswissenschaften aufgehen; Socialistik und Nationalökonomie wären Ein und Dasselbe. Man hat das allerdings
eine Zeit lang geglaubt, und dieses Stadium der politischen Wissenschaften liegt noch gar nicht weit hinter uns. Allein es bedarf
doch nur eines Blickes auf das buntgestaltete Leben der Gegenwart,
welches sich aus einer Menge unaufhörlich aufeinanderstoßender
Kräfte zusammensetzt, um inne zu werden, daß mit der Selbstsucht
des Menschen sein ganzes sociales Wesen noch längst nicht erfaßt
ist, obgleich dieselbe einen Hauptstrang desselben ausmacht.

Schon im Beginne der Menschengeschichte bildet ja die Liebe
ein, obgleich anfangs nur leise wirkendes, sociales Gegengewicht
gegen die Ausschreitungen des ungebändigten Egoismus. So wenig
wir auch das Ideal des Menschenthums in das Dunkel der frühesten Vorzeit zurückversetzen, so sehr wir zu glauben geneigt sind,
daß die Menschheit den Ausgang ihrer heutigen reichen Bildung
von einem fast thierischen Zustande genommen hat, so lagen doch
von vornherein in dem vernunftbegabten Erdbewohner alle Kräfte
und Anlagen enthalten, über die er gegenwärtig gebietet, wie
schwach auch anfänglich ihr sociales Auftreten gewesen seyn mag.
Hat nun die Kulturgeschichte im Allgemeinen dieses stufenweise
Fortschreiten in dem geistigen Leben der Menschheit zu betrachten
und zu verfolgen, dann müßte unserer Ansicht nach die sociale
Anthropologie bei eingehaltener historischen Methode die Rückwirkungen dieser Entwickelung auf den Bau der gesellschaftlichen Verhältnisse zum Gegenstande ihrer Forschung machen. Der Einfluß

der Ernährungsweise selber bliebe dabei in erster Linie in den
Vordergrund zu stellen. Das gesammte Treiben eines Jägervolkes
wäre im Zusammenhange mit der Jagd aufzufassen, das Patri-
archenthum der Nomaden mit seinem vorwiegend religiösen Charakter
aus dem Wesen des Hirtenthums herzuleiten, und der Sinn der
weitverbreiteten Sage klar zu begreifen, welche Ceres, das Ackerbauthum, durchweg als die Verbreiterin milder Sitten bezeichnet.

Von solchen ganz einfachen Verhältnissen ginge dann die sociale Anthropologie zu verwickelteren gesellschaftlichen Beziehungen
und ihrem Zusammenhange mit der Natur des Menschen über.
Zu dem Ackerbauthum tritt der Handel; welchen Bedingungen unterliegt er, welche terrestrischen Umstände modificiren ihn, wie wirkt
er auf diejenige Schichte der Bevölkerung zurück, die ihm unmittelbar angehört? Wie muß sich ferner ein sociales Leben gestalten,
welches rein auf dem Handel basirt ist, oder welche Zustände
werfen sich in einem Lande auf, in welchem bewegliches und unbewegliches Eigenthum einander die Wage halten? Nur auf solchem
Wege gelangt man dahin, das innerste Wesen des Staates nach
und nach zu ahnen, und die Wissenschaft soll den Muth besitzen,
die Lösung dieses Problems wenigstens zu versuchen, wenn auch
eine Reihenfolge von Generationen daran zu arbeiten haben wird,
da es auf diesem Gebiete eine gar zu große Menge Fragen zu
beantworten gibt. Wieviel ist z. B. nicht schon über die Kriegs-
wissenschaften geschrieben; aber wo sind die Untersuchungen, welche
sich damit beschäftigen, den inneren Bau eines Heeres aus der
Natur des Menschen herzuleiten und vielleicht gar die äußeren
Einrichtungen einer geordneten Kriegerschaar denselben entsprechend
zu modificiren? Ein jeder Mensch hat Todesfurcht, die größten
Helden haben vor Beginn des Kampfes dieses Gefühl zugestanden.
Folgt nun aus den Lebensbedingungen eines Staates, daß er zu
seinem Schutze einer Armee bedarf, so kommt es für seine Lenker dar-
auf an, in den Reihen seiner Soldaten diejenigen Seiten der socialen
Menschennatur zu fassen und auszubilden, welche der angeborenen
Todesfurcht entgegenarbeiten. Ein Ordensband erscheint dem einzelnen, von dem Menschenleben losgelösten Satiriker vielleicht

lächerlich, erhält dagegen in dem social-politischen Getriebe bei der zu berücksichtigenden durchschnittlichen Menschennatur eine ganz andere Bedeutung — und solcher Erwägungen hätte die sociale Anthropologie gar viele anzustellen.

Wir deuten hier, wie gesagt, den Bereich der neuen Wissenschaft nur in einzelnen Linien an; unser eigentlicher Zweck besteht darin, den vielen auf das heutige Gesellschaftsthum gerichteten wissenschaftlichen Bestrebungen insofern einen Coincidenzpunkt anzuweisen, daß wir zum Grundprincip aller social-politischen Forschungen die Natur des Menschen erheben möchten. Denn ohne eine festbegründete sociale Anthropologie scheinen uns alle Sätze der Staatswissenschaften nicht von der richtigen Prämisse auszugehen.

Die social-politische Macht des Krieges.

So lange die Anschauungen des Staatswesens sich auf die Betrachtung der unter seinen Bestandtheilen Platz greifenden Rechts=verhältnisse beschränkte, d. h. so lange der Staat selbst nur als Rechtsstaat aufgefaßt wurde, mußte folgerichtig seine ganze Ge=schichte, die Störungen und Förderungen, welche seine Entwicklung im Laufe der Zeiten erlitt, sich vornehmlich, wenn nicht gar aus=schließlich, bloß unter juridischen Gesichtspunkten geltend machen. Daher darf es uns nicht Wunder nehmen, daß die ältere Historio=graphie, so bald sie das Ergebniß großer Kriege im Völkerdaseyn zog, dabei vorwiegend ihr Augenmerk auf den Einfluß richtete, welchen dieselben auf die Sätze des internationalen Rechts, und auf die durch den neuen Frieden hervorgerufenen Veränderungen in dem staatlichen Länderbesitz, beziehungsweise in dem Machtver=hältnisse der Staaten unter einander ausübten. Die aus gewal=tigen Kämpfen nachschwingenden geistigen Regungen in den ver=schiedenen Menschengruppen, die wirthschaftlichen und die daraus hervorgehenden gesellschaftlichen Wandlungen, welche eine kriegerische Zeit mit sich brachte, selbst die daran sich knüpfenden Neugestal=tungen der Staatsformen entzogen sich noch dem beobachtenden Blicke, welcher sich rein den Thatsachen und nicht der Bedeutung der Thatsachen für die stufenweise Entfaltung des Menschheitlebens zuwandte. Ist doch die Literaturgeschichte erst sehr spät von der Wissenschaft als ein unveräußerlicher Bestandtheil der Gesammt=geschichte anerkannt worden; wie viel mehr blieb es da vollends der kommenden Zeit vorbehalten, auch die socialen Elemente in die Berechnung der historischen Faktoren aufzunehmen, unter denen der Krieg nicht die kleinste Rolle spielt.

In einer Periode freilich, die noch obendrein in die Mitte des Mittelalters fällt, sprangen die durch langjährige Kriege bewirkten Veränderungen in dem gesellschaftlichen Leben der europäischen Völker so unverkennbar hervor, daß sie auch die flüchtigste Betrachtungsweise wider Willen zu einer Rücksichtsnahme auf die stattgehabten Umwälzungen zwangen. Die Eroberung Englands durch die Normannen war nur als Begründung eines ausgeprägten Feudalstaates angesehen worden, das Domesdaybook mit seiner Statistik der Lehen später ausschließlich juridisch ausgebeutet. Dagegen ließen die Kreuzzüge die in der Historie fußende Staatswissenschaft es zum erstenmale ahnen, daß der Krieg als solcher ein eigenes, selbstständiges social-politisches Moment bildet. Wenigstens gibt es, so schwach und vag immerhin jene Ahnung seyn mochte, kein älteres, die allgemeine Weltgeschichte umfassendes historisches Werk, welches nicht den Beginn der Ritterfahrten nach dem Orient zu einem Abschnitte, zu einem Wendepunkt in dem Fortgange der europäischen Völkerentwicklung erhebt. Und zwar keineswegs allein aus dem Grunde, weil damals die Bevölkerung der europäischen Binnenländer massenweise, wie nie zuvor, mit der vorderasiatischen Welt in unmittelbare Berührung gerieth, und dadurch der Westen eine Menge neuer Anschauungen und Ideen, eine Fülle kräftiger Kulturkeime von dem Osten erhielt, indem sich die Levante nunmehr den direkten Handelsverbindungen von Südeuropa erschloß, so daß an die Stelle Konstantinopels die italienischen Hafenplätze als Emporien der indischen Güter traten; sondern man verkannte auch nicht, daß durch das Fortziehen der vielen kampflustigen Feudalherrn nach Jerusalem in den gesellschaftlichen Verhältnissen ihrer Heimath wesentliche, tief eingreifende Veränderungen hervorgebracht waren. Bis dahin hatte sich der Feudalstaat in Deutschland wie in Frankreich in Betreff des Eigenthums an Haus und Hof fast unbeweglich gezeigt; Verkauf und Kauf von Grund und Boden kamen wenig vor. Die Güter erbten in den Geschlechtern weiter, oder wurden beim Heimfall von dem Lehnsherrn andern

Vasallen zuertheilt. Wer nicht als Lehnsmann in die politische
Gliederung des ungebrochenen Ackerbauthums eintreten konnte oder
wollte, sah sich daher zeitlebens von dem Erwerb eigener Aecker
ausgeschlossen. Als jedoch die Mitglieder der Feudalaristokratie
von ihren höchsten Spitzen an bis zu den untersten Mannen hin
selber durch jene Heerzüge in Bewegung geriethen, waren sie durch
die nothwendige umfassendere Kriegsausrüstung für die Ferne und
durch die Unmöglichkeit, der Verwaltung ihres Grundbesitzes inzwischen vorzustehen, genöthigt, auch ihr unbewegliches Eigenthum
ganz oder theilweise in bewegliches umzuwandeln. Es kommt
eine neue Schicht von Grundbesitzern in Deutschland und Frankreich auf.

Allein, obschon, wie gesagt, der eben angedeutete Vorgang in
der bisherigen Lagerung der europäischen Gesellschaftsverhältnisse zu
augenfällig war, um selbst von einer kindlichen Geschichtschreibung
übersehen zu werden, so hat man sich bei Betrachtung desselben
doch bloß an die sich darin kundgebenden Folgen des Krieges gehalten, ohne sie in den nothwendigen Zusammenhang mit der
Natur des Krieges an und für sich zu bringen. Die Veränderung wurde erkannt, die Ursache der Veränderung erschien
dagegen als eine zufällige, oder nur von den gegebenen Umständen
abhängige. Der ungeheure sociale Proceß, welchen die Kreuzzüge
in dem europäischen Leben einleiteten, führte die Wissenschaft nicht
weiter dazu, das Wesen des Krieges für sich selbst und seine zu
allen Zeiten Platz greifenden social-politischen Einwirkungen zu
untersuchen. Die europäische Kriegsgeschichte blieb, was sie war,
eine Zusammenstellung der militärischen Thatsachen und der daran
sich lehnenden Staatsaktionen; eine social-politische Würdigung der
Kriege ward bislang ebenso wenig geschrieben oder ins Auge gefaßt, als eine social-politische Würdigung der wirthschaftlichen
Arbeit.

Wir maßen es uns natürlicherweise nicht im Entferntesten an,
einer gründlichen Erfassung des Krieges in seiner social-politischen
Wesenheit auf geschichtlicher Basis hier Genüge leisten zu wollen.
Selbst wenn wir hoffen dürften, den dazu erforderlichen Studien

nicht allzu fern zu seyn, so würde dieselbe doch eine weitläuftige Darlegung oder vielmehr eine Feststellung der gesammten Social= historie voraussetzen, wie sie über den Raum dieser Blätter hinaus= schreitet. Nur in so fern möchten wir über den in Rede stehenden Gegenstand einige Gedanken mittheilen, als es unter den gegen= wärtigen Zeitverhältnissen gilt, das oft gehörte Wort: „Deutschland bedürfe zu seiner nationalstaatlichen Durchbildung eines großen Krieges nach Außen," auf die ihm für die praktische Politik etwa zukommende Wahrheit zurückzuführen. Mischt sich doch im lieben Vaterlande selbst in diesen Satz so viel politische Mystik ein, daß in Betreff seines Inhaltes eine wissenschaftliche Ernüchterung drin= gend noth thut, wenn die nationalstaatliche Partei nicht Gefahr laufen soll, in ihren übertriebenen Hoffnungen die wohlthätigen Folgen eines Krieges stark zu überschätzen, während sie es dabei vielleicht versäumt, seinen ebenso unausbleiblichen nachtheiligen Einwirkungen kräftig entgegenzuarbeiten.

„Inter arma silent leges" — der Krieg ruft unter Kultur= völkern zunächst einen Ausnahmezustand hervor; er unterbricht den ruhigen Gang der bürgerlichen Entwicklung. Die Gewalt tritt während seiner Dauer vielfach an die Stelle des freiwilligen Ueber= einkommens, des Rechts. Mithin bildet er an und für sich den geraden Gegensatz zu dem mit der Theilung der wirthschaftlichen Arbeit sich gliedernden bürgerlichen Gesellschaftsthum. Der ökono= misch producirende Mensch, der sonst die Ungefährdetheit von Person und Eigenthum bei seinen Mitmenschen achtet, und der, dem Zuge seiner Natur folgend, mehr oder weniger der eigenen Veredlung zustrebt, wandelt sich durch den Kampf in einen Zerstörer um. Die Tödtung des Feindes, die Vernichtung seiner Habe wird ihm nun= mehr zur Pflicht. Die Aufregung wilder Leidenschaften in der Brust von tausend und aber tausend Streitern, welche bis dahin das Gesetz niederzuhalten trachtete, erscheint jetzt als unabweislich geboten. Aber während der Krieg dergestalt von der Negation der menschlichen Gesellschaft ausgeht, unterliegt doch auch er auf seinem eigenen Gebiete den unabläßig unter den Menschengruppen wir= kenden gesellschaftlichen Kräften. Auch er stellt seine Angehörigen

in bestimmte Beziehungen zu einander; auch er bedarf der Arbeits=
theilung zur Erreichung größerer Zwecke; auch er ist an eine gewisse
Ordnung gebunden. Aus einer bloßen Negation der Gesellschaft
wird er daher bei längerer Betrachtung zu der Kehrseite derselben,
die ihrerseits wieder in positiver Weise die Gliederung der staatlichen
Organismen bedingt, und zwar so sehr, daß man den Krieg häufig
den Begründer der Staaten und das eigentliche Band ihres inner=
sten Bestandes genannt hat.

Um indessen diesem so eben leicht angedeuteten social=politischen
Wesen des Krieges näher zu kommen, und seine Wirksamkeit bei
der Staatenbildung richtig zu bemessen, haben wir ihn von den
embryonischen Zeiten der menschlichen Gesellschaft an übersichtlich
zu verfolgen. Dann wird es sich am besten zeigen, ob und in
wie weit er auch heute noch die ehemalige politisch=schöpferische
Macht, der heutigen Stufe der Gesellschaftsentwicklung gegenüber,
beibehalten hat.

1.

Bildete die Jagd die erste und unterste Ernährungsweise der
Menschen bei dem Beginne ihrer Geschichte, zu einer Zeit, als
der Mensch sich noch kaum von der obersten Klasse der Thiere
unterschied, so mußte auch die erste unter ihnen beginnende gesell=
schaftliche Gliederung von den Bedürfnissen der Jagd, von den
Ansprüchen, welche dieselbe an die Jäger stellt, bedingt werden.
Weil nämlich die Erfahrung sehr bald erwies, daß der Einzelne
nicht so viel Jagdbeute zu machen im Stande ist, als wenn er
sich mit Mehreren zu gemeinschaftlichem Jagen verbindet, führte
die Absicht, bei den nämlichen Anstrengungen des Einzelnen den
Erfolg zu steigern, die bisher für sich allein jagenden Individuen
bald zu einer Horde zusammen. Sowie indessen dieser Schritt ge=
than war, folgte für die Schaar von selbst die Nothwendigkeit,
daß das Zusammenwirken der Einzelnen zur Erreichung ihres ge=
meinsamen Zweckes ihre Unterwerfung unter eine planmäßige Lei=
tung, unter einen einzigen Willen mit sich brachte. Die Entstehung
des Königthums unter den Jägern, die Sage von Nimrod enthält

daher in den Augen des Socialhistorikers nicht etwa eine Zufällig=
keit, sie geht vielmehr nach seinen Anschauungen unmittelbar aus
der Arbeitstheilung hervor, wie sie dem Leben eines Völkchens
eigen ist, welches sich allein von dem Erlegen wilder Thiere nährt.
Auf das Nächste verwandt mit der Jagd ist aber der Krieg, und
zwar nicht bloß in jenen Jahrhunderten, in denen er nur von
Horden gegen Horden geführt wurde, wenn es für sie galt, Beute
an sich zu reißen oder unmittelbare Vortheile zu erringen, sondern
auch noch in Zeiten, wo schon durchgebildete Staaten mit einander
internationale Fragen ausfechten. Denn auch der Krieg verlangt
sehr bald die völlige Unterordnung der Einzelnen unter eine be=
stimmte Leitung. Wie der beste Jäger zum Jägerkönig, so wird
sicher der tapferste Krieger innerhalb einer gesellschaftlichen Gruppe,
deren anderweitigen socialen Kräfte noch schlummern, zum Krieger=
könig. Und selbst wo dieselben bereits erwacht sind, wo schon eine
entwickeltere Wirthschaft durch ihre Arbeitstheilung anderweitig die
Menschen mit einander verknüpft hat, erweitert der Krieg entweder
die Uebermacht des vorhandenen Herrschers über die individuelle
Freiheit der Einzelnen, oder er wirft, gerade durch seine Natur,
in Bauern= wie in Stadtrepubliken leicht einen bis dahin nicht
vorhandenen Herrscher auf.

In dem Hirtenthume macht sich der eben aufgestellte Satz
deßwegen nicht so scharf geltend, weil die ganze Gesellschaftsglie=
derung der Nomaden aus dem Obereigenthume des Stammvaters
an der ungetheilten Heerde hervorwächst, und dieser daher in seiner
Stellung als Familienoberhaupt zugleich den höchsten Gesetzgeber
und den Anführer im Kriege in sich vereinigt. Als Heerdeneigen=
thümer ist Abraham König, und als solcher zieht er zu Felde. Wo
indessen das Nomadenthum bei weiterer Ausdehnung der Anfangs
durch Familienbande und den Gesammtbesitz an der Heerde ge=
schlossenen Gruppe den ursprünglichen ökonomischen und blutsein=
heitlichen Zusammenhang verliert, gewinnt auch in ihm die auf
Concentrirung hinwirkende social-politische Macht des Krieges die
nämliche Bedeutung wie bei den Jägern, — das zeigt die
Gründung der arabischen Herrschaft. Und der Krieg nach Außen ist

allein zuletzt im Stande, mehrere unabhängig neben einander hin=
ziehenden Hirtenvölker zu einer gemeinsamen Aktion unter einem
persönlich hervorragenden Häuptling — Abdel Kader — zu ver=
binden, ein Bund, der nach hergestelltem Frieden sich allemal
wieder auflöst.

In der asiatischen Völkerwelt, welche selbst da, wo sie zum
Ackerbau emporsteigt, vielfach die sociale Gliederung des früheren
Hirtenthums beibehält, verursachen dann die auf solche Weise
gleichzeitig durch einander wirkenden social=politischen Kräfte des
Jagd= oder Kriegsthums, des Nomadenwesens und der Landwirth=
schaft eigenthümliche, für die verschiedenen Faktoren sehr charakte=
ristische gesellschaftliche Erscheinungen. Dieselben führen nämlich
entweder, wie in Indien, durch ihre jedesmalige besondere Arbeits=
theilung zu abgetrennten Kasten in einer schon als Ganzes inner=
halb fester Landesgrenzen zusammengefaßten Bevölkerung, oder,
wo jene Trennung weniger scharf aufrecht erhalten wird, wie in
Aegypten und Judäa, suchen doch der naturgemäße Absolutis=
mus der Militärherrschaft, die immer mit dem Hirtenthume ver=
wachsene Theokratie (der herrschende Priester vergleicht sich nicht
zufällig mit dem Hirten) und der zusammenhangslose Indivi=
bualismus des Ackerbaus einander staatlich das Gleichgewicht zu
halten. Wie lange streiten nicht am Nil Priesterkönig und Krieger=
könig um die politische Obergewalt, bis endlich Psammetich die
Autokratie der letzteren durchsetzt; und ebenso geht Juda von
den Richtern zu den Königen über, als die unaufhörlichen Kriege
nach Außen die Bedeutung der militärischen Einheit für das Land
in den Vordergrund drängen. Der ganze orientalische Despotismus
ist das natürliche social=politische Erzeugniß der ungeheuren Völker=
kämpfe, die Jahrhunderte lang nicht so sehr wegen internationaler
Fragen, sondern hauptsächlich aus alter Jagd= und Beutelust auf
dem Gebiete zwischen dem Ganges und dem mittelländischen Meere
ausgefochten werden. In ihnen überholt, so zu sagen, das Jäger=
thum mit seiner socialen Gliederung wieder die schon in einer
weiter vorgeschrittenen wirthschaftlichen Entwicklung ruhenden gesell=
schaftlichen Organisationen der Menschen. Der Staat ist das Heer,

und wenn dieses zerfällt, zerfällt er sogleich mit, weil die außerhalb des Heeres vorhandene Bevölkerung es bei den ewigen Feindseligkeiten der Völkerschaften noch zu keiner politischen Selbstständigkeit gebracht oder dieselbe, wie der Bauernstand der Hebräer, wieder verloren hat.

In den verhältnißmäßig kleinen Städtewesen an dem Gestade des mittelländischen Meers hat zur Zeit ihrer Blüthe die socialpolitische Macht des Krieges deßwegen weniger freien Spielraum, weil ihr hier schon eine Menge anderer gesellschaftlicher Mächte entgegenwirken. Die Grundlage des staatlichen Lebens in Griechenland und Italien ist der Ackerbau, der entweder lokale Feudalherrn — Odysseus — aufwirft, oder innerhalb von eng umgrenzten Provinzen zu Bauernrepubliken führt. Später entwickelt sich auf dieser Basis ein regerer Seehandel, in Folge dessen das bewegliche Eigenthum mehr zu Ansehen und Geltung gelangt. Der Staat des klassischen Alterthums geht also von vorn herein von socialen Gliederungen aus, wie sie die Theilung der wirthschaftlichen Arbeit mit sich bringt. Bei ihnen findet demnach ein Krieg etwelche von Asien übertragene, bereits vorhandene sociale Organismen vor, mit denen er sich abzufinden hat; er selber ist dort nicht mehr der erste Schöpfer weiter ausgreifender Verbindungen der Menschen unter sich. Dazu kommt, daß sowohl auf der Balkan=, als auf der apenninischen Halbinsel die Zerrissenheit des Bodens der Bildung großer Reiche natürliche Hindernisse in den Weg legt. In den von einander abgetrennten Thalkesseln beider Gebirgsländer entstehen Provinzialgruppen, unter denen es an einem festen politischen Zusammenhange fehlt. Bei solchen Umständen erstrecken sich demnach die social=politischen Einwirkungen der vorkommenden Kriege nicht weiter, als daß sie für die Zeit ihrer Dauer militärische Bündnisse hervorrufen oder innerhalb einer Stadt eine kürzere oder längere Tyrannis begründen. Das griechische Heer, welches nach Troja zieht, besteht aus freiwillig verbundenen Feudalherrn, die sich einen gemeinschaftlichen Anführer gewählt haben. Nach der Eroberung Ilion's löst es sich in seine Bestandtheile auf. In den Perserkriegen kehrt die nämliche Erscheinung unter den griechischen

Stadtstaaten wieder; Athen's Hegemonie über eine Reihe von klei=
neren handeltreibenden Plätzen ist das größte Ergebniß, zu welchem
es der Krieg hinsichtlich seiner staatlich concentrirenden Macht in
Griechenland gebracht hat, ehe Philipp von Macedonien als Heer=
führer sich das gesammte Land unterwirft; und in Italien gestalten
sich Jahrhunderte lang die Zustände kaum anders. Auch dort
kann bei der Enge des Raumes der Krieg keine so großen Ver=
hältnisse annehmen, daß er über die republikanisch wirkenden Kräfte
des Ackerbaus dauernd den Sieg davon getragen hätte. Zur Zeit
der Noth ruft er in Rom nur eine Diktatur von wenigen Monaten
hervor oder bekleidet die Consuln vorübergehend mit diktatorischer
Gewalt. Erst als die Stadt Rom ein römisches Reich durch
den Krieg zusammen erobert hatte und nun zu dessen Sicherung
so ziemlich mit allen Völkern des bekannten Erdkreises unausgesetzt
Kämpfe führen mußte, vermögen die aus der ökonomischen Arbeit
und dem Eigenthum erwachsenen bürgerlichen Grundelemente der
römischen Verfassung den Anforderungen der nothwendigen kriege=
rischen Arbeit nicht mehr das Gleichgewicht zu halten. Die un=
abweisliche militärische Einheit nach Außen wird auch
zur Militärherrschaft nach Innen. Der Krieg, durch
welchen der Bürgerstaat Rom der Welt Gesetze vorgeschrieben hat,
zwingt nun seinerseits der Republik sein unerbittliches Gesetz auf.
Das römische Kaiserthum ist für Europa — wie der Despotismus,
das Kalifenthum oder Sultanat für den Orient — der vollendete
naturgemäße Ausdruck der unbedingt wirkenden social-politischen
Macht des Krieges. Wer daher ein Imperatorenthum romanischer
Art als gleichbedeutend mit dem Frieden ausgibt, täuscht entweder
sich selbst oder die Andern.

Die social-politische Macht des Krieges, deren Einwirkungen
auf die Staatenwelt des Alterthums wir bis dahin in rascher
Uebersicht verfolgt haben, entfaltet sich aber erst in ihrem vollen,
eigenthümlichen Wesen, wenn wir den Ausgang untersuchen, welchen
die heutigen europäischen Flächenreiche nehmen. An den Küsten
des mittelländischen Meeres war es in den meisten Fällen die Stadt,
welche die einzelnen socialen Gruppen in sich schloß und selbst ihr

größeres oder kleineres Weichbild den städtischen Lebensbedingungen unterwarf. Die Wechselwirkungen des unbeweglichen und des beweglichen Eigenthums stellten hier, von Anfang an, die ihnen zugehörenden Menschen innerhalb einer engen Räumlichkeit in bestimmte gesellschaftliche und demnach politische Beziehungen. Aus der früh entwickelten Arbeitstheilung in Ackerbau und Handel, deren Fäden sich durch einander schlingen, bilden sich die städtischen Staatsverfassungen. Die ökonomische Abhängigkeit des Einen von dem Andern, d. h. Aller vor Allen, ist hier das feste Band des politischen Zusammenhanges. In den großen Binnenländern Europa's dagegen haben wir es, wenn wir von den geschlossenen, aus Asien herüberwandernden Nomadenzügen absehen, im Großen und Ganzen genommen, anfänglich nur mit lauter unabhängig auf ihren Höfen neben einander sitzenden Einzelmenschen zu thun; eine sociale Gliederung findet von vornherein nicht statt. Denn da ein Jeder selber für sich Nahrung und Kleidung von seinen Aeckern gewinnt, und sich zu keinem Austausch der geernteten Erzeugnisse veranlaßt sieht, so bedarf er des neben ihm hausenden Nachbars weder in wirthschaftlicher, noch in sonst einer andern Weise. Das reine Ackerbauthum, dem nicht etwa aus der Hirtenzeit her Geschlechterverbände aufgenöthigt worden sind, ist, so lange nicht die hinzutretende Geldwirthschaft eine weitere Arbeitstheilung ermöglicht, in Rücksicht auf die selbstständigen Grundherrn das Urbild der reinen Republik. Das einzige sociale Band, welches unter solchen Verhältnissen denkbar und geschichtlich nachweisbar ist, besteht in der für einen größeren Bezirk gemeinschaftlichen Handhabung der Civil= und Criminaljustiz, wenn wir für den Augenblick die Einwirkungen eines Krieges hier noch außer Betracht lassen. Nur bei zunehmender Bevölkerung vermag wegen der Begrenztheit des Grundeigenthums sich im Ackerbau ein Austausch zwischen persönlichen Diensten und Kapital herzustellen und in seinen Folgen eine sociale Abstufung der Menschen hervorzurufen. Denn der nicht im Besitze von Aeckern, der einzigen Nährquelle, sich befindende Mann muß, um leben zu können, entweder gegen Naturalabgaben und Dienstleistungen Felder von dem Grundeigenthümer in Pacht nehmen, oder um Brod, Kleidung und Wohnung bei ihm als Knecht eintreten. Die daraus hervorgehende Lehenschichtung ist also nichts anderes als die aus dem Wechselverhältniß von Grund= eigenthum und Arbeit sich ergebende sociale Gliederung einer nur Ackerbau treibenden Bevölkerung, welche überall auf Erden in gleicher Weise von selbst entsteht. Träte nun in diesen Zustand nicht ein neues sociales Moment hinein, so würden wir, wie z. B. die Ditmarschen und die Friesen viele Jahrhunderte gelebt haben, lauter einzelne von Hinterfaffen und Knechten getragene freie Grund= besitzer vor uns haben, die, ohne eine gemeinschaftliche Verwaltung, bloß in der localen Rechtspflege mit einander in gesellschaftliche Berührung kommen.

Dieses neue sociale Moment ist aber der Krieg. Und wenn man daher die Einwirkungen des römischen Reiches auf die europäischen Binnenländer untersucht, so hat man dabei, ehe man auf die später gelegten kulturlichen Keime Rücksicht nimmt, zunächst die vielen Kriege in Rechnung zu ziehen, welche die Römer gegen die Germanen geführt haben. Denn durch dieselben wurden die vereinzelt auf ihren Höfen hinlebenden Deutschen der gemein= samen Abwehr halber zu einem Aneinanderschließen gezwungen. Sehr bezeichnend für diesen socialen Vorgang sagt Tacitus von unsern Altvordern, sie hätten im Kriege einen Anführer gewählt nach der Tapferkeit, während im Frieden die unverbundenen Grund= herrn einzig über ihre Hinterfaffen herrschten. Lange Zeit freilich erlischt die Macht eines solchen Heerführers immer wieder mit dem Ende des Kampfes; in dem Heere fechten die Grundherrn als An= führer ihrer Pächter und Knechte, der Feldherr selbst ist ebenfalls ein solcher, nur mit der zeitweiligen Obergewalt bekleideter An= führer seiner eigenen Leute. Allein einmal ruft doch selbst ein derartiger vorübergehender Zusammenschluß aller Mannen eines größeren Gebietes unter ihnen nach und nach ein Stammesbewußt= seyn wach — wie denn in den frühesten Zeiten schon Volk und Heer gleichbedeutend sind — und zweitens liegt für den Anführer die Versuchung nahe, seine zeitweilige Macht zu einer dauernden zu erheben. Armin büßt dieses Bestreben noch mit dem Tode.

Später jedoch bringt das wechselnde Kriegsglück durch Eroberungen
oder Verluste eine entschieden ungleiche Vertheilung des Grundeigenthums zu Wege. Der Besitzer eines großen Landguts kann
mehr Mannen stellen; er nimmt für den Kampf vielleicht noch
außerdem freie Leute als Gefolgschaft in seine Dienste; aus der
Verbindung des größeren Kapitals an Land mit der concentrirenden
Macht des Krieges entstehen Herrschaften. Die von den Römern
sogenannten deutschen „Könige" sind ursprünglich große Grundherrn, welche sich von ihrem Eigenthume eine Anzahl Reisige halten und dadurch auch im Frieden sich eine mächtigere Stellung
bewahren. Wo aber eine wirkliche Macht vorhanden ist, da macht
sie sich geltend. Der aus dem Kriege hervorgewachsene König wird
seine bis dahin rein privatrechtlichen Beziehungen zu seinen Päch-
tern und Knechten fortan auch in Rücksicht auf die Bedürfnisse des
Krieges zu ordnen suchen. Mit seinem größeren Eigenthum, von
welchem er seine Mannen ernährt, verleiht er ja nicht allein Nahrung, sondern auch Schutz für die Personen. Diesen Schutz müssen
ihm die Betheiligten ebenfalls in Abgaben und Diensten vergüten.
Die durch die Pachtbeziehungen geschaffene gesellschaftliche
Schichtung der einzelnen Arbeiter nimmt als Heerverfassung einen
militärischen Charakter an, welcher dann sich nach und nach durch
den bezeichneten Ursprung der Steuern noch weiter politisch ausbildet, und der im Kriege entscheidende Fürst wird sehr bald auch
im Frieden an der obersten Stelle zu Gericht sitzen.

Ist auf solche Weise in der ursprünglichen aus lauter gleichen,
unverbundenen Atomen bestehenden Bauernrepublik durch die
Verbindung von Krieg und Eigenthum der Anfang zu gesellschaftlichen Gruppirungen aufgetaucht, so setzt sich der begonnene Proceß
in der nämlichen Art weiter fort. Die größeren Grundherren
bringen die kleineren in eine gewisse Abhängigkeit von sich, und
der Größte und Mächtigste auf einem weiteren Gebiete unterwirft
Alle zusammen: über die Provinzialfürsten gebietet nunmehr ein
Reichsfürst, unter welchem sich zugleich die provinzialen Territorien
zu einem Reiche vereinigen. Stets aber muß unter solchen
Umständen der kriegerische Druck von Außen fortdauern, weil ohne

die für die Einzelnen sich ergebende militärische Nothwendigkeit des Zusammenschließens alsbald die zersetzende republikanisirende Macht des Ackerbauthums das ganze Gefüge auf's Neue in seine Einzel=bestandtheile zu zerlegen sucht.

Es mag immerhin gern zugegeben werden, daß Karl, der Große, in die so geartete deutsche Welt mit einem festen, dem römischen Leben entlehnten Staatsbegriff hineintritt, wie denn ja auch die sich ausbreitende Kirche bei ihren Organisationen die bür=gerlichen Einrichtungen Roms als Muster im Auge behält. Allein dessenungeachtet vermag der gewaltige Ordner des Ackerbaureiches nicht über die Grundbedingungen der beiden in demselben aus=schließlich waltenden socialen Kräfte, des Grundeigenthums und des Krieges, hinauszukommen. Seine großartige Verfassung ist nur die politische Anerkennung des thatsächlich Bestehenden — eine Heerverfassung auf dem Boden der Besitz= und Arbeitstheilung, wie sie die reine Landwirthschaft hervorbringt. Und selbst da, wo er, z. B. bei der Rechtspflege und Steuerverwaltung, selbstständige Momente in das Reichsgefüge einzusetzen sucht, muß er ihnen den feudalen Stempel aufdrücken. Ein näheres Studium von Karl's staatsmännischer Schöpfung ist darum für den Socialpolitiker, der sich seine Belehrungen aus der Geschichte holt, so ungemein an=ziehend. Auch der Kaiser macht den Krieg zur Basis seines Reichs=gebäudes: der Heerbann bildet die Constitution. In seiner Grundidee ist derselbe zwar, so zu sagen, mathematisch an=gelegt, ohne auf die vorhandene Abstufung der Eigenthumsverhält=nisse Rücksicht zu nehmen. Aber Kaiser Karl vermochte mit seiner Heerverfassung nicht über die wirthschaftliche Gliederung des Acker=baus in seiner Zeit hinauszukommen. Weil nach der Verschieden=heit der Eigenthumsgröße auch die Möglichkeit, den Heerbannsdienst zu leisten, verschieden war, weil ein Grundholde, der vierhundert Hufen besaß, auch hundert Mann stellen mußte und deßwegen einen Theil seiner Knechte durch Belehnung mit einem Heergewebbe als Mannen zu halten sich genöthigt sah, so wurde aus der Mi=litärverfassung der allgemeinen Landmiliz alsbald wiederum die Militärverfassung der Lehnsmiliz.

Es wäre hier nicht thunlich, den angedeuteten social=politischen Proceß in seine Einzelheiten zu verfolgen. Die hervorgehobenen Gesichtspunkte genügen, um nachzuweisen, daß der Krieg es ist, welcher das Ackerbauleben zuerst zu einem staatlichen Organismus zusammenfaßt. Er verleiht demselben in der Person des königlichen Heerführers die Einheit, er macht diejenigen Bevölkerungsbestand= theile, welche den Ansprüchen des Heerdienstes, von ihrem Eigen= thum getragen, persönlich nachkommen können, zu einer politisch bevorrechtigten Klasse, zum Adel, der nur in dem agricolen Ver= waltungsbeamtenthum, den Grafen und Voigten und in dem Priesterstande analoge Bildungen findet; er umgrenzt nach dem Kataster der heerbannspflichtigen Hufen die Provinzen, die Herzog= thümer, und, indem er alle seine Unterthanen als Heermannen umschließt, vereinigt er sie zu einem Volke, wie die von ihnen bewohnten Ländergebiete zu einem Reiche.

Vergebens fragt man sich, auf welche andere Weise in Zeiten, in denen das Bewußtseyn von der Nothwendigkeit eines großen geordneten Staatslebens unter den Menschen so gut wie gar nicht bestand, ein social=politisches Aneinanderfügen vieler Einzelnen hätte eingeleitet werden sollen. Das Reich, und in seiner spätern Aus= bildung der Staat, ist ja nicht etwas von vornherein Gegebenes, das die Erdbewohner vom Anfang ihrer Geschichte an zu verwirk= lichen trachten, oder dessen gesammte Organisation gar, wie die Ordnung und Arbeitstheilung des Bienenstockes, ihnen fertig in ihren Instinkt gelegt worden ist. Der Mensch geht immer und überall zunächst von seiner eigenen Individualität aus, und nur dadurch, daß ihn die Eigenschaften und Bedürfnisse derselben zu einer gesell= schaftlichen Verbindung mit Seinesgleichen hinweisen, gelangt er nach und nach, stets im Verhältniß zu den äußeren Umständen, unter welchen er lebt, in der Familie, dem Stamm, dem Volke, der Nation, zu einer gesellschaftlichen Gliederung. Wir können uns allerdings von dem Standpunkte des heutigen ausgeprägten Staats= gedankens aus schwer in jene Kindheit der politischen Schichtung zurückversetzen. Gegenwärtig ist der Einzelne mit so vielen wirth= schaftlichen und kulturlichen Banden an ein größeres Ganze gekettet,

er wird gleich bei seiner Geburt in die vorhandene staatliche Ordnung aufgenommen, und wächst so ganz unmittelbar in dieselbe
hinein, daß er nur gar zu leicht versucht wird, sie bei seiner geschichtlichen Betrachtung auch unbedingt und unverkürzt auf die Vergangenheit zu übertragen. Es gibt unseres Erachtens bloß Einen
Weg, um die historischen Anschauungen der Staatenbildung von
allen ungehörigen Voraussetzungen zu entkleiden, und dieser läuft
darauf hinaus, daß man stets die wirthschaftlichen Möglichkeiten
einer Zeit zur Grundlage seiner Untersuchungen macht. Denn in
ihnen findet eine jede Menschengruppe, die nicht ihre politischen
Einrichtungen andern bereits mehr ausgebildeten Nationen entlehnt,
sondern selbstständig aus sich heraus sich gliedert und ordnet, die
untersten bestimmenden Momente ihrer socialen Schichtung. Das
innere Europa hat aber seit den Tagen, wo Cäsar zuerst über den
Rhein dringt, über ein Jahrtausend in der reinen Naturalwirthschaft
verharrt. Was sich vor dem Beginn der Kreuzzüge an Handel und
Verkehr, an Bürgerthum und Städtewesen auf seinen ungeheuren
Gebieten zeigte, verschwand im Vergleich zu dem bestehenden Ackerbau fast völlig; es konnte wenigstens auf das social-politische Daseyn
der Bodenbebauer so gut wie gar keinen Einfluß ausüben. Nehmen
wir nun auch an, eine organisatorische Kraft ersten Ranges hätte
damals nach dem Staatsbegriff der Griechen und Römer im Norden
der Alpen ein politisches Gebäude aufführen wollen, wie es ja am
Ende bei dem Frankenheerführer Chlodwig in Gallien und bei den
Karolingern in Deutschland der Fall war, so mußte doch das Ge-
mäuer desselben dem rohen unbehauenen Material, dem jeder Mörtel
des beweglichen Eigenthums fehlte, angepaßt seyn — ein gothischer
Dom läßt sich nicht aus Feldsteinen ohne Kalk errichten. Schon die
eine Thatsache, daß in einem geldlosen Ackerbaulande eine Steuer-
concentration gar nicht hergestellt werden kann, wirkt im äußersten
Grade beschränkend auf den politischen Baustyl desselben zurück. Gewöhnt sich der freie, staatlich noch nicht geschulte Grundbesitzer an
und für sich überhaupt schwer daran, mit den Erträgnissen seines
Eigenthums den Bedürfnissen des abstrakten staatlichen Ganzen bei-
zuspringen, erscheint ihm seine Abgabe an den König naturgemäß

in demselben Lichte, wie er die Abgaben seiner Pächter an ihn aufzufassen gewöhnt ist, nämlich als Zeichen einer wirthschaftlich-
politischen Unselbstständigkeit, so ist es dem Staate auch gar nicht
möglich — und gäbe es noch so gute Heerstraßen und Wagen —
die Steuern in Getreide, Holz, Fellen u. s. w., wie Geld, auf
einen Punkt zu verführen und von dort aus wieder an die verschiedenen Gegenden, wo er ihrer bedarf, zu vertheilen. Der König,
der Träger der Staatseinheit, sieht sich also in dem ersten Jahrtausend des Mittelalters außer Stande, die Menschendienste, welche
er nöthig hat, von einem Staatsärar aus zu bezahlen, und demgemäß in steter Abhängigkeit von sich zu erhalten; er muß sie
vielmehr jedesmal an demjenigen Platze, an welchem er sie dauernd
für seine Zwecke gebrauchen will, in einen festen Zusammenhang
mit dem nährenden Grund und Boden bringen, d. h. er muß seine
Beamten mit Land belehnen und ihnen Leute zuweisen, die, während sie selber als Krieger oder Verwaltungsdiener für den Staat
arbeiten, ihnen die nothwendigen wirthschaftlichen Leistungen verrichten. Dadurch führt also der Staat selbst seine Organe, vermittelst welcher allein er seine Einheit aufrecht erhält, stets aufs
Neue dem isolirenden, individualisirenden Ackerbauleben zu. Der
Lehnsherzog, der Lehnsgraf, die Lehnsritter und Lehnsmannen
setzen sich immer wieder in dem erblichen Besitze der ihnen zu-
gewiesenen Güter fest; nur eine gemeinsame von Außen drohende
Gefahr, ein Krieg vermag sie abermals zu einer Gesammtaktion
unter dem Könige zu vereinen und in ihnen das Bewußtseyn ihrer
staatlichen Zusammengehörigkeit frisch zu erwecken. Wie der Krieg
allein das mittelalterliche Feudalreich auf der Grundlage der Naturalwirthschaft geboren und seine Aemter und Posten geschaffen
hat, wie das ganze Reich, selbst in der Benennung seiner Würden,
nur eine Uebertragung des Landguts in eine große militärisch-
politische Organisation bildet, so besteht auch das einzige Bindemittel für seine centrifugalen Atome in dem Kriege.

Jeder längere Frieden nach Außen hat daher im Mittelalter
unausbleiblich eine Auflösung des feudalen Organismus in Gefolge;
rosten Schwert und Harnisch, so verrostet die ganze Staatsmaschine

auch. Alle ihre Gefüge fallen auseinander, wenn nicht vielleicht innere Fehden an der Stelle der dahinschwindenden Gesammtorganisation provinziale politische Bildungen hervorbringen.

Die Politik des Mittelalters, welcher ein Vergleich der römischen Staatsverfassung mit den eigenen staatlichen Zuständen, wenigstens in den entscheidenden Kreisen des politischen Lebens, nicht so ferne stand, hat diese Schwäche des politischen Gefüges auch wohl erkannt. Denn abgesehen von den sogenannten Sendgrafen, durch welche Karl der Große seine unmittelbare Gewalt in den einzelnen Gebieten seines Reiches lebendig zu erhalten gedachte, wird in den reinfeudalen Jahrhunderten ein ungemein großes Gewicht auf den Lehnseid und die Lehnstreue gelegt. Das ethische Moment der persönlichen Verpflichtung, die Dankbarkeit, soll dem natürlichen Zuge des Ackerbauthums, welcher auf die Bildung kleiner selbstständiger Landgüter gerichtet ist, entgegenarbeiten: der Einwirkung des individuellen Interesses wird die Bedeutung der Ehre, die Betonung der redlichen Pflichterfüllung gegenübergestellt. Wie hoch indessen immerhin der Beobachter der menschlichen Dinge die social-politische Wirksamkeit der psychischen Momente da anschlagen will, wo die Interessen mit ihnen Hand in Hand gehen, wie Großes der Ehrgeiz oder die Begeisterung in der Geschichte geleistet haben mögen, für den in der Politik zunächst in Betracht kommenden Durchschnittsmenschen erweisen sie sich auf die Dauer werthlos, sobald sie dem Eigennutze zuwiderlaufen. Die Felonie ist stets geneigt, wo sie es vermag, das Homagium zu brechen. Nur wenn ein großer Krieg nach Außen dem lehnsgetreuen Manne neue Beute verspricht, besinnt er sich auf den vollen Inhalt seines Huldigungseides. Auch gegenwärtig kämpfen Staat und Individualität unausgesetzt mit einander, aber mit tausend und abertausend sich durchschlingenden Fäden ist doch wieder trotzdem die letztere an den ersteren gebunden. In der Feudalzeit gibt es dagegen nur die beiden bezeichneten social-politischen Mächte: die Concentrationskraft des Krieges und die republikanisirende Auflösung in lauter kleine Sonderorganismen, wie sie dem Ackerbauthum eigen ist. Soll sich daher dann jemals der Staat in irgend einer Weise aktiv geltend machen, so muß er, ganz nothgedrungen, auf den zustimmenden Willen seiner bedeutenderen Individuen Rücksicht nehmen. Ursprünglich hat der Heerführer zu einer wichtigeren Handlung die Billigung des ganzen Heeres einzuholen; noch auf den Maifeldversammlungen unter den Karolingern sind König und Volk thatsächlich zu gleichen Theilen gesetzgeberisch thätig, und die Staatsjustiz läßt sich nur unter Mitwirkung des in seinen Schöffen mitsprechenden Volkes ausüben. Später entwickelt sich daraus allerdings eine Ständevertretung; immer aber ist es die Individualität, welche sich der durch den Krieg herbeigeführten Staatseinheit zu erwehren sucht. Wo heut zu Tage das einheitliche Staatsgesetz gebietet, vereinigen sich im Mittelalter Staat und Individuum in lauter Einzelverträgen. Das gesammte staatliche Gefüge jener Zeit beruht auf den Compromissen, welche die in dem Kriege wurzelnde Staatseinheit mit der ungebundenen agrikolen Selbstständigkeit der Einzelnen abschließt und einzuhalten bestrebt ist.

Da sich nun in der Weltgeschichte ein culturlicher Fortschritt nicht annehmen läßt, der nicht von einer gleichzeitig weiterschreitenden wirthschaftlichen Entwicklung getragen ist, da die Denkkraft und Bildung der Menschen sich nicht steigert, ohne daß ihr aus dem ökonomischen Leben hervorgehendes sociales Getriebe mannigfaltiger würde, so dürfen wir den Satz aufstellen, daß ungeachtet von Jahrtausenden das dargelegte Grundwesen des Feudalreiches keine Veränderung — Polen — erfahren kann, so lange die unter ihm zusammengefaßte Naturalwirthschaft die nämliche bleibt. Daran lehnt sich dann aber unmittelbar die Folgerung: jedes neu in das reine Ackerbauthum hineintretende ökonomische Moment, welches geeignet ist, neben der staatlich concentrirenden Macht des Krieges anderweitige Verbindungen des Einzelnen mit dem Ganzen anzuknüpfen und dergestalt die noch mit dem Republikanismus des Ackerbauthums ringende feudale Staatseinheit zu stärken, kann diese Wirkung nur auf Kosten der individuellen Freiheit der Unterthanen ausüben, bis eine höhere Staatsentwicklung auch eine höhere, dem ausgebildeteren Staatsorganismus entsprechende individuelle Freiheit ihrerseits begründet. Ueber die Schöpfung eines

Staatsknochengerüstes hinaus vermochte es der Krieg in den agrikolen Zeiten nicht zu bringen; ein Skelett ist aber noch kein Körper. Setzt nun, wie wir später zeigen werden, das bewegliche Eigenthum an das bloße Gebein die nothwendigen Fleischmuskeln an, und treibt es das rollirende Geld als Blut durch die von ihm geschaffenen Adern, so muß dieser neue Proceß nothgedrungen zunächst zu einer Uebermacht der Staatseinheit hinleiten. Der Absolutismus ist daher eine nothwendige Durchgangsstufe in der Entwicklung des Staatsorganismus auf seinem Wege zum Bürgerstaate. Der beginnende dritte Stand bietet der Krone anfänglich zu dieser Umwandlung nach und nach alle Mittel dar, bis zuletzt sein eigenes großartiges Wirthschaftsleben mit der es begleitenden Geisteskultur immer mehr des kriegerischen Staats= knochengerüstes zu entbehren im Stande ist. Wir gehen somit jetzt zur Betrachtung der ökonomisch=politischen Wechselbeziehungen des beweglichen Eigenthums an sich und damit zu einer Darlegung derselben auf dem Boden des agrikolen Feudalreiches über.

Die Nationalökonomie hat in ihrer Lehre von der Arbeits= theilung längst das punctum saliens gezeigt, aus welchem das bewegliche Eigenthum und sein Träger, das Geld, in der Dotter des Ackerbauthums heranwächst. Schon Plato in seiner dem So= krates untergelegten Auseinandersetzung: „Wie eine Stadt entsteht," weist es nach, daß die durch die Natur bedingte verschiedenartige Geschicklichkeit der Menschen den Einen zu dieser, den Andern zu jener wirthschaftlichen Verrichtung mehr befähige, wie Jeder aber durch den Eintausch der benöthigten fremden Produkte gegen seine eigenen leichter und billiger in ihren Besitz gelange, als wenn er alle selber verfertigen wolle. Nur nach der socialen Seite hin ist, wie uns dünkt, dieser Proceß noch nicht klar genug verfolgt worden. Der Gegensatz der gesellschaftlichen Gliederung, wie sie das beweg= liche Eigenthum hervorruft, zu der aus der Arbeitstheilung des Ackerbauthums sich ergebenden Schichtung der Menschen und die daran für das Staatsleben sich knüpfenden Folgerungen dürften in den politischen Studien noch schärfer erforscht werden können. Im Allgemeinen ist allerdings schon Jahrhunderte eher, als Sièyes die berühmten Worte über den dritten Stand sprach, die Bedeutung des Bürgerthums für die Staatsentwickelung anerkannt worden. Der flüchtigste Blick auf die europäische Gesammtgeschichte belehrt uns ja, wie mit dem Auftauchen des Städtewesens, des Handels und der Gewerbe nach und nach eine vollständige Veränderung in dem Bau der Staaten vor sich geht. Allein, wie gesagt, die im beweglichen Eigenthum lebendigen ökonomisch=politischen Wechsel= wirkungen an sich, die Umgestaltungen, welche dasselbe durch eine innige Berührung mit dem Ackerbau zu Wege bringt, die neuen staatlichen Formen, die aus der Verbindung des unbeweglichen und des beweglichen Eigenthums sich aufwerfen, und die bedingenden Einflüsse, welche der Krieg, der eigentliche Vater der Staaten, dann auf das so entstandene gesellschaftliche Gefüge ausübt, haben sich bis jetzt noch vielfach dem Auge der Wissenschaft entzogen. Wir vermögen hier indessen nur einzelne leitende Andeutungen darüber zu geben, eine genaue Auseinandersetzung aller dabei einschlagenden Momente müßte die ganze Wirthschaftsgeschichte unseres Erdtheils zum Hintergrunde nehmen.

Aus dem Eigenthum an Grund und Boden, verbunden mit der Arbeitstheilung, welche die Landwirthschaft mit sich bringt, geht in den Zeiten der reinen Naturalwirthschaft gesellschaftlich und politisch die feudale Gliederung hervor. Zur Bebauung einer größeren Ackerfläche bedarf der Einzelne der Mithülfe Anderer; diese Andern aber, welche kein Feld eigenthümlich besitzen, haben nur ihrer Hände Dienste, um sich für dieselben ihre Nahrung einzu= tauschen. Dadurch sind sie nun thatsächlich mehr oder weniger auf ein bestimmtes Landgut hingewiesen. Denn entweder erhalten sie pachtweise ein Stück desselben, für welches sie Frohnden leisten und einen Theil des Ernteerträgnisses abgeben, oder sie tagelöhnern auf einem Hofe. In beiden Fällen jedoch bleiben sie, wie der Eigenthümer selbst, durch ihre Ernährung an diese Scholle gefesselt. Erst wenn nicht verzehrte Ernteüberschüsse sich anzusammeln be= ginnen, treten andere Existenzen auf, welche, getragen von der beweglichen Habe, auch selber beweglich sind. Wer sich nämlich z. B. eine größere über seinen Eigenbedarf hinausreichende Menge

von Getreide aufgespeichert oder aus dem Walde ein Holzlager ge=
fällt hat, besitzt nun eine Waare, die er gegen Dienste oder andere
Waaren umsetzen kann. Ohne sich mehr auf unmittelbar produ=
cirende Aecker zu stützen, ist er also jetzt im Stande, Handwerker
zur Verfertigung von Geräthen zu ernähren, (welche er dann mit
Vortheil gegen Ackerbauerzeugnisse verwerthet), oder durch Lieferung
seiner eigenen Waare an den rechten Mann, der ihrer begehrt,
dafür mehr Sachgüter derselben Gattung in späterer Zeit — Ver=
zinsung — sich zurückzubedingen, beziehungsweise neue Verkehrs=
objekte mit Nutzen einzuhandeln. Lange Zeit hindurch ist der so
einsetzende Kaufmannstand an den Tausch von Waare gegen Waare
gekettet; es gibt noch kein allgemein gültiges Tauschobjekt, welches
zum Werthmesser für alle Waaren dienen und demnach einen über
locale Angebote und Nachfragen hinausgehenden Verkehr ermöglichen
könnte. Aber da thatsächlich, wie wir an einem andern Orte nach=
gewiesen haben, die Völker in ihrem Handel mit Indien sehr frühe
daran gewöhnt wurden, Stücke Edelmetalls, das am Ganges und
Indus zu Schmucksachen gebraucht wurde, und wofür allein die
indischen Naturprodukte feil waaren, als einen durchweg begehrten
Gegenstand zu betrachten, lernten sie es auch nach und nach, auf
die im Welthandel sich zeigende Kaufkraft eines bestimmten Gold=
oder Silberstückes — Münze — selbst die im örtlichen Austausch
gangbaren Sachwerthe zurückzuführen. Der von außen in die
Binnengegenden Europa's seine Fäden erstreckende internationale
Handel ist es daher, der durch sein Hilfsmittel, Geld, dort die
im Ackerbauthum eingeengte Bewegung der Fahrnisse immer mehr
befreit. Man könnte, wenn man diesen, hier so eben leicht skiz=
zirten, ökonomischen Vorgang mit Verhältnissen vergleichen will,
welche sich in der Körperwelt vorfinden, vielleicht sagen: die An=
gehörigen des beweglichen Eigenthums treten zu dem Bauernthume,
wie die Thiere zu den Pflanzen. Der Baum wurzelt in der Erde
fest; nur aus ihr und nur im Zusammenhange mit ihr erhält er
seine Nahrung; das Thier ist von dem Boden losgelöst, es nimmt
sein Futter hier und da und vermag sich frei überall hin zu be=
wegen. Wie aber im chemischen Stoffwechsel Pflanzen= und Thierleben

einander bedingen, ebenso ergänzen sich im wirthschaftlichen Stoff=
wechsel und dann in der social=politischen Organisation des Staats=
haushaltes Bauernthum und Bürgerthum, sobald sie sich zu einer
höheren gesellschaftlichen Ordnung geeinigt haben.

Ursprünglich zieht wohl in den Zeiten des reinen Ackerbau=
thums im Mittelalter der Kaufmann, der ja noch obendrein aus
der asiatischen Fremde stammt, mit seinen Waaren unstät von
einer Gegend in die andere, wo er eben Absatz dafür zu finden
hofft. Es kann jedoch nicht ausbleiben, daß bei vergrößertem Ver=
kehr bestimmte Plätze für die nothwendigen regelmäßigen Zusammen=
künfte der Händler gewählt werden. Dort entstehen dann leicht
als Märkte feste Ansiedlungen von Kaufleuten, denen ohnedieß die
Familie mit ihren Ansprüchen das Bedürfniß einer bleibenden
Wohnstätte nahe legt. Daß diese Punkte in der Mitte von Europa
sich namentlich gern auf den Trümmern der römischen Städte oder
an dem Sitze der kirchlichen Colonien einrichteten, gehört dem Be=
reiche der Geschichte an. Sobald aber einmal eine Anzahl von
Menschen, deren Existenz hauptsächlich in dem beweglichen Eigen=
thume liegt, in einem reinen Ackerbaureiche sich auf einem ver=
hältnißmäßig engen Raum niedergelassen haben, ist es wiederum
der Krieg, oder genauer genommen, die militärische Deckung nach
Außen, welche bei ihnen die untersten social=politischen Organisa=
tionen hervorbringt. Denn die unter den Bewohnern etwa bereits
vorhandene wirthschaftliche Gliederung ist anfänglich noch viel
zu schwach, um dieselben eng an einander zu schließen und ihnen
das Bewußtseyn ihrer Zusammengehörigkeit zu verleihen. Der Kauf=
mann, der sich vielleicht auf der Malstätte sein Haus gebaut hat,
der Priester, der daselbst sein geistliches Amt versieht, der Graf
oder Voigt, welcher dort Recht spricht, und der Gutsherr, dem es
besser gefällt, statt auf einsamem Gehöfte, unter vielen Menschen
zu leben, berühren sich in den embryonischen Zeiten einer Stadt
gesellschaftlich so gut wie gar nicht; sie hängen nicht wirthschaftlich
von einander ab. Der Kaufmann ernährt sich durch den Austausch
seiner Waaren gegen die Produkte der auf der Fläche wohnenden
Ackerbauer, und die Geistlichen, Beamten und Gutsherren des

Fleckens werden durch die Gefälle ihrer Lehen oder Allode unterhalten; der Stadtplatz als solcher ist noch keine social=politische Individualität geworden. Mit dem ersten Kriege dagegen, d. h. mit der für die Bewohner hervortretenden Nothwendigkeit, den gemeinschaftlich bewohnten Ort auch gemeinschaftlich zu vertheidigen, beginnt in einer Stadt das politische Gefüge sich anzusetzen; die bis dahin von derselben umfaßten zusammenhangslosen Individuen verbinden sich mit einander. Denn die militärische Deckung der Stadt verlangt ebenso, wie der Krieg auf der Fläche, ein von einem Willen geführtes Heer. Und wenn auch jeder Mann desselben zunächst sich auf eigene Kosten als Krieger stellt, so leitet doch der Bau der erforderlichen Vertheidigungswerke, welcher auch ökonomische Leistungen verlangt, sehr bald eine gemeinschaftliche Verwaltung ein. Halte man es immer fest, die Stadt ist ebenso wenig als der Staat etwas von vornherein fertig Gegebenes. Sie organisirt sich vielmehr, gerade wie jener, erst allmählig in gleichem Schritte mit der Zunahme der socialen Bedürfnisse. Daher sehen wir bis ins eilfte Jahrhundert hinein in den deutschen Städten noch keinen selbstständigen Magistrat sich zeigen, und wo sich die ersten Spuren dieser Behörde vorfinden, sind sie allemal mit der Administration des gemeinsamen städtischen Eigenthums verbunden, dessen die kriegerische Vertheidigung des Platzes nach Außen bedarf. Aber da die Theilung der wirthschaftlichen Arbeit, wie sie aus dem beweglichen Eigenthum hervorgeht, unendlich mannichfaltig ist, während sie im Ackerbauthume sich auf einige Hauptzweige beschränkt, kann es nicht ausbleiben, daß die social=politische Gliederung der Menschen in der Stadt, welche in ihren Grundzügen der Krieg festgestellt hat, auf die Dauer in Folge der sich hineinmischenden anders gearteten ökonomischen Momente sich auch wesentlich anders gestaltet, als es auf dem Lande der Fall ist. Der Krieg in Verbindung mit dem Ackerbauthume schafft nothwendig die Abstufung des Feudalismus; dagegen führt er in der Stadt auf dem Boden des beweglichen Eigenthums zur allmähligen Durchbildung des in allen seinen Atomen gleichen Bürgerthums; mag man den Verlauf dieses Processes nun geschichtlich an Syrakus, Athen und Rom, oder logisch an der mittelalterlichen Stadtconstruktion verfolgen wollen.

Wir haben oben gesehen, daß sich der Kaufmann mit seiner beweglichen Waare und vollends später mit seinem Gelde zwischen Grundeigenthum und Dienste stellt. Dadurch bringt er jedoch nicht nur sich selbst wirthschaftlich auf die eigenen Füße, sondern in weiterer Ausbreitung auch die in der Stadt lebenden Dienstleistenden, die Handwerker. Anfänglich sind dieselben noch ökonomisch wie rechtlich demjenigen bestimmten Nährherrn unterworfen, der ihre Arbeit unmittelbar persönlich in Anspruch nimmt; sie bleiben als Diener in dem städtischen Herrenhause. Vermögen sie aber erst einmal die Produkte ihres Fleißes gegen Geld umzusetzen und dann mit der dafür empfangenen Münze, überall wo sie wollen, die Nahrungsstoffe zu kaufen, so ist nicht mehr ein Grundeigenthümer der ausschließliche Abnehmer ihrer Erzeugnisse; sie arbeiten für Jedermann, und dieser abstrakte Jedermann gibt ihnen bei seinem Consumo die benöthigten Tauschwerthe in Geldform zurück. Aus unselbstständigen Theilen einer individuellen Privatwirthschaft sind sie selbstständige Mitglieder der allgemeinen Volkswirthschaft geworden. Fordert nun bei solchen nicht mehr feudal abgestuften, sondern neben einander auf gleichem Niveau stehenden Bevölkerungs= elementen der Krieg eine gemeinsame Organisation, so wird das sich bildende städtische Heer nicht eine Lehnsmiliz von Gutsherren mit ihren Hintersassen, sondern eine Truppe unter gesetzlich ge= wählten Anführern seyn. Darin liegt für die aus der Heerver= fassung hervorgehenden social=politischen Consequenzen ein großer Unterschied. Im Lehnsheere dient der Einzelne als Vertreter seines Landgutes und an der Stelle, welche ihm dasselbe zuweist; der Stadtkrieger dagegen dient als Bürger, wenn auch lange Zeit hindurch noch im Verbande seiner wirthschaftlichen Corporation, der Zunft.

Als erste Folge dieses so eben hervorgehobenen Momentes er= gibt sich nun der Umstand, daß der Krieg nicht in der städtischen Verfassung, wie es auf dem Lande der Fall ist, einen Adel be= gründen kann, falls nicht etwa von vornherein reiche Ackerbau=

geſchlechter den Grundſtock der ſtädtiſchen Bevölkerung bilden, und daß, wo ſich aus rein agrariſchen Zeiten eine politiſch bevorrechtigte Klaſſe innerhalb der Stadtfeſtung vorfindet, er der Erhaltung ihrer ſtaatlichen Privilegien naturgemäß entgegenarbeitet. Vorrechte des Einzelnen entſpringen überhaupt in einer noch geſellſchaftlich un= organiſchen Menſchengruppe aus der dem Einzelnen zufällig bei= wohnenden Uebermacht, aus der Gewalt, oder innerhalb einer bereits geſchloſſenen ſocial=politiſchen Gliederung aus den größeren, dauernden Leiſtungen des Einzelnen für das Intereſſe der entſtan= denen Geſammtheit. Weil auf dem Lande der wirthſchaftlich ſelbſt= ſtändige Gutsherr allein in der Lage iſt, mit ſeiner Perſon, ge= ſtützt auf ſein Eigenthum, Kriegs= oder Verwaltungsdienſte zu thun, knüpft ſich an die mit dem Gute zuſammengewachſene Perſon eine beſtimmte thatſächliche Stellung an, welche die der übrigen ärmeren Leute überragt; und dieſe wird überall da auch rechtlich geſichert, wo Heerverfaſſung und ſtaatliche Ordnung noch ein und daſſelbe ſind. Die zur Geldwirthſchaft übergegangene Stadt ſetzt dagegen an den Platz des einzelnen Privateigenthums, aus welchem un= mittelbar der Feudalſtaat ſeine Bedürfniſſe beſtreitet, nach und nach das gemeinſchaftliche Stadteigenthum, ſobald ſie ſich als In= dividualität erfaßt hat. An die Stadtkaſſe zahlen die Privaten in der Stadt ihre Beiträge; aus dieſer werden die im gemeinſchaft= lichen Intereſſe gemachten Auslagen gedeckt, Gut und Perſon ſo= mit von einander politiſch losgelöſt. Geſchichtlich ſtoßen wir aller= dings auf die Thatſache, daß, ehe die Geldwirthſchaft den ganzen Erdball umfaßte, jede Stadt von einer agrikolen Unterlage aus= ging. Grundbeſitzer, die innerhalb des geſchloſſenen Raumes von den Früchten ihrer draußen liegenden Aecker leben, bilden den Stamm der ſtädtiſchen Anſiedlung. Sie ſind deßhalb auch in Folge ihrer wirthſchaftlichen Unabhängigkeit zunächſt diejenigen, welche die für die Stadt ſich ergebenden Dienſte im Kriege wie im Frieden beſorgen können. Darin wurzelt in der römiſchen, wie in der deutſchen Städtewelt das Geſchlechterweſen, erblich, wie die Land= güter erblich ſind. Aber geſchichtlich zeigt ſich auch nicht minder deutlich, daß mit der Entwicklung des beweglichen Eigenthums in

der Stadt die überwiegende militärisch-politische Bedeutung der Geschlechter immer mehr verschwindet. In demselben Verhältnisse, in
welchem die gemeinschaftlichen Lasten auf die Schultern der Mehreren gelegt werden, weil sie wirthschaftlich darauf gelegt werden
können, nimmt die Plebs oder der Kaufmanns- und Handwerkerstand an den politischen Rechten Theil. Auf dem Boden des unbeweglichen Eigenthums hat sich der Krieg als Schöpfer der social-
staatlichen Einheit unausgesetzt mit dem auf die Bildung von einer
unverbundenen Grundherrnrepublik hinwirkenden Zuge der Landwirthschaft abzufinden; er kann es daselbst nur zu einer aristokra-
tischen Organisation bringen. Das bewegliche Eigenthum arbeitet
mit der Verschlingung seiner Arbeitstheilung dagegen der concentrirenden Macht des Krieges positiv in die Hände, bis es zuletzt,
über dieselbe hinausgehend, in dem Kriege einen Gegner seines
Wesens erblickt: die Demokratie der Stadt strebt darnach, zur
Demokratie des Reiches und dann über die Nationen hinaus zur
Demokratie der ganzen Menschheit zu werden.

Der Leser wundert sich vielleicht, daß wir in der staatlichen
Architektonik Europa's dem Kriege auch bei der politischen Organisation des beweglichen Eigenthums eine so große Rolle zuweisen.
Er wird uns wahrscheinlich entgegnen, daß ja die ökonomische
Arbeitstheilung, wie sie dem Gewerbe und Handel, verbunden mit
den vielen, geistigen oder körperlichen, persönlichen Diensten, eigen
ist, schon an und für sich viele Menschen mit einander in Berührung bringt und von einander abhängig macht — ein thatsächlicher
Zustand, der von selbst unter ihnen zu einer rechtlichen Anordnung
ihrer Verhältnisse führen müsse. Allein dieser Einwurf ist nur
dann zutreffend, wenn die Menschen erst einmal eine Einsicht in
das Wesen des Gesellschaftsthums erlangt haben und somit sich
der Grundbedingungen der Politik bewußt geworden sind. Heut
zu Tage richten sich allerdings die bürgerlichen Ansiedlungen in
der Fremde ohne Beiwirkung des Krieges ein, weil sie sich nach
bereits in der Welt vorhandenen Mustern einrichten; die ökonomisch-
sociale Erfahrung der einen Gegend wird einfach auf die andere übertragen. Und auch im Alterthume dienen die Gesetze der Mutterstadt

für die neu begründete Tochterstadt in der Regel zum Vor=
bilde. Verfolgt man indessen den innern Gang des gesellschaftlich=
staatlichen Processes, um die darin waltenden Grundmächte zu
erkennen, so hat man sich einzugestehen, daß, wenn erst im acht=
zehnten Jahrhundert nach Christi Geburt die Nationalökonomie als
Wissenschaft erfaßt wurde, dem intellektuellen Willen der Menschen
bei den social=politischen Gliederungen bis dahin nur eine sehr
beschränkte Bedeutung eingeräumt werden darf. Dieselben fanden
vielmehr nach und nach durch die Umstände selbst, in intuitiver
Weise, ihre gesellschaftlichen Einrichtungen heraus. Und dazu war
es erforderlich, daß sich die im Allgemeinen wirkenden social=poli=
tischen Kräfte irgendwie räumlich individualisirten. Um das Be=
wußtseyn eines Reiches zu entwickeln, hatte zuvor ein Kriegsfürst
die Mannen eines Bereiches feudal zusammenzufassen; damit sich
eine Anzahl nahe neben einander liegender Häuser aus sich selbst
heraus als Stadt erkenne, müssen sie zuerst durch eine Ringmauer
von dem Gelände draußen abgetrennt und zu einem individuellen
Ganzen gemacht werden. Es ist für den Socialhistoriker keineswegs
ein Zufall, daß im Alterthume wie im Mittelalter das charakteri=
stische Merkmal der Stadt die Stadtmauer bildet. Dieselbe
lokalisirt erst die im beweglichen Eigenthum lebendigen gesellschaft=
lichen Kräfte, so daß daraus ein politischer Körper hervorgehen
kann — die Ringmauer ist aber ein Produkt des Krieges!

Nach der Auflösung der weitentwickelten politischen Verhält=
nisse im Alterthume fängt im Mittelalter die europäische Menschheit
ihre gesellschaftliche Durchbildung wieder von den untersten Stufen
an. Jahrhunderte lang dauert es, bis die einzelnen Grundbesitzer
sich wenigstens im Kriege zu einer Art staatlichen Gemeinschaft
gliedern; abermals Jahrhunderte sind dazu erforderlich, um das
vom beweglichen Eigenthum lebende Individuum den Bedingungen
eines städtischen Gemeinwesens unterzuordnen; wie schwer hält es
da vollends, daß die also gefundene eine Stadtindividualität sich
mit andern Stadtindividualitäten zu einer höheren social=politi=
schen Einheit verbindet! An und für sich hat der Ernährungs=
proceß der einen Stadt wenig oder nichts mit dem Wirthschaftsleben

der andern zu thun, sobald nicht ein größerer Verkehr beide in innige Beziehungen versetzt, und im Kriege schützt eine jede zunächst nur sich selbst. Ja, bei minder entfalteten ökonomischen Zuständen stoßen die Interessen der verschiedenen näher gelegenen Städte, namentlich in ihren Marktbereichen, wohl feindlich auf einander. Erst wenn der mannigfaltiger werdende, vom Auslande hereindringende Welthandel, wie es seit der Eröffnung der Kreuz= züge für die Binnenländer Europa's der Fall war, mit seinen Waarenzügen stärkere Fäden von Stadt zu Stadt spannt, zeigt sich zwischen ihnen eine höher reichende wirthschaftliche Gemeinsamkeit, und diese führt dann, um in ihrem Getriebe gegen Störungen von Außen sicher zu seyn, ebenfalls zu einer höheren social=politischen Organisation. Das Mittelalter kann bei seiner allmähligen Durch= bildung des Staates den Krieg zu keiner Zeit entbehren. Wo das Verständniß des gesellschaftlichen Lebens noch fehlt, muß die Noth die Menschen dazu zwingen, seinen Gesetzen zu gehorchen.

Ganz entsprechend der, eben auf deduktivem Wege gefundenen, staatlichen Fortschrittsmöglichkeit, wie sie der Stadtorganismus in sich schließt, sehen wir daher im zehnten und elften Jahrhunderte vorläufig bloß die Kaufleute, die Hauptträger des beweglichen Eigenthums, als Privaten mit ihren Gütern von Stadt zu Stadt reisen. Die Angehörigen eines und desselben Platzes gliedern sich dabei zur besseren Handhabung ihrer mercantilen Angelegenheiten vielleicht schon in Gilden; allein ihr Verkehr nach Außen, der in einem vollendeten Staate zu einer Nationalsache wird, hat noch nicht einmal den Charakter einer Stadtsache angenommen. An= fänglich schließen nur die draußen beschäftigten Kaufleute für sich und unter sich ihre Verbindungen, ihre Hansen, ab; das indivi= duelle Interesse der Stadt ist noch nicht mit dem Interesse ihres Handels identisch geworden. Bei dem mächtiger werdenden Verkehr verlegt sich jedoch der Schwerpunkt des städtischen Lebens ganz in den Handel; die Stadt als solche treibt nunmehr denselben; die Hansen der Kaufleute verwandeln sich in die Hansa der Städte.

Wir haben oben gesehen, daß das Feudalreich, so lange das bewegliche Eigenthum noch nicht entwickelt ist, außer der Kriegs=

und Gerichtsverfassung, gar keine weiteren politischen Verbindungen oder Beziehungen seiner einzelnen Bestandtheile zu einander aufzu= weisen vermag. Selbst da, wo bereits, losgelöst von dem Sonder= eigenthume der Könige, sich Reichsdomänen gebildet haben, von deren Erträgnissen der Herrscher zunächst die staatlichen Bedürfnisse bestreitet, liefert doch auch die Verwaltung dieses Staatsgutes noch nicht die Grundlage zu einer mehr verzweigten Interessengliederung. Denn die Administration vermag ebenfalls nur vermittelst jenes Mechanismus vollzogen zu werden, welchen die agrikole Feudalität für die in ihr stattfindende Arbeitstheilung mit sich bringt; die Beamten werden, um ihre Stellen versehen zu können, als Pfalz= grafen u. s. w. belehnt; auch bei ihnen übt der auf erblichen Besitz hinarbeitende Zug des Ackerbauthums seine centrifugalen Einwir= kungen aus. Tritt dagegen in eine solchgeartete Staatsgesellschaft das Städtewesen mit seinem beweglichen Eigenthum ein, so ergibt es sich allerdings von selbst, daß die Geldwirthschaft anfänglich längere Zeit hindurch sich den vorherrschenden politischen Formen der Naturalwirthschaft fügen muß, wie sehr diese sonst auch von den naturgemäßen socialen Ablagerungen des beweglichen Eigen= thums an sich verschieden sind. Obgleich indessen, wie gesagt, dem Bürgerthum in dem Mittelalter eines jeden Staatslebens ein be= sonderer feudaler Charakter durch die Uebermacht der unter ihm waltenden social=politischen Kräfte aufgezwungen wird, so bietet dasselbe trotzdem gleich bei seinem Beginne neue Ausgänge zur ferneren Ausbildung einer staatlichen Körperlichkeit dar. Die Lebens= äußerungen des beweglichen Eigenthums sind nämlich nicht, wie die eines Landguts, auf die Stadt und ihr Weichbild eingegrenzt; der Handel führt Personen und Waaren von Ort zu Ort. Stellt sich daher auch die Stadt als solche möglichst individuell, um nicht zu sagen, feindlich der in der persönlichen Machtfülle des Feudal= königs liegenden Staatseinheit gegenüber, strebt sie unausbleiblich darnach, die in ihren Mauern zu Amtsgeschäften eingesetzten Grafen und Voigte desselben in ihre eigenen Beamten umzuwandeln, gerade wie der Lehensmann stets die Erreichung der eigenen wirthschaft= lichen und politischen Selbstständigkeit in's Auge faßt; die städtischen

Interessen verzweigen sich doch, eben in Folge des Verkehrs, über ein größeres Landesgebiet und bedürfen also auch außerhalb der Ringmauern einer bestimmten politischen Ordnung. Wo die könig= liche Reichsgewalt zu schwach ist, um dabei gestaltend einzugreifen, oder wo gar keine agrikole Staatseinheit besteht, bilden sich dann die Städtebünde; wo jedoch eine kriegerische Bewegung dem Ober= haupte eines Ackerbaulandes immer neue Gelegenheiten zur poli= tischen Concentration verleiht, findet der König dazu in den Angehörigen des beweglichen Eigenthums und ihrer gesellschaftlichen Angelegenheiten gleichfalls die seinem Zwecke entsprechenden Hand= haben. Im Beginn des europäischen Mittelalters bedienen sich die Könige sehr häufig der durch ihre Gebiete ziehenden fremden Kauf= leute zu politischen Verrichtungen oder diplomatischen Sendungen. Später, als sich bereits aus den eigenen Unterthanen ein Kauf= mannsstand losgetrennt hat, erhält derselbe von dem Kriegsherrn die Grundmomente seiner Organisation. Der König sucht ihm Sicherheit von Person und Eigenthum zu verbürgen; er erhebt dafür von den Handeltreibenden die Reichszölle im Innern seines Gebietes. Und wenn diese Abgaben, gleich den Steuern der Land= güter, anfänglich in einem Bruchtheil der verfrachteten Waaren be= zahlt werden, so wandelt die Geldwirthschaft auch sie bald in die leichter concentrirbare Münze um. Der Handwerker wird, wie wir dargelegt haben, durch die Dazwischenkunft des Kaufmanns von seinem seitherigen unmittelbaren Nährherrn frei, da er für seine Arbeiten nun Geld erhält, gegen welches er seine Nahrung kaufen kann, wo er will; ebenso befreit der Kaufmann auch den Träger der Staatseinheit, den König, nicht minder von der Noth= wendigkeit, die in seinen Diensten befindlichen Beamten belehnen zu müssen. Der Staat vermag sie fortan zu bezahlen, nicht allein weil er selber jetzt Steuern und Abgaben in der Form von Geld empfängt, oder die Ernten seiner Domänen in Geld umzutauschen in der Lage ist, sondern der Beamte ist durch den verbreiteten Verkehr auch in den Stand gesetzt, für den empfangenen Lohn nunmehr seinen Unterhalt, welchen ihm bis dahin sein Lehn ge= währte, zu kaufen. Mit der früheren, rein kriegerischen Organisation

des Reiches verbindet sich außerdem in der Reichskasse ein ge=
meinschaftliches Verwaltungsobjekt, welches, nicht weniger als der
zu erzielende militärische Schutz nach Außen, seine Fäden zu jedem
einzelnen Unterthanen ausspannt, und dadurch jeden Einzelnen
mit seinem Mittelpunkt verknüpft.

Es liegt hier, selbstverständlich, nicht in unserer Aufgabe, das
mittelalterliche Steuerwesen auch nur übersichtlich zu schildern. Bloß
das in ihm vorhandene social=politische Moment ist es, welches
uns an dieser Stelle angeht. Die Reichsschichtung wird eine andere,
als Kaiser Friedrich II. zuerst in Sicilien eine Art Hofkammer
einrichtet, weil er nach der vorhandenen Ausbildung der ökonomi=
schen Verhältnisse sie einrichten kann. Denn in doppelter Beziehung
wird dadurch eine mehr einheitliche Fügung des ganzen Staatsbaues
gefördert. Mit der Steuererhebung sieht sich nämlich der Unterthan
neben dem Kriegsverbande ebenfalls zu dem Centrum des Reiches
herangezogen, und die königliche Kriegsherrschaft, welche bis dahin
ihr Grundeigenthum stets wieder in Form von Lehen von sich
geben mußte, erhält dadurch eine in ihrer Hand sich jährlich er=
neuernde Kapitalmacht. Die Gefolgschaft war das Mittel, durch
welches der große Grundeigenthümer sich zum Fürsten erhob; immer
indessen stiebt dieselbe in lauter einzelne belehnte Vasallen wieder
auseinander. Das stehende Heer dagegen ist die Gefolgschaft des
beweglichen Eigenthums, die nur dann sich auflöst, wenn die
Reichskasse nicht mehr den Sold zu bezahlen vermag.

Die Rolle der stehenden Heere bei der Ausbildung des euro=
päischen Flächenstaates ist von der Geschichtschreibung wie von der
Staatswissenschaft längst anerkannt, und ebenso hat man sich, durch
die Thatsachen unmittelbar darauf hingewiesen, frühe über die
Bedeutung geeinigt, welche der Verbindung von Königthum und
Bürgerthum in ihrem Einfluß auf die politischen Geschicke unseres
Erdtheils zukommt. Mittelst der Städte und ihrer Truppen über=
windet der König den im Ackerbauthum liegenden Individualismus, zu
dessen dauernder Besiegung die dem Agrarwesen selbst angehörenden
Lehnsmannen nicht ausreichten, die republikanische, dem Staat
entgegengesetzte Willkür der Einzelnen, welche den ökonomisch=

politischen Interessen der Städte ebenso feindlich ist, als der eigenen
persönlichen Machtfülle des Kriegsfürsten. Aber erst aus einer
genaueren Betrachtung der im Kriege, im Ackerbau und im beweg=
lichen Eigenthume thätigen social=politischen Kräfte, in ihrer gegen=
seitigen Beschränkung wird man die nothwendigen Durchgangsstufen
des so eingeleiteten staatlichen Bildungsganges richtig zu würdigen
wissen; nur in ihr finden die großen Erscheinungen der Geschichte
ihre letzte Erklärung. An und für sich ist es ja doch ein seltsames
Ding, daß das nämliche Bürgerthum, welches heut zu Tage die
eigentliche Stütze der nach ihm benannten bürgerlichen Freiheit
ausmacht, während der ersten Jahrhunderte seines Auftretens im
Mittelalter geradesweges dem staatlichen Absolutismus in die Hände
arbeitet, oder besser: arbeiten muß. Die Regierungsperiode der
Hohenstaufen z. B. gilt, und gewiß mit Recht, sowohl in wirth=
schaftlicher als in politischer Beziehung für die Glanzepoche des
deutschen Reiches im ganzen Mittelalter; und es unterliegt keinem
Zweifel, daß der Grund davon in den reichen staatlichen Mitteln
zu suchen ist, welchen das in den Kreuzzügen rasch sich entwickelnde
bewegliche Eigenthum den kraftvollen Kriegskaisern darbot. Dessen=
ungeachtet sind gerade unter den Hohenstaufen die Städte am
wenigsten im Stande, der sich festsetzenden Staatseinheit gegenüber
den früher gewahrten individuellen Rechtskreis zu behaupten. Wäh=
rend ihre ökonomische Kraft die kaiserliche Macht trägt und stärkt,
bricht diese, wo sie nur kann, die politische Selbstständigkeit der
Städte rücksichtslos zusammen. Man soll aber dabei nicht etwa
eine persönliche Undankbarkeit der gekrönten Häupter anklagen;
naturgemäß macht sich ein jedes social=politische Moment so weit
geltend, als es keinen Widerstand findet, oder der vorhandene
Widerstand nicht stark genug ist, seine Ausschreitungen einzudämmen.
Hatte bis dahin die Krone oder die Staatseinheit hauptsächlich auf
der kriegerischen Zusammenfassung der Ackerbaubevölkerung beruht,
so zog sie nun aus dem Bürgerstand mit seinem beweglichen Eigen=
thume eine um so größere Stärkung, als dieses sich noch im schroffen
Gegensatze zu der politischen Verfassung der agrikolen Welt befand.
Der Adel wird vermittelst des dritten Standes durch das Königthum

im Zaume gehalten, und das Bürgerthum, deffen Intereffen von vornherein eine mehr concentrirte ftaatliche Gewalt verlangen, befigt dann in fich nicht den nöthigen Halt, um feinerfeits derfelben das nothwendige Recht des individuellen Lebens abzuringen. Wo gegenüber von einer kräftigen militärifchen Staatseinheit Adel und Bürgerthum fich verbinden, entfteht auf dem Wege der Thatfachen die conftitutionelle Monarchie; wo fie dagegen vereinzelt, ein Jedes für fich mit feinen focial=politifchen Elementen, der im Kampfe nach Außen gekräftigten Krone verfallen, baut diefelbe fortan das Gefüge eines bureaukratifchen Abfolutismus auf. Diefes Ziel fchwebte bereits den Hohenftaufen vor den Augen; fie kleideten ihre darauf gerichtete Politik fchon vermittelft der aus Rom herbeigeholten alten Jurisprudenz felbftbewußt in ein Rechtsfyftem. Erreicht ward es dann fpäter in Frankreich, Spanien und felbft theilweife in England. Denn fogar die Bürgerkönigin Elifabeth, die ihren Thron dem dritten Stande verdankte, verftand es doch, eben geftügt auf die vielen politifchen Mittel, welche das reicher entwickelte Städtewefen ihr an die Hand gab, über den Adel wie über das Bürgerthum eine faft unumfchränkte Herrfchaft zu führen. Sobald der Kriegsftaat den republikanifch individualifirenden Zug des Ackerbauthums mit den Fäden des beweglichen Eigenthums in der Neugliederung des Soldheeres, der bezahlten Beamten, des Geld=ftenerwefens paralyfirt hat, beginnt für ihn die Periode des Abfo-lutismus, welche fo lange fortdauert, bis die von ihm umfaßten wirthfchaftlichen Intereffen ihre volle Anerkennung erftritten haben, zu dem er indeffen ftets zurückzuftreben geneigt ift, fo oft ein längerer Krieg nach Außen dem militärifchen Schuge und der daraus hervorgehenden kriegerifchen Menfchengruppirung wieder eine hervortretende Bedeutung verliehen hat. Wir kommen auf diefen Sag fpäter bei Betrachtung der gegenwärtig in Europa vorhandenen ftaatlichen Verhältniffe zurück. Der Krieg befördert immer die Staatseinheit auf Koften der individuellen Freiheit.

Bis dahin haben wir darzulegen gefucht, daß der Krieg die einzelnen Menfchen zu beftimmten, felbftbewußt fich ordnenden Gruppirungen zufammenführt und dergeftalt eine größere Anzahl

derfelben zu einem Volke individualifirt; er individualifirt aber
in gleicher Weife das von diefem Volke bewohnte Land allmählig
zu einem Reiche. Der Heerbann richtet fich zunächft allerdings
nur an die Krieger felbft; fein Capitum registrum ift ein Verzeichniß der ftreitenden Mannen. Allein, da der Einzelne, um
Krieger feyn zu können, damals der ernährenden Aecker bedurfte,
von denen er fich ftellte, wurde das Catafter fehr bald zu einem
Verzeichniß der Hufen, die mit der Lieferung der ftreitbaren Mannen,
fo zu fagen, befteuert waren. Die Hauptmannfchaft begriff mithin
örtlich das Gebiet in fich, welches feine Fahnenangehörigen bewohnten, und das mehrere Hauptmannfchaften überfpannende Her-
zogthum bildete, neben der Gliederung des Heeres, räumliche Provinzen. Daß die kriegerifche Organifation fich dabei an die von
der Natur auf dem Bereiche angezeigten kleineren örtlichen Sonder-
bildungen leicht anlehnte, verfteht fich von felbft. Ein von Gebirgs-
zügen eingefchloffenes Thal, eine Flußebene u. f. w., weist von
vornherein die dafelbft wohnenden Menfchen auf eine gewiffe Ge-
meinfamkeit hin, in welcher dann eine nachfolgende militärifche
Gliederung gegebene Anfatzpunkte vorfindet. Schwerer dagegen erkennt fich eine Reihe von neben einander liegenden Provinzen,
geftützt auf örtliche Bildungen, als ein Gefammtreich. Auch bei
diefem Proceffe ift es aber wiederum anfänglich nur die über die
Provinzen gleichmäßig verzweigte Heerverfaffung, aus welcher der örtliche Zufammenhang derfelben fich entwickelt. Wo die Heerrolle aufhört,
hört das zufammengefaßte Landesgebiet auf. Nach und nach führt
jedoch das erwähnte Verwachfen der Kriegsverfaffung mit den Eigen-
thumsabftufungen des Ackerbauthums, wie es die Landmiliz in die
Lehnsmiliz umwandelte und den einzelnen Lehnsmilizanführer zum
Lehnsherrn über die Güter feiner Mannen machte, auch dazu, den
oberften Kriegsherrn zum Obereigenthümer des von allen feinen
Mannen bewohnten Bereiches zu erheben. Sagten wir nun früher,
daß auf der unterften Stufe der ftaatlichen Entwicklung Volk
und Heer identifch find, fo fehen wir jetzt auch Heer und Land
zu einem ftaatlichen Gefüge fich verbinden, weil die Außengrenzen
beider fich einander decken. Wohin die Gliederung des Heeres fich

nicht mehr räumlich erstreckt, hat auch das Reichsgebiet ein Ende. Und ist das Heer zum Schutze der es stellenden Bevölkerung bestimmt, so hat es folgerichtig mit den Menschen zugleich das von ihnen inne gehaltene Eigenthum, den Gesammtcomplex des Ackerareals zu schützen.

Lose indessen, wie die Heerverfassung in ihren Bestandtheilen während des Friedens zusammenhing, äußerst verschwommen mußten daher auch im Beginne die Reichsgrenzen sich zeigen. Gegenwärtig, wenn wir an einen bestehenden Staat denken, haben wir gewiß allemal zuerst das Bild seines räumlichen Gebietes vor dem geistigen Auge. Gewöhnt an den Anblick der geographischen Karten, erfassen wir in dem Staate zunächst seinen Landkörper. Bei dem Worte Spanien, Frankreich, England, Deutschland u. s. w. hat jeder Gebildete, mehr oder weniger bewußt, als Ausgang die Landfigur dieser politischen Organismen vor sich; wir sprechen heut zu Tage von „Ländern", wo wir „Staaten" meinen. Die Individualität des Landes ist für uns mit dem darauf ruhenden Staatsindividuum längst zu Eins geworden, so sehr, daß wenn in Europa eine von der Natur, und sey es auch nur äußerlich durch Meergrenzen angedeutete Landeinheit es nicht zu einer Staatseinheit gebracht hat, wir doch nur schwer den Staatsbegriff von dem „geographischen Begriffe" trennen. Zwingt man sich aber im Gedanken in den politischen Bildungsstand des Mittelalters oder der frühen asiatischen Welt zurück, so muß man sich eingestehen, daß für die Kindheit des Menschengeschlechtes sowohl der Staat keineswegs etwas von vornherein Gegebenes war, als auch, daß ja alle und jede geographische Uebersicht der vorhandenen Länderbildungen den Menschen vollständig fehlte. Unmittelbar, gehorsam der Entwicklung der socialpolitischen Kräfte, wuchs der Staatsorganismus nach und nach von unten auf empor, und ebenso rein thatsächlich wirkten auf die Herausbildung seiner räumlichen Körperlichkeit die geographischen Elemente des Erdtheils ein; bis sie endlich von dem Menschengeiste selbstbewußt als social-politisches Moment in die staatlichen Combinationen aufgenommen werden. Asien ist von der Natur lange nicht in der Weise wie Europa zu größeren einheitlichen Raumgebieten eingetheilt; den meisten seiner Staatsbildungen mangelt daher das sie individualisirende geographische Moment. Und in Europa bedurfte es einer vielhundertjährigen kulturlichen Entwicklung, um seine Staatensysteme wenigstens einigermaßen entsprechend den natürlichen Grenzen seiner Gebiete zu ordnen. Bis jedoch ein Zollverein, wie in unsern Tagen, von dem Boden der wirthschaftlichen Zusammengehörigkeit aus einen Bereich ökonomisch individualisirt, bleibt es der Krieg und die aus ihm hervorgehende Gruppirung der Menschen, welche die vorhandene Ländergliederung der Erde in erster Linie social-politisch verwerthet.

China umgibt sich im Norden seines Gebietes geradezu mit einer Vertheidigungsmauer. Bestimmter und schärfer hat sich wohl sonst die social-politische Macht des Krieges, so weit sie die Individualisirung eines Landesbereichs im Gefolge hat, nirgendswo kund gethan. Dieselbe Rolle, welche der städtische Wall und Graben übernimmt, um einer Ansiedelung das Bewußtseyn ihrer militärischen, ökonomischen und politischen Besonderheit zu verleihen, — die Stadt ist die Burg, ihre Bewohner heißen Bürger — kehrt hier in der chinesischen Mauer für ein ungeheures Flächengebiet wieder. Alle Lebensäußerungen der innerhalb derselben wohnenden Bevölkerung werden dadurch auf einander hingewiesen: die Mauer scheidet die von ihr umfaßte militärische, staatliche, ökonomische und kulturliche Einheit gegen Außen ab. Allein auch bei vielen andern, sich an der Machtfülle eines agrikolen Kriegsfürsten ausbildenden Reichen lassen sich, wenn gleich weniger deutlich, ähnliche Vorgänge wahrnehmen. In der übrigen altasiatischen Welt freilich begnügt sich meistens ein glücklicher Eroberer damit, den unterworfenen Völkern Tribute aufzulegen; er fügt sie nicht als integrirende Theile seinem Stammlande ein; und wenn dieses schon seinerseits bei der mangelnden Unterstützung natürlicher Grenzen sich nicht scharf von seiner unmittelbaren Umgebung lostrennt, so läßt sich vollends der über die Nachbarvölker ausgedehnte Eroberungsbereich nicht klar nach Außen abmarken. Daher führt denn auch kein asiatischer Kriegsstaat zur Durchbildung einer eigentlichen Nationalität. Ferner geht, wie wir gesehen haben, das politische Leben Griechenlands

von der Stadt und weiter von den Städtebünden aus. Die wech=
selnde Ausdehnung des beweglichen Eigenthums hat dort, ebenso
wie bei der Hansa, mit der Absteckung eines großen Ackerbau=
bereiches nichts zu schaffen. Dagegen beginnt Rom, sobald sich die
Stadt einen weiteren Bezirk unterthan gemacht hat, auf die kriege=
rische Deckung desselben zu sinnen. Namentlich sehen wir die ita=
lische Weltstadt im Norden, zwischen Rhein und Donau, eine Be=
festigungskette von Kastellen und Verschanzungen ziehen, welche das
innere Gebiet mauerartig gegen Außen abmarkt. So weit dessen
ausgesprochene Grenzen gehen, eben so weit erstreckt sich die römische
Rechts= und Finanzverwaltung, die römische Sprache und Kultur.
Und die agrikole Militärverfassung des Mittelalters wird von den
Umständen selber, deren Einflüsse immerhin durch die römische
Staatsüberlieferung bestärkt seyn mögen, sehr frühe in die nämliche
Bahn gelenkt.

Bereits Karl der Große richtete ja an der Außenseite des von
seiner Heerbannsverfassung überspannten Ackerbaugebietes Markgraf=
schaften ein, welche, Kriegsführerthum und Verwaltung in einer
und derselben Hand vereinigend, zum kräftigen Schutze des Reiches
gegen die umwohnenden Stämme bestimmt waren. Später, als
das ungeheure Gesammtreich bei der geringen Cohäsionskraft seiner
agrikol=politischen Gliederung von der natürlichen Ländergruppirung
Europa's durchbrochen war, befolgen in jedem, aus demselben neu
entstandenen, Einzelreiche seine Nachfolger den nämlichen Grundsatz.
So zieht z. B. Heinrich, der Städteerbauer, im Osten des deutschen
Reiches eine Kette von Festungen gegen die Magyaren. Wie aber
der oft erwähnte centrifugale Zug des Ackerbauthums in Friedens=
zeiten stets auf eine Lockerung der Kriegsstaatsverfassung hinarbeitet,
in gleicher Weise ebnet er, wenn wir uns so ausdrücken dürfen,
die Gräben nach und nach aus, mit denen das Reichslandgut
seine Ausdehnung nach Außen abgegrenzt hatte. Das gezogene
Schwert des Königs muß dieselben stets von Neuem wieder auf=
werfen; die im Kriege gegen Außen immer von Frischem vorzuneh=
mende straffere politische Concentration des Reiches erstreckt sich alle=
mal auch auf eine Neubestimmung der Marken. Fast jedem kräftigen

Könige im Mittelalter wird nachgerühmt, daß er die Grenzen seines Landes gewahrt, oder, wo sie verwischt waren, wiederhergestellt hat. Daher erklärt es sich denn auch von selbst, daß wenn das bewegliche Eigenthum, der Bürgerstand, den Kriegsfürsten nachhaltigere Mittel darbot, den Staatsorganismus zu stärken, dieselben in gleicher Weise zu einer mehr durchgeprägten politischen Individualisirung eines Landgebiets dienen mußten.

An und für sich ist das bewegliche Eigenthum durch die ihm innewohnenden wirthschaftlichen Lebensbedingungen keineswegs zur Abgrenzung bestimmter kleinerer oder größerer Raumgebiete befähigt; im Gegentheile: seine Natur negirt die Abschließung derselben geradezu. Denn obschon bestimmte geographische Verhältnisse, Boden und Klima, die Verarbeitung der einen oder der andern Waare lokal mehr befördern können, so trachtet doch der ihren Absatz besorgende Handel von selbst darnach, den Bereich der Nachfrage möglichst zu erweitern. Heut zu Tage hat der Weltverkehr die Arbeitstheilung der Menschen über den ganzen Erdball verzweigt; die zwischen den Ländern geschlagenen Fäden der wirthschaftlichen Interessen streben den nationalen Absonderungen der Völker offen entgegen. Mit dem allgemeinen Rufe nach Freihandel sucht das bewegliche Eigenthum alle diejenigen nationalen Schranken zu beseitigen, die seiner Bewegung hindernd im Wege stehen; und die Predigt vom ewigen Frieden ist nur eine im Geiste gezogene Consequenz dieser in der Wirthschaftswelt vorherrschenden Richtung. Aber wie in unserm Jahrhunderte ohne dazwischen tretende Kriegsstörungen unausbleiblich eine immer weiter eingreifende Nivellirung der Nationalitäten vor sich gehen würde, nicht minder bedurfte es in den embryonischen Zeiten der Staatsbildung des Krieges, d. h. des Bedürfnisses nach Schutz und Sicherheit gegen Außen, um die von dem beweglichen Eigenthum getragenen Menschen zu geschlossenen Gruppirungen unter sich abzusondern. Zunächst erfolgt dieser Proceß innerhalb einer Stadt; und bei fernerer Entwicklung führt er allemal da, wo er sich nicht mit einer agrikolen Kriegsmacht abzufinden hat, zu Städtebünden, die bei ihrer inneren Organisation auf geographische Raumbedingungen nur äußerst wenig Rücksicht zu

nehmen brauchen; ja, welche ihre verbindenden Linien mitten durch
verschiedene bereits bestehende, schwächere Ackerbaureiche hinziehen.
Der Reichsfürst, in dessen Gebiet die einzelne Hansestadt lag, ging
die Hansa als solche zur Zeit ihrer Blüthe gar nichts an. Stärkt
sich jedoch durch die erwähnten Handhaben des beweglichen Eigen=
thums die politisch concentrirende Kraft der königlichen Macht,
grenzt dieselbe in Folge dessen ihr Reichsgebiet dauernd gegen Außen
ab, so individualisirt sie zugleich mit dem Flächenbereich das darauf
vorhandene Bürgerthum. Die naturgemäße Einrichtung eines Land=
gutes wird in den reinen Ackerbauzeiten zum Vorbilde des agri=
kolen Kriegsstaates, und dem Organismus einer Stadt wird das
politische Gefüge entlehnt, wenn auf dem abgemarkten Landbereiche
der König das bewegliche Eigenthum ebenfalls staatlich individua=
lisirt. Auf solche Weise wird der Handel aus einer Stadt= oder
Städtesache zu einer Nationalsache gemacht.

Man wirft uns hier vielleicht ein, daß wir bei dem Verfolgen
der allmähligen Staatsausbildung die geistige Seite der Menschen,
ihren selbstbewußten Willen, über die unmittelbaren Bedingungen
von Kriegs= und Wirthschaftsleben hinaus sich das Daseyn social=
politisch einzurichten, gar nicht mit in Anschlag bringen. Wir ent=
gegnen darauf, daß eine solche freie Willensbestimmung, oder mit
andern Worten, daß die politische Rückwirkung der Kultur, im
Großen und Ganzen genommen, für den Socialhistoriker auch so
lange gar nicht in Betracht kommt, bis sich ein gesellschaftlicher
Organismus, als unmittelbares Produkt der Verhältnisse, erst
wirklich individualisirt hat. Wo die Menschen thatsächlich, wie bei
den Hunnen oder den Tartaren, noch nicht über den Zustand der
Horde hinausgetreten sind, entspricht ihr kulturliches Bewußtseyn
in politischer Hinsicht ganz und gar dieser socialen Entwicklungs=
stufe; dasselbe Verhältniß findet sich in dem lose gefügten Acker=
baureiche wieder. Will nun unter derartigen Umständen eine ein=
zelne staatsmännische Persönlichkeit eine Weiterentwicklung der
Kultur einleiten, dann hat sie dazu bei den social=politischen
Momenten den Ausgang ihrer Wirksamkeit zu nehmen; denn die
jedesmalige Kultur ist die jedesmalige Frucht jener Momente. Die

Geschichte belegt diesen eben ausgesprochenen Satz mit schlagenden Beweisen. Am Schlusse des fünfzehnten Jahrhunderts ist in Europa das bewegliche Eigenthum so weit entwickelt, daß das agrikole Kriegskönigthum es nachhaltig zur Individualisirung des Reiches und damit des Volkes zu verwerthen vermag. Gleichzeitig tritt daher auch eine energische Durchprägung der Nationalitäten ein. Einst war Heer und Volk — Horde — identisch gewesen, später deckten sich Heer und Gebiet — Reich —; jetzt geht überall das Bestreben darauf hinaus, Königthum, Land und Volk zu dem nationalen Staate zu vereinen. Nicht zufällig taucht daher gerade in dieser Zeit der Gesammtname Spanien, Frankreich, Deutschland u. s. w. auf; nicht zufällig siegt jetzt in allen drei Ländereinheiten ein Provinzialdialekt über alle übrigen, um nunmehr die Nationalsprache abzugeben. Und wenn das Wesen der katholischen Hierarchie darin besteht, daß sie über die gesammte, in sich unterschiedlose Menschheit eine einzige Priesterherrschaft auszuspannen sucht, so wird damals der geistige Gegensatz zu ihrem religiösen Inhalte deßwegen so lebhaft von den Völkern empfunden, weil dieselben mit ihren Nationalitäten nun jene allgemeine Menschheit durchbrechen. Der Protestantismus wurzelt zu unterst in den ökonomisch-politisch-nationalen Momenten, die sich in der Religion auf kulturlichem Gebiete Rom gegenüberstellen.

Im innigen Zusammenhange mit dem eben angedeuteten Vorgange steht es dann aber auch, daß innerhalb des abgegrenzten Ländergebietes an jenem Wendepunkte der europäischen Geschichte das Wirthschaftsleben eines Volkes, namentlich so weit es aus dem beweglichen Eigenthum hervorgeht, zur Staatssache wird und damit ebenfalls einen nationalen Charakter annimmt. Die einzelne Stadt erkannte in der Entwicklung ihrer ökonomischen Momente sehr bald eine Quelle ihrer kriegerischen Macht, d. h. ihrer Sicherheit und Unabhängigkeit nach außen; in gleicher Weise gelangt nunmehr der Staat zu der Einsicht, daß die Entfaltung und Durchbildung seiner wirthschaftlichen Verhältnisse eine der hauptsächlichsten Grundbedingungen seiner militärischen Stärke ausmacht. Das ökonomische Getriebe des Landbereichs wird fortan als ein individuelles Ganze

aufgefaßt, deſſen Schutz, deſſen Förderung nicht minder eine Auf=
gabe der Politik iſt, als der Schutz des Ackerbaugebietes. Wie
jedoch dieſes letztere zunächſt durch militäriſche Marken umſchloſſen
wird, wie die früheren, im Binnenlande gelegenen Burgen ihre
fortifikatoriſche Bedeutung in Zukunft den Grenzfeſtungen abtreten
müſſen, ebenſo geht jetzt durchweg, mit mehr oder weniger Erfolg,
das Trachten des Staates dahin, an die Stelle der Binnenzollämter
eine einzige große Außenzolllinie einzurichten. Der kriegeriſche Ge=
genſatz des einen Staates zu dem andern wird gleichzeitig zu einem
ökonomiſchen Gegenſatze, an welchem er ſich auch ſeiner wirthſchaft=
lichen Individualität vollends bewußt wird. Wir haben es mehrfach
an andern Orten ausgeſprochen, die am Schluſſe des Mittelalters
zuerſt auftauchende Lehre von der Handelsbilanz der Länder hat,
trotz der vielen Irrthümer, die ſie noch enthält, doch für den
Proceß der Staatenentwicklung in Europa eine ſehr charakteriſtiſche
Bedeutung. Der einzelne Menſch, ſobald er in einen Güteraus=
tauſch mit ſeinen Nebenmenſchen tritt, wird von ſelbſt zu der Be=
rechnung hingeführt, ob er bei ſeinem wirthſchaftlichen Geſchäfte
verdient oder verliert. Nur der auf ſeinen Hufen für ſich dahin
lebende Bauer, welcher alle Erträgniſſe ſeiner Aecker im eigenen
Hauſe verzehrt, kennt, ſtellenweiſe bis in unſere Tage hinein, den
Belauf ſeiner Produktion und Conſumtion nicht. Ebenſo ſieht ſich
ein Staatsverband, nachdem er einmal das ſtarre Ackerbauthum in
ſich überwunden hat, und im Verkehr mit andern Staaten ſich
auch in ökonomiſcher Hinſicht als Individuum zu betrachten an=
fängt, allmählig zu der Frage hingewieſen, ob, was und wie viel
er wohl bei ſeinem auswärtigen Handel gewinne. Die Beantwortung
dieſer Frage wirkt dann mancfach auf die von ihm eingehaltene
Richtung ſeiner Politik zurück. Denn in Folge ſolcher Erwägungen
erhält die bis dahin bei der Abgrenzung ſeines Gebietes allein vor=
waltende Rückſicht auf Ländervermehrung an und für ſich und auf
die an örtliche Verhältniſſe ſich anlehnende militäriſche Deckung
deſſelben eine entſprechende Ergänzung in der Wichtigkeit der geo=
graphiſchen Lage eines Staatsbereiches, wie ſie der wirthſchaftlichen
Thätigkeit, vor Allem dem Handel, Vorſchub leiſtet. Als am Ende

des fünfzehnten Jahrhunderts die Staaten — nicht mehr bloß die Könige — sich einander gegenüber zu stellen beginnen, sind es keineswegs allein die „natürlichen Grenzen," welche sie in den Eroberungskriegen bei ihrer Ausdehnung zu erreichen suchen, Flußbetten und Küsten werden dabei nicht minder als geographisch=politische Momente ins Auge gefaßt. Denn kein Staat, der bereits das bewegliche Eigenthum wirthschaftlich bei sich ausgebildet hat, genügt auf die Dauer sich selbst. Ein Ackerbaureich kann Jahrhunderte lang für sich abgeschlossen bleiben; Aegypten, theilweise Judäa und Sparta haben lange Zeit auf die oben angedeutete Bauernart für sich existirt. Der Handel bringt dagegen den Staat mit der Außenwelt in Berührung; selbst China und Japan entgingen diesem Zwange nicht; es gibt in der Wirklichkeit keinen abgeschlossenen Handelsstaat, er müßte denn aus einem Mutterlande und einem transoceanischen Colonialgebiete bestehen. Wenn aber ein Staat den Handel zu einer Nationalsache gemacht hat und dergestalt als wirthschaftliche Einheit mit andern wirthschaftlichen Einheiten verkehrt, so gehen seine Interessen, die bis dahin mit den Grenzen seines Reiches aufhörten, über dieselben hinaus. Er hat deßhalb auf eigenem Gebiete für zweckmäßige Ausgänge — Küsten, Häfen — und außerhalb seiner landeskörperlichen Peripherie für ihre Sicherheit militärisch Sorge zu tragen. Zwischen lauter Ackerbaureichen entwickelt sich keine internationale Politik, geschweige ein internationales Gleichgewicht der Staaten; dynastische Interessen, Raub und Eroberungsgelüste rufen die Kriege hervor, die zwischenländische Politik erwächst erst aus der Verbindung des Handelsstaates mit dem Kriegsstaate bei mehreren Völkern.

Wir haben früher gesehen, daß die sich begründende staatliche Einheit den Lebensäußerungen des auf ihrem Gebiete vorhandenen beweglichen Eigenthums Zwang anthut, indem sie dieselben in den Grenzen des Reiches zusammenzufassen sucht, während jene stets bestrebt sind, sich über den ganzen Erdball zu verbreiten. Ebenso errichtet die Königsmacht vermittelst der technischen Handhaben des beweglichen Eigenthums das absolutistische Staatsgebäude, in welchem sowohl die Freiheit des Individuums, die das Ackerbauthum

hervorbringt, abforbirt wird, als auch die Angehörigen des Bürger=
standes sich als nunmehr unselbstständige Bestandtheile in die neuen
Mauern eingefügt finden. Dieser zwiefache Gegensatz zwischen dem
nationalen Staatsgefüge und dem beweglichen Eigenthum führt dann
aber auf die Länge zu bestimmten social=politischen Consequenzen.
Der Bauernstand stellte dem absoluten Staatswillen, auf
welchen die Kriegsverfassung immer hinarbeitet, den unzusammen=
hängenden Zustand seines Wirthschaftslebens entgegen und fand
darin einen Halt für die individuelle Freiheit des Einzelnen, bis
das Königthum mit den Fäden der Geldwirthschaft das Netz seiner
neuen Hierarchie — Rußland — darüber ausbreitete. Fortan
nimmt nun in der Geschichte das Bürgerthum den von der Feu=
dalität verlorenen Kampf für das erforderliche Gleichgewicht zwischen
dem Recht des Einzellebens und der Nothwendigkeit der Staats=
einheit dadurch wieder auf, daß es mittelst des Handels die In=
teressen des Staates weit über den räumlichen Bereich desselben
hinausführt und so an die Stelle des Streites zwischen Königthum
und agrikolem Republikanismus fortan die beiden mit einander
ringenden Momente: Nationalität und Kosmopolitismus setzt. Das
Land, welches keinen größeren Welthandel treibt, beharrt bis heute
in den absolutistischen Staatsformen.

Auch die historische Erscheinung nämlich ist keine zufällige,
daß gleichzeitig am Schlusse des fünfzehnten Jahrhunderts mit den
anderweiten politischen Kundgebungen des sich einrichtenden natio=
nalen Staates derselbe neben der Durchbildung seines Landheeres
auch die Organisation einer Seemacht ins Auge faßt. Bis dahin
hatten nur die einzelnen Seestädte oder Städtebünde stehende Flotten
unterhalten, um damit ihre Verkehrsbeziehungen im Auslande zu
schützen und zu erweitern. Nun baut jedoch der König als Träger
der Staatseinheit die Marine, der er die nationale Flagge verleiht.

So verschieden indessen auch die Einrichtung einer Kriegsflotte
vor der nothwendigen Organisation eines Landheeres ist, so äußern
beide doch in gewisser Hinsicht verwandte social=politische Wirkungen
auf das Staatsgefüge. Allerdings kann eine Marine, sobald wir
nicht normannische Seeräuberschaaren oder amerikanische Flibustier

vor uns haben, aus sich heraus zu keiner politischen Organisation
führen, wie die Heerverfassung in den reinen Ackerbauzeiten zugleich
die Reichsverfassung bildete. Die Flotte ist nicht der Staatsver=
band selbst, sie ist nur ein Theil des aus andern ökonomisch=politi=
schen Kräften emporgewachsenen und durchgeprägten Staates. Allein
wenn die im Lehensheere liegende Reichsverfassung verschiedene
Provinzialgruppen unter dem Obereigenthume des Königs zu ver=
einigen suchte, so knüpft die Seemacht transmarine Gebiete an die
diesseitige nationale Staatsgewalt; aus dem Heere geht das Acker=
baureich hervor; mit der Flotte schließt sich das Colonialreich
zusammen. Gegenwärtig besitzt in dem Kreise der Kulturvölker
die Menschheit, nachdem die Nationalökonomie zur Wissenschaft ge=
worden ist, bereits eine mehr oder weniger klare Einsicht in die
sociale Macht der menschlichen Arbeit; der Krieg hat mit der fort=
schreitenden Kultur einen bedeutenden Theil seiner gesellschaftlich
verknüpfenden Momente dem Bedürfnisse nach einer Rechtsordnung
unter den Menschengruppen abgetreten, wie sie sich allemal in einem
entwickelteren wirthschaftlichen Getriebe einstellt: Auswanderer, welche
heut zu Tage über's Meer in unbewohnte Gegenden ziehen, um
daselbst Ansiedlungen zu gründen, bedürfen in den seltensten Fällen
zur Einrichtung und Aufrechthaltung ihres socialen Baues eines
äußern Krieges. Theilung der Arbeit, Gemeinde= oder Provinz=
interessen, die eine gemeinschaftliche Verwaltung mit Besteuerung
des Einzelnen erfordern, Handhabung der privatrechtlichen und der
Criminaljustiz zur Sicherung von Person und Eigenthum im Innern,
das sind jetzt in jungfräulichen Gebieten, an deren Grenzen keine
feindlichen Nachbarvölker hausen, die einzig wirksamen socialen
Kräfte, welche dann vermittelst des Welthandels ihre weiteren
zwischenländischen Verbindungen nach sich ziehen. Bevor indessen
die Menschheit bis zu dieser Stufe der Entwicklung vorgedrungen
war, bringt die kriegerische Gewalt, nicht etwa die gegenseitige
ökonomische Ergänzung, über die Meere hinaus das neue Land mit
dem wirthschaftlich=politischen Gefüge des Mutterlandes in Be=
rührung — man erobert, um Handel treiben zu können. Und
so stark ist noch in den Jahrhunderten der entstehenden europäischen

Colonialſyſteme der kriegeriſche, excluſiv=nationale Zug der Staaten, daß die Colonialgebiete mit dem Mutterlande gleichſam in eine politiſche Ringmauer eingeſchloſſen werden. Der Welthandel tritt ſomit eine längere Zeit hindurch in Geſtalt von lauter zwi=ſchen Colonie und Mutterland gepflogenen nationalen Einzelver=kehren auf; die europäiſchen Nationalſtaaten mit ihren colonialen Erweiterungen liegen abermals, wie einſt die Ackerbaureiche, un=verbunden neben einander. Das bewegliche Eigenthum, welches in der neueren Kriegsſtaatsverfaſſung die Feudalität in den Abſolu=tismus umwandelte, rief, ebenſo im Widerſpruche mit ſeinem eigent=lichen Weſen, anfänglich, ſo lange es der übermächtigen Königs=gewalt unbedingt unterworfen blieb, die gegenſeitige wirthſchaftlich=politiſche Abſcheidung der Colonialreiche hervor; bis es bei ſteigender Kraft im Innern den Grund zur repräſentativen Conſtitution und nach Außen zum Völkerrecht legte.

Es würde uns gar zu weit führen, wenn wir es im Einzelnen nachweiſen wollten, wie innerhalb eines und deſſelben Geſellſchafts=verbandes das Privat= und Criminalrecht (welches letztere bei Be=ginn des politiſchen Lebens ja gleichfalls in privatrechtlichen For=men auftritt, bis die Staatsmacht die Wahrung deſſelben in die Hand nimmt) urſprünglich aus zwei oder mehreren, ſich in ihren Wirkungen beſchränkenden Gewalten im Vertrage hervorwächst. Der Vertrag iſt der erſte Schöpfer rechtlicher Beſtimmungen; allein er ſetzt, um Platz greifen zu können, ſchon eine ſociale Berührung der Einzelnen unter ſich voraus. Zwiſchen Menſchen, die unver=bunden neben einander leben, gibt es anfänglich keine Verträge, kein Recht. Wo indeſſen eine ſolche geſellſchaftliche Gliederung, und ſey ſie auch noch ſo roh, bereits begonnen hat, leitet das kriegeriſche Aufeinanderprallen der Einzelnen innerhalb derſelben nach und nach, ſobald die Gewalten gleich ſind, in der reſultirenden Linie zur Rechtsbildung hin. Aus demſelben Schooße aber, aus welchem dergeſtalt innerhalb einer Geſellſchaftsgruppe das Privat=recht und ſpäter das Staatsrecht entſpringt, wird in einer vorge=rückten Zeit der Menſchheitsgeſchichte das Völkerrecht geboren, nur daß dabei an die Stelle der Einzelmenſchen die Staatsindividuen treten. Auch das Völkerrecht ist logisch wie geschichtlich nicht vorhanden, so lange die bestehenden einzelnen Staatsverbände unter sich noch keine sociale Berührungen aufzuweisen vermögen. Kriege, die sie zu solchen Zeiten führen, enden daher entweder mit der völligen oder theilweisen Unterwerfung des einen Volkes unter das andere, mit Abtretung von Ländern, Zahlung von Tribut u. s. w., oder bei stattfindender Unentschiedenheit des Sieges in einem Frieden, welcher Nichts in sich schließt, als ein Aufhören des Krieges. Im ganzen Alterthume gibt es, einige Bestimmungen über Gesandtschaften und Gebräuche bei Kriegserklärungen abgerechnet, deßhalb kein eigentliches positives Völkerrecht, weil die zwischen den Ländern vorhandenen Handelsbeziehungen im Verhältniß zu den Staatsverbänden zu schwach waren, um diesen eine gemeinsame internationale Unterlage zu verleihen. Das unrichtig von den Römern sogenannte jus gentium ist, bei Lichte besehen, nur eine abstracte Rechtsconstruction, welche der schon entwickelte menschliche Geist philosophisch der Natur des Menschen entnimmt. In gleicher Weise weiß das Mittelalter nichts von einem Völkerrechte. Die Gesetze des Ritterthums gingen damals wohl gleichmäßig über ganz Europa, sie bilden jedoch bloß eine Standesnorm, kein zwischenländisches Recht. Erst wenn die zu Nationalstaaten herangereiften politischen Organismen anfangen unter sich Handelsverträge abzuschließen, finden sie einen gemeinsamen Boden, auf welchem ihre auf einander stoßenden kriegerischen Gewalten sich in weiteren positiven Rechtsschöpfungen contractmäßig ausgleichen können. Je inniger daher das bewegliche Eigenthum im Weltverkehre die Völker mit einander verbindet, um so weiter werden allgemeine Kriege jedesmal an ihrem Schlusse die Entwicklung des Völkerrechts bringen, um so mehr ist jeder einzelne Staat, trotz aller seiner augenblicklichen gewaltthätigen Ausschreitungen, schließlich doch bei der Aufrechthaltung eines Gleichgewichtes unter den Hauptnationen interessirt. Es hat zwei Jahrhunderte gedauert, ehe sich aus dem von König Heinrich IV. gehegten Gedanken einer europäischen Staatenrepublik die Ansätze der heutigen europäischen Pentarchie nachhaltig entwickelten. Niemand aber, der den Gang

der historischen Verhältnisse vorurtheilsfrei betrachtet und verfolgt,
wird behaupten wollen, daß eine allgemeine kulturliche Humanität
das europäische Concert nach und nach geschaffen hat; ihre eigentliche Basis besteht vielmehr in der nationalstaatlichen Kriegsgewalt,
verbunden mit den die nationale Ausschließlichkeit überschreitenden,
verknüpfenden Interessen des beweglichen Eigenthums, des Handels.

Bei allen Erwägungen, welche politische Dinge betreffen, hat
man sich sehr wohl dafür zu hüten, daß man der freien Willensbestimmung der Menschen nicht zu viel Bedeutung beimißt. Die
Naturgesetze des Staatslebens — es wird ja hoffentlich einmal eine
Naturgeschichte der Staaten geschrieben werden — entsprechen vielmehr mannigfach den Naturgesetzen des Körperlebens: der Zwang
ist der Urschöpfer der That. Wie die Natur den Menschen durch
das Hungergefühl nöthigt, dem Körper Speise zu geben, ohne
welche er nicht bestehen kann, und ihn demgemäß auf Erarbeitung
der Speise hinweist; wie sie durch den Geschlechtstrieb die Fort-
pflanzung seiner Gattung veranlaßt, wie sie seinen psychischen
Thätigkeiten zwingende Motive der Selbstsucht u. s. w. unterlegt,
auf deren Grundlage er erst seine intellektuelle Durchbildung beginnt; wie sie überall in dem Einzelnen, körperlich und geistig,
niedrige Momente, wenn wir uns so ausdrücken dürfen, anwendet,
um damit höhere, edlere Resultate zu erzielen: ebenso verfährt sie
auch im socialen Leben bis zur Ausprägung desselben im Staate,
oder, über denselben hinaus, in der Menschheitsgemeinde. Auch
die Gliederung des Staatsverbandes geht ursprünglich aus dem
Zwange, aus der Gewalt hervor. Der Staat ist das Produkt der
geschichtlich waltenden socialen Naturkräfte, welche in dem einzelnen
Menschen werkthätig sind, nicht, wie so Viele geglaubt haben und
noch glauben, eine freie Schöpfung des Menschengeschlechts. Der
Mensch sieht sich allerdings vermöge seiner geistigen Begabung in
den Stand gesetzt, den Gedanken des Staates, wie ihn die Natur
im Laufe der Geschichte nach und nach verkörpert hat, seinerseits
ihr nachzudenken, was die Biene in Betreff der Bienenkorbordnung
nicht kann. Er verfällt dadurch leicht in die Selbsttäuschung, daß
das, was er freiwillig im Geiste nachgebildet hat, ebenfalls in

der Stufenreihe der Geschlechter von ihm freiwillig gebildet worden ist. Oder, wenn er auch zugesteht, die Natur müsse in den embryonischen Tagen des Staates derartige zwingende Maßregeln, wie sie namentlich im Kriege liegen, wegen der noch geringen Bildung der Menschen in Anwendung bringen, so wähnt er meistens, jetzt auf dem Postamente der Kultur solcher realen Stützen bei seinen politischen Organisationen nicht mehr zu bedürfen. Diesem Irrthume verdanken alle jene Staatsromane von Plato an bis Cabet hin ihr Daseyn, und der nämliche Irrthum unterscheidet die Doktrinärs von den eigentlichen Staatsmännern. Die offene Anerkennung der politischen Naturgesetze umschließt jedoch nicht etwa eine Menschenverachtung. Die Liebe des Mannes zum Weibe ist darum in ihrer höheren Verfeinerung nicht weniger zart, weil die Anthropologie nachweist, daß ihr unterster Ausgang der thierische Trieb bleibt. In gleicher Weise wird der hohe sittliche Inhalt eines Staatsorganismus nicht dadurch heruntergesetzt, daß man sich die social-physikalischen Grundbedingungen seines Gefüges klar macht. Im Gegentheile, das richtige Verständniß der gesellschaftlich-staatlichen Naturgeheimnisse führt allein den Staatsmann dahin, daß er keine Zwecke verfolgt, welche den von ihm erkannten politischen Naturkräften zuwiderlaufen.

Die gesammte Staatswissenschaft, die Geschichtschreibung inbegriffen, fußt in der Prämisse: das Grundwesen der Menschennatur ist von dem Beginn der gesellschaftlichen Gliederung an unverändert das nämliche geblieben, und wird auch, so lange die jetzige Erde steht, fortwährend das nämliche bleiben. Nicht die Summe der menschlichen Anlagen, nicht ihre Schichtung, nur ihr Verhältniß zu einander hat sich geändert, ihre Kräfte sind bloß mit der steigenden Kultur verfeinert, potenzirt worden. Ohne diese Voraussetzung wäre es ja völlig unmöglich, die nähere oder fernere Vergangenheit historisch zu durchforschen, geschweige zu beurtheilen, oder nach den jetzt erkannten ökonomischen Gesetzen die wirthschaftlichen Vorgänge in der Vergangenheit zu bemessen. Oekonomie, Klima, Boden, zufällige Thatsachen haben zwar zu verschiedenen Zeiten die vorhandenen Steine zu verschiedenen kaleidoskopischen

Figuren zusammengestellt, auch sind die Farben der Steine, ihr Schliff, ihre Kanten vielleicht schärfer geworden; aber die Steine selbst und die sie beherrschenden mathematischen Normen sind heute wie beim Anfange dieselben. Leider hat jedoch die Staatswissenschaft im Allgemeinen sich diese Prämisse bisher nicht genug wissenschaftlich klar gemacht, geschweige, daß sie die daraus sich ergebenden Folgerungen gezogen hätte. Und doch lassen sich bloß mittelst ihrer viele geschichtliche Erscheinungen erklären, die bis dahin nur als mystische Glaubensartikel hingenommen worden sind. Es gilt z. B. für einen feststehenden Satz, daß die Menschheit Nichts aus der Historie lernt, ebenso wie der Sohn sich in den seltensten Fällen die schwer erkauften Lebenserfahrungen seines Vaters zu Nutze macht. Was ist denn aber der Grund dieser gewiß sonderbaren Thatsache? Die Antwort lautet einfach dahin: die Menschen begehen in der Reihenfolge der Geschlechter immer dieselben Fehler, weil sie immer die nämlichen Geschöpfe sind. Und allein aus der gleichen Ursache schleppen sich Ueberlieferungen aus der Vergangenheit in Sitten und Ideen durch die Jahrtausende hin, sobald dieselben uranfänglich aus der Natur der Menschen hervorgegangen waren. Denn die natürliche Begabung des Menschen ändert sich nicht, so weit auch die Kultur fortschreite. Wie in dem höchstgebildeten Einzelmenschen die oben angedeuteten körperlichen und psychischen Nothwendigkeiten nicht aufhören, wenn auch ihre Einwirkungen vielleicht weniger offen zu Tage treten, ebenso beharrt im Staatsleben die Menschennatur bei ihrer ursprünglichen Zusammensetzung, und damit also auch das Staatsgefüge selber bei den social-politischen Grundkräften, die es im Laufe der Zeit hervorgerufen haben. Handelt es sich demnach um praktische, staatliche Fragen in der Gegenwart, so wird man am sichersten gehen, wenn man, unbekümmert um die in dem Staatsbau etwa vorhandene kulturliche Ornamentik, nur die eigentlichen Stützen seiner Gewölbe und seiner Kuppel im Auge behält. Diese an sich schwerfälligen Blöcke lassen sich allerdings nach Außen hin mit dem Meißel reich verzieren. Die im Staate vorhandene Interessenverbindung kann, mit dem gehörigen Stuckwerk versehen, als eine edle Vaterlandsliebe erscheinen. Baukunst und Staatskunst verdienten ja nicht den Namen Kunst, wenn sie nichts als das rohe Gerippe ihrer Form= bildungen zeigen wollten. Das physikalische Gesetz ist überall mathematisch, unpoetisch; hinter den Coulissen der Welt sieht es anders aus, als auf der Bühne. Wie traurig und öde würde jedoch die Welt erscheinen, wenn der Mensch statt auf die Bühne unausgesetzt hinter die Coulissen blicken wollte! Die Phantasie mit all ihrem Wahne ist für den Erdenbürger eine so nothwendige Beigabe seines Wesens. Ihre buntgefärbten Brillengläser müssen ihm die Schroffheiten der Wirklichkeit verklären, deren Schärfen, Ecken und Härten sonst sein Auge verletzen würden. Auch das in dem Einzelnen wie in dem Staatsorganismus sich von selbst bil= dende Flitterwerk ist eine für das unmittelbare Daseyn der Men= schen unerläßliche Nothwendigkeit.

Nur darf sich die Wissenschaft als solche bei ihrem Suchen nach Wahrheit nicht von diesen Außenseiten blenden lassen. Sie kann allerdings, wenn sie den socialen Geheimnissen der Natur nachgeht, auch die von derselben angewandte sociale Ornamentik zum Gegenstande ihres Studiums machen. Allein sie muß dabei immer das Bewußtseyn sich wach erhalten, daß sie es dann nicht mit den Fundamentalkräften des politischen Lebens zu thun hat. Will man jedoch ehrlich gegen sich selbst seyn, so hat man einzu= räumen, daß früher die Staatswissenschaft vielfach eben jene Orna= mentik mit den Grundmauern des Staatsgebäudes verwechselte. Den heutigen geistigen Inhalt des Staates machte sie zu seinem eigent= lichen Wesen, dem sie allein ihre Aufmerksamkeit zuwandte. Daher schob sie denn bei einzelnen thatsächlichen Erscheinungen nur zu gern der individuellen Moralität oder Immoralität Etwas zur Last, dessen Ursache weit mehr in einer unerwünschten Wirkungs= äußerung der social=politischen Mächte steckt.

Es bedurfte deßhalb der vorstehenden Darlegung unserer staat= lichen Anschauungen, um bei der Beurtheilung der gegenwärtigen politischen Verhältnisse in Deutschland dem Leser von vornherein einen festen Maßstab zu verleihen, an welchem er das Wesen, die Nachhaltigkeit und die Tendenz der im Vaterlande vorwaltenden

Kräfte abzuschätzen vermag. Das Streben des deutschen Volkes, endlich, wie die übrigen Völker, zu einer vollen Nation zu werden, seine lang gehegte Hoffnung auf eine künftige staatliche Größe bringt es bei seiner ohnehin vorherrschenden Neigung zu idealen Auffassungen in die Gefahr, in der Richtung zu jenem Ziele falsche Wege einzuschlagen. Wir wollen es von vornherein nicht in Abrede stellen, daß ein Krieg nach Außen mit seinen nothwendigen socialpolitischen Folgen der staatlichen Concentration in Deutschland Vorschub leisten kann; nur gilt es dabei, nie zu vergessen, wie derselbe stets auch zu einem politischen Absolutismus hinführt, und daß er, weil die Grundmacht des Bürgerthums, der Reichthum, dann durch ungeheure Kapitalzerstörungen namhaft geschwächt wird, nichts weniger als geeignet ist, die Bestrebungen zu fördern, welche auf die Durchbildung einer wahren constitutionellen Monarchie bei uns hinarbeiten. Nicht zufällig sind gerade diejenigen Lebenskreise in Deutschland heut zu Tage am kriegerischsten gesinnt, die von einer Entwicklung des Bürgerthums eine Beeinträchtigung ihrer Vorrechte befürchten; sie kennen das Wesen des Krieges, während die in der Menge vorhandene allgemeine nationale Begeisterung vielfach seine wohlthätigen Consequenzen zu hoch und seine schlimmen Nachwirkungen zu gering anschlägt.

II.

Eine allgemeine internationale Rechtsgrundlage, wie sie am Ende der großen von Europa gegen Napoleon I. geführten Kriege auf dem Wiener Congresse für die Staaten unseres Erdtheils in gegenseitigem Uebereinkommen festgesetzt wurde, war bis dahin in der Geschichte der Menschheit noch nicht zur Anerkennung gekommen. Allerdings enthielt bereits der Frieden von Münster und Osnabrück, der den dreißigjährigen offenen Kampf zwischen Protestantismus und Katholicismus zum Schweigen brachte, theilweise einen Ansatz zu einem europäischen Staatengrundgesetz. Allein einerseits umfaßte derselbe keineswegs alle Mitglieder der Völkerfamilie unseres Erdtheils, und andererseits waren die zwischen den Staaten vorhandenen verknüpfenden Verhältniſſe, namentlich diejenigen wirthſchaftlicher Natur, in der Mitte des ſiebenzehnten Jahrhunderts noch zu wenig ausgebildet, um ſchon zu dauernden internationalen politiſchen Bildungen führen zu können. Was jene Verſammlung der Staatsmänner in Weſtphalen an poſitivem Völkerrechte zu Tage gefördert hat, iſt ſomit eigentlich mehr der Ausdruck der Thatſache, daß in der damaligen Zeit die ſocial-politiſchen Kräfte angefangen haben, die abgeſchloſſenen Nationalgrenzen zu überſchreiten, als ſchon eine ſolche lebensfähige internationale Organiſation ſelber. Die Wiener Congreßakte dagegen mit ihren neuerdings ſo vielfach betonten Verträgen enthält wirklich den erſten Verſuch, die Ergeb= niſſe des Krieges, an welchem ſo ziemlich der geſammte Erdtheil ſich betheiligt hatte, im Betreff der europäiſchen Staatsbeziehungen auf das Rechtsgebiet zu übertragen. Zum erſtenmale in der Welt= geſchichte iſt einem Friedensabſchluſſe die ſelbſtbewußte Aufgabe geſtellt, nicht bloß den Krieg zu beendigen, ſondern auch zur Ver= meidung eines künftigen Krieges ſocial= ſtaatliche Vorkehrungen zu treffen. Der vorangegangene Krieg gebar endlich das Verſtändniß von der Nothwendigkeit eines europäiſchen Gleichgewichts.

Mit dieſen Worten ſoll jedoch keineswegs geſagt ſeyn, daß die in der öſterreichiſchen Hauptſtadt tagenden Diplomaten durchweg oder auch nur zum größeren Theile die ſchöpferiſche Tragweite ihrer Arbeit klar begriffen hätten. Kosmopolitiſcher Humanismus hat daſelbſt fürwahr nicht vorgewaltet. Im Gegentheile feilſchten die Geſandten, meiſtens in der kleinlichſten Auffaſſung der Dinge, unmittelbar um die Intereſſen ihrer Länder, wie um ihre Privat= intereſſen; und wenn ihre Herren nicht zu dem gewünſchten Ver= gleiche gelangen konnten, ſo ſchlugen ſie zeitweilig wohl wieder ans Schwert. Das aus den verſchiedenen Staatsbildungen that= ſächlich hervorgegangene Gleichgewicht vielmehr zwingt die einzelnen Glieder Europa's zur gemeinſamen Regelung der unter ihnen noch nicht geordneten internationalen Angelegenheiten; ſelbſt wider ihren Willen mußten dieſelben manchmal Zugeſtändniſſe machen, deren Objekt von der Natur gegeben war.

Läßt ſich nun nach der in der erſten Abtheilung dieſer Schrift

versuchten Darlegung des staatlichen Entwicklungsprocesses in Europa
annehmen, daß im Großen und Ganzen die vorhandenen Staaten
der vorhandenen natürlichen Raumgliederung unseres Erdtheils in
ihrem Umfange entsprechen, dann darf man auch der Wiener Congreßakte im Allgemeinen die Bedeutung eines europäischen Constitu-
tionsentwurfes einräumen.   Wie stark also immerhin in Folge
einzelner historischen Fakten das internationale Gleichgewicht gestört
werden mag, auf die Dauer kehrt der ausschlagende Pendel in die
Ruhe der Mitte zurück, in der die großen social-politischen Kräfte
ihre Ausgleichung finden.   Wenn jedoch dessenungeachtet seit 1815
kaum ein Jahrzehnt aufzuweisen ist, in welchem nicht der Frieden
an irgend einer Stelle länger oder kürzer gestört wurde, und untergeordnete Fragen jeden Augenblick Unterbrechungen in demselben
hervorzurufen drohen, so liegt die Ursache davon in der innigen
Berührung der vielfach künstlich aufrecht erhaltenen inneren Zustände der Staaten mit den unvermeidlichen zwischenländischen
Streitigkeiten.   Die politische Welt Europas ist bis jetzt noch nichts
weniger als vollkommen.   Der Gegensatz der heutigen Staatskunst
zu der Staatsnatur, wenn wir uns so ausdrücken dürfen, hat
nämlich eine Verwirrung hervorgerufen, deren einstiges Ende noch
unabsehbar bleibt.

Bietet überhaupt das Leben eines Staates mannigfache Ver-
gleichungspunkte mit dem Leben des Einzelmenschen dar, so stellt
sich auch bei ihm die Erscheinung ein, daß derselbe, nachdem er
einmal aus dem unmittelbaren instinktiven Daseyn herausgetreten
ist, in dem innerhalb seiner Sphäre beginnenden Selbstbewußtseyn ein Moment gewahren muß, welches zu der dem politischen
Organismus eigenen Natur anfänglich in Widerspruch tritt.   Man
könnte diese Periode die Jünglingsjahre des Staates nennen.   Denn
bei dem Individuum, welches die Kinderzeit hinter sich hat, geht
Gedanken und Willen gleichfalls sehr oft über die Bedingungen
des menschlichen Daseyns störend hinaus, bis endlich bei gesunder
männlicher Entwicklung Streben und Möglichkeit mit einander in
Einklang kommen.   Auf den untersten Stufen der Staatsentwicklung gibt es so zu sagen gar keine Staatskunst.   Welche Politik

vermöchte wohl eine Jägerhorde durchzuarbeiten, um ihre Einrich=
tungen systematisch anzuordnen oder abzuändern? Dagegen liefert
schon dem Hirtenthume die Religion Mittel an die Hand, vermöge
deren die natürlich herrschenden Gesellschaftsmitglieder ihre Stellung
zu befestigen und die Grenzen ihrer Macht auszudehnen vermögen.
Die Priesterweisheit nimmt alsbald einen politischen Charakter an.
Sie versteht es sehr frühe, das Abhängigkeitsgefühl der Menschen
von einer höheren Weltmacht dergestalt auszubeuten, wie es in
der gegebenen social=politischen Gliederung den speciellen Interessen
der auf die Theokratie gestützten Schichten entspricht. Das gesammte
Alterthum liefert dafür, namentlich in der asiatischen Welt, sehr
bemerkenswerthe Belege. Handhaben geistiger Art werden in An=
wendung gebracht, um durch dieselben die unmittelbar aus den
Verhältnissen hervorgewachsenen Gesellschaftszustände in kluger Be=
nützung der im Menschen liegenden psychischen Bedürfnisse zu mobi=
ficiren. Die Theokratie läßt sich recht eigentlich als die Erfinderin
der künstlichen Politik bezeichnen, bei der die spätere Staatskunst
vielfach in die Schule gegangen ist. Im Hirtenthum ist es jedoch
noch nicht der Staatsverband als solcher, auf dessen innere Noth=
wendigkeiten die herrschende Klasse ihre übergreifenden Ansprüche
zurückführt. Ein Begriff „Staat" existirt für sie noch gar nicht.
Vielmehr gehen alle Gesetze unmittelbar von den Befehlen der
Gottheit aus, deren Vermittlerin eben die Priesterkaste ist. Daher
spielen denn in den embryonischen Zeiten der social=politischen
Organismen, die alle mehr oder weniger theokratische Erinnerungen
in sich tragen, Zeichen und Wunder eine so hervorragende politische
Rolle. Die Priesterpolitik kann des Vogelfluges, der thierischen
Eingeweide, und was dahin gehört, nicht entbehren; und da die
von ihr gebrauchten Hebel durchweg auf Symbole hinauslaufen,
so ergibt sich bei ihr der Kreis der Wissenden im Gegensatze zu
der Schaar der Nichtwissenden, der Esoterismus und der Exoteris=
mus von selbst. Die kriegerische Königsmacht sucht dann zu ernten,
was die Priesterschaft für sich gesäet hat. Sie, die ihren Ur=
sprung, wie wir gezeigt haben, der für eine jede größere sociale
Gruppe nothwendigen militärischen Einheit zur Sicherung gegen

auswärtige Feinde verdankt, trachtet ebenfalls darnach, statt ihn
wahrheitsgemäß auf das angedeutete social-politische Moment zu
begründen, denselben mit der Religion in die innigste Verbindung
zu setzen. Nicht das in der gesellschaftlichen Gliederung wirkende
Gesetz hat den Thron der Könige aufgerichtet; die Gottheit selbst
mit eigener Hand hat ihn gebaut, und meistens wird er von einem
„Sohne der Gottheit" zuerst eingenommen. Zum Danke für solche
Dienstleistung erhält deßhalb auch die Gottheit ihrerseits in dem
Cultus eine dem irdischen Königthum entsprechende Einkleidung.
Der ganze königliche Hofstaat wird auf den Himmel übertragen;
und wo einmal in einem Kriegsreiche der alten Zeit die Selbstständigkeit der Priesterschaft durch den König überwunden ist, stützen
sich beide fortan gegenseitig gegenüber von der Masse der Unterthanen und deren naturgemäßen menschlichen Interessen. So entfernt denn die Politik gleich bei ihrem Einsetzen den social-politischen Organismus von der gesellschaftlichen Basis, auf welcher er
entsprungen ist. Die künstliche Ornamentik des Staatsgebäudes
sucht immer mehr die eigentlichen Grundpfeiler desselben zu verdecken.

In dem Stadtstaate dagegen gestalten sich die Verhältnisse in
ihrem Ausgange anders, wenn schon die hier auftauchende Staatskunst gleichfalls darüber aus ist, die natürliche gesellschaftliche
Schichtung der Menschen in eine künstliche zu verwandeln. Geschichtlich hat es allerdings im Alterthum keine selbstständige Stadt
gegeben, die nicht aus der Vergangenheit her der Theokratie bestimmte politische Hülfsmittel entliehen hätte — der Auguren konnte
Rom lange nicht völlig entrathen; und auch in der mittelalterlichen
Stadtverwaltung hilft die Vorrathskammer der römischen Hierarchie
im Nothfalle aus. Da indessen die Stadt nicht bloß dem geistigen,
sondern auch dem leiblichen Auge vermöge ihrer Ringmauern schon
sehr frühe als ein einheitlicher social-politischer Organismus erscheinen
mußte, der also weit eher als das „Reich" auch begrifflich aufgefaßt wird, so ist es bei ihr „das Wohl der Stadt," welches die
Politik der über ihre natürliche Berechtigung hinausgehenden herrschenden Klassen zu stützen hat. In dieser Beziehung ist die Lehre

des Menenius Agrippa von der Aufgabe des Magens im Körper,
der sich die übrigen Glieder des Leibes unterzuordnen haben, ein
sehr wichtiges social=historisches Document. Sie zeigt uns nämlich
den Ausgang, welchen die Staatskunst innerhalb einer Stadt selbst=
bewußt nimmt, um mit den Anforderungen der organisch geglie=
derten Einheit die politischen Uebervortheilungen des Adels gegen
die thatsächliche Bedeutung der Plebs zu schützen. Als jedoch
dessenungeachtet später Rom sich aus dem Gleichgewicht der in ihm
waltenden Kräfte gesund entwickelte, verloren die Geschlechter Schritt
für Schritt mit ihrer wirklichen Ueberlegenheit auch die zur
Deckung derselben verwandten künstlichen Mittel; bis mit dem
beginnenden Cäsarenthum ein Stück asiatischer Theokratie sich der
Politik des Kaiserthums beimischte.

Was sich auf solche Weise in dem kaiserlichen Rom bereits als
eine feste Staatskunst ausgeprägt hatte, wird, als die Binnen=
reiche Europa's den Faden der Menschheitsgeschichte aufnahmen,
völlig wieder verloren. Das feudale Ackerbaureich, wie es von
den untersten Stufen der social=politischen Schichtung auf's Neue
ausgeht, besitzt selbstverständlich noch nicht eine Theorie seines Ge=
füges, die zu bestimmten Modifikationen seiner gesellschaftlichen
Gliederung zu gebrauchen wäre. Bei dem privatrechtlichen Cha=
rakter aller damaligen politischen Verhältnisse beschränken sich auch
alle auf dem politischen Gebiete auftauchenden Bestrebungen rein
auf die Befriedigung von Privatinteressen. Der König sucht das
Obereigenthum über sein Reichsgebiet zu gewinnen, kein Vasalle
neben ihm darf zu selbstständig werden; der Adel bemüht sich auf
seinen kleineren Territorien in kleinerem Maßstabe ein ähnliches
Verfahren einzuhalten, und die Kirche folgt dem Beispiele beider.
Erst mit dem Auftreten des Bürgerthums, als das Reich bereits
eine mehr einheitliche Form auszubilden anfängt, ist die selbstbe=
wußte Tendenz der Krone darauf gerichtet, die Angehörigen des
unbeweglichen und des beweglichen Eigenthums durch einander in
Schach zu bringen und so über den Häuptern derselben ihre eigene
Befugniß auszudehnen. Dieses System faßt dann um so mehr
Fuß, je weiter die Umgestaltung des Reiches in den nationalen

Staat vor sich geht. Daher ist es denn auch ebenso wenig als die am Schlusse des Mittelalters Platz greifenden neuen national- staatlichen Einrichtungen in Heer und Verwaltung etwa ein Zufall, daß gleichzeitig mit ihnen in Macchiavelli's Principe die Theorie der Staatskunst, die damals unbedingt maßgebend war, zum vollen Selbstbewußtseyn gelangte. Man soll nämlich den florentinischen Secretär keineswegs für den Erfinder seiner Lehre halten, sein Verdienst oder sein Verbrechen besteht vielmehr einzig darin, daß er die in seiner Zeit bei den Machthabern umlaufenden politischen Ideen klar ausgesprochen hat. An der sich stets erweiternden Macht- fülle des Kriegskönigs hatte sich ursprünglich thatsächlich nach und nach das politische Ganze herangebildet; aber da sich nun im Laufe der Jahrhunderte immer neue gesellschaftliche Momente um das Militärgerüste ansetzten, welche die politische Anerkennung ihrer socialen Berechtigung mit Wort und That zu erstreiten suchten, so galt es fortan, im Interesse der königlichen Macht durch Anwen- dung künstlicher Mittel diesen natürlichen Proceß zu kreuzen. Es darf uns demnach nicht überraschen, es ist nur eine innere Folge- richtigkeit, wenn wir nunmehr den beginnenden Absolutismus seinen theoretischen Halt und seine praktische Kräftigung, wie im Alterthum, zunächst aus den religiösen Anschauungen der Menschen herholen sehen. Nicht die natürliche Nothwendigkeit einer einheit- lichen Staatsspitze wird als die Mutter der Monarchie ausgegeben; die „Gnade Gottes" hat die Könige eingesetzt, und jedes Auflehnen der im Staate einbegriffenen socialen Elemente gegen die Ueber- gewalt des Königs ist daher zugleich eine Versündigung gegen den Willen Gottes.

Diese, dem religiösen Glauben entlehnte, theoretische Rechtfer- tigung der königlichen Macht wurde dann von der in königlichen Diensten stehenden Staatswissenschaft in das nothwendige System gebracht. Denn sobald einmal in einem Völkerleben die Staats- kunst auftaucht, d. h. das selbstbewußte eigenmächtige Eingreifen in die vorhandene naturgemäß entstandene Gliederung des staatlichen Organismus, treibt auch die Staatswissenschaft ihre ersten Sprossen. Lange, lange Zeit hindurch hat es im europäischen Mittelalter

keine eigene Staatswissenschaft gegeben, und die aus dem Alter=
thume herstammenden politischen Theorien lagen vergessen in der
Ecke. Es gab nur eine theoretische Erfassung und Begründung der
römischen Hierarchie aus dem einfachen Grunde, weil es eine
hierarchische Politik des Stuhles Petri gab. Erst als die Hohen=
staufen eine nachhaltigere Staatsconcentrirung beginnen, bemühen
sich auch ihre Hofjuristen, die beanspruchten kaiserlichen Prärogative
wissenschaftlich aus den Sätzen des römischen Rechtes herzuleiten.
Was aber an Staatswissenschaft mit der Herrschaft der Hohenstaufen
entstanden war, sank auch mit ihr im Strom der zurückkehrenden
feudalen Zeiten dahin. Das dem Staatsleben zugewandte Studium
der Menschen beschränkte sich wieder auf das Privat= und Crimi=
nalrecht. Auf diesem Felde allein zeigen sich in der folgenden
Periode wissenschaftliche Verarbeitungen der herausgetretenen socialen
menschlichen Erfahrungen. Neben den juristischen Codificationen
treffen wir nach der „goldenen Bulle" keine schriftlichen Constitu=
tionen weiter an; die politischen Aktenstücke bleiben Einzelverträge,
Compromisse, — die Magna Charta — von der einen socialen
Macht mit der andern in gegebenen Fällen abgeschlossen. Als
jedoch am Ende des fünfzehnten Jahrhunderts die Kronen in Spa=
nien, Frankreich, England und Deutschland den politischen Versuch
der Hohenstaufen abermals aufnahmen, verrieth auch sogleich die
embryonische Staatswissenschaft, die in der Zwischenepoche völlig
geschlafen hatte, neue Bewegungen.

Allein sie kommt, indem sie das Licht der Welt erblickt, nicht
gleich Minerva in voller Rüstung aus Jupiter's Haupte; sie ist
vielmehr, wie das ja nicht anders seyn konnte, ein Kind mit kin=
dischen Begriffen. So berühmt und bedeutend im Leben alle jene
Männer immerhin gewesen sind, welche die Geschichte der Staats=
wissenschaft von Macchiavelli an bis zu den Encyclopädisten hin
als politische Schriftsteller aufführt, ihre Theorien erfassen insge=
sammt nicht das innerste Wesen des Staates. Anfänglich reine
Utopien, schreiten dieselben auch später über einen bestimmten
abstrakten Gedankenkreis nicht hinaus. Der Staat ist mehr oder
weniger Allen entweder ein von vornherein Gegebenes, nicht ein

nach und nach sich ausbildende Produkt der socialen Naturanlage des Erdensohnes unter den vorhandenen äußeren Verhältnissen, oder er ist eine willkürliche Schöpfung des Menschen, die in ihren Grund= formen somit auch willkürlich verändert zu werden vermag. Sie construiren den Staat, sie suchen nicht ihn in seinem naturgemäßen Werden zu begreifen; und indem sie dergestalt nicht zu dem Ver= ständniß seiner fortschreitenden organischen Umwandlungen vor= dringen, liefern sie schließlich allen den social=politischen Elementen, die ihrem Wesen nach das Recht des Individuums über das Gleich= gewicht der im Staate waltenden Kräfte stellen, theoretische Waffen in die Hand; auf der einen Seite dem Absolutismus der Krone, die da sagt: „der Staat bin ich,“ auf der andern Seite der Demo= kratie, welche mit ihrer Proklamirung der Menschenrechte das orga= nische Gefüge des Staates in Atome zersetzen will.

So lange aber die Theorie vom Staate nicht in der völlig wahren Erfassung seines innersten Wesens besteht, ist allemal die gerade im Staate übermäßig herrschende Gewalt geneigt, ihre selbst= süchtige Politik auf ein ihr zusagendes staatswissenschaftliches System zu stützen, während umgekehrt ihre Gegner gleichfalls ihre An= sprüche aus ihren staatlichen Anschauungen herleiten. Dieser Kampf der Meinungen berührt freilich die wirklich innere Geschichte des Staates da sehr wenig, wo die in ihm vorhandenen Kräfte sich in guter Gesundheit nach ihrem Verhältnißwerthe ins Gleich= gewicht zu setzen suchen. Die constitutionelle Monarchie Englands hat sich trotz der staatswissenschaftlichen Lehren von Hobbes, Locke und Hume aus der Verquickung von Kriegskönigthum, Feudalität und dritten Stande auf dem Inselreiche national entwickelt, und nicht etwa Edmund Burke's staatsrechtliche Mystik, sondern ihre eigene natürliche Organisation hat sie vor dem doktrinären Gifte der französischen Revolution geschützt; wie sie denn auch heute noch in der ihr eigenthümlichen richtigen Grundfügung die neu statt= habenden socialen Aenderungen stets politisch auszugleichen vermag. Wo dagegen ein solches unmittelbares, glückliches Herauswachsen der Staatsform aus den thatsächlichen Zuständen bereits dauernd gestört ist, erhalten jene falschen staatlichen Doktrinen auf Seiten der Macht wie bei der Opposition eine nicht abzuleugnende, tief eingreifende Wirksamkeit. Nachdem einmal Frankreich unter dem theoretisch wie praktisch durchgeführten Absolutismus wirthschaftlich ruinirt war, verlor zugleich seine innere Politik jeden festen Boden für wirkliche lebensfähige Neuschöpfungen. Was die Staatskunst der legitimen Monarchie etwa noch nicht vernichtet hatte, fand durch die Staatskunst der Revolution seinen völligen Untergang. Ein abstraktes Gefüge sollte den naturgemäßen Organismus ersetzen; man griff von einem verfehlten Experimente zum andern. Da blieb denn dem unglücklichen Lande schließlich nichts anderes übrig, als zu dem Ausgang aller staatlichen Gliederung, zum Kriege, zurückzukehren. In dem Napoleonismus fand der thatsächlich, wie theoretisch, aufgelöste französische Staat zuerst einen neuen Zusammenhang wieder. Eine Nation, deren inneres social-politisches Leben in Fäulniß übergegangen ist, sieht sich allemal, so lange sie einer hinreichenden Einsicht in das Grundwesen des Staates entbehrt, auf einen großen Krieg nach Außen hingewiesen, falls sie nicht untergehen soll. Man könnte dieses Gesetz eine social-politische Radikalkur der Natur nennen; nur ist es nicht gesagt, daß dieselbe immer bei allen Staatskörpern anwendbar ist, die sich im Unbehagen über ihre inneren Zustände nach einem Kriege sehnen.

Es ist bekanntlich oft wiederholt worden, daß die politischen Ideen der französischen Revolution ihre Runde durch ganz Europa gemacht haben und noch machen. Fragt man indessen nach der Ursache, welche jene staatlichen Theorien einen solchen Anhang und damit eine solche Macht gewinnen lassen konnte, so lautet gewiß die Antwort: dieselbe ist in der bei der Menge vorherrschenden Täuschung über das Grundwesen des Staates enthalten, welche Täuschung der Menge nur die Kehrseite der von dem Absolutismus beliebten falschen Staatskunst bildet. Weil überall auf unserem Erdtheile der natürliche Proceß der social-politischen Gliederung und Rechtsbildung durch die Bekenner der florentinischen Schule in den Staaten unterbrochen worden ist, indem dieselben die naturgemäße Beschränkung ihrer Macht hintanzuhalten suchten, hat sich über der Verwirrung der thatsächlichen Verhältnisse eine Verwirrung der politischen Begriffe eingestellt, welche dem vermeintlichen Triumphzuge der Theorie Thür und Thor öffnet. Wir geben es zu, auch die Politik hat ebenso gut der Symbole nöthig als die Religion. Ein Volk besteht nicht aus lauter Philosophen, und selbst diese vermögen nicht unaufhörlich in der Begriffswelt zu leben. Ist ein Flächenstaat, in der unmittelbaren Nähe gleich starker Flächenstaaten, ohne königliche Spitze ein Unding, dann bedarf das unerläßliche Königthum unerläßlich eines Königs, und der König der königlichen Würde und Stellung, wie sie dem geschichtlich gebildeten Bewußtseyn des Volkes angemessen ist. Nicht minder müssen die Repräsentanten der übrigen social-politischen Kräfte des Staates in Heer und Verwaltung ihrer Würde entsprechend auch äußerlich hervorgehoben seyn. Allein das Symbol darf sich nicht von der Grundbedeutung, dem es seinen Ursprung verdankt, loslösen und zum Wesen der von ihm überkleideten Macht selber, das Kleid nicht zum Körper werden wollen, sonst zieht die Verwechslung hier die Verwechslung dort nach sich. Welch ein entsetzlicher Mißbrauch ist aber nicht bis in unsere Tage hinein mit den Symbolen des Staates getrieben worden, um durch diese Ueberhebung die von ihnen vertretenen monarchischen und bureaukratischen Momente in dem Kampfe gegen die naturgemäße Mitberechtigung des Bürgerthums im Staate zu kräftigen! Bleibt es da zu verwundern, daß dieses Bürgerthum als „das Volk" gleichfalls zum Symbol erhoben wurde, und in dem nämlichen Verhältnisse wie jene über seinen natürlichen Berechtigungsbereich hinausging? Die historisch einzig richtige Staatsform ist für die europäischen Flächenstaaten die constitutionelle Monarchie; in ihr findet sich die Kriegsherrschaft mit dem Reste der früheren Ackerbaufeudalität und den politischen Ablagerungen des beweglichen Eigenthums organisch vereinigt. Wird nun ihres Theils die Monarchie zum Absolutismus, so zwingt sie das Bürgerthum nothwendig theoretisch wie praktisch zu dem der Stadt entlehnten Republikanismus hinüber. In England haben die französischen Ideen keine dauernde Propaganda gemacht, während ihnen auf dem Festlande der Absolutismus den Acker reich gedüngt und gepflügt hatte.

Kehren wir nun zu den staatsrechtlichen Resultaten des Wiener Congresses zurück, so erhellt aus obigen Andeutungen über den Zwiespalt, in welchem sich in Europa fast überall Staatskunst und Staatsnatur zu einander befinden, daß die an der Donau festgesetzte internationale Akte keineswegs eine endgültige und für alle Zeiten maßgebende seyn wird. Wir möchten hier freilich fürwahr nicht in den Verdacht gerathen, als wollten wir der in Italien spielenden Intrigue Frankreichs das Wort reden. Können wir uns jedoch einmal nicht verhehlen, daß ein selbstständiger Staat das Recht hat, Verträge zu kündigen, welche durch die Umstände unhaltbar geworden sind, wie er das Recht besitzt, Verträge abzuschließen, so müssen wir uns ferner erinnern, daß der Geist, in welchem jenes europäische Staatengrundgesetz abgefaßt ist, eben auch nichts weniger als in Harmonie mit der Natur des Staates steht. Es waren damals ganz einseitig nur die Fürsten und die in ihren Interessen arbeitenden Hofdiener, die Kriegsherrschaft, der Feudal- und Beamten-Adel, welche ihren eigenen politischen Vortheilen gemäß die Staaten neu einrichteten; der dritte Stand, das Bürgerthum blieb dabei von einer Mitbetheiligung völlig ausgeschlossen. Die zwanzigjährigen Kriege hatten überhaupt die Macht der einheitlichen Staatsspitzen im Verhältniß zu den sonstigen social-politischen Momenten der Staaten bedeutend verstärkt, während dagegen der arbeitende Bürgerstand durch die ungeheuren Opfer, welche die Kämpfe an Gut und Menschenleben verlangt hatten, in gleichem Maße geschwächt war. Dazu kam, daß der endliche Sieg über Frankreich auch als ein endlicher Sieg über die französischen Ideen angesehen wurde; die alte Staatskunst des Absolutismus triumphirte über die der äußeren Mittel beraubte Opposition in jedem einzelnen Staate, die nur durch die politische Unnatur der alten Staatskunst im Laufe der letzten drei Jahrhunderte ins Leben gerufen war. Wenn man die hochweisen Reden aller der Männer des Wiener Congresses, mit Ausnahme von Stein und W. v. Humboldt, durchgeht, so wird man zu dem traurigen Resultate gelangen, daß in keiner derselben das richtige Verständniß eines gesunden staatlichen Organismus, wie er der wirthschaftlich vorgeschrittenen

Zeit entspricht, auch nur annähernd enthalten ist. Die glänzende Dialektik, die damals einzelne Diplomaten entwickelten, ist, bei Lichte besehen, doch nichts als Sophistik, um mittelst selbstgemachter Theorien über das Wesen des Staates das natürliche Gleichgewicht seiner social-politischen Momente zu Gunsten des Absolutismus zu beseitigen. Dieses von den herrschenden Klassen in allen Staaten getheilte Bestreben führte dann in der europäischen Staatenwelt zu politischen Consequenzen, wie sie bis dahin der europäischen Geschichte fremd gewesen waren.

Wir haben nämlich früher gesehen, daß die Hauptberührungen der Staaten unter einander, die sich auf einem bestimmten Flächenbereich abgegrenzt haben, durch das bewegliche Eigenthum vermittelt werden, welches, seiner Natur nach an keine agrarischen Grenzen gebunden, seine Maschen über den ganzen Erdball auszubreiten sucht. Ohne solche verknüpfende Fäden würden die Staatskörper, nachdem sie sich im Laufe der Geschichte auf den natürlichen Raumgebieten festgesetzt haben, unverbunden, wie Landgüter, neben einander da liegen; ein jeder lebte für sich. Denken wir uns nun einen Staatencongreß, wie er zu Wien 1815 stattfand, der wirklich die Basis einer internationalen Völkergliederung selbstbewußt constituiren will, so sollten wir glauben, derselbe habe, nachdem einmal eine Verständigung über die Raumvertheilung erzielt worden ist, seine ganze Aufmerksamkeit den Angelegenheiten des zwischenländischen Verkehrs und dessen Bedürfnissen zuzuwenden; und zwar um so mehr in einer Epoche, die eine künstliche Maßregel wie die Continentalsperre kurz vorher sattsam über die Einwirkungen einer Störung im Welthandel belehrt hatte. Statt dessen werden die internationalen commerciellen Dinge, der eigentliche Boden für zwischenstaatliche Institutionen, auf dem Wiener Congresse mit einigen Phrasen abgefertigt. Die Diplomaten haben gar keine Ahnung davon, in welchem Stadium der naturgemäßen Staatsentwicklung Europa sich im neunzehnten Jahrhundert befindet; die unnatürliche Staatskunst des Absolutismus, der sie Alle huldigen, treibt sie im Gegentheile zu einer mehr oder weniger unmittelbaren Negation solcher naturgemäßen internationalen

Schöpfungen hinüber. Nicht in der Beförderung des beweglichen Eigenthums und des ihm angehörenden dritten Standes, welcher in seiner allgemeinen Arbeitsvertheilung die nationale Abgeschlossenheit durchbricht, so daß eine Staatenfamilie thatsächlich sich organisiren kann, findet der Wiener Congreß den Boden für die Gemeinsamkeit unter den Staaten — der Gegensatz, in welchem die Politik des Absolutismus überall zu dem Bürgerthume und seinem Wesen steht, die sogenannte „Solidarität der conservativen Interessen," den politischen Ansprüchen des dritten Standes gegenüber, bildet vielmehr jetzt nach augenblicklichem Auslöschen des französischen Revolutionsheerdes den Punkt, in welchem die Fürsten und Diplomaten Europa's sich vereinigen. Aus der positiven internationalen Rechtsschöpfung, zu welcher das Endergebniß des großen Krieges auf dem Wege des Compromisses naturgemäß hätte führen sollen, wird durch die alte Staatskunst des Absolutismus, der Wirklichkeit nach, eine internationale Polizeianstalt zur Unterdrückung der natürlichen Weiterentwicklung, welcher die Staaten Europa's zustreben. Das ist das Grundwesen von der mit politischer Symbolik und Mystik umkleideten „heiligen Allianz," als deren rechtmäßiges, ehelich erzeugtes Kind dann die heutige internationale Demokratie sehr bald geboren ward.

Eine derartige social-politische Erscheinung, wie die gegenwärtige internationale Demokratie, ist in der ganzen früheren Geschichte Europa's zu keiner Zeit und nirgendswo anzutreffen. Als sich am Ausgange des Alterthums die alten nationalstaatlichen Verbände unter Roms Herrschaft aufgelöst hatten, während das römische Reich selber nach und nach seinen staatlichen Zusammenhang verlor, vereinigte die, von jedem national-politischen Beisatze freie, christliche Religion ihre Bekenner über die Staatengrenzen hinaus zu einer social-religiösen Gliederung vereinigte, die dann endlich im Papstthum ihre allgemeine — katholische — Kirchenorganisation erhielt. Allein wie sehr auch dadurch die römische Hierarchie, die in diesem kosmopolitisch-religiösen Boden fußt, später zu den allmählig beginnenden europäischen Nationalstaaten in Gegensatz gebracht wird, so stellt sie doch einen bestimmten gesellschaftlich-kirchlichen Bau den einzelnen unter einander getrennten gesellschaftlich-staatlichen Gebäuden entgegen. Sie ist nicht darüber aus, die social-politische Welt in Atome aufzulösen. Die consequente internationale Demokratie dagegen verneint von dem Standpunkte des Individuums jeden organischen gesellschaftlichen Verband; sie ist das System der Zusammenhangslosigkeit unter den Menschen. An und für sich wird das bewegliche Eigenthum trotz seines kosmopolitischen Wesens auf das Interesse an einem organischen Staatsverbande zurückgewiesen, weil nicht nur die ihm angehörende Bevölkerung bei aller ihrer Beweglichkeit doch feste Wohnsitze haben muß, wo sie mit Person und Gut in militärischer und Rechtssicherheit steht; sondern bei der Unmöglichkeit eines sich von selbst ergebenden ewigen Friedens auf Erden — pax quaeritur bello, war der Wahlspruch von Oliver Cromwell — bedürfen auch ihre zwischenländischen Lebensäußerungen eines nationalstaatlichen Rückhaltes. Der Weltkaufmann ist mit seinen Gütern auf dem Erdballe schutzlos, wenn ihn nicht die nationale Flagge seiner Heimath deckt. Allein eben in diesem natürlichen Zusammenhange, in welchem das Bürgerthum mit seinem jedesmaligen nationalstaatlichen Verbande steht, verlangt es in dem Staate auch die Anerkennung seines social-politischen Moments, die berechtigte Theilnahme am Staatsleben selbst. Wird ihm diese nun von der alten Staatskunst des Absolutismus in einem Staate dauernd versagt, so wird dort der dritte Stand, wie es im achtzehnten Jahrhundert in Frankreich der Fall war, innerhalb dieses Staates zu einer extremen Opposition gegen die naturgemäßen Bedingungen des Staatslebens selber hingezwungen; der extremen Einheit der Monarchie tritt die extreme Freiheit des Republikanismus gegenüber. Verbinden sich indessen gar die Hauptstaaten der Erde zu einer gemeinsamen Niederhaltung des beweglichen Eigenthums, des Bürgerstandes, so verwandeln sie den unnatürlichen nationalen Republikanismus in eine noch unnatürlichere internationale Demokratie. Der zwischenländische Bund der Reaktion ruft den zwischenländischen Bund der Revolution hervor. In diese Phase ist Europa seit dem Wiener Congresse eingetreten.

So hat sich denn nach und nach durch alle die angedeuteten Verhältnisse auf unserem Erdtheile eine Verwirrung der politischen Dinge und der staatlichen Auffassungen eingestellt, daß, wie bei dem Thurmbau von Babel, Keiner mehr des Andern Sprache redet oder versteht. Absolutisten, Männer der Feudalaristokratie, Constitutionelle, Friedensmänner, Republikaner und kosmopolitische Demokraten fahren mit ihren politischen Bestrebungen und Ansichten in jedem Lande bunt durcheinander. Die einfachen Linien der staatlichen Architektonik sind unter dem Maschennetze der Parteiinteressen völlig unkenntlich geworden; selbst die auswärtige Politik der alten Staatskunst bedient sich gegenwärtig der heterogensten Mittel zur Erreichung ihrer Zwecke. Die Autokratie des einen Reiches fühlt kein Bedenken mehr, sich mit der krassesten Demokratie des andern zu verbinden; und ehrliche Constitutionelle bekennen offen ihre Sympathie für die Nationalfeinde ihres Landes, weil sie mit deren Hülfe die absolutistischen Mächte der Heimath zu überwinden hoffen. Der deutsche Liberalismus kleidete sich z. B. vor aller Welt Augen während der dreißiger Jahre in die blau-weiß-rothen Farben Frankreichs, für den Aufstand der Polen betete der auf das Nationalprincip pochende Deutsche; und der Egoismus des bewunderten Englands, sogar da, wo er sich auf unsere Kosten geltend machte, wurde von ihm als beneidenswerthe Politik gepriesen. Natürlicher Weise spielte dabei die politische Mystik und Symbolik eine große Rolle. Denn nicht bloß die Interessen der herrschenden Klassen wurden mit religiösen Hülfsmitteln gestärkt; auch die Opposition hatte bei ihren humanistischen Ideen den festen Boden der staatlichen Realität längst unter den Füßen verloren. So fochten also auf allen Gebieten des öffentlichen Lebens die alte Staatskunst, der Schild eines verblendeten Egoismus, und der junge, von den verschiedensten Stützen getragene Doktrinarismus mit einander. An die unveräußerbaren Bedingungen der menschlichen Natur, aus deren Bedürfnissen der Staatsverband, entsprechend der Ausbildung der ökonomischen Verhältnisse, jedesmal hervorgeht, wird nicht mehr gedacht. Der Staat ist ein Abstraktum geworden, mit welchem man sich auf abstraktem Wege zu verständigen hat. Bei solchen

Zuständen sollte man es daher geradezu als die Schickung einer Vorsehung ausgeben, wenn einmal ein ernsterer Krieg die auf allen Seiten herrschende Verblendung zum klaren, richtigen Sehen nöthigte, und als einfaches politisches Reinigungsmittel möchte derselbe auch sehr wahrscheinlich ungemein wohlthätige Einwirkungen im Gefolge haben. Nur bleibt, namentlich so weit Deutschland in Betracht kommt, dabei zu besorgen, daß die Dinge bereits zu verwickelt geworden sind, als daß ein Krieg ohne Weiteres gesunde national-politische Resultate herbeiführte. Der fernere Verlauf unserer Darlegung wird auf diesen Gedanken näher eingehen.

An und für sich war der Krieg durch die internationale Rechtsschöpfung des Wiener Congresses noch keineswegs für immer beseitigt. Mochten auch die Staaten selber die gewonnene Verständigung unter sich aufrecht erhalten, so konnte es doch nicht ausbleiben, daß die alte Staatskunst, in ihrem unversöhnbaren Gegensatze zu der gesunden Gliederung der staatlichen Elemente, die Masse des Volkes in verschiedenen Ländern auf's Neue zu Revolutionsbestrebungen hinübertrieb; und sobald dieselben einmal in einem größeren Reiche gelungen waren, mußte mit der Störung in der Solidarität der conservativen Interessen, welche bis dahin vielfach die internationale Ruhe verbürgt hatte, auch der zwischenländische Frieden gestört werden. Allerdings waren die europäischen Kabinette sehr eifrig bemüht, nach dem allgemeinen Krach, welchen die Februarrevolution hervorgerufen hatte, die in Frankreich herrschende Macht in den wiederherzustellenden internationalen Bund der alten Staatskunst hineinzuziehen. Für die Niederwerfung der Revolution im eigenen Lande wurde Napoleon III. als Retter von Europa gepriesen. Die Kabinette täuschten sich jedoch über den einen Punkt, daß nämlich ein Thron, der aus inneren Kriegen hervorgegangen und unbedingt auf dem concentrirenden Absolutismus erbaut ist, nothwendig des äußeren Krieges zur Befestigung seiner selbst gegen die ihm naturgemäß widerstrebenden social-politischen Mächte bedarf. Nur so lange Napoleon I. siegreich Krieg führte, stand seine Herrschaft in Frankreich fest; und Napoleon III. wird stets neue militärische Engagements mit dem Auslande hervorzusuchen haben, sobald er über sein Land als Autokrat zu gebieten fortfahren will. Wir wissen nicht, ob, während diese Blätter gedruckt werden, Krieg oder Frieden für den Augenblick in Europa seyn wird. Sollte indessen auch der Tempel des Janus gerade geschlossen seyn, in der kürzesten Frist sind seine Thüren wieder geöffnet. Denn niemals ist ein unrichtigeres politisches Wort ausgesprochen worden, als daß ein auf revolutionärer Unterlage errichtetes Kaiserthum, welches für den Staat die absolutistische Form, wie sie aus dem Kriege hervorgeht, beibehält, gleichbedeutend mit Frieden seyn kann. Der Frieden mit seiner wirthschaftlichen Arbeit belebt die Macht des Bürgerthums und damit die Freiheitsansprüche des Individuums an den Staat; da jedoch Napoleon III. eben nur durch die Unterdrückung dieser Ansprüche seine unumschränkte Herrschaft nach Innen zu schützen vermag, so bietet sich ihm als die beste Handhabe dazu der Krieg nach Außen dar, welcher eine einheitliche Gliederung des Staates verlangt und außerdem mit seinen pekuniären Opfern das Bürgerthum nicht zu übermäßigem Reichthum gelangen läßt. Der Kampf zwischen Deutschland und Napoleon III. kann nicht ausbleiben; seiner Natur nach ist er aber, sowohl in Rücksicht auf uns selbst als auf unsern Gegner ein Kampf sowohl um nationale Selbstständigkeit als um bürgerliche Freiheit. Darum wird er denn auch für Deutschland bei seinen inneren Verhältnissen so ungemein ernst werden.

Das deutsche Volk hat sich allerdings lange nach einem großen Kriege gegen Außen gesehnt. Es lebt in ihm das mehr oder weniger klare Bewußtseyn, daß im Verlaufe desselben ein großer Theil der Hindernisse beseitigt werden würde, die seiner nationalen Durchbildung noch im Wege stehen, und daß nur das siegreiche Schwert ihm die Stellung erringen kann, welche es unter den Völkern Europa's beansprucht. Ein Aufruf zum Kriege fände mithin gegenwärtig bei ihm offene Ohren; das durchgehende Gefühl des politischen Unbehagens erwartet eine gründliche Aenderung der vielfach unerträglichen Verhältnisse, und da die excentrischen, auf innere Umwälzungen früher gesetzten Hoffnungen sich als trügerisch

erwiesen haben, bleibt allen denen, welchen der Schritt der social=
politischen Evolution zu langsam ist, als einziges Hülfsmittel nur
ein Feldzug gegen das Ausland übrig. Wäre es dem Wunsche
Vieler nach gegangen, so hätte Deutschland in demselben Augen=
blick mit Oesterreich die Lanze über die französische Grenze werfen
müssen. Wie sehr man indessen auch geneigt seyn wird, die Be=
rechtigung der politischen Unzufriedenheit im Vaterlande anzuer=
kennen, wie hoch eine kriegerische Begeisterung der Nation zu achten
ist, ganz ohne alle Bedingungen möchten wir in den Satz, daß
bloß ein Krieg Deutschland zu einer gesammtstaatlichen Gestaltung
zu führen vermag, nicht einstimmen, oder doch mindestens die
Aussichten auf den im Kriege zu machenden national=politischen
Fortschritt nicht zu weit ausdehnen. Vergessen wir nämlich zu=
nächst einmal nicht, daß unser ganzes jetzt lebende Geschlecht in
Deutschland eine Friedensgeneration ist, aufgewachsen unter wirth=
schaftlicher oder wissenschaftlicher Arbeit, im behaglichen Wohlleben
eines fleißigen Volkes. Denn schon dieser Umstand wirkt auf den
Einfluß, welchen der Krieg auf unsere politischen Dinge äußern
kann, modificirend zurück. Weil wir den Krieg nicht durch eigene
Erfahrungen kennen, deßwegen erscheint er uns nur zu oft in dem
poetischen Gewande, mit welchem der patriotische Stolz seine
Schrecken in der Geschichte zu verdecken pflegt; wir fragen uns
nicht, ob wir denn wirklich den Ansprüchen eines großen National=
krieges gewachsen sind. Krieg und Sieg ist uns gleichbedeutend,
wenn wir vielleicht auch einräumen, daß für den Anfang bei
unserer militärischen Ungewohntheit einzelne Niederlagen nicht zu
vermeiden seyn werden; und nach dem Siege ist dann sogleich
unmittelbar die deutsche Nationalgestaltung fertig. Diesem doppelten
Wahne kann jedoch nicht scharf und bestimmt genug entgegen ge=
arbeitet werden.

Als der dreißigjährige Krieg über die Fluren von Deutschland
hingegangen war, da lag die Wirthschaft und die Kultur der Nation
für ein Jahrhundert lang am Boden. Die Ueberlebenden kehrten
in Haus und Hof, in Stadt und Land vielfach zu den kleinlichsten
Anfängen des Gesellschaftsthums zurück. Der dreißigjährige Krieg

trägt die Schuld, daß die national-staatliche Entwicklung Deutschlands gerade in der wichtigsten Periode des staatlichen Bildungs-
processes jäh unterbrochen wurde. Wohl hatte derselbe als innerer
Kampf, als Bürgerkrieg einen andern Charakter, als er einem
Nationalkampfe nach Außen beiwohnt. Die ungeheure Kapital-
vernichtung, die er mit sich brachte, lähmte jedoch den Wiederauf-
schwung der Nation nicht minder, als die inneren Zwistigkeiten;
in den ökonomischen Nachwirkungen unterschied er sich in nichts
von einem unglücklichen Kriege nach Außen. Oder glaubt man
wohl, daß es dem deutschen Territorialabsolutismus hintennach so
leicht gelungen wäre, den Staat von Versailles äußerlich und innerlich auf seinen kleinen Gebieten getreulich nachzuahmen, wäre nicht
zuvor das arbeitende Bürgerthum mit dem blühenden Städtewesen
nahezu vernichtet gewesen? Der zweite innere Krieg Deutschlands, der Kampf zwischen Friedrich II. und Maria Theresia,
bildete dann Preußen zu jenem straffen Militärbeamtenstaat aus,
dessen Ueberlieferungen noch vielfach auf unsere Gegenwart zurückwirken. Als wäre die deutsche Welt völlig in die Zeiten des beginnenden Mittelalters zurückgekehrt, so basirte sich die gesammte
preußische Staatsorganisation auf das Heerwesen. Jedes anderweitige social-politische Moment verlor in diesem Gefüge seine
Berechtigung; ein Bürgerthum wurde damals gar nicht anerkannt.
Norddeutschland gewann allerdings in dem dergestalt durchgebildeten
Militärstaat einen festen Halt, allein es bezahlte denselben auch
mit der Preisgebung aller bürgerlichen Freiheit an die Ansprüche
der militärischen Einheit. Daran scheinen die heut zu Tage in
Deutschland an einen großen Krieg nach Außen geknüpften nationalen Hoffnungen nicht zu denken, daß derselbe unser Volk abermals arm und schwach machen kann, wie es zur Zeit des west-
phälischen Friedens war, oder daß wir dadurch in eine militärische
Gliederung hineingezwungen zu werden Gefahr laufen, ähnlich
derjenigen, welche wir jetzt in Rußland oder Frankreich vor uns
sehen. Wäre der Satz so unbedingt wahr, daß in unsern Tagen,
wo Staatsnatur und Staatskunst sich so vielfach im Gegensatze zu
einander befinden, ein großer, siegreicher Krieg nach Außen die

national=staatliche Entwicklung eines Volkes ohne weiteres fördern
müsse, dann hätten die deutschen Freiheitskämpfe gegen Frankreich
sicher ein anderes Ergebniß geliefert, als sie gethan haben. Zwar
läßt sich auch in ihnen der politisch=concentrirende Zug des Krieges
nicht verkennen. An der Auflehnung gegen das französische Joch
wuchs zuerst das bis dahin am Boden hinkriechende deutsche National=
gefühl wieder empor; und in der dann Platz greifenden Bundes=
organisation ist es ebenfalls die föderative Militärverfassung, die
wenigstens einigermaßen in der Wirklichkeit durchgeführt wurde.
Zu einer weiteren Entfaltung ließen es indessen die in der alten
Staatskunst vertretenen, territorial=absolutistischen Interessen nicht
kommen. Im Kriege hatte sich die fürstliche Militärgewalt auf's
Neue gekräftigt, während dagegen das Bürgerthum durch die im
Kampfe dargebrachten Opfer an Blut und Gut in dem nämlichen
Verhältnisse an innerer Macht verlor; da konnte es denn am Ende
der alten Staatskunst nicht schwer fallen, der Nation hinterdrein
die politischen Früchte ihrer Siege zu verkümmern.

Sollten aber wohl seit jenen Zeiten die Dinge in Deutschland
sich so wesentlich geändert haben, daß wir nach der Durchführung
eines Krieges vor einer jeden Wiederholung der damals gemachten
Erfahrungen sicher wären? Unseres Erachtens sind seitdem die
Verhältnisse des Vaterlandes noch viel verwickelter geworden, als
daß sich die social=politische Macht des Krieges mit dem vorhandenen
Individualismus leicht zu einfachen Resultaten abfinden könnte.
Ständen sich nur Unitarismus und Föderalismus gegenüber, d. h.
die durch den Krieg gebotene staatliche Einheit in ihrem natürlichen
Widerstreite zu dem bei uns vorhandenen Sonderleben, so wäre zu
erwarten, daß die Uebermacht des letzteren ins Gleichgewicht zu
der ersteren gelangen könnte; und wäre dann erst einmal eine
starke gesammtstaatliche Organisation erlangt, so würde mit der
weiter schreitenden Macht des Bürgerthums in der Einheit auch ein
gesicherter Platz für die Freiheit zu erringen seyn. Allein in die
eben bezeichneten, einander entgegenlaufenden politischen Linien
mischen sich von den verschiedensten Seiten so viele andere Kräfte
ein, daß Niemand das aus dem Zusammenstoße Aller erwachsende

Resultat im Voraus zu berechnen im Stande ist. Schon die eine
Thatsache, daß sich nämlich im Laufe der Geschichte zwei größere
politische Gravitationspunkte in Deutschland — Oesterreich und
Preußen — ausgebildet haben, benimmt der in einem Kriege nach
Außen zurückwirkenden staatlich concentrirenden Macht den größten
Theil ihrer Wirksamkeit. Denn nicht nur wird, trotz aller moralischen Kundgebungen von Patriotismus, der äußere Feind die
beiden naturgemäß mit einander rivalisirenden Staaten Deutschlands nur so lange zu einer gemeinsamen Aktion vereinen, als
jeder derselben unmittelbar für seine Existenz bangt; sondern auch
der in den deutschen Mittelstaaten lebendige Partikularismus findet
in einer Schaukelpolitik zwischen beiden Centrums die geeignetste
Handhabe, um schließlich die zusammenfassende, unterordnende Gewalt des Krieges von sich abzuhalten. Dazu kommt das unläug-
bare Interesse, welches das ganze neutrale oder selbst befreundete
Ausland an der Beibehaltung der staatlichen Schwäche von Deutschland nimmt, weil es sich seit lange daran gewöhnt hat, in diesem
staatlich negativen Gebiete das nothwendige Relief für die hervortretenden Figuren der europäischen Staatsindividuen zu erblicken.
Und endlich hat man bei seinen erwägenden Betrachtungen der
deutschen Zukunft den Zwiespalt zwischen der Staatsnatur und der
Staatskunst wohl zu berücksichtigen, wie er nicht minder bei dem
dritten Stande, als bei den in Staat und Kirche herrschenden
Klassen angetroffen wird. Das thatsächliche Endergebniß eines
großen Krieges würde immer noch Gefahr laufen, bei seiner schließlichen Uebertragung in das Staatsrecht von den einseitigen In-
teressentheorien der Einen wie der Andern seiner gesunden Lebensfähigkeit beraubt zu werden.

Es ist gewiß eine peinliche Aufgabe, einem Volke, das so
schwer politisch gelitten hat, wie das deutsche, die staatlichen Zu-
kunftshoffnungen herabstimmen zu müssen, welche es an eine große
kriegerische Nationalthat knüpft. Das nüchterne Rechnen paßt sehr
schlecht zu dem Aufschwunge der Seele. Allein die politische Wissenschaft, wenn sie ehrlich verfahren will, kennt keine Poesie und darf
auch keine poetischen politischen Betrachtungen aufkommen lassen.

Poetisch aber ihrer innersten Natur nach sind die Vorstellungen, welche man vielfach mehr oder weniger klar, über den staatlichen Einigungsproceß in sich hegt und pflegt. Wir nehmen dabei nicht weiter auf die republikanischen oder krypto-republikanischen Tendenzen Rücksicht. Denn gesetzt auch, es wäre wirklich möglich — was sich nur ein Träumer einbilden kann — das monarchische Princip in allen einzelnen Staaten Deutschlands mit Gewalt zu beseitigen, so könnte ein fester Zusammenhang unter diesen partikularistischen Staatsgebilden nur durch einen gewaltigen Krieg nach Außen hergestellt werden. Dieser führte jedoch dann ganz gewiß zu einem militärischen Absolutismus, welcher, um sich zu erhalten, immer von Neuem das Schwert zu ziehen gezwungen wäre. Eine republikanische Nationalpartei würde Deutschland unausbleiblich zu dem heutigen französischen Romanismus hinüberführen: mathematische Departementslinien durchkreuzten die natürlich und geschichtlich herausgewachsenen Provinzialgebiete, alles ökonomische, administrative, politische und kulturliche Leben des Landes hätte nach einer Centralstadt hinzustreben und von dort wieder seine Radien nach der Peripherie zu verbreiten. Die Durchführung einer Revolution schneidet nicht allein, nach der Vergangenheit hin, die historisch sich durch den Staatskörper ziehenden naturgemäßen Fäden ab, sie setzt auch für die Zukunft die Theorie, die Staatskunst, an die Stelle der unmittelbar waltenden Staatsnatur. Der Republikanismus stürzte mit seinen nothwendigen Consequenzen Deutschland in den Abgrund experimentirender politischer Abstraktionen, in welchem Frankreich seit nunmehr sechzig Jahren vergebens mit den furchtbarsten Anstrengungen nach Rettung ringt — eine politische Betrachtung seiner staatlichen Ergebnisse für die nationale Entwicklung von Deutschland verlohnt sich nicht der Mühe.

Kehren wir indessen hier den Dithyramben des Republikanismus in Deutschland ein für allemal den Rücken, so gestalten sich für die Aussichten der constitutionellen Nationalpartei die Verhältnisse auch ungünstig. Denn für sie bleibt zunächst einmal der Dualismus zwischen Oesterreich und Preußen bestehen, wenn man

für den Augenblick auf die kleineren deutschen Staaten noch keine
Rücksicht nimmt. An eine Verschmelzung beider Mitglieder der
europäischen Pentarchie zu einem Nationalorganismus ist natürlicher
Weise selbst bei dem heftigsten Kriege nicht zu denken; ebenso leicht
ließen sich etwa zwei Menschen durch äußeren Druck in einen
Körper umkneten, und es darf nicht erwartet werden, daß Oesterreich
freiwillig jeder Theilnahme am deutschen Bund entsagen sollte. Ein
Krieg Deutschlands nach Außen könnte also nur die Folge haben,
daß er um beide Gravitationspunkte, je nach ihrer Anziehungskraft,
den Rest von Deutschland krystallisirte, mithin ein vergrößertes
Preußen und ein vergrößertes Oesterreich daraus hervorgingen; oder
aber, worauf der Wunsch vieler namhafter Männer hinausläuft,
daß mit dem erzwungenen Abscheiden Oesterreichs aus der deutschen
Gemeinschaft Preußen die deutsche Staatenwelt unter sich vereinigte.
Wir haben jedoch keine Ahnung davon, auf welche Art Oesterreich
zu einem solchen Zurückziehen auf sich selbst genöthigt werden
könnte, nachdem Deutschland in einen Krieg mit Frankreich einge=
treten ist. Man kann doch nicht mit der einen Hand den National=
feind von der Grenze abwehren und mit der andern Hand den na=
türlichen Bundesgenossen, dessen Hülfe man dringend bedarf, zum
Hause hinausweisen. Würde übrigens auch durch etwelche, jetzt
noch unberechenbare Zwischenfälle Oesterreich moralisch veranlaßt,
selber seinen Austritt aus dem deutschen Bunde zu erklären, so
bliebe dessenungeachtet das stammverwandte Reich schon allein durch
seine Existenz eine unaufhörliche Hemmung unserer nationalstaat=
lichen Entwicklung; indem alle partikularistischen Bestrebungen in
Deutschland, die sich den Anforderungen der deutschen Staatseinheit
zu entziehen trachten, ihren Halt in Wien suchen und damit der
habsburgischen Politik neue Ansatzpunkte in Deutschland darbieten
müßten. Dieser unvermeidliche Einfluß Wiens, wobei wir noch
gar nicht einmal die ihm außerdem zu Gebote stehenden religiösen
Hebel in's Auge zu fassen brauchen, wird alsbald klar, wenn man
sich zuvor einen Moment Oesterreich als gar nicht vorhanden ge=
dacht hat, so daß von Deutschland nur Preußen und die Mittel=
und Kleinstaaten übrig bleiben. Allerdings wird unter solchen

Voraussetzungen eine kriegerische Bedrohung Deutschlands von Außen die kleinen bisherigen Föderativglieder unter den schützenden Schirm Preußens drängen, da eine Wiederholung der Rheinbundspolitik bei dem heutigen wachen Nationalitätsgefühl der Deutschen zu einer Unmöglichkeit geworden ist. Allein der Krieg vereinigte dann nicht etwa, wie im Beginne des Mittelalters, mehrere politisch noch kaum organisirte Stämme unter einem Kriegsfürsten, sondern er verbände schon souveräne Staaten mit einem größeren souveränen Staat. Sollte nun aus einer derartigen Zusammenfügung ein fester staat= licher Körper entstehen, so müßte der kriegerische Druck von Außen in dem Grade heftig seyn, daß sich unter seiner Gewalt die deut= schen Mittelstaaten zum mindesten eines Theiles ihrer Souveränität begeben. Dieses Resultat kann jedoch einzig und allein von einer anfänglich sehr unglücklichen Wendung des Kampfes erwartet werden, demnach mit dem bürgerlichen Glücke vieler tausend Menschen be= zahlt werden müssen. Denn nur wenn die Eroberungen des Feindes auf dem Wege der Thatsache Besitzentsetzungen hervorgerufen hätten, und ihm später solche Gebiete wieder gewaltsam abgenommen wür= den, vermöchte eine Mediatisirung der früheren daselbst vorhan= denen politischen Macht zu Gunsten der Staatseinheit zu erfolgen. Und selbst dann würden die ihr so unterworfenen Provinzen un= aufhörlich von einem centrifugalen Zuge erfaßt werden. Man sieht so oft in Deutschland die Existenz der kleineren souveränen Fürsten= familien als das Haupthinderniß unserer nationalstaatlichen Eini= gung an, indem man wohl glaubt, mit der Abdankung oder Be= seitigung derselben würde auch dem deutschen Föderalismus der Lebensnerv abgeschnitten. Weil auf diese Weise auf dem Wiener Congreß mehrere hundert deutsche Souveränitäten auf einige dreißig heruntergebracht sind, sollen nunmehr ebenso die Uebriggebliebenen zu Gunsten einer Krone von ihren Thronen heruntertreten. Man übersieht indessen dabei, daß kleinere Reichsstädte, Abteien, Graf= schaften und Fürstenthümer trotz ihrer Protestation viel eher zu mediatisiren sind, als größere in sich administrativ abgeschlossene politische Organismen mit ihren souveränen Vertretern. Herzoge haben sich in den Staatsverband als Unterthanen in verschiedenen

Ländern zwar gefügt, und neu ernannte Herzoge haben die Aus=
nahmestellung derselben dann später noch mehr verwischt; aber
mediatisirte Könige hat denn doch bisher in der Geschichte noch
kein Adel irgend eines Staates aufzuweisen gehabt. Und wenn
schon die in Deutschland mediatisirten Reichsunmittelbaren gewöhn=
lich in Opposition mit dem Herrscherhause sich befinden — der
Fürst von Hohenzollern bildet allerdings eine Ausnahme — wie
würde dann erst ein mediatisirter König eine zuverlässige Stütze
der Krone abgeben wollen? Nehmen wir indessen auch an, die
Nation besitzt das moralische Recht, persönliche Opfer von ihren
Fürsten zu fordern, obgleich es im Privatleben unmöglich bleibt,
dreißig Bankiers zur Annahme einer Münze über ihrem Kurswerth
zu zwingen, so würden die bisherigen Residenzen der Fürsten der
zu begründenden Staatseinheit unaufhörlich im Wege seyn. Die=
selben sind nämlich bis dahin die administrativen, politischen und
kulturlichen Knotenpunkte ihrer Staaten gewesen. Die Generationen
haben sich gewöhnt, dort das Centrum ihres öffentlichen Lebens
zu erblicken. Hier sind seit langen Jahren die technischen Hülfs=
mittel des Staatslebens in Gebäuden, Anstalten, Archiven u. s. w.
vereinigt; ein ungeheures Kapital, das sich nur verzinst, sobald
die Stadt Residenz bleibt, ward darin angelegt; und nun soll
plötzlich diese selbstständige sociale Schöpfung, die noch obendrein
meistens ein individuelles Kulturleben in sich schließt, in dem ein=
heitlichen Nationalstaate zu einem rotten borough werden? Sprechen
wir es einmal nüchtern und unumwunden aus, ein deutscher unio=
nistischer Nationalstaat könnte nur mit dem vollständig zertrüm=
merten Material von dreißig deutschen Residenzstädten erbaut werden.
Denn wenn sich selbst die Fürsten unter dem Drucke des äußern
Krieges und aus individueller Liebe zum gemeinsamen Vaterlande
wirklich mediatisiren ließen, ihre Hauptstädte, fast durchweg die
größten Städte in Deutschland, mit ihrem Reichthum und ihrer
Intelligenz würden sich ihrerseits nicht mediatisiren lassen; sie müßten
geradezu vorher bis auf den Kellergrund zerstört werden.

Und sogar dann böten ihre Trümmerstätten mit den daran
haftenden Erinnerungen noch dem Auslande kräftige Handhaben

dar, immer neue innere Unruhen in Deutschland zu erregen. Namentlich würde das aus Deutschland hinausgedrängte Oesterreich daselbst stets frische Fäden anzuknüpfen im Stande seyn, um die Kraft des mit ihm rivalisirenden, unter Preußen vereinigten Deutschlands zu schwächen. Mit dem Aufhören des Krieges gegen Frankreich oder Rußland würde im Innern alsbald die föderative Zersetzung wieder beginnen. Die herrschende Krone hätte dann aber keineswegs den moralischen Vortheil, die oppositionellen Bewegungen als revolutionär und subversiv verfolgen zu können. Die annexirten Bevölkerungen kämpften im Gegentheile in der Treue für ihre angestammten Dynastien zu Gunsten ihrer partikularistischen Sonderstellungen, während andererseits die Staatseinheit mehr oder weniger auf dem Boden der Revolution stände. Die früher erwähnte nothwendige Symbolik der Politik geriethe mit ihren eigenen Formen und Formeln in Widerspruch, eine Blöße, welche die politische Symbolik der Demokratie ganz sicher außerdem für sich zu benützen wüßte. Möchten sich doch die ehrlichen Patrioten, welche persönlich in ihrer Liebe zum Vaterlande zu jedem für dasselbe zu leistenden Opfer bereit sind, nicht über die ungeheuren Schwierigkeiten täuschen, die sich einem auch gegen Frankreich siegreichen Deutschland bei seiner späteren nationaleinheitlichen Constituirung entgegenthürmen. Sie bleiben vorhanden, wie sehr man sie auch mit begeisterter Hingabe an das gemeinsame Wohl zu verschleiern sucht. Sobald nicht für längere Zeit sich eine Fremdherrschaft, mongolenartig, über einen großen Theil von Deutschland hinlagert und gewaltsam alle vorgefundenen Zustände, kraft ihres Eroberungsrechtes, zersetzt und auflöst, so daß eine spätere Wiederbefreiung daselbst eine tabula rasa antrifft, vermag bloß ein mehr oder weniger gewaltsamer revolutionärer Ruck im Innern mit Unterstützung des kriegerischen Drucks von Außen die staatliche Einigung Deutschlands rascher vorwärts zu bringen. Ein revolutionärer Akt bricht indessen allemal für ein Staatsleben den historischen Zusammenhang mit der Vergangenheit ab, welcher eine Hauptstütze der naturgemäß sich entwickelnden constitutionellen Monarchie in ihrem Kampfe gegen die Architektonik des absoluten Staates bildet. Bloß

derjenige Staatstheoretiker, der, am Ende seiner Weisheit ange-
kommen, in dem Siege der Demokratie und des hinter ihr stehenden
Cäsarismus das Heil der deutschen Welt erblickt, kann zu solchen
Schritten rathen.

Als Preußen vor zehn Jahren die ihm von dem Frankfurter
Parlamente dargebrachte deutsche Kaiserkrone ablehnte, ist ihm aus
dieser Weigerung von Seiten der constitutionellen Nationalpartei ein
lebhafter Vorwurf gemacht worden. Man glaubte, dieselbe der
Individualität der entscheidenden Persönlichkeit zuschreiben und dem
Manne beimessen zu dürfen, was in dem Wesen der deutschen
Staatenverhältnisse lag. Daß Preußen eine Vergrößerung seines
Territoriums selber wünschen muß, ist von seinen eigenen Staats-
männern offen zugestanden worden. Seit der Veröffentlichung der
Bernstorff'schen Denkschrift vom Jahre 1822 ist, wenn man so
will, der Grundgedanke der preußischen Politik in Bezug auf seine
Stellung in Deutschland bloßgelegt worden, und die Stiftung des
Zollvereins gilt in Bezug auf Preußen als ein Schritt zur Realisirung derselben. Jeder denkende Mensch vermag ja auch einzusehen, daß es Preußen in erster Linie nahe liegt, eine Verbindung
zwischen seinen beiden von einander getrennten Gebietsräumen herzustellen. Ferner kann das Land als wirthschaftliches Individuum
nicht umhin, nach dem Besitze der deutschen Nordseeküste zu trachten, und als Mitglied der europäischen Pentarchie muß der Staat
um so mehr eine Verstärkung seiner physischen Mittel anstreben,
als er sich gegenwärtig, zur Befestigung dieser seiner Position, zu
einer übergroßen Anspannung seiner im Verhältniß zu den Andern
geringeren Kräfte veranlaßt sieht. Allein es gibt unseres Erachtens
nur zwei Wege, auf welchen Preußen zu dem vorgesteckten Ziele
zu gelangen vermag. Der eine läuft auf die offene kriegerische
Eroberung der gewünschten Gebietstheile hinaus. Friedrich der
Zweite ist ihn gewandelt. Schlesien sieht sich gegenwärtig so fest
in die preußische Staatseinheit eingefügt, als jedes andere Stück
der Monarchie. Zur Behauptung der neu erworbenen Provinz
hatte die Dynastie keine Concessionen zu machen, welche der Natur
des Staates zuwider sind. Ist der Krieg der ursprüngliche Begründer

der politischen Organismen überhaupt, stützt sich die Fürsten=
herrschaft zunächst auf die militärische Uebermacht, so gibt eine
durchgeführte Eroberung auch heute noch einen klaren, allgemein
verständlichen Besitztitel ab. Oder aber es wäre von Preußen ein
allgemeiner europäischer Staatencongreß abzuwarten, welcher mit
einer Neueintheilung der Staatsgebiete die Grenzen des Landes
auf Kosten der kleinen nicht mehr lebensfähigen deutschen Mittel=
staaten erweiterte. Denn dann erfolgte die Vergrößerung auf der
Basis der internationalen Gesammtverständigung; die ihrer Sou=
veränetät entkleideten deutschen Fürsten könnten weder dem feindlich
gesinnten Auslande, unter dem Vorwande, das alte Recht wieder
herstellen zu wollen, zu störenden Handhaben dienen, noch träte
eine revolutionäre Durchreißung des politischen Zusammenhangs
mit der Vergangenheit des Staates ein, welche stets nur dazu
dient, der Demokratie theoretisch wie praktisch vollen Vorschub zu
leisten. Staatliche Früchte, vom Baume der Revolution gepflückt,
gleichen den Aepfeln des Hades. Als Proserpina sie gegessen hatte,
kam sie nimmer wieder zu der Oberwelt hinauf; und hat einmal
ein Staat eine revolutionäre Thatsache als für sich giltig angesehen,
so ist in seinem Kreise die Revolution für immer als social=poli=
tisches Moment aufgenommen worden.

Wir zweifeln nicht daran, daß die eben geäußerte Ansicht auf
sehr entschiedenen Widerspruch stoßen wird; derselbe kann uns
jedoch nicht abhalten, unsere Ueberzeugung hier rückhaltslos aus=
zusprechen. Der Staat, das bleibt unser Fundamentsatz, ist nicht
ein Produkt menschlicher Willkür, er entsteht vielmehr unmittelbar
aus der Natur des Menschen durch von Außen kommenden Zwang
der Umstände; und so lange diese zwingende Nöthigung fehlt, läßt
sie sich dauernd nicht durch den freien Willen der Menschen er=
setzen. Die Nationalgröße Deutschlands ist an sich ein Ideal, das
sich nur in einer innigsten Verbindung der Interessen unter ein=
ander zu verkörpern vermag; wo dieselbe noch nicht zu Grunde liegt,
steht es als Nebel in der Luft. Denn allgemeine, dem Gefühls=
leben angehörende Sympathien haben auf dem Gebiete der Politik
nicht die innere Haltbarkeit der Interessen. Jede andere Maßregel

jedoch, die Preußen innerhalb der oben erwähnten Alternative zum Zwecke seiner Vergrößerung ergreifen sollte, würde zu halben und somit gefährlichen Ergebnissen führen. Frage man sich doch einmal ganz einfach, welche Mittel Preußen in Deutschland wohl zu Gebote stehen, um seine Oesterreich abgerungene Bundeshegemonie zu einem einheitlich=staatlichen Organismus umzugestalten? Hat es dazu etwa ein anerkanntes Recht? Keineswegs! Es muß vielmehr das Recht seiner bisherigen Bundesgenossen geradezu zerbrechen. Und welcher Art dürften die Alliirten seyn, die sich ihm bei diesem Vorgehen an die Seite stellen? Man entgegnet uns vielleicht: die ganze Nation! Ein stolzes Wort, allein wer ist die ganze Nation? Sind es die bureaukratischen Schichten in der Bevölkerung der Einzelländer, deren Beihülfe keine Neueinrichtung der Gesammtadministration entbehren kann, welche mit selbstsuchtsloser Hingabe sich in die Veränderung der Dinge fügen, zumal wenn dabei noch obendrein Tausende von ihnen weggeschickt oder pensionirt werden müßten? Gegenwärtig gibt es einige hundert Ministerexcellenzen in Deutschland, dann würde es höchstens einige Dutzend geben. Ist es der Bauernstand in Verbindung mit dem Güter besitzenden Adel? Bekanntlich ist Niemand schwerer mit einer Störung in dem Althergebrachten zu versöhnen als eben der Landmann; und in diesem Falle stützte er seine natürliche Unbeugsamkeit noch außerdem auf moralische Momente, wie die Treue zu seinem angestammten Fürsten. Oder würde gar der deutsche Kleinbürger sich und seine Familie über die Größe der Nation aufopferungsvoll vergessen — Gevatter Hofschneider, Hofhandschuhmacher und der zeitweilig so wichtige Hoffriseur, sie, die alle in den Residenzen der deutschen Mittelstaaten mitstimmende Bürger sind? Es bliebe Preußen als einziger Halt keine andere Klasse in der Nation übrig als der größere Kaufmann und der Industrielle, deren Interessen sich über ein größeres Gebiet verzweigen, und die somit weniger an den Boden ihres kleinen Heimathstaates gefesselt sind. Allzu nachhaltig soll man sich jedoch auch selbst in ihren Kreisen das Nationalgefühl nicht vorstellen. Hätte ganz Hamburg darüber zu entscheiden, ob es Hamburg bleiben oder preußisch werden wolle, man brauchte fürwahr die Urne für die Stimmzettel gar nicht zu öffnen. Dergestalt zerbröckelt, bei Lichte besehen, „die ganze Nation," da wo sie freiwillig zu handeln hat; nur der Zwang schmiedet aus allen diesen Elementen einen festen tragfähigen Körper. Freiwillig müßte sich aber doch die Nation, ihren einzelnen Sonderstaaten gegenüber, zu Preußen gesellen, das nur annexiren, nicht erobern will. Denn der Krieg nach Außen, welcher aus einer vorübergehenden Concentration der deutschen Streitkräfte unter der preußischen Oberleitung zu einer festen politischen Gesammtorganisation hinüberleiten sollte, hätte Dimensionen anzunehmen, bei denen es schließlich für Deutschland um Seyn oder Nichtseyn handelte. Eine „militärische Promenade," ja selbst ein mit wechselndem Glücke geführter Feldzug von ein, zwei Jahren würde beim Friedensabschluß die heutige Lagerung der politischen Verhältnisse im Vaterlande so gut wie gar nicht verändert haben. Nach der kurzen Unterbrechung der bisherigen Zustände und der Aufregung der Gemüther kehrten die Dinge, nach einem mehr oder weniger leichten Kampfe gegen Frankreich, gerade so, als ob nichts vorgefallen wäre, in das alte Gleis zurück, wie wir es 1849 gesehen haben. Welche Einwirkungen übten hinterher die politischen Sympathien noch aus? Erst wenn eine Heimsuchung Deutschlands wiederkommen würde, nach Art des Geschickes von Jena, wenn es nach Jahren voll Leiden und der bittersten Noth die Aufbietung der allerletzten Kraft bedürfte, um dem Vaterlande die verlorene Selbstständigkeit zurück zu erkämpfen, dann ließe sich erwarten, daß die politisch einigende Macht des Krieges alle die übrigen ihr heut zu Tage widerstrebenden Momente überwinden könnte. Bei dem letzten Kriege gegen Rußland deckten sich bekanntlich die großen Schäden der englischen Heerverfassung in erschreckender Weise bloß. Auch bei uns ist der ganze trostlose Jammer unserer Bundesorganisation wieder einmal zu Tage getreten; alle Welt sieht es ein, daß Deutschland unter einer solchen Behörde einen Kampf gegen das Ausland nicht zu bestehen vermag; trotzdem wird mit der allmählig sich verziehenden Gefahr auch der Drang nach einer Verbesserung der Zustände in Deutschland sich wieder legen. Ist doch

der Bundestag nur der Ausdruck der thatsächlich vorhandenen Ver=
hältnisse; nur mit diesen zugleich wird und kann er eine Reorga=
nisation erfahren.

Hegt aber unsere Nation wirklich den Entschluß, durch unge=
heure Leiden die im Ideal gepflegte Nationalgröße sich zu erkaufen?
Daß des Vaterlands Größe, des Vaterlands Glück des höchsten
Preises werth ist, unterliegt keinem Zweifel. Die Frage bleibt
nur, ist das jetzt lebende Geschlecht dazu geeignet, solche furchtbare
Lasten auf sich zu nehmen? Wir Alle sind im Frieden unter fried=
licher Beschäftigung aufgewachsen; Humanismus, wie ihn jede ächte,
feinere Kultur im Gefolge führt, hat unsere Anschauungen, unsere
Sitten und Gewohnheiten bestimmt ausgeprägt, bürgerlicher Wohl=
stand, der Boden des familiaren und individuellen Wohlergehens,
ist das Ziel unseres Fleißes geworden. Nun verlangt plötzlich der
Krieg von uns die Hingabe des mühsam angesammelten Kapitals,
während sich die Nährquellen zugleich verstopfen; unsere Städte
werden den Wechselfällen des Kampfes ausgesetzt, die Blüthe unserer
Jugend in vielen tausend Streitern auf den Schlachtfeldern geopfert.
An die Stelle von Wohlhabenheit tritt Armuth; Trauer zieht in
Palästen und Hütten ein, die geistige Arbeit, unser Stolz, ruht
völlig. Sind wir ein Volk, das bloß noch nach Eisen und Brod
fragt, um seine politische Unabhängigkeit nach Außen wie nach
Innen zu erringen? Als die furchtbare Völkerschlacht auf den
catalaunischen Gefilden geschlagen war, beschlossen die Burgunder,
alle ihre bisherigen socialen Einrichtungen der Vergessenheit zu
übergeben und ein neues Leben anfangen zu wollen. Bedürfte es
nicht in Deutschland eines ähnlichen Kampfes, um in ähnlicher
Weise alle dem nationalen Staatsleben entgegenstehenden Hinder=
nisse zu beseitigen? Täusche man sich nicht über die Tragweite einer
augenblicklichen kriegerischen Begeisterung! Wir kennen bis jetzt
den Krieg nur vom Hörensagen; wir empfinden vorderhand bloß
einen Theil der wirthschaftlichen Störungen, die der drohende Aus=
bruch desselben hervorruft. Werden wir in dem läuternden Feuer
treu bis zum letzten Mann aushalten? Und selbst wenn wir wirk=
lich die schwere Prüfung bestehen, so ist doch im allergünstigsten

Falle immer nur erst die staatliche Einheit, nicht aber zugleich die constitutionelle Freiheit in Deutschland gewonnen. Dem stark ge= wordenen militärischen Despotismus steht dann das arm und schwach gewordene Bürgerthum gegenüber; die alte macchiavellistische Staats= kunst, die nur durch eine freie Verfassung, durch freie Presse und freie Wissenschaft im Zaume zu halten ist, findet bei dem Mangel an kräftigen Gegnern wieder ein offenes Feld, um im Interesse einiger Bevölkerungsklassen die weitere naturgemäße Entfaltung zu verkünsteln. Nach dem Kampfe gegen das Ausland, welcher die staatliche Einheit gebiert, ist der Kampf für das Gleichgewicht der politischen Kräfte im Inlande neu zu beginnen. Oder bildet man sich ein, daß das blanke Schwert im Stande sey, so ohne Weiteres auch die schwarzen Spuckgestalten zu bannen, welche seit Jahrhun= derten gleich Vampyren das beste Blut aus Deutschlands breiter Brust gesogen haben? Auch in der Politik ringen Ormudz und Ariman und werden ewig mit einander ringen! Wir brauchen es hier wohl nicht ausdrücklich auszusprechen, daß wir nicht für den Frieden stimmen werden, sobald Deutschlands nationale Ehre auf dem Spiele steht; es kam uns nur darauf an, die übertriebenen Vorstellungen von den Resultaten, die ein Krieg gegen Frankreich auf unsere gesammtstaatliche Entwicklung ausüben werde, auf ein richtiges Maß zurückzuführen.

Der Rechtsstaat und die wirthschaftliche Gliederung der Gesellschaft.

Die Mitte von Europa liefert jetzt recht eigentlich den Beweis für die nachhaltige Macht der auf geschichtlichem Wege hervorgetretenen politischen Gebilde. Nur allmählig, gewissermaßen nach dem nämlichen Verhältnisse, in welchem einst die staatlichen Schäden Deutschlands sich nach und nach festgesetzt haben, kann auch gegenwärtig auf ihre Besiegung, auf ihre Heilung hingearbeitet werden. Schwer und langsam ist der Gang der deutschen Nationaldurchbildung. Wie so oft im Leben der geistig reichbegabte Mensch in Leib und Noth über die Erde hinschreitet, während eine weit unter ihm stehende rohe Natur mit Glück und Erfolg zugreift, ebenso muß „das Volk der Denker" sich um die anscheinend einfachsten politischen Ergebnisse resultatlos abquälen, welche andern Ländern von der Gunst des Schicksals spielend in den Schooß geworfen worden. Belgien — dieses staatliche Bethlehem unter den Kleinsten — wird nach einem fast lächerlichen Aufstande ein Nationalorganismus, der mit Muth und Entschlossenheit seine innere Freiheit, seine äußere Unabhängigkeit sich erkämpft; und Deutschland, ehemals das Haupt Europas, schleppt in engbürgerlichen Verhältnissen ein Daseyn fort, dessen politische Kümmerlichkeit sogar von Dänemark verspottet werden durfte.

Nach Jahrhunderten wird es, unseres Erachtens, eine schwierige Aufgabe für die Geschichtschreibung seyn, die heutigen deutschen Zustände richtig zu verstehen. Denn der Historiker läuft dabei Gefahr, entweder die thatsächliche Armseligkeit derselben gegenüber

von den in der Menge vorhandenen patriotischen Bestrebungen zu
stark zu betonen, oder umgekehrt die moralische Haltung zu über=
schätzen, welche die Nation trotz so vieler Demüthigungen in Rück=
sicht auf ihre Feinde und Widersacher im Innern behauptet. Allein
auch in der Gegenwart mit ihrer unmittelbaren Anschauung der
Verhältnisse ist es dem Einzelnen fürwahr nicht leicht, ungetrübten
Blickes die rechte Mitte zwischen Optimismus und Pessimismus
einzuhalten, und dergestalt sich die Fähigkeit zu einer politischen
Wirksamkeit zu bewahren. Daher flüchten denn jetzt auch so viele
achtungswerthe Kräfte in die Stille des Privatlebens zurück; sie
sind in Kopf und Herz ermüdet von dem vergeblichen Ringen und
Hoffen; sie geben ihrerseits das Vaterland auf: Andere mögen zu=
sehen, ob sie mehr ausrichten. Allein so begreiflich, um nicht zu
sagen, verzeihlich eine derartige Resignation, vom individuellen
Standpunkt aus betrachtet, immerhin seyn mag, die Nation als
solche darf und kann sich selbst nicht verlassen. Hundertmal ge=
täuscht, muß sie immer wieder den Stein bergauf rollen; ihre
thatenlose Verzweiflung würde einem politischen Selbstmorde gleich=
kommen.

So haben wir denn auch jetzt zu der alten, mühsamen politi=
schen Arbeit zurückzukehren und aufs Neue nach den Worten des
Dichters das Sandkorn zum Sandkorn zu tragen. Zweifach aber
bleibt gegenwärtig immer die Richtung, in welcher die Publicistik
auf die allmählige Ausbildung der Nationalangelegenheiten ein=
wirken muß, nämlich einmal nach einer größeren staatlichen Con=
centration unserer föderativen Verhältnisse hin; und zum Andern
liegt es ihr ob, den heutigen Staatsbau selber, den vorhandenen
gesellschaftlichen Bedingungen gemäß, zu einer Neugestaltung zu
bringen. Die Worte Einheit und Freiheit sind zwar ihrem politi=
schen Inhalte nach sehr häufig bei uns als Gegensätze aufgefaßt
worden; man hat es oft ausgesprochen, daß wir, um zu der noth=
wendigen Einheit zu gelangen, zunächst die politische Freiheit zum
Opfer zu bringen hätten. Allein diese Ansicht ist doch bloß dann
stichhaltig, sobald die nationalstaatliche Einigung auf gewaltsamem
Wege und ohne Uebergang erfolgen sollte. Gebeut z. B. eine von

Außen kommende Bedrohung des Vaterlandes eine rasche Zusammen=
schließung aller verfügbaren Kräfte, so wird dieselbe allerdings
nur auf Kosten der individuellen Lebenssphären vor sich gehen
können: in einem überwiegend militärisch gefügten Staate ist natür=
licher Weise von einer bürgerlichen Selbstregierung keine Rede. Sein
Grundprincip besteht in der einheitlichen Aktion, welcher alle andern
Momente eine unbedingte Subordination schulden. Fügt sich in=
dessen, statt von oben herab, die politische Einheit allmählig von
unten auf zusammen, so findet sie gerade in der Freiheit und Selbst=
ständigkeit der Bevölkerung die nachhaltigste Stütze zur Ueberwin=
dung der feindlichen Sonderinteressen. Unsere eigene deutsche Ge=
schichte gibt uns für diesen Satz hinreichende Belege. Als am
Schlusse des Mittelalters das Bürgerthum Deutschlands in Kraft
und Ansehen stand, trat auch die Frage nach einer staatlichen Con=
centrirung des Reiches scharf in den Vordergrund, um erst mit der
beinahe völligen Vernichtung des dritten Standes in den Religions=
kriegen wieder für Jahrhunderte bei Seite gelegt zu werden; und
dieselbe Erscheinung macht sich in der Gegenwart geltend. Auf
dem Wiener Congresse war, wie Stein klagte, von dem Volke
nirgends die Rede. Nur die dynastischen Interessen entschieden bei
der Festsetzung der Bundesakte. Je weiter indessen seitdem das
deutsche Bürgerthum abermals seine Entwicklung thatsächlich ge=
bracht hat, je mehr thatsächliche Freiheit es durch seine thatsäch=
liche Bedeutung erlangte, um so größere Kraft gewann auch der
staatliche Einheitsgedanke, um so mehr verloren in dem gleichen
Verhältnisse die partikularistischen Bestrebungen Raum und morali=
schen Halt. Auf dem friedlichen Wege, welchen Deutschland zu
seiner national=politischen Durchbildung einschlägt, sind Einheit und
Freiheit fürwahr keine Gegensätze. Oder hätte wohl das Bewußt=
seyn von der Nothwendigkeit eines staatlichen Zusammenschließens
so tief in das Volk eindringen können, wenn nicht das constitutio=
nelle Leben in den Einzelländern wenigstens einigermaßen zur Wahr=
heit geworden wäre? Ohne die heutige für die Presse errungene
Rechtsbasis, ohne die Tribüne der Einzelkammern würde ja der
deutschen Nation für ihre Gesammtwünsche und Hoffnungen noch

jedes Organ fehlen. Und in welchem Maße freier gerade in den einzelnen deutschen Staaten sich die Verfassung gestaltet hat, klingt jetzt daselbst auch der Ruf nach Bundesreform klarer und energischer wieder.

Mithin steht die von unten aufwachsende deutsche Staatseinheit in sehr bestimmten Wechselbeziehungen zu der Freiheit der deutschen Nation. Das Volk in seiner ungetheilten Gesammtheit fällt zu schwer ins Gewicht, als daß ihm eine Theilnahme an der Regelung seiner öffentlichen Angelegenheiten auf die Dauer vorenthalten werden könnte. Soll demnach die Arbeit zur festeren Begründung der bürgerlichen Freiheit mit dem Streben nach Einheit nicht bloß Hand in Hand gehen, muß sie vielmehr das Letztere unbedingt begleiten, so liegt auch eben in der freien organischen Durchbildung unseres Staatslebens die einzige Bürgschaft für die schließliche dauernde Realisirung unserer nationalen Hoffnungen. Denn in Deutschland, das dürfen wir uns nicht verhehlen, ist der Staat, sobald er dem deutschen Ideale annähernd entsprechen soll, doch stets nicht Zweck, sondern nur Mittel zur möglichst harmonischen Ausbildung des Einzellebens. In der Völkerfamilie unseres Erdtheils müssen allerdings die Deutschen zu einer staatlichen Körperlichkeit gelangen. Die gemeinsame Sicherheit nach außen stellt diese Anforderung; und auch für die Entwicklung der inneren Angelegenheiten kehrt das ökonomische Gesetz der Association auf dem politischen Gebiete wieder. Immer indessen liegt dabei im Hintergrunde der Gedanke oder auch nur die allgemeine Empfindung, daß zuletzt die gewünschte Nationalgestaltung materiell wie moralisch hebend und fördernd auf das Einzelleben zurückwirken muß — eine Einheit ohne Freiheit würde der germanischen Staatsidee gerade-weges zuwiderlaufen.

Gehen deßhalb die auf Erlangung von staatlicher Einheit und politischer Freiheit in Deutschland gerichteten Bestrebungen schließlich durchaus Hand in Hand, so sind doch die Wege, welche sie zu dem gemeinsamen Ziele hin einschlagen, in mannigfacher Hinsicht verschieden. Die Einheitsfrage hat es mehr mit dem unmittelbar praktischen Organisiren zu thun; bei ihr kommt es für den Politiker

darauf an, die einzelnen einander feindlich gegenüberhaltenden In=
teressen auf einem höheren Standpunkte zu versöhnen und darauf
Einrichtungen ins Leben zu rufen, welche dem gewonnenen Resul=
tate die rechte Körperlichkeit verleihen. Die Freiheitsfrage führt
dagegen zunächst einmal zu einer Untersuchung über das richtige
Verhalten des Staates zur Gesellschaft zurück, um der Volksfreiheit
in Zukunft eine andere, festere Grundlage zu bereiten, als ihr etwa
die freiwillig von oben herunter verliehenen Rechte darbieten
können. Die von der Freiheitsfrage gestellte Aufgabe ist vor der
Hand eine theoretische; erst nach einer vollständigen Durchsicht un=
serer politischen Begriffe werden wir im Stande seyn, den wirk=
lichen constitutionellen Staat herauszuarbeiten.

Wer in den letzten zehn Jahren dem Gange der staatlichen
Auffassungen, wie sie sich in der wissenschaftlichen sowohl als in
der Tagesliteratur kundgeben, einigermaßen gefolgt ist, der wird
die Ueberzeugung gewonnen haben, daß wir uns gegenwärtig in
Betreff unserer Anschauungen von Staat und staatlichen Dingen in
einer Zwischenperiode befinden: die alten Theorien sinken in der
veränderten Zeit, während die aus den Ruinen neu aufschießenden
Ideen noch keinen inneren Halt gewonnen haben. Die entscheidende
letzte Ursache dieser unverkennbaren Erscheinung ist aber in den
Anforderungen zu suchen, welche, um es kurz zu bezeichnen, jetzt
der Wirthschaftsstaat an den Rechtsstaat richtet. So
lange die „Nationalökonomie" ihr eigentliches Gebiet auf das Gü=
terleben begrenzte, so lange sie nicht über die Erfassung der Ver=
kehrsgesetze hinausschritt, konnte die Jurisprudenz in dem langjäh=
rigen Vollbesitz der politischen Weisheit bleiben, und die Philosophie
fand am Ende auch keinen andern Ausgang zu ihren Staatscon=
struktionen als das „Recht" und die in ihm liegenden Consequenzen.
Je mehr indessen neuerdings die ökonomische Wissenschaft zu einer
Kunde der menschlichen Arbeit und ihrer Bedingungen sich erweitert
hat, je klarer sie bei ihren Untersuchungen von der Ordnung der
Güter zu der durch die Arbeitstheilung hervorgerufenen Ordnung
und Stellung der Menschen zu einander übergegangen ist, je mehr
sie, mit einem Worte, sich in allen ihren Unterabtheilungen zu

einer Gesellschaftswissenschaft, zur Socialiſtik, erhebt, um ſo
entſchiedener muß ſie in ihren Ergebniſſen mit der ausſchließlichen
juridiſchen Politik in Conflikt gerathen, um ſo mehr ſieht ſie ſich
zu einer ſcharfen Kritik der bisher gültigen ſtaatsrechtlichen Glau=
bensſätze hingewieſen. Die große Macht der Geſellſchaft ſinkt auf
ein Minimum hinab, ſobald man mit den Linien des Rechtsſtaates
in ſie hineinfährt. Der Rechtsſtaat iſt das Zwinguri der Geſell=
-ſchaft; eine wahre Verfaſſung iſt nicht ein juridiſches,
ſondern ein ſocial=politiſches Produkt!

Wie nach dem bekannten Worte des Alterthums „der Menſch
das Maß aller Dinge iſt," wie er gemäß der ihm innewohnenden
Natur die ganze Welt in der Fläche ſeines Weſens ſpiegeln läßt,
und ſelbſt auf ſeine Vorſtellungen von dem Seyn der Gottheit, be=
wußt oder unbewußt, die ſeinem eigenen Seyn entnommenen Be=
dingungen mehr oder weniger überträgt, ebenſo muß das Zuſam=
menleben der Menſchen unter ſich, der in einem beſtimmten Staate
gefaßte Bruchtheil des Geſammtmenſchen, ſobald es geſund ſeyn
ſoll, dem menſchlichen Weſen entſprechen — auch der Staat hat
ſich unbedingt an dem menſchlichen Weſen zu meſſen. Auf dieſem
Standpunkte ſoll man daher als Unterlage aller politiſchen Wiſſen=
ſchaften die Anthropologie nehmen. Da es jedoch unmöglich
iſt, den uranfänglichen Menſchen, wie er vor dem Beginne ſeiner
Geſchichte daſtand, uns abſtrakt hinzuſtellen, da alle unſere darauf
gerichteten Unterſuchungen ſich nicht völlig von den bei der geſchicht=
lichen Entwicklung des Menſchheitsgeſchlechtes einwirkenden Einflüſſen
hinterher losmachen können, kommt es darauf an, aus den hiſtori=
ſchen Aeußerungen der Menſchennatur einen möglichſt genauen
Schluß auf die Menſchennatur ſelber zu ziehen. Gelangte Immanuel
Kant durch die Kritik der reinen Vernunft zur Baſis ſeiner philo=
ſophiſchen Erkenntniß, ſo hat der Politiker durch die auf geſchicht=
lichem Wege gewonnene Erfaſſung der in den Menſchen liegenden
geſellſchaftlichen Kräfte und Bedürfniſſe das Fundament für ſeine
ſtaatlichen Anſchauungen zu gewinnen. Der Kritik der reinen Ver=
nunft für die Philoſophie, — ſo weit ſie damit kommen kann, —
entſpricht die Kritik der reinen menſchlichen Socialnatur für die

Staatswissenschaften. Die Geschichtschreibung ist dabei nur eine Vorarbeit für diese Kritik; wie es ja schließlich überhaupt nur eine einzige Wissenschaft, die Weltkunde, gibt, der alle einzelnen wissenschaftlichen Branchen in ihren Resultaten zu dienen bestimmt sind.

Zweifacher Art aber sind die Wege, welche die an der Hand der Geschichte einherschreitende sociale Anthropologie einzuschlagen hat. Es gilt nämlich einmal, innerhalb eines und desselben Landes ein Volk auf der Stufenreihe seiner Entwicklung zu verfolgen, und zum andern, durch die vergleichende Ethnographie die Abhängigkeit der Menschennatur von der Räumlichkeit, in welcher sie lebt, darzulegen. Die erstere Bahn führt uns zu den ökonomisch-politischen und ökonomisch-kulturlichen Wechselbeziehungen im Daseyn der Nationen und zu den daraus mit Nothwendigkeit hervorgehenden Rückwirkungen auf die Entfaltung des menschlichen Wesens; der Mensch, seine Familie, sein Staat, seine Bildung ist im Jäger- zustande ein anderer als im Hirtenthume, unter einer Alles be- herrschenden Geldwirthschaft ein anderer als im Ackerbauthume, obschon das in ihm vorhandene Grundwesen, der Zusammenhang der ihm ursprünglich gewordenen Kräfte derselbe bleibt. Und auf der zweiten angedeuteten Bahn gelangt man zu einem Verständnisse des Einflusses, welchen die so verschiedenartige Ländergliederung der Erde auf das jedesmalige sociale Gefüge und innerhalb des- selben auf die Individualität des Volkes ausübt. Die medicinische Wissenschaft ist darüber aus, sich mit der Kenntniß der Einzel- körper annähernd den menschlichen Normalkörper zu abstrahiren, an welchem sie dann jeden einzelnen Menschen körperlich mißt. Ebenso hat sich die sociale Anthropologie aus dem Durchschnitte ihrer geschichtlichen und ethnographischen Erfahrungen, wenigstens annähernd, einen socialen Normalmenschen loszulösen, welcher dann, auf gegebenem Terrain, unter gegebenen wirthschaftlichen Verhält- nissen, der Politik zum Anhalt für ihre ökonomischen, staatlichen und kulturlichen Schöpfungen dient. Bedingt nämlich schon der Boden und das Klima in der „Art“ des Menschen bestimmte kör- perliche Unterschiede, die nicht ohne geistige Folgen sind, so werden

diese ethnographiſchen Verſchiedenheiten wieder auf das mannigfal=
tigſte durch die wirthſchaftlichen Verhältniſſe modificirt, unter denen
ein Stamm, ein Volk, eine Nation gerade lebt. Erſt nachdem der
individuelle Bereich einer Menſchengruppe im Raume wie in der
Zeit ihrer wirthſchaftlichen Ausbildung abgeſteckt worden iſt, läßt
ſich die Bedeutung geſchichtlicher — „zufälliger“ — Ereigniſſe und
ihre weitere Individualiſirung bemeſſen .... „zufällig“ genannt,
weil wir ſie nicht mehr als das nothwendige Endergebniß aller dabei
mitwirkenden kleinen und großen Kräfte zu erkennen vermögen.
Und dieſe ſo erfolgende Individualiſirung einer beſtimmten Men=
ſchengruppe, mag ſie vereinzelt wohnen oder durch den Handel mit
der ganzen Welt in Verbindung ſtehen, bildet das Maſchennetz,
in welchem jedes Einzelleben, an der Stelle, wo es ſich nun gerade
befindet, ſeine beſondere Form erhält. Von der ſocialen Anthro=
pologie mit ihrem Normalmenſchen gelangt man endlich auf der
einen Seite zu der geiſtigen Biographie des Individuums, deſſen
natürliche Begabung verbunden mit den äußeren Umſtänden, unter
denen es aufgewachſen iſt und lebt, die Brillen wieder eigenthümlich
färbt, mit welchen es ſich Welt und Leben beſieht. Jedes philo=
ſophiſche Syſtem bleibt das Produkt eines durch Land, National=,
Familien= und eigene Geſchichte des Philoſophen bedingtes Ge=
dankenreſultat. Darum iſt es, genau genommen, auch immer nur
ſein unübertragbares intellektuelles Eigenthum; kein Schöpfer einer
neuen philoſophiſchen Richtung wird von ſeinen Schülern ganz
verſtanden. Hegel hat oft genug darüber geklagt. Es gibt für
den Menſchen nichts mathematiſch Abſolutes, außer der Mathe=
matik ſelbſt!

Tritt aber auf der einen Seite die von der ſocialen Anthro=
pologie ausgehende Wiſſenſchaft ihr Endreſultat an die Biographie
ab, als Baſis für die dem Individuum eigene philoſophiſche Welt=
anſchauung, ſo endet ſie auf der andern Seite mit der Staaten=
kunde, welche die Grundlage für die ſchöpferiſch eingreifende Politik
auf allen Gebieten des öffentlichen Lebens bildet. In ihr macht
demnach die ſogenannte Nationalökonomie nur einen ſehr kleinen,
um nicht zu ſagen untergeordneten Beſtandtheil aus. Die Lehre

von der Erzeugung, Vertheilung und Verzehrung der Güter, von
den Gesetzen der Arbeit, so wichtig sie an sich immer seyn mag,
und so sehr es bisher darauf ankam, sie von allen Irrthümern
nach und nach zu reinigen, reicht doch weitaus nicht hin, um von
ihrem Standpunkte die Räthsel der Socialistik zu lösen oder das
selbstbewußte organisirende Eingreifen des Staatsmannes in den
Gang der Dinge, eben gemäß der Natur der Dinge, zu
regeln. Gerade weil man bisher den Ausgang für die Politik so
ungemein klein nahm, weil lange Zeit die Jurisprudenz allein und
dann die Jurisprudenz in mechanischer, nicht chemischer Verbindung
mit der nicht minder dürren Nationalökonomie nach den Geheim=
nissen der Socialistik herumtappte, wurde die politische Wissenschaft
eben so verworren als die politische Welt selbst, so daß eine ganz
neue Politik zu entstehen hat, um, den neuen Anschauungen ent=
sprechend, überall gesunde staatliche Organismen herzustellen; da die
jetzigen social=politischen Gefüge durch jene politischen Halbwissen=
schaften, welche sich in die reingeschichtlichen Einflüsse mischten, zu
einem völlig künstlichen Daseyn gebracht sind, dessen Krebsschäden
alle menschliche Kultur zu zerfressen drohen. Der Weltschmerz des
neunzehnten Jahrhunderts ist nicht etwa eine individuelle, es ist
eine sociale Krankheit; die nothwendige Erscheinung einer Welt,
welche selber durch staatsmännische Quacksalber krank geworden ist.
Mit dem bloßen Rechtsstaate werdet ihr die Heilung der Schäden
nie erlangen!

Während die Erde selber bereits Millionen Jahre aus dem
Chaos hervorgetreten seyn muß, zählt die selbstbewußte Geschichte
der Menschheit doch erst nach wenigen Jahrtausenden. Da aber
das geistige Leben des Menschen an der Empirie sich aufbaut, d. h.
durch die Reihenfolge der empfangenen sinnlichen Eindrücke sich zu=
nächst entwickelt, so erklärt es sich leicht, daß die Wissenschaft
zuerst der Erkenntniß der gröberen Außenwelt sich zuwandte. Und
ohne vorangegangene geistige Besiegung der Körperwelt hätte auch
ein möglichst richtiges Erfassen der Geisteswelt nicht vor sich gehen
können. Die größten Denker der altasiatischen Völker, Griechen=
lands und Roms, sie alle standen auf einer Erde, die ihnen in

ihrem ganzen Umfange gar nicht einmal bekannt war, und welche
außerdem für sie im Mittelpunkte des Alls lag. Wie sollte denn
von einem solchen räumlich beschränkten Gesichtsfelde aus ein richtiges Verständniß der Menschennatur in ihren Lebensäußerungen
gewonnen werden! Ganz anders muß sich ja die Religion mit
ihrem Dogma und ihren socialen Rückwirkungen gestalten, wenn
der Mensch die „Welt" mit seinem kleinen Erdball, den er noch
gar nicht einmal vollständig kennt, für abgegrenzt hält, als zu
einer Epoche, wo bereits die „Mechanik des Himmels" bloßgelegt
worden ist. Daher beginnt denn auch, genau genommen, alles
wirkliche, brauchbare Denken der Menschen erst mit der Entdeckung
Amerikas und der Aufstellung des Kopernikanischen Systems. Die
gesammte vorangegangene geistige Arbeit muß, trotz der vielen Ein-
zelnresultate und Einzelnwahrheiten, die sie geliefert hat, doch einer
Revision unterworfen werden, ehe sich daraus für unsere Zeit ein
praktischer Nutzen ziehen ließe. Die Grundlinie war nicht richtig
gemessen, also wurden alle Dreiecke des darauf gezogenen trigono-
metrischen Netzes falsch — sie stimmen nicht mit der Wirklichkeit.
Kommende Jahrhunderte werden deßwegen vielleicht auch die neue
Weltära von der Fahrt des Columbus datiren. Allerdings tritt
mit dem Beginn unserer gegenwärtigen Zeitrechnung ein großer
Umschwung in der Geschichte der Menschheit ein. Der Hauptschau-
platz ihrer Entwicklung verlegt sich fortan von den Gestaden des
mittelländischen Meeres in die großen Binnenreiche Europas, und
die Religion, welche bis dahin der nationalen Ausschließlichkeit der
Staatsorganismen unterworfen gewesen war, erhält ihre naturgemäße kosmopolitische Wesenheit. Allein der Mensch selbst mußte
sich immer noch in einem mystischen Lichte erscheinen, so lange seine
Erdkugel nicht vollständig vor seinen Augen lag, und er sich über
ihren Antheil am Weltall in der früheren Weise täuschte. Seine
Ahnung Gottes konnte sich eben so wenig abklären, als er sich selbst
klar begriff, was dann folgerichtig auf seine Auffassungen von Gesellschaft und Staat bestimmte Rückwirkungen äußern mußte.

Mit der ersten Umsegelung der Erde setzt aber nicht etwa sogleich dieser Umschwung des Denkens ein. Einmal im langen Lauf

der Geschichte festgewurzelte Ideen werden stets nur sehr langsam umgedacht. Es ist der Nachwelt nicht vergönnt, die geistige Hinterlassenschaft der Vorwelt cum beneficio veritatis anzutreten. Die muß vielmehr annehmen, was sie vorfindet, bis sie, von der Wirklichkeit gedrängt, ihrerseits die Erbschaft umzuarbeiten anfängt. Noch hat sich indessen unsre Staatswissenschaft keineswegs von der Herrschaft befreit, welche das classische Alterthum, trotz seiner großen politischen Einseitigkeit und trotz des inzwischen stattgehabten Wandels der Dinge selber, schon so lange auf sie ausübt. Die aus dem Hirtenthume hervorgegangene Theokratie Altasiens ragt ja noch in der Gestaltung der katholischen Kirche gewissermaßen in die Gegenwart hinein; wie sollte sich diese da schon von der juristischen Staatsidee Griechenlands und Roms losgemacht haben, die Gegenwart, die noch immer an den lang gezogenen Weisheitsbrüsten der Balkan- und apenninischen Halbinsel sich großsäugt! Wir läugnen es nicht, es war ein gewaltiger Fortschritt auf dem Gebiete des social-politischen Erkennens, welchen das classische Städtethum im Vergleich zu Asien that, als es der Priesterherrschaft und der Militärdespotie den „Staat," die res publica, in Wirklichkeit und Begriff, gegenüberstellte; doch darf uns dieser immerhin hoch anzuerkennende Fortschritt keineswegs über den Werth jenes Staatsbegriffes selber täuschen. Derselbe ist sogar bei Plato nichts als eine sehr ungenügende dürftige Abstraktion einzelner im griechischen Staatsleben vorkommenden politischen Erscheinungen. Nicht diesem Begriffe gemäß baute sich die Verfassung von Athen auf; sie gehorcht bei ihrem Ausgange wie bei ihrer Weiterentwicklung den unmittelbar in der Stadt thätigen social-politischen Hebeln. Wie ist es auch möglich, sich das Wesen dieser Hebel klar vorzustellen, so lange der Begriff der ökonomischen Gesellschaft noch nicht scharf hervorgesprungen ist? Es pocht zwar in Plato so etwas davon. Seine Auseinandersetzung „wie eine Stadt entsteht," geht wenigstens von der Arbeitstheilung aus. Allein da er die Arbeitstheilung nicht mit den Arten und den Abstufungen des Eigenthums in Verbindung bringt, gelangt er gar nicht zu dem „Ständethum," dessen politische Gliederung doch die athenienfische Verfassung bildet. Weiter

mithin als zu dem in dem Worte res publica liegenden staatlichen
Selbstbewußtseyn einer social zusammengehörenden Menschengruppe,
die in Asien allerdings nur das Eigenthum „Gottes" oder später
eines Königs ist, bringt es die griechische Staatswissenschaft nicht,
und die römischen politischen Schriftsteller beschränken sich darauf,
aus diesem Princip die Consequenzen zu ziehen.

Die Stadt Rom gibt allerdings mit ihren Einrichtungen das
Prototyp für die gesammte spätere Städtewelt ab, weil diese Einrichtungen der Ausdruck von Verhältnissen sind, wie sie sich in jeder
geschlossenen Ansiedlung wieder finden, die aus der reinen Naturalwirthschaft durch den Kampf von beweglichem und unbeweglichem
Eigenthum zur reinen Geldwirthschaft fortschreitet. Allein die römische Staatswissenschaft ist sich dieses Vorganges nicht im Geringsten
bewußt geworden. Sie sieht nur das Produkt desselben, die Rechtscompromisse, welche die verschiedenen Kräfte im öffentlichen und
privaten Leben mit einander abschließen, und arbeitet dann mit
diesen Compromissen in abstrakter Weise weiter, ohne sich dabei um
die Zustände der Wirklichkeit, aus denen heraus die Verträge auf-
geschossen sind, im Geringsten zu kümmern — der Form: res publica,
fehlt der Inhalt: societas. Die Justinianische Gesetzessammlung
vollends erscheint, von dem Standpunkte der modernen Socialistik
betrachtet, als ein jammervolles Machwerk staatswissenschaftlicher
Impotenz, so genau auch darin die einzelnen juridischen Sätze und
Lehren durchgeprägt seyn mögen. Die alte Welt war unter dem
byzantinischen Kaiser längst bei der reinen Geldwirthschaft angelangt, die bei der großen Beweglichkeit ihrer Verhältnisse ganz andere politische und juridische Normen gestattet, als sie in den vorwiegend agrarischen Jahrhunderten Roms möglich waren. Dessenungeachtet wirft der dicke Codex Alles durch einander, was Vergangenheit und Gegenwart an juristischen Ueberlieferungen und
Gesetzen darbot. Von einem Verständniß der wirthschaftlich rechtlichen Wechselbeziehungen ist in ihm auch nicht die leiseste Spur
zu finden — und aus dieser Quelle, unantastbar, wie die Bibel
selber, schöpfte dann die junge Staatswissenschaft des Mittelalters
ihre Nahrung.

An und für sich war es gewiß eine glückliche welthistorische Wendung für die Menschheit, daß sie, nachdem das Alterthum bei der völligen social-politischen Auflösung der reinen Geldwirthschaft angekommen war, in Binneneuropa von den untersten Stufen der gesellschaftlichen Gliederung wieder ausgehen konnte. Auf die Verhältnisse des ungebrochenen Ackerbauthums in der Mitte unseres Erbtheils paßte die im Städtewesen wurzelnde römische Jurisprudenz ganz und gar nicht. Selbst die römische Kirche sah sich hier genöthigt, in ihrem socialen Gefüge und in ihren Rechtssatzungen den anders gearteten Zuständen des Nordens Rechnung zu tragen. Und auch später, als das Städtethum sich in Deutschland und Frankreich zu entfalten begann, folgte es zunächst seiner eigenen Natur. Es nahm allerdings im Laufe der Zeit römische Normen und Formen vielfach zu sich herüber, aber nur weil und in so weit sie seinen Verhältnissen entsprachen. Die Städte haben sich gewiß nicht nach den etwa durch die Wissenschaft ihnen übermittelten römischen Institutionen eingerichtet; sie verliehen vielmehr ihren eingebornen Institutionen die bekannten römischen Namen, weil sie in ihrer eigenen gesunden social-politischen Entwicklung zu ähnlichen oder gleichen Einrichtungen, wie Rom, gelangt waren. So rettete sich das Mittelalter seine politische Ursprünglichkeit und gesellschaftliche Gesundheit, bis die stärker werdende Königsmacht daran mit dem Doktrinarismus ihrer Selbstsucht zu rütteln anfing.

Denn die Könige, beziehungsweise die Kaiser, sind es im Mittelalter gewesen, welche mit der in der römischen Geldwirthschaft wurzelnden römischen Staatswissenschaft die Ursprünglichkeit der Feudalität selbstbewußt zu zersetzen begannen und so die naturgemäßen social-politischen Wechselbeziehungen ihrer Zeit unterbrachen. Die an Roms Jurisprudenz großgezogenen Rechtsgelehrten am Hofe der Hohenstaufen haben zuerst die ganz andern Zuständen der Fremde entlehnten Auffassungen in die germanische Welt hineingebracht; und je mehr sich die von der Krone abhängige Büreaukratie festsetzte, um so weiter trug sie aus dem Sammelsurium der Pandekten römische Schablonen in das „germanische“ Staats- und

Privatrecht über. Bei der Krone fängt, wie gesagt, der jetzt so bitter verspottete politische Doktrinarismus an; die heutigen Kronen dürfen sich also fürwahr nicht über die geistigen Zerstörungsmittel in den Händen des Bürgerthums beklagen, die sie selber dem Bürgerthum in die Hände geliefert haben. Sehen wir indessen auch von der geschichtlichen Thatsache ab, daß die Rechtshinterlassenschaft Rom's zunächst nur dazu benutzt wurde, den Absolutismus des Königthums zu begründen und zu stärken; so mußte in jeder andern Hand die römische Rechtswissenschaft in ähnlicher Weise destruktiv einwirken, weil, wie wir oben hervorgehoben haben, der römische Begriff „Staat" noch gar nicht von dem Begriff „Gesellschaft" durchwachsen war. Dazu kam, daß, als diese wiedergeborene römische Staatswissenschaft in Europa Wurzel faßte, Columbus und Kopernikus noch nicht gelebt hatten. Die mystischen Anschauungen der Menschen über Erde, Gott, Welt und ihr eigenes Geschlecht verquickten sich mit den dürren römischen Staatsbegriffen, als ob sie diesem Knochengerüste wirklich Fleisch und Blut verleihen könnten. So nahm denn der Rechtsstaat mit allen seinen Gespenstern theoretisch wie praktisch Besitz von der Bühne des öffentlichen Lebens. Die politischen Einrichtungen wuchsen nicht mehr wie sonst naturgemäß, sobald es Zeit war, in die Höhe; sie wurden vielmehr künstlich gemacht; und wenn selbst das Treibhaus dafür nicht ausreichen wollte, griff man zu papiernen Blättern, Blumen und Früchten.

Von den Nachwirkungen dieser Vergangenheit haben wir uns jedoch bisher noch lange nicht befreit; wir sind kaum einmal in unserem Bewußtseyn zum klaren Gegensatz zu derselben durchgedrungen. Wir fühlen es wohl, daß unsere heutige staatliche Welt in hohem Grade mangelhaft ist; aber wir sehen uns außer Stande, ihren Schäden gründlich abzuhelfen. Verfassungen über Verfassungen sind in den verschiedenen Ländern gemacht worden; sie haben Niemanden befriedigt, und der nächste Sturm wehte sie weg wie Spreu. Pläne über Pläne sind entworfen, vermittelst deren man die wirthschaftlichen Leiden unserer Zeit heilen wollte. Man legte sogar die menschliche Natur in das Procrustesbett des Socialismus und Communismus — es half nichts. Und aus den nämlichen Gründen

vermochten wir denn auch nicht, troß alles Patriotismus, den viel=
jährigen Jammer Deutschlands zu beseitigen. Denn bis über die
Ohren stecken wir noch in den Auffassungen des Rechtsstaates. Deß=
wegen bilden wir uns ein, die erstrebte staatliche Einheit könne nur
auf Kosten der bürgerlichen Freiheit erlangt werden, während gerade
die staatliche Einheit ihre besten Stützen derjenigen bürgerlichen
Freiheit entlehnt, die naturgemäß aus dem eigentlichen Wesen des
Staates hervorwächst. Aber um diesen eben angedeuteten Proceß
einzuleiten, müssen wir von dem klapperdürren Rechtsstaate zu
dem fleischigen muskelkräftigen Gesellschaftsstaate übergehen; es
gilt, die aus Nationalökonomie und Anthropologie zusammenge=
wachsene Socialistik in die Politik einzuführen; dann erst werden
wir mit den juridischen Staatsdoktrinärs zugleich den Doktrinaris=
mus los, und der überkünstelte Staat kehrt zum frischen organischen
Leben zurück.

In der vorhergehenden Abhandlung „die social=politische Macht
des Krieges" haben wir es versucht, die Grundkräfte darzulegen,
die das Zusammenschließen einer größeren Menschengruppe zu einem
staatlichen Ganzen ursprünglich hervorzurufen pflegen, und welche
auch später nach eingetretener Gewöhnung der Bürger an den ge=
wonnenen Organismus, bei Lichte betrachtet, die eigentlichen Bänder
seines Bestandes bilden. Die Sicherheit nach Außen, der Schutz
nach Innen vereinigen sich in ihrem social=politischen Einflusse mit
der Individualität eines größeren, von einem mehr gleichartigen
Menschenschlage bewohnten Raumgebietes; und das so in seinen,
vielleicht anfänglich blutseinheitlichen Bewohnern entstehende Be=
wußtseyn des Zusammenhanges erhält für seine nationale Entwick=
lung in der gemeinsamen Sprache, der gemeinsamen Geschichte
und Kultur weitere Stützpunkte, so daß ihm schließlich sein eigenes
Staatsgebilde als eine gewisse unabweisliche Nothwendigkeit er=
scheint. Welcher Franzose z. B. könnte sich es heut zu Tage wohl
anders denken, als daß sein unter dem Namen „Frankreich" be=
griffenes Stück von Europa auch einen eigenen staatlichen Körper
trüge! Hat aber einerseits dieser angedeutete Ursprung des
europäischen Staates an und für sich gar nichts mit dem „Rechte"

zu thun, entstehen die Rechtsverträge der Einzelnen erst innerhalb seiner eingeleiteten Durchbildung, so geht auch die in ihm vorhandene Verfassung, die Stellung des Individuums zum Staatswillen, thatsächlich aus dem von Rochau so bekannten „Verhältnißwerthe" der in ihm vorhandenen gesellschaftlichen Kräfte hervor. Es ist so grundfalsch, die heutigen für die einzelnen Staatstheile gangbaren Begriffe, wie es so häufig geschieht, auf die embryonischen Zeiten der Staatsentwicklung in der Vergangenheit zu übertragen; und man begibt sich damit außerdem der Möglichkeit, die social-politischen Begriffe einer Zeit eben aus der Zeit selber zu verstehen. Allerdings erwählten die alten Deutschen im Krieg einen Anführer, der den römischen Ethnographen als König erschien, etwa wie auch wir gegenwärtig einen Neger- oder Indianerhäuptling König nennen; allein die Königswürde von heute und die Königswürde von damals sind an sich himmelweit von einander verschieden. Nur in sofern sie beide zunächst die Staatseinheit äußerlich darstellen, berühren sie sich in ihrem social-politischen Inhalte. Und ebenso ist die Stellung des Adels im Staate oder besser: im Reiche, während der uranfänglichen Ackerbauzeiten nicht mit der Aristokratie zu vergleichen, wie sie von den gesellschaftlichen Hebeln der Gegenwart getragen wird. In jeder Phase des Staatslebens, gleichmäßigen Schrittes mit der Entfaltung der socialen Mächte, schießen die nothwendigen Bestandtheile des Staates zu besonderen Figuren zusammen; ihre Namen werden wohl immer wieder bei dem ununterbrochenen Gange der Menschheitsgeschichte auch für die folgende Constellation gebraucht, ihr Wesen ist jedoch inzwischen nicht minder ein anderes geworden als ihr Verhältnißwerth zum Ganzen. Mit diesem sich ändernden Verhältnißwerthe derselben müssen sich daher auch stets die Rechtscompromisse ändern, die sie untereinander innerhalb der Grenzen des Ganzen abschließen. Die Verfassung eines naturgemäß gesunden Staates ist der unaufhörlich wandelbare Ausdruck der innerhalb seiner Landgrenzen unaufhörlich sich umwandelnden Gesellschaft; sie hat das jedesmalige Produkt derselben zu seyn. Leider ist jedoch die politische Halbwissenschaft, verbunden mit der überwuchernden Macht des Absolutismus, seit drei

Jahrhunderten immer mehr dazu gekommen, den Bestand der Ge=
sellschaft nach einer Staatsschablone zurechtschneiden zu wollen. Die
neuen Legislatoren ordnen nicht die im Kasten vorhandenen Bau=
hölzer ihren Winkeln gemäß zu der daraus hervorgehenden Figur;
sie suchen vielmehr die Klötze selber frisch zuzuschneiden, damit sie
für den von vorne herein entworfenen Riß passen. Darum hält
dann auch eine gemachte Constitution in der Regel nur kurze Zeit;
und wo sie dessenungeachtet sich dauerhafter zeigt, da ist die Ur=
sache ihres Bestandes, von auswärtigen Combinationen wie bei
Belgien und Sardinien abgesehen, darin zu suchen, daß die Ge=
sellschaft die künstlichen Paragraphen derselben in ihrem eigenen
Sinne zu gebrauchen weiß. Das heutige Repräsentativsystem muß
seine innere Dürre mit dem Saft der Gesellschaft wenigstens einiger=
maßen beleben, sobald es nicht zum vollständigen Scheinconstitu=
tionalismus hinabsinken will.

Unter solchen Gesichtspunkten werden dann auch die sogenann=
ten „historischen Rechtsbildungen" erst in die richtige Beleuchtung
gebracht. Denn so wichtig sie für den Socialpolitiker in unsern
Tagen der Staatsmacherei an sich sind, weil in ihnen noch die
Nachwirkungen früherer unmittelbarer social=politischen Wechsel=
beziehungen vorwalten, so wenig interessiren sie ihn etwa als noch
heute gültiges Recht. Für ihn stützt sich nicht etwa das Königthum
oder der Adel auf ein angestammtes Recht; sondern das jetzige
Recht der Krone fußt in seinen Augen einzig und allein in der
heutigen social=politischen Nothwendigkeit der Monarchie. Der
Adel von heute hat eine andere social=politische Berechtigung und
Stellung als vor dreihundert Jahren, und diese seine nunmehrige
social=politische Berechtigung trägt ihn, nicht etwa sein altes „Recht";
hörte die erstere einmal wirklich auf, so wäre es mit dem letzteren
unausbleiblich gethan. Allein gegenwärtig, da der Staatsbau ganz
in die Gedanken, um nicht zu sagen, in die Willkür der Menschen
verlegt wird, da man glaubt, politische Rechte schaffen oder ver=
leihen zu können, wo vielleicht die dazu erforderlichen socialen
Mächte noch gänzlich fehlen, oder da man, umgekehrt, wirklich
vorhandenen großen gesellschaftlichen Mächten die rechtliche d. h.

die staatliche Anerkennung versagt, flüchtet der Socialpolitiker gern
zu den bis auf uns gekommenen naturgemäßen social-politischen
Gebilden der Vergangenheit zurück, nicht nur um durch die Untersuchung derselben eine Methode für seine Anschauungen zu gewinnen, sondern auch, um in ihnen selbst, in sofern sie noch gegenwärtig gesund sind, die Basis zu Neubildungen zu finden. Die
social-politische Geschichte allein ist im Stande, der socialen Politik
zum Siege über die juridisch-politischen Abstractionen der Gegenwart zu verhelfen. Sie nur vermag uns zum richtigen Verständniß des englischen Staatsbaues hinzuführen, und uns Fingerzeige
darüber zu geben, in wie weit etwa auch unser deutscher Boden
dafür geschaffen ist. Dann hat ferner die sociale Politik die Aufgabe, mit dem wieder zu Ehren gebrachten Ständethum die
Kopfzahlverfassungen zu beseitigen, vermittelst deren die Büreaukratie sich selbst, ihre eigenen staatlichen Schablonen und ihren
Partikularismus stützt. Einzig die freie politische Durchprägung des Ständethums wird die Mutter der gesunden nationalstaatlichen Einheit Deutschlands seyn.

Zur stichhaltigen wissenschaftlichen Begründung dieses für Viele
gewiß äußerst auffälligen Satzes gehörte nun freilich, wir täuschen
uns darüber nicht, ein umfangreiches Werk, welches die ganze
social-politische Geschichte der Menschheit in sich schlöße. Wer die
politischen Theorien, wie sie sich seit den letzten drei Jahrhunderten
in Europa festgesetzt haben, über den Haufen werfen will, um in
Folge dessen der Natur auf dem staatlichen Gebiete wieder zur
Geltung zu verhelfen, der muß seine Anschauungen auf die social-
politischen Erscheinungen und Erfahrungen von Jahrtausenden stützen.
Da es jedoch dem Verfasser dieser Abhandlung sehr zweifelhaft
bleibt, ob er das ihm in dieser Weise vorschwebende wissenschaftliche Ideal jemals erreichen wird, so mag es verzeihlich seyn, wenn
er in Erwartung des kommenden besseren Mannes es wagt, wenigstens einige Andeutungen zum Belege des aufgestellten Axioms hier
zusammenzudrängen, zumal da er schon manche in dieses Thema
einschlagenden Gedanken gelegentlich in Zeitschriften und Journalen
ausgesprochen hat.

Die Grundbedingung aller menschlichen Thätigkeit ist der Kampf um das tägliche Brod, d. h. die Arbeit, welche die Existenz des Einzelnen trägt. Durch die naturgemäße Arbeitstheilung wird aber der Mensch nicht nur an einen besonderen Platz in der allgemeinen Gliederung der Produktion hingestellt, sondern die Art seiner Arbeit hat auch eine ganz unvermeidliche Rückwirkung auf die Durchbildung seiner Individualität. Leute desselben Arbeitszweiges sind, im Durchschnitt betrachtet, ähnliche Charaktere. Diese Wahrheit hat der Volkswitz viel eher eingesehen als die Staatswissenschaft. Der Bauer, der Schneider, der Schuster, der Fleischer, der Schiffer, selbst der Staatsbeamte sind für den gemeinen Mann Persönlichkeiten mit ganz bestimmten Umrissen. Dazu kommt, daß wie im Raume der Einzelne allemal im Mittelpunkte des Horizontes steht, er sich auch, mehr oder weniger bewußt, in den Mittelpunkt der Welt stellt. Der Mensch, als Maaß aller Dinge, mißt auch als Einzelner die Welt an sich selbst. Nur so weit sie ihn berührt, ist sie für ihn da. Was ihn nicht unmittelbar angeht, liegt für ihn, sobald wir den Durchschnittsmenschen im Auge behalten, verschwommen im Nebel; und selbst die täglichen Erscheinungen rund um ihn herum wirken mehr durch Gewohnheit als durch ein von ihm erfaßtes Verständniß ihres Wesens auf ihn ein. Die Erklärung dieser unbestrittenen Thatsache wäre zunächst in der socialen Anthropologie, in der Natur des Menschen zu suchen; wir nehmen sie jedoch hier einfach als Thatsache hin. Sehr wichtig für die Gliederung der Arbeit selber ist dann die Art des Stoffes, an welchem sie geschieht, d. h. mit andern Worten, die Art des Eigenthums, auf dem sie beruht, oder das aus ihr hervorgeht; und in dieser Beziehung übt der Unterschied des sogenannten unbeweglichen und des beweglichen Eigenthums einen social=politischen Einfluß aus, der nicht hoch genug angeschlagen werden kann. Auf der untersten Stufe des Gesellschaftslebens gibt es gar kein Eigenthum, welches social=politische Einwirkungen nach sich zieht. Die Jäger besitzen nichts als ihre Kleidung und ihr Geräthe; eine Kapitalansammlung ist bei ihnen nicht möglich, weil das erlegte Nahrungsthier in kürzester Zeit verzehrt werden muß, wenn es nicht völlig werthlos werden soll. Bei ihnen trägt also nur die individuelle Persönlichkeit die Stellung des Einzelnen in der Horde. Die Hirten dagegen gelangen wenigstens schon zu einem Gesammt= besitz: die ganze Heerde gehört dem ganzen Stamme. Allein inner= halb der Heerde und des von ihren Erträgnissen lebenden Stammes findet noch kein Sondereigen statt. Bloß in sofern bedingt bei ihnen das in der Heerde vorhandene Kapital eine gesellschaftliche Gliederung, als nur die Blutsnachkommen des ursprünglichen Heerdenbesitzers an jenem zusammenbleibenden Gesammtkapitale theilhaben, und dadurch zwischen ihnen und den hinzukommenden Fremden, die sich gegen ihre Dienste die Nahrungsmittel eintau= schen, der social=politische Unterschied von Herr und Knecht entsteht. Erst nach erfolgter Seßhaftigkeit aber, sobald in einer Menschen= gruppe alle Erinnerungen aus dem vorangegangenen Nomaden= thume verschwunden sind, greift das „Eigen," das Eigenthum Platz.

Der Acker, das Stück der Mutter Erde, welches als Grund= kapital den Einzelnen ernährt, bildet nämlich durchweg in den embryonischen Zeiten der Gesellschaft den Ausgang für das Wesen und den Begriff des Eigenthums. Erhält ursprünglich ein Feld erst durch die Arbeit des Menschen einen wirthschaftlichen Werth, wird es gewissermaßen durch die Bebauung individualisirt — so= weit ich den herrenlosen Boden anbaue, soweit ist er mein — dann läßt es sich auch erklären, daß in den Jahrhunderten, in welchen der Ackerbau die ausschließliche Nährquelle abgab, dieser durch die Arbeit individualisirte Bereich wieder individualisirend auf den Arbeiter zurückwirken konnte: der Mann bleibt abhängig von der Hufe, die ihm seinen Unterhalt gewährt, und die Geräthschaften, welche er zur Bebauung derselben benutzt, sind, wie er selbst, nur ein Zubehör dieser Hufe. Wie seltsam es daher unsern an die Verhältnisse der Geldwirthschaft gewöhnten Anschauungen auch immerhin vorkommen mag, in einer rein aus Ackerbauern bestehen= den Gesellschaftsgruppe sind die darin umfaßten Menschen anfäng= lich nur die Vertreter ihrer Höfe. Das Gehöfte gibt der Familie den Namen, alle altadeligen Namen sind von den Gütern der Adeligen hergenommen; an dem Gehöfte haften die socialen und politischen Rechte und Pflichten; der Eigenthümer des Gehöftes ist gewissermaßen bloß „die Seele" des Gehöftes. Es würde uns indessen zu weit führen, wollten wir es im Einzelnen auseinander setzen, wie sich im beginnenden Mittelalter an das freie Eigenthum die ganze feudale Gliederung der Arbeitstheilung ansetzt, welche dann im Reiche ihren politischen Ausdruck erhält. Wenn schon der Eigenthümer des Hofes nur ein Appertinenz desselben abgibt, wie viel mehr müssen dann vollends alle diejenigen bloß als Anhängsel desselben erscheinen, welche einzelne Stücke des Geländes in Pacht haben, oder gar auf dem Hofe als Knechte gegen ihrer Hände Arbeit sich ernähren! Zu unserem Zwecke genügt es, darauf hinzuweisen, daß unter solchen Verhältnissen ein Staatsgebilde, welches, statt die Gliederung des Grundeigenthums in's Auge zu nehmen, sich bloß an die Menschen halten wollte, ein Unding wäre. Der Agrikulturstaat, der noch von keiner Geldwirthschaft berührt worden ist, kennt gar keine Repräsentativverfassung in unserem heutigen Sinne des Wortes. Mit der Kopfzahl als solcher vermag er nichts anzufangen; seinen Mitgliedern weist vielmehr ihre aus Arbeit und Grundeigenthum hervorgewachsene wirthschaftliche Persönlichkeit ihre Stellung, ihren Stand, in dem Ganzen an. Sogar wenn wir heute mit unsern Begriffen von Staat und staatlichen Dingen aus bloßen Ackerbauern einen Staat bilden wollten, wären wir genöthigt, zu dem mehr oder weniger reinen Ständestaat zurückzugreifen. Nach dem Untergange des Alterthums schoß aber derselbe vollends auf den Binnenflächen Europa's von selbst empor; er war nicht das Ziel, dem zu Liebe die bestehenden gesellschaftlichen Verhältnisse geordnet wurden, sondern vielmehr der natürliche Ausdruck dieser ungebrochenen Verhältnisse selber.

Schon frühe ist es der staatsgeschichtlichen Forschung aufgefallen, daß das mittelalterliche Reich aus lauter „Privatrecht" im heutigen Sinne des Wortes zusammenwächst, und daß selbst eine Gesammtstaatsverfassung, wie sie Karl der Große nach römischem Vorbilde erläßt, sich sehr bald wieder in die Feudalität mit ihren Verträgen umsetzt. An und für sich ist die gemachte Beobachtung gewiß unbestreitbar richtig. Der Staat ist ja nicht etwas von vorneherein Gegebenes, dem zu Liebe sich nun alle vorhandenen naturgemäßen Zustände künstlich umzugestalten haben; er bildet im Gegentheil das Gesammtresultat derselben. Nur mit ihnen und aus ihnen heraus kann er sich umändern und entwickeln. Vom Grundeigenthume geht die social-politische Gliederung des Ackerbau-reiches aus; ihr die Einzelhöfe überspannendes Gefüge entspringt zunächst aus den freiwilligen Verträgen, welche die Grundeigen-thümer als Vertreter ihrer Höfe mit einander abschließen. Allein unseres Erachtens wäre es doch nöthig, diesen angedeuteten social-politischen Vorgang nach den beiden Richtungen hin zu verfolgen, die er dabei einschlägt. In der gesellschaftlichen Stellung näm-lich, welche Arbeit und Eigenthum dem Menschen in der agricolen Feudalität, wie später in der Geldwirthschaft zuweisen, hört der Mensch nicht auf, ein vernünftiges, mit freiem Willen begabtes Wesen zu seyn. Selbst wenn auch nicht von Anfang in die be-ginnenden socialen Verhältnisse des Mittelalters sich die christliche Religion, dieses feinste Ergebniß des asiatischen Gesellschaftsthums, eingemischt hätte; auf die Länge konnte es doch nicht ausbleiben, daß sich für eine Reihe von social-politischen Beziehungen die Person von der Eigenthumsbasis löste, auf welcher sie ruhte, und somit das Standesrecht sich von dem eigentlichen Privatrecht schied. Im Beginne, nachdem einmal in der feudalen Gliederung aus den bis dahin unverbundenen Menschen eine gesellschaftliche Gruppe gebildet war, ist die persönliche Sicherheit des Einzelnen von seinem „Werthe," seiner Stellung, seinem Stande in der Gesellschaft ab-hängig. Nach diesem „Werthe" richtet sich die Entschädigung, welche er bei stattgehabter Beschädigung von dem Schädiger beanspruchen darf; ein „gewertheter" Mann ist zunächst derjenige, welcher auf dem Boden von Eigenthum und Arbeit selbstständig dasteht. Später jedoch, selbst wenn die ökonomischen Verhältnisse noch ganz dieselben blieben, mußte der Mensch als solcher, abgesehen von seiner Stel-lung in der Gesellschaft, im Betreff von rein persönlichen Dingen, von Familie und körperlicher Unverletzlichkeit, neben seiner Eigen-schaft als Standesperson zur Rechtsperson werden, so wenig dadurch auch das social-politische Gefüge, die Staatsverfassung als solche, berührt werden konnte. Im Anfange des Reichslebens wurde die freie Persönlichkeit ganz von der Standespersönlichkeit verschluckt, und jetzt hat die Rechtsperson fast völlig die social=po= litische Standespersönlichkeit in sich absorbirt. Der gesunde staat= liche Zustand liegt aber auch in dieser Beziehung in der Mitte zwischen den beiden Extremen.

Zu Hülfe in dem naturgemäßen Kampfe der Rechtsperson gegen die Standesperson, wenn wir uns der Kürze wegen so ausdrücken dürfen, kam dann der ersteren nach und nach das bewegliche Eigen= thum, indem es neben die agricole Standesperson, d. h. den grund= besitzenden Adel und die landbegüterte Geistlichkeit, den durch die Stoffveredlung existirenden freien Arbeiter hinsetzte. Ehe die von Außen hereintretende Geldcirculation eine weiter gehende Arbeits= theilung ermöglichte, war das geringe vorhandene bewegliche Eigen= thum; wie der Handwerker selber, der es verfertigte, eine Pertinenz des Gehöftes, auf welchem er sich befand. Für die Beschaffung des erforderten Geräthes wurde der Handwerker auf dem Gehöfte ernährt und nach dem Werthe seiner Arbeit selber in der Stufen= leiter des persönlichen Rechtschutzes abgeschätzt. Als indessen mit dem von Auswärts kommenden Handel die umlaufende Münze ihre ökonomischen Verrichtungen zu versehen anfing, war der Arbeiter, soweit er nicht unmittelbar das Feld bestellte, wirthschaftlich nicht mehr an eine bestimmte Hufe gebunden: er tauschte das von ihm verfertigte Arbeitserzeugniß, zu welchem ihm der Kaufmann den Stoff darbot, gegen Geld um, und kaufte dann mit dem Gelde die benöthigten Waaren ein, wo er wollte. Allein, wenn auch durch diesen neu in der Gesellschaft auftauchenden wirthschaftlichen Faktor das eigentliche Privatrecht alsbald eine viel weitere Aus= bildung empfängt, als in den rein agricolen Zeiten, indem nun auf dem Gebiete des beweglichen Eigenthums Person und Gewähre von einander unabhängig wurden, seine social=politische Be= deutung erhält das Bürgerthum doch nur als Stand. Zu den staatlich anerkannten beiden Ständen, dem Adel, der von seinem unbeweglichen Eigenthume dem Staate kriegerische und administra= tive Dienste leistet, und der Geistlichkeit, die, ebenfalls auf dem

Aderbauthume ruhend, die kirchliche und kulturliche Arbeit versieht, tritt die in dem beweglichen Eigenthume fußende Menschenschicht, das Bürgerthum, als „dritter" Stand hinzu — mit dem ökonomischen und politischen Ineinanderwachsen von beweglichem und unbeweglichem Eigenthume beginnt nunmehr der Staat eine neue Entwicklungsphase.

Wie aber im Hinblick auf den gesammten Reichsbau das Bürgerthum als Träger des beweglichen Eigenthums im Gegensatze zu den Angehörigen des unbeweglichen Eigenthums, dem Ausbildungsgange des Staates gemäß, seine Geltung als ökonomisch-sociale Macht sich erringt, wie der Staat von einem abstrakten, aus dem reinen Personenrechte hervorgehenden allgemeinen Staatsunterthanenthume noch nichts weiß; ebenso kennt der Sitz des beweglichen Eigenthums, die Stadt selber, in ihrem politischen Gefüge noch kein abstraktes allgemeines Bürgerthum. Der socialpolitische Organismus des beweglichen Eigenthums baut sich vielmehr da, wo es allein schaltet, ebenfalls nach der Arbeitstheilung auf; die Stadtverfassung ist nicht minder der Ausdruck der in ihr vorhandenen ökonomischen Gliederung, als die Staatsverfassung. So erst erscheint das Zunftwesen in seiner wahren socialpolitischen Bedeutung.

Man hat neuerdings angefangen, den mittelalterlichen Gilden und Handwerkerkörperschaften, nach den Zeitumständen, unter welchen sie sich bildeten und blüheten, gerecht zu werden. Die bedeutende Rolle, die sie im Städtewesen der feudalen Jahrhunderte gespielt haben, konnte von der Geschichte nicht länger übersehen werden, und ihre corporative Gliederung findet nunmehr ebenso eine sociale als eine wirthschaftliche Würdigung. Völlig wird jedoch das Wesen der alten Zünfte erst dann erfaßt werden, sobald man in ihnen einen weiteren Ausdruck der Thatsache erblickt, daß das gesammte mittelalterliche Staatsgefüge aus der Theilung der ökonomischen Arbeit hervorwächst. Nicht als Person, sondern als Mitglied eines Arbeitszweiges erhält der Einzelne innerhalb der Städteverfassung seine politische Geltung. Der gleiche Arbeitszweig vereinigt die ihm angehörenden selbstständigen Arbeiter zu einer Innung, und die Innung als solche sucht sich ihre Theilnahme an der Regierung und Verwaltung des städtischen Gemeinwesens zu verschaffen. Sogar individuelle Existenzen, die ohne besondere Arbeit von ihrem Vermögen leben, lassen sich in eine Innung aufnehmen, weil außerhalb jener Arbeitercorporationen noch gar keine politische Basis für die Person als solche im mittelalterlichen Städtethume gegeben ist. Wer nicht dem grundbesitzenden Geschlechteradel einer Stadt angehört, welcher ebenfalls meistens körperschaftlich abgeschlossen ist, erhält als Kaufmann erst seine social-politische Stellung, wenn er in eine der nach den Arten des Handels sich abtheilenden Gilden eingefügt ist, oder bedarf als Handwerker des Anschlusses an die Genossenschaft seiner Berufsgenossen; und selbst einzelne Ritterbürtige treten der einen oder andern Gilde bei, um nicht außerhalb des social-politischen Verbandes der Zeit zu stehen. Darum hängt denn auch die politische Bedeutung des Zunftwesens keineswegs allein von der wirthschaftlichen Blüthe des darin umfaßten Handwerkerthums ab; die Zünfte haben vielmehr den Hauptstoß durch die politischen Institutionen des Rechtsstaates erhalten, der in der zweiten Hälfte des Mittelalters an der Hand der steigenden Königsmacht, der um sich greifenden Geldwirthschaft und der neu erweckten staatlichen Ueberlieferungen aus der römischen Kaiserzeit einzusetzen beginnt. Der Staat wird fortan vielfach von oben herunter gemacht, seine organische, ökonomisch-sociale Ausbildung von unten auf ist durch die bureaukratische Construktion unterbrochen.

Es wäre ein großes Verdienst der historischen Rechtsgelehrsamkeit, wenn einmal ein befähigter Kopf es im Einzelnen nachweisen wollte, wie das Herüberziehen des römischen Rechtes in die ganz anders geartete deutsche Welt nicht nur die Entwicklung des selbstständigen deutschen Privatrechtes zersetzt, sondern auch nach und nach den bisherigen Bau der Gesellschaft und damit des Staates selbst gewaltsam zerstört hat. Daß überhaupt jenes der Fremde entlehnte Recht, trotzdem, daß das sociale Gefüge Binneneuropa's so verschieden von den Verhältnissen Rom's war, eine solche Macht gewinnen konnte, muß auf mehrere dabei mitwirkende Ursachen zurückgeführt werden. Zunächst war es wohl die eigene wissenschaftliche

Unselbstständigkeit des Nordens, die sich von den damals gerade zugänglich gewordenen juristischen Traditionen des Alterthums blenden ließ. Aus sich selbst heraus hatten es die Binnenreiche Europa's noch zu keiner unabhängigen geistigen Verarbeitung ihres eigenen wirthschaftlichen, gesellschaftlichen und politischen Wesens gebracht, sie waren noch nicht zu einem staatlichen Selbstbewußtseyn durchgedrungen. Und da ihnen nun seit einem Jahrtausend der gesammte religiöse und kulturliche Anstoß von jenseits der Alpen gekommen war, da die gewaltige Vergangenheit Rom's gewissermaßen auf dem ganzen Erdtheil lastete, so konnte es nicht ausbleiben, daß das an den klassischen Traditionen erfolgende Wiedererwachen von Kunst und Wissenschaft in Italien seine Kreise über das Gebirge nach dem Norden weiterzog. Auf den italienischen Rechtsschulen wurden die Juristen Deutschlands, Englands und Frankreichs, durch mehrere Generationen hin, gebildet, nach italienischem Muster später die Universitäten in den drei genannten Ländern eingerichtet; auf dem wissenschaftlichen Idiom, der lateinischen Sprache, glitten die lateinischen Rechtsanschauungen, so spröde sich ihnen diesseits auch der Rechtsstoff entgegenstellen mochte, leicht mit herüber. Außerdem fand das Königthum bei seiner erstrebten Umsetzung des Reiches in den Staat die besten Handhaben in dem römischen Rechte. Stammte doch das Justinianische Corpus juris aus den Zeiten der unbeschränkten byzantinischen Autokratie; was für den Imperator zu Konstantinopel Rechtens gewesen war, ließ sich dem deutschen Kaiser, dem Nachfolger im heiligen römischen Reiche, schwer verweigern. Und endlich, drittens, darf man zur Erklärung des in Rede stehenden Processes nicht übersehen, daß gleichzeitig mit dem Hereindringen des römischen Rechtes in die Mitte von Europa sich daselbst, in Folge des steigenden Handels die Geld=wirthschaft, die Macht des beweglichen Eigenthumes weiter auszu=dehnen begann. Das römische Recht aber, wie es in dem berühm=ten Codex zusammengestellt wurde, ist das Recht der reinen Geld=wirthschaft. Längst waren innerhalb jenes, ohnedieß von einem Stadtleben ausgegangenen Staates alle organischen, social=politi=schen Gebilde des Ackerbauthums zersetzt, Person, Arbeit und

Eigenthum von einander losgelöst. Die theoretische Gesetzgebung hatte in Altitalien seit Jahrhunderten die Stelle der unmittelbar aus den Zuständen hervorwachsenden Rechtsbildung eingenommen; die nachgiebige Aequitas des Prätors, den sich wandelnden Umständen gemäß, war zur Rechtsconstruktion geworden, welcher ein gründliches Verständniß der Nationalökonomie und der Socialistik so gut wie völlig gebrach. Die Rechtsentwicklung war der Logik des reinen Denkens anheimgefallen, die sich um die Logik der vorhandenen Zustände nicht weiter bekümmerte.

Was sonst das Alterthum, namentlich Griechenland, noch an staatswissenschaftlichen Theorien hinterlassen hatte, reichte nicht aus, der eintretenden gewaltsamen juridischen Zersetzung des social-politischen Lebens Halt zu gebieten. Einmal nämlich waren auch sie dem Städtewesen entsprossen, während das mittelalterliche Reich von dem Ackerbauthum auf der weiten Fläche ausgegangen war, und so dergestalt die später entstehende Stadt nur als Theil sich einverleibte. Und zum Andern fehlten auch ihnen die ökonomisch-socialen Grundlagen, die allein die Theorie zu einer organischen Rechtsausbildung hinleiten. Plato's politische Phantasiegebilde, wie Aristoteles' empirisch gewonnene staatliche Lehren waren nicht im Stande, dem in Europa beginnenden staatlichen Doktrinarismus, der außerdem der Macht schmeichelte, die ihm gebührenden Grenzen zu stecken. Die Griechen, wie die ihnen nachahmenden Römer haben im Gegentheile mit ihren Schriften nur dazu beigetragen, die beginnende allgemeine Verwirrung am Ausgange des Mittelalters zu steigern. Die sogenannten Staatsromane, diese Träumereien einer noch in der Wiege liegenden Staatswissenschaft, welche sich im Mittelalter an Plato's griechisches Staatsideal anlehnte, mußten dann in einer Uebergangszeit, wo ein klares Verständniß der social-politischen Processe so dringend nöthig gewesen wäre, die Geister von jeder nüchternen praktischen Erfassung der Sachlage geradezu ablenken. Die philosophischen Politiker arbeiteten mit ihren Ideen in den blauen Lüften herum und strebten einem staatlichen Chiliasmus entgegen, während in der Wirklichkeit der absolutistische Rechtsstaat seine Linien immer weiter ausdehnte.

Wir geben es zu, daß bei der Ausbildung des reinen Rechts=
staates, wie sie am Ausgange des Mittelalters im vollen Zuge
war, noch sonst viele geschichtliche Thatsachen mitwirkten. Die Um=
wandlung der Militärmacht in Folge der neuen Schießwaffen, die
Entdeckung der fremden Erdtheile und die damit im Zusammen=
hange stehende Entwicklung der Seemächte, die ungeheure Vermeh=
rung der circulirenden Münze und manches Andere hatten die
bisherigen mittelalterlichen Gesellschaftsverhältnisse, die im Reiche
ihren Ausdruck fanden, zersetzt. In den Zuständen selber war
nicht mehr die ehemalige gesunde Widerstandskraft vorhanden; da
standen denn für das theoretische Experimentiren des erstarkenden
Absolutismus auf dem Gebiete des Staatslebens alle Thüren offen.
Den Haupthebel gab dabei für ihn die Büreaukratie, d. h. das
Beamtenthum der Geldwirthschaft, ab. Das Beamtenthum der
rein agrikolen Epoche, die Herzöge, Grafen, Voigte u. s. w. waren
ihrer Zeit von der Gesellschaft, so zu sagen, wieder absorbirt
worden. Mit der regelmäßig platzgreifenden Erblichkeit ihrer Aem=
ter, die außerdem an ein bestimmtes Landgut geknüpft waren,
traten sie bald auf's neue in die allgemeine feudale Gliederung
ihrer Umgebung ein, ja sie wurden recht eigentlich nun die Stützen
der Feudalität. Der Beamte dagegen, der seinen Gehalt, statt im
Lehn, im Geldlohn empfängt, der heute hier und morgen da ver=
waltet, der seine Stellung nur ausnahmsweise auf seinen Sohn
übertragen kann, steht dauernd außerhalb der Gesellschaft.

Kommt dann noch hinzu, daß er persönlich an fremden Rechts=
und Staatsanschauungen großgezogen ist, die er beliebig übertragbar
hält, weil er ihre individuelle organische Ausbildung nicht begreift,
daß er ferner noch gar keinen Sinn für das Wesen der Gesellschaft,
für das Verständniß der ökonomischen, socialen und politischen
Wechselbeziehungen besitzt, dann muß er wohl zuletzt mit den ge=
raden Linien seines Systemes die fleischigen Glieder der Wirklich=
keit in zwängende Schindeln legten. Allerdings hat der moderne
Staat, im Gegensatze zum alten Reiche, die heutige Büreaukratie
nöthig; er kann ihrer für seine einheitliche Gestaltung nicht ent=
behren. Doch hätte dieselbe naturgemäß seinen socialen Bau zu

stützen, während sie statt dessen den politischen Verband der Gesell=
schaft beseitigt hat, um sich selbst zum alleinigen Staatsverband zu
machen. Dieses Ziel vermochte sie indessen nur dadurch zu erreichen,
daß sie ganz einseitig, theoretisch wie praktisch, den Rechtsstaat aus=
bildete — und die Staatswissenschaften leisteten ihr dazu redliche
Beihülfe. Lange, lange Zeit hindurch war das Corpus juris
civilis die einzige Quelle politischer Weisheit. Wie die Geschicht=
schreibung vornehm an dem Handel und Wandel, überhaupt an
den wirthschaftlichen Verhältnissen vorüberging, in gleicher Weise
wurden dieselben von der hoffähigen Jurisprudenz ignorirt. Die
ganz unumgänglich nöthigen administrativen Kenntnisse erhielten
ihre nothdürftige Pflege in den sogenannten Cameralwissenschaften;
und die Philosophie, sobald sie sich mit dem Staate und den staat=
lichen Dingen befaßte, bildete sich entweder Utopien, oder beschränkte
ihre Theoreme auf die Rechtsäußerungen des Staatslebens.

In dem historischen Verfolgen der allgemeinen social=politischen
Auflösung, worin sich die Länder Europa's seit dem Schlusse des
Mittelalters befinden, hat man daher sein Augenmerk nicht minder
auf die staatswissenschaftlichen Theorien, als auf die in der ökono=
misch=socialen Welt wirksamen Hebel selber zu richten. Beide be=
dingen einander. Deutschland, abgeschlossen vom Meerleben, der
alten Verkehrsmöglichkeiten in Folge der neuen Handelswege beraubt,
durch innere Kriege zerfleischt, sank durchweg mit seinen gesellschaft=
lichen Zuständen in die Kleinlichkeit des Krähwinkelthums hinab,
innerhalb dessen Fürst und Amtmann immer unumschränkter ge=
boten; und in Frankreich zerbrach der königliche Absolutismus, die
Centralstadt Paris, endlich die Law'sche Bankwirthschaft ebenfalls
nach und nach alle von der Vergangenheit überkommenen ökonomisch=
politischen Bildungen — die Krone und nicht der sociale Verband
hielt die Individuen im Staate zusammen.

Die Consequenzen, zu welchen diese unnatürliche Unterbindung
der organischen Staatsbildung führte, waren in wirthschaftlicher,
gesellschaftlicher, staatlicher und kulturlicher Hinsicht zu grell in die
Augen springend verderblich, als daß nicht die edleren Geister der
Hauptnationen Europa's hätten auf Abhülfe der Uebel sinnen sollen.

So ist die ganze staatswissenschaftliche Arbeit des achtzehnten Jahr=
hunderts nichts als der Versuch, zunächst begrifflich den Staat auf
eine neue Basis zu bringen, um dann von da aus zu besseren Zu=
ständen zu gelangen. Allein, wie gewaltig auch diese Arbeit später,
als sie ihre thatsächlichen Folgerungen zog, auf die Geschicke unseres
Erdtheils eingewirkt hat, eine Heilung vermochte sie nicht zu er=
reichen, weil sie in ihrer Auffassung des Staatswesens von völlig
falschen Prämissen ausging. Montesquieu, Rousseau, die Ency=
klopädisten, die gleichzeitigen großen Staatsgelehrten und Philosophen
Deutschlands und Englands, sie alle sind in dem Maschennetze des
Rechtsstaates gefangen; sie haben insgesammt von dem Gesellschafts=
staate noch keine Ahnung. Erklären läßt sich diese Thatsache leicht.
Die Staatswissenschaft wurzelte nämlich in der einseitigen Juris=
prudenz, und die übergreifende Königsmacht rief außerdem die na=
türliche Opposition der Rechtsansprüche hervor. Kehrte man mithin
auch damals, wie Rousseau es that, mit seinen politischen Con=
struktionen in den Urzustand der menschlichen Gesellschaft zurück,
so erschien es doch immer, als ob das Recht, der sociale Vertrag,
den geselligen Verband begründe; man gelangte nicht zu der socialen
Natur des Menschen und den Bedingungen, welche die Arbeit und
das Eigenthum der gesellschaftlichen Schichtung auferlegt. Sogar
Montesquieu geht an den einzigen Staat Europa's, der sich noch
seine social=politische Ursprünglichkeit einigermaßen bewahrt hat, mit
rein juristischen Schablonen. Die englische Verfassung ist ihm in
ihrem Grundwesen nicht das Produkt der englischen Gesellschaft;
mit der Lehre von den drei Gewalten glaubt er, im großen Ganzen
den Constitutionalismus abgethan zu haben.

Die französische Revolution hat dann den Beleg dafür gelie=
fert, wohin eine solche Staatsweisheit, wenn sie legislatorisch und
organisirend sich bethätigen soll, auf die Dauer führt; nicht, als
ob wir der französischen Republik die Blutscenen besonders belasten
wollten, unter denen sie ins Leben trat. Blut ist zu allen Zeiten
massenweise geflossen, sobald rohe Kräfte sinnlos schalteten. Das
Verderbliche der großen gewaltsamen Umwälzung liegt unseres
Erachtens vielmehr in dem jähen Bruch mit der ganzen social=

politischen Vergangenheit Frankreichs und in dem versuchten Con=
struiren des Staatslebens nach einseitigen Begriffen. Wie die
Nation von nun an ein ganz neues Leben beginnen zu können
glaubte, so wollte sie ohne Zusammenhang mit der Vergangenheit
Gesellschaft und Staat nach vorgefaßten Ideen aufbauen. Die
geraden Linien der neuen Departementseintheilungen durchschnitten
rücksichtslos die Jahrtausende alten, an Besonderheiten des Raumes
und der Geschichte sich lehnenden Provinzen; ein abstrakt hingestelltes
Menschenrecht wurde die Seele des Staates, und mit der Gleich=
heit der Menschen jede der Arbeits= und Eigenthumstheilung ent=
sprechende Gliederung der Gesellschaft politisch verneint. Die
französische Republik war die Culmination des reinen Rechts=
staates.

Seitdem hat nun wohl, soweit Frankreich dabei in Frage
kommt, eine siebenzigjährige Erfahrung die denkende Welt hin=
reichend darüber belehrt, daß ein Staatsverband, welcher die gesell=
schaftliche Grundlage in sich verloren, keinen eigenen inneren Halt
mehr besitzt, sondern bloß durch künstliche Mittel zusammengehalten
werden kann. Daß eine Staatsrepublik in der Luft schwebt,
sobald sie keine Gesellschaftsrepublik zur Basis hat, zeigte der Aus=
gang des vorigen Jahrhunderts. Der reine Rechtsstaat setzte sich
unaufhaltsam in den reinen Kriegsstaat um; und als dann dieser
ebenfalls zusammenbrach, vermochte der juridische Constitutiona=
lismus an der Stelle des socialen, des ächten Constitutionalismus
ebenfalls nicht Rettung zu bringen. Ja, alle staatlichen Zustände
und staatlichen Gedanken geriethen dabei in einen solchen Wirrwarr,
daß sogar die selbstbewußten socialen Bestrebungen in einen voll=
ständigen politischen Wahnsinn ausarteten. Statt nämlich die sociale
Natur des Menschen bei den Verbesserungsentwürfen zum Aus=
gang zu nehmen, und von ihr aus zur Neubegründung der
Gesellschaft und des Staates vorzuschreiten, suchte man von
der abstrakten Rechtsgleichheit aus diese sociale Natur des Men=
schen nach Maßgabe der ins Auge gefaßten Schablonen umzu=
kneten. Der Socialismus und seine weitere Consequenz, der
Communismus, sind die lebensunfähigen Kinder des Rechtsstaates,

mit einer phantastischen Gesellschaft gezeugt. So griff denn endlich das social-politische Chaos Frankreichs zum letzten Palliativmittel, dem Cäsarismus. — —

Leider haben aber jene sogenannten französischen Ideen sich in ihrer Verbreitung nicht auf ihre ursprüngliche Heimath beschränkt; sie sind, von den ähnlichen Zuständen der meisten andern Kultur-länder begünstigt, so ziemlich über den ganzen Erdboden hinge-flossen, trotzdem daß sie nur einen kleinen Kern von Wahrheit in einer ungeheuern Schaale von Unsinn enthalten. Wie einst der Staat Ludwig's XIV. ausgesprochenermaßen das Vorbild und Ideal aller hofmännischen Politiker von dem Tajo bis zur Newa wurde, so hat später die französische Revolution den nachfolgenden Libera-lismus von Europa mit ihren politischen Gedanken versehen. Selbst England, trotz seiner verhältnißmäßig kräftigen staatlichen Gesund-heit, hat sich ihrer nicht völlig erwehren können; und in Deutsch-land vollends sind sie in Theorie und Praxis vollberechtigt einge-bürgert worden. Das französische Repräsentativsystem, die Kopf-zahlmajorität hat längst über die social-politische Ständeverfassung den Sieg davon getragen. Ist es da zu verwundern, daß wir zu einer staatlichen Schöpfung unfähig der ungewissen Zukunft gegen-über dastehen, und der Staat selber immer mehr bei uns identisch mit der Büreaukratie geworden ist. Die Staatswissenschaften werden eine schwere Arbeit haben, bis sie darin eine theoretische und prakti-sche Wandlung hervorrufen.

Der geeignetste Weg, zu dem eben angedeuteten Ziele zu ge-langen, möchte jedoch unseres Erachtens in einem erneuerten Stu-dium der englischen Verfassung, nach den socialen Grundlagen hin, auf denen sie beruht, gegeben seyn. Gerade an derjenigen staat-lichen Erscheinung, die, weil sie in ihrem innersten Wesen nicht verstanden wurde, zu all den staatswissenschaftlichen Irrthümern über das Repräsentativsystem die Veranlassung bildete, muß und kann allein hinterher die rechte Aufklärung gewonnen werden. Oben-drein ist, wenigstens in allgemeinen Zügen, die brittische Staats-verfassung, sobald man sie als Ausdruck der socialen Potenzen des Inselreiches ansieht, überhaupt nur die mehr oder weniger gesunde

Durchbildung des feudalen Reiches zum modernen Staate. Deutsch=
land, Frankreich, Spanien hätten, wenn ihre politische Entwick=
lung nicht durch eine Menge geschichtlicher Einflüsse gestört worden
wäre, alle so ziemlich bei demselben staatlichen Resultate ankommen
müssen. Daher haben sie sich denn auch später bei ihrem selbst=
bewußten Construiren des Staates instinktiv nach England als nach
einem staatlichen Vorbilde gerichtet: nur nahmen sie dabei von jen=
seits des Kanals Einrichtungen als Rechtsinstitutionen herüber, die
sie als sociale Produkte aus sich heraus hätten schaffen müssen.
Die Einheit des englischen Staatsverbandes, und somit die Stellung,
die Macht und das Recht der Krone fußt, bei Lichte betrachtet, in
nichts Anderem als in der social=politischen Macht des Krieges, den
wir in dem vorigen Aufsatze als den eigentlichen Schöpfer der
Reiche haben kennen lernen. Je mehr die nordische Inselgruppe
in die Kreise von Europa's politischem Leben hineingezogen wurde,
um so mehr stellte sich für sie die Nothwendigkeit heraus, sich
staatlich unter einem Herrscher zusammenzufassen. Königin Elisabeth
hatte das wohl begriffen. Unter der also gewonnenen staatlichen
Einheitsform machte dann die insulare Lage des Landes für die
Bevölkerung es leichter, sich trotz ihrer verschiedenen Urbestandtheile
zu einer Nation auszubilden. Innerhalb dieser eben gezeichneten
Linien ist es jedoch die sociale Gliederung des englischen Volkes,
an welcher und mit welcher, Schritt für Schritt, die heutige Ver=
fassung Großbritanniens sich entwickelt. In der Normannenzeit
prägt sich gerade hier am schärfsten der Feudalismus durch, diese
staatliche Gestaltung des reinen Ackerbauthums, welches noch von
keiner andern Arbeitstheilung weiß. Und auf solcher festen Unter=
lage beginnt dann später das bewegliche Eigenthum, nach und nach,
um seine politische Berechtigung zu ringen. Derselbe social=politische
Proceß, dessen gesunde Durchführung, innerhalb eines Stadtlebens,
Rom mit zu seiner Größe verhilft, vollzieht sich in England, inner=
halb eines ganzen Reiches, in vollständiger Regelmäßigkeit; in ihm
steckt das Geheimniß von der Lebensfähigkeit und Dauerhaftigkeit
der brittischen Verfassung. Denn sie mit ihrem Parlamente ist
immer das Feld geblieben, auf welchem der wechselnde Verhältnißwerth

der im Lande vorhandenen socialen Kräfte sich stets wieder von Neuem politisch ausgleichen konnte.

Deßwegen ist der Schwerpunkt der englischen Verfassung nicht in der Trennung der sogenannten drei Gewalten, sondern in der Zusammensetzung des Parlamentes zu suchen. Daß überhaupt das Volk an der es betreffenden Gesetzgebung und an der Verwaltung seiner Angelegenheiten Theil hat, folgt von selbst aus dem Gesammtausgange, welchen das social-politische Gefüge im Mittelalter nimmt. Ursprünglich ist das Aneinanderschließen der Einzelnen, von den zwingenden Motiven des gesellschaftlichen Lebens abgesehen, ja ein freiwilliges; und auch nachdem bereits der Krieg einen König aufgeworfen hat, bleibt doch die thatsächliche Macht desselben zu gering, um sich von dem guten Willen der Einzelnen unabhängig machen zu können. Namentlich aber hat sich dieser gute Wille zu bethätigen, sobald es gilt, Dienste für auswärtige Kriege zu leisten und Steuern für die Bedürfnisse des Reiches zu zahlen. Das Mitthatensollen bedingt das Mitrathenwollen. In dem Mitbeschluß über Krieg und Frieden und in der Steuerverweigerung gegenüber von dem Könige beruht die Trennung von der exekutiven und der legislativen Gewalt, die dann zusammen im beiderseitigen Compromiß die Rechtsprechung als dritte selbstständige Staatsbethätigung hinstellen. Allein daß das Mitrathenwollen der Unterthanen in England Kraft genug besaß, die absolutistischen Gelüste der Krone abzuweisen und die nothwendige Büreaukratie in den Zaum zu nehmen, ist der Hauptsache nach gewiß einzig dem gesunden Zusammenhange zuzuschreiben, in welchem sich das Parlament mit der socialen Gliederung des englischen Volkes zu halten wußte und weiß. England gelangt zwar zu keiner eigentlichen Ständeverfassung; die Vertretung im Parlament erfolgt nicht im Einzelnen nach den verschiedenen Gesellschaftsschichten, wie sie aus der Arbeitstheilung entspringen. Nur im Allgemeinen ist es das unbewegliche und das bewegliche Eigenthum, welches seine Angehörigen in das Ober- und das Unterhaus absendet. Aber innerhalb der einzelnen Wahlbezirke selber herrscht in Folge des Selfgouvernements eine solche natürliche Ausgleichung der vorhandenen socialen Kräfte vor, daß im großen Ganzen selbst, trotz der berüchtigten Wahlbestechungen, der resultirende Gewählte doch so ziemlich der richtige Vertreter der ihn committirenden kleinen Gesellschaftsgruppe werden konnte. Ergaben dann die wechselnden wirthschaftlichen Verhältnisse einen nachhaltigen Umschwung in den ökonomisch=socialen Zuständen, verarmten z. B. eine Reihe von alten Ackerbaustädten, während dagegen neue Fabrikplätze emporkamen, so setzte sich in der nöthig werdenden Reform der Parlamentsbe= schickung zugleich die im Lande stattgehabte wirthschaftliche Neuge= staltung politisch wieder zu Recht. Diese Seite des englischen Ver= fassungslebens ist auf dem Festlande zu wenig verstanden worden, und doch bildet sie den gesunden Kern des ganzen brittischen Con= stitutionalismus, dessen innere Kraft alle kleineren dabei sich an= hängenden Unrichtigkeiten in ihren zerstörenden oder sonst schädlichen Einflüssen paralysirt. Die absolutistische Büreaukratie hatte nicht etwa in Großbritannien abstrakte Rechte, sondern gesellschaftliche Mächte zu besiegen, — darum erreichten die Stuarts ihr Ziel nicht. Und umgekehrt, weil auf dem Festlande in Folge äußerer Ereignisse alle früheren socialen Mächte matt und elend geworden waren, fiel es dem Beamtenthume hier nirgends schwer, mit seiner römischen Jurisprudenz den alten fleischigen Gesellschaftsstaat in den mathe= matischen Rechtsstaat gewaltsam umzumodeln.

Reste der ehemaligen ökonomisch=politischen Gliederung ragen jedoch, so weit wir Deutschland dabei im Auge haben, trotz aller inzwischen stattgehabten büreaukratischen Zersetzung des Gesellschafts= thums, noch in unser Jahrhundert hinein. Unglücklicher Weise ist es aber gerade der in den Freiheitskriegen erwachte nationale Libe= ralismus gewesen, welcher mit seinen falsch aufgefaßten Constitu= tionssystemen der gänzlichen Beseitigung jener historischen Bildungen in die Hände arbeitete. Die territoriale Souveränetät und die von ihr abhängige Büreaukratie wußte sehr wohl, was sie that; als sie sich mittelst der neuen Repräsentativverfassung des alten Ständethums entledigte. Man kann es indessen nur der völligen staatswissen= schaftlichen Verworrenheit, dem vorwiegenden rechtsstaatlichen Dok= trinarismus zumessen, daß die liberale Partei ihr dabei unbedingte Hülfe leistete. Eine Kopfzahlvertretung, eine Kopfzahlmajorität hat mit der Abstufung des Eigenthums und seinen verschiedenen Arten und ebenso mit der socialen Stellung der Menschen zu einander, wie die Arbeitstheilung sie zu Wege bringt, nichts zu thun. Innerhalb einer Volksrepräsentation, deren Mitglieder von Wählern, nach Steuerklassen berufen, abgeschickt sind, vermag die gesellschaftliche Gliederung der Landesbevölkerung nicht zum Ausdruck und zur Anerkennung zu kommen; eine wirkliche Ausgleichung ihrer Kräfte nach ihrem Verhältnißwerthe zum Ganzen ist darin also unmöglich. Die Abgeordneten selber wurzeln ja nicht in einem bestimmt gegebenen socialen Boden. Sie vertreten nicht objektive Interessen, sondern subjektive Meinungen; die Abstimmung, die Majorität kann somit von ganz subjektiven Motiven, bis zu dem Mangel an peristaltischer Bewegung hinunter, abhängig werden. Und wie solche Volksrepräsentanten im besten Falle nur Collektivmeinungen und nicht aus gleichen Interessen hervorgegangene Parteien darstellen, so werden sie dadurch auch von dem naturgemäßen socialen Rückhalt ihrer Mandanten losgelöst. Deßwegen hat denn die Büreaukratie mit solchen Kammern noch immer ein leichtes Spiel; noch immer kann sie sich selbst, statt der Gesellschaft, zur eigentlichen Basis des Staatslebens machen. In ruhigen Zeiten trägt ihre technische Geschäftskunde den Sieg davon, und in unruhigeren Tagen gehen die ihr gegenüberstehenden Subjektivmeinungen so sehr über Rand und Band der Wirklichkeit hinaus, daß die nothwendig eintretende Reaktion schließlich doch nur die Macht des Beamtenthums restaurirt.

Wenn man die Verfassungsgeschichte der verschiedenen Staaten Deutschlands seit den Freiheitskriegen durchgeht, so läßt sich der unleugbar darin sich aussprechende sogenannte Scheinconstitutionalismus in erster Linie aus dem oben beregten Umstande erklären. Die gegebenen Constitutionen sind rechtsstaatliche und nicht gesellschaftsstaatliche Verfassungen. Was noch etwa in der Stellung des Adels und einigen andern Einrichtungen an social-politischen Institutionen darin enthalten ist, drängt sich immer auf's Neue allein durch die Schwerkraft seines Wesens dem Rechtsstaate und den Handhabern desselben wider ihren Willen auf. Die Gesellschaft wird büreaukratisirt, darum ist der Staat ebenfalls ganz Büreau; und darum läßt sich vermittelst der partikularen Büreaukratie auch das naturgemäß gemeinsame deutsche Gesellschafts= und Staatsleben in kleine territoriale Sonderungen zertheilen und darin festhalten.

Am deutlichsten tritt der naturwidrige Gegensatz von Rechts= staat und Gesellschaftsstaat dem social=historischen Beobachter in der Geschichte Preußens entgegen. Schon die Thatsache, daß der Kern der heutigen preußischen Monarchie sich zu einer Zeit ausbildete, wo die ökonomisch=socialen Kräfte in Deutschland in Folge der innern Kriege und der allgemeinen Handelsstockung erlahmt waren, während die römisch=juridische Politik im höchsten Flore stand, mußte dazu beitragen, daß in Preußens staatlichem Gefüge die sociale Gliederung seiner Bevölkerung von vorneherein nicht zur Geltung gelangte. Dazu kam, daß sein Raumgebiet nicht aus geographi= scher Natürlichkeit, sondern aus zufälligen dynastischen Annexationen und Eroberungen hervorwuchs. Seine verschiedenen Gebietstheile, oft nicht einmal örtlich unter sich im Zusammenhange, berührten sich in ihrem wirthschaftlich=gesellschaftlichen Daseyn meistens kaum; sie standen wohl gar als Ackerbauprovinzen und Fabrikprovinzen in noch ungelöster ökonomischer Disharmonie zu einander. Schon deßhalb mußte die staatliche Einheit der Hohenzollern'schen Monarchie durchaus büreaukratischer Natur werden. Nur vermittelst eines straff angezogenen Beamtennetzes konnten so verschiedene, einander widerstrebende Bestandtheile in einer administrativen Einheit zu= sammengehalten werden. Preußen durfte die in ihm vorhandene gesellschaftliche Gliederung nicht fördern, weil dieselbe dann wahr= scheinlich politisch nicht mehr nach Berlin gravitirt hätte. Und endlich wirkten die vielen Kriege, welche das preußische Fürstenhaus um Seyn oder Nichtseyn führen mußte, in militärisch centrali= render Weise auf die Architektur des Staates zurück, der unter solchen Umständen für die Körperlichkeit der Gesellschaft vollends keine schmiegsamen Formen darbot. Der Staat Friedrich's, des Großen, ist vielleicht der am meisten in sich vollendete, absolute militärisch=büreaukratische Rechtsstaat, der jemals dagewesen ist, wenn auch immer noch einzelne ökonomisch=sociale Bildungen, im

öffentlichen wie im Gemeinde- und Privatleben, in ihn herein-
ragten. Darum hing auch in der preußischen Geschichte so ungemein viel von der Persönlichkeit des jedesmaligen Fürsten ab;
denn der König war in Preußen wirklich der Staat. Preußen
unter Friedrich Wilhelm II. verhält sich zu Preußen unter Friedrich II.
wie Friedrich Wilhelm II. zu Friedrich II.; und Friedrich Wilhelm III.
setzte später diese Gleichung fort.

Wo aber ein Staatsverband, statt natürlich von unten auf
durch die Gesellschaft, künstlich von oben herunter durch die juristisch-
administrative Construktion geschaffen worden ist, und in dieser
Wesenheit seine Hauptstütze findet, da muß es ihm wohl äußerst
schwer fallen, in seinem Gefüge irgend wie Zugeständnisse an die
ökonomisch-sociale Gliederung seiner Bevölkerung zu machen. Das
alte Ständethum war in Preußen im Laufe der Zeit bei der Uebermacht der Büreaukratie zu einem Schemen hinabgesunken, und der
Gewährung einer repräsentativen Constitution stemmte man sich mit
allen Mitteln entgegen. Lieber ward die Einlösung eines feierlich
eingesetzten Wortes hinausgeschoben, als daß man den Forderungen
der Liberalen in einer Verfassungspromulgation willfahrte. Wollen
wir jedoch von unserem Standpunkte aus rücksichtslos ehrlich seyn,
dann müssen wir offen bekennen, daß unserer Ansicht nach der
vereinigte Landtag in seiner Weiterentwicklung gewiß zu einer gesunderen social-staatlichen Gestaltung geführt haben würde, als die
jetzige octroyirte Verfassung sie im Gefolge haben kann. Die junge
Welt hat sich bei ihren juridisch-doktrinären Staatsanschauungen
gewöhnt, alle ständische Gliederung des Staates als mittelalterliche
politische Romantik verächtlich in die Ecke zu werfen. Außer ihrer
eigenen juridischen Bildung, der das Verständniß socialer Erscheinungen fehlt, mag das mit von der abenteuerlichen Form her-
rühren, welche die wirkliche romantische Doktrinärpolitik, ein Adam
Müller, Haller u. a. früher zu Tage förderte; und dann erblickt
der moderne Liberalismus die Hauptgegner seiner Bestrebungen
in Preußen eben in den Ueberbleibseln ehemaliger social-politischer
Bildungen, namentlich in dem Adel, den er darum auch entweder
in Betreff seiner politischen Berechtigungen kurzer Hand verneint,

oder mit dem er doch sonst bei seinen Construktionen nichts Rechtes anzufangen weiß. Die sogenannte politische Bildung sitzt in Preußen vorwiegend in den Städten. Nach den Vorkommnissen des städtischen Lebens richten sich also auch zunächst ihre politischen Begriffe. Daß die gesellschaftlichen Zustände in den Ackerbaugegenden Pommerns, Posens und Ostpreußens ganz anders geartet sind, als in den großen Fabrik= und Handelsplätzen der Monarchie, kümmert dabei die liberalen Vorkämpfer nicht weiter. Sie gehen ja ihrerseits von dem abstrakten Rechte aus, und das Recht muß für Alle gleich seyn, wie verschieden auch die Stellung der Einzelnen in der Gesellschaft bleiben mag. Die Rechtsgleichheit, welche die Grundlage des Privat= und Criminalrechts bildet, wird ohne Weiteres auf das politische Recht übertragen. Bloß die Verschiedenheit des Einkommens mag in dem Wahlsystem Unterschiede begründen.

Warum legt sich nur der preußische Liberalismus niemals ernstlich die Frage vor, woher es eigentlich rührt, daß die Kreuzzeitungspartei schließlich doch eine so große Macht im preußischen Staate ausübt. Anscheinend steht ihr ja der gesammte Geist unseres öffentlichen Lebens entgegen. Leider schiebt man jedoch der politischen Moral der Junkerpartei zu, was in ganz andern Verhältnissen liegt. Es macht einen wahrhaft komischen Eindruck, wenn der Beobachter dem in den preußischen Kammern wie in der preußischen Presse Platz greifenden Kampfe der Parteien zuschaut. Die Einen fechten mit den Waffen des Rechtsstaates, die Andern bringen, wenn auch vielfach unbewußt, auf die Anerkennung ihrer ökonomisch=socialen Sonderstellung. Daher begegnen sich denn schließlich Beide auf dem Felde der persönlichen Moral, weil Keiner sich auf das Gebiet des Andern zu versetzen vermag. Hätte der rheinische Liberalismus ein klares Verständniß der socialen Welt, so würde es ihm nicht einfallen, den Rest agrarischer Feudalität in Ostpreußen mit dem abstrakten Rechte und der abstrakten Vernunft anzugreifen. Er würde vielmehr in diesem letzten Ueberbleibsel social=politischer Gebilde den besten Anknüpfungspunkt für seine eigene social=politische Gestaltung und die organische social=politische Gestaltung des ganzen Staates erblicken. Statt dessen drängt er

seinen naturgemäßen Bundesgenossen im Streite gegen die Büreaukratie zu dieser hinüber. Junkerthum und Beamtenthum, sonst
ihrem Wesen nach schneidende Gegensätze, stehen in Preußen gegen
das abstrakte Repräsentativsystem zusammen. Und da jede der
drei politischen Schichten über Königthum, Staat, Religion, Volk
und Freiheit seine eigene Schulsprache redet, so herrscht jetzt ein
staatswissenschaftliches Durcheinander in Preußen, welches vollends
jede zu hoffende Verständigung hintanhält.

Hemmt nun dieser innere und auf dem bisher beschrittenen
Wege unlösliche Zwiespalt ganz unverkennbar die Kräfteentwicklung
Preußens nach Innen wie nach Außen, indem das Bild jeder neu
auftauchenden Frage prismatisch nach den drei Parteien zerlegt
wird, so muß auch Preußens Stellung und Einfluß in Deutschland
wesentlich darunter leiden. Wie wenig immerhin die staatswissenschaftliche Bildung im übrigen Deutschland sich sonst über die
Ungesundheit des preußischen Constitutionalismus klar seyn mag,
die Menge hält sich an die Thatsache, daß das wahrhafte constitutionelle Leben in Preußen troß aller Reden in Wirklichkeit nicht
vorwärts kommt; sie fühlt den gegenwärtigen preußischen Scheinconstitutionalismus instinktiv heraus. Allerdings beruhen die Verfassungen der verschiedenen kleineren Staaten Deutschlands auf
kaum andern Grundlagen; einerseits macht sich aber dort dessenungeachtet, bei der Kleinheit der staatlichen Verhältnisse, der Einfluß der socialen Kräfte mitten durch die Rechtsinstitutionen hindurch thatsächlich mehr geltend; die Gesellschaft ist daselbst mehr
im Stande, die Fehler des Rechtsstaates zu corrigiren; und andererseits herrschen dabei nicht in gleicher Weise zwingende Motive
vor, um die mathematischen Linien des Militär- und Beamtenthums so scharf anzuziehen, wie Preußen wegen der Unnatürlichkeit
seiner Zusammensetzung zu Gunsten seiner Staatseinheit thun muß.
Das innere Widerstreben, welches troß aller nationalen Vorliebe
für Preußen seine treuesten Freunde im übrigen Deutschland doch
bei dem Gedanken an ein völliges Aufgehen in Preußen ganz unläugbar empfinden, entspringt eben aus dem rein rechtsstaatlichen
Gefüge dieser Monarchie. Unwillkürlich drängt sich uns das Gefühl

auf, daß innerhalb ihrer mathematischen Linien kein Raum für
die Individualität gegeben ist, weil sie nichts von der Gesellschaft
weiß. Das preußische Staatswesen, trotz der Vortrefflichkeit seiner
Verwaltung und seiner Justiz, ist unserer deutschen Natur ebenso
antipathisch, wie der nasalquiekende Berliner Dialekt. Gerade weil
man es dunkel ahnt, daß die wirkliche Nationalgestaltung Deutsch=
lands nur auf dem Boden unserer gesellschaftlichen Verhältnisse
vor sich gehen kann, sträubt man sich, so gewaltsam auch sonst
militärische Rücksichten darauf hinweisen, zuletzt doch gegen den
unbedingten Anschluß an einen Staat, der selber die Gesellschaft
gar nicht anerkennt. Nur die eine Hoffnung gewährt dabei vielen
ehrlichen Vaterlandsfreunden einigen Trost, daß Preußen mit einer
veränderten Stellung unausbleiblich genöthigt seyn würde, sein
eigenes Staatswesen umzuwandeln. Die geographische Unnatürlich=
keit seines Verbandes wäre dann mehr beseitigt; die gewonnene räum=
liche Einheit machte die centralisirenden straffen Bänder der Büreau=
kratie mehr überflüssig; und der mächtiger werdende Staat brauchte
nicht mehr den vorwiegenden militärischen Charakter zu tragen, den
ihm jetzt seine Kleinheit in den internationalen Verwicklungen
Europa's aufnöthigt — die Gesellschaft erhielte Raum, ihrerseits
politisch hervorzutreten.

Erklärt sich uns dergestalt aus dem in Preußen unversöhnten
Gegensatze zwischen Gesellschaftsstaate und Rechtsstaate die geheime
Abneigung, die im übrigen Deutschland gegen diese Monarchie
vorherrscht, und welche für die andern deutschen Länder jede poli=
tische Verbindung mit ihr nur zu einer Vernunftpartie und nicht
zu einer Sache des Herzens macht; so erhellt sich daraus nicht
minder die Erscheinung, daß Oesterreich noch so viele geheime Vor=
liebe in Deutschland findet. In kultureller Hinsicht kann sich
Oesterreich nicht mit Preußen messen. Der österreichische Bildungs=
durchschnitt steht unter dem preußischen; die ökonomische Entwick=
lung des Kaiserstaates, seine Verwaltung, sein gesammtes öffent=
liches Leben halten keinen Vergleich mit Preußen aus. Obendrein
weiß das ganze deutsche Volk, daß die habsburgische Politik unserer
national-staatlichen Entwicklung die meisten Hindernisse in den Weg

gestellt hat — und dessenungeachtet regt sich für Oesterreich selbst bei seinen deutschen Gegnern eine Art Zuneigung. Das thatsäch=liche Vorwalten seiner ökonomischen Verhältnisse steht uns in Oesterreich näher, als das mathematische Staatsgefüge Preußens. Wir gewahren, selbst intuitiv, daß im Osten die Trennung von Gesellschaft und Staat noch nicht so scharf vollzogen ist, als in dem Staate der Intelligenz. Oesterreich zeigt Fleisch, Preußen nur Linien. Die juridisch=philosophische Staatskunst hat zwar ihre Experimente auch in Oesterreich angestellt. Die Umsetzung seines social=politischen Gefüges in den modernen büreaukratischen Abso=lutismus wird bereits von Maria Theresia mit seinem Frauen=finger versucht, und Joseph II. fährt vollends mit der gebieterischen Rücksichtslosigkeit der Abstraktion dazwischen. Allein die Lebens=fähigkeit der ökonomisch=socialen Gebilde ist noch zu groß, um sich ohne Weiteres in die Schablone des Rechtsstaates zu fügen. Joseph hätte erst die Gesellschaft reorganisiren müssen, dann wären seine neuen staatlichen Einrichtungen zeitgemäßer gewesen. Auf der an=dern Seite wollte Metternich, weil er sich unfähig fühlte, die so=cialen Verhältnisse Oesterreichs zu entwickeln, nicht die kleinste staatliche Reform zulassen. Und wenn endlich die seit 1848 ein=geleitete politische Neuschöpfung in Oesterreich weit über ihr Ziel hinausgeschossen ist, so hat sie das Mißlingen ihrer Bemühungen dem Umstande zuzuschreiben, daß die neuen socialen Zustände nicht so schnell reiften, um in die neuen politischen Formen eingefaßt werden zu können. Der Ruf nach Decentralisation fordert in Oesterreich eigentlich nichts als staatliche Gerechtigkeit für die öster=reichischen gesellschaftlichen Zustände. Das Bürgerthum hält daselbst der Büreaukratie ebenso feindlich gegenüber als der Adel. Gerade darum üben die Vorgänge in Oesterreich einen solchen Einfluß in Deutschland aus, weil in ihnen dem Anscheine nach am Ersten die Frage entschieden werden wird, ob die festländische Staatskunst endlich sich zu einer Anerkennung der social=politischen Wechselbe=ziehungen zu erheben vermag. Ist aber erst einmal in einem größeren Staate die Politik zum Naturgemäßen zurückgekehrt, will sie fortan nicht mehr als sie kann, d. h. trachtet sie nicht darnach, über die staatliche Erfassung ihrer gesellschaftlichen Verhältnisse in ihrer Verfassung hinauszugehen, dann dürfte an einem solchen Beispiele das im weiten Blauen herumtheoretisirende übrige Deutschland auch wohl einsehen lernen, wie es die Entwicklung seiner staatlichen Angelegenheiten mit der Durchbildung seiner socialen Zustände beginnen muß. Wir kommen damit auf den am Anfange ausgesprochenen Satz zurück, daß in Deutschland die staatliche Einheit und die Freiheit einander nicht ausschließen, vielmehr daß die freie Durchprägung der ökonomisch-socialen Verhältnisse bei uns nothwendig auf die für uns mögliche Nationaleinheit hinführen müsse. Reine Rechtsstaaten lassen sich von der Büreaukratie in kleine Territorien abschließen; die Gesellschaft dagegen geht in ihren Gliederungen über jene engen Grenzen unbekümmert hinaus. Sobald sie wieder die legitime Mutter des Staatsrechtes wird, ist es daher mit dem territorial-staatlichen Partikularismus vorbei. Der Kampf gegen den dürren Rechtsstaat ist schließlich eins mit dem Kampfe für die deutsche Staatseinigung!

Seit dem Mißlingen der politischen Versuche im Jahre 1848 ist es oft ausgesprochen worden, Deutschland müsse zunächst bestrebt seyn, seine gesammtwirthschaftlichen Angelegenheiten einheitlicher zu gestalten. Der Zollverein, mit dessen Schöpfung die alte Staatskunst einst den staatsrechtlichen Forderungen des Liberalismus hatte ausweichen wollen, erhält dadurch eine hervorragende Bedeutung. Und in der That ist gewiß ein jeder derartiger Fortschritt auf dem rein ökonomischen Gebiete ein unbestreitbarer Gewinn. Einheitliche Maße, Münzen und Gewichte sind in Deutschland seit Jahrhunderten verlangt, in den sie betreffenden Einrichtungen prägte sich erst recht der territoriale Partikularismus aus. Eine einheitliche Zolllinie bildet die unabweisbare Grundbedingung einer selbstständigen Handelspolitik nach Außen; die gesammte Verkehrspolitik des Vaterlandes hängt von der ineinandergreifenden Organisation seines Eisenbahnwesens, von der gemeinsamen Verständigung über seine Flußschifffahrt ab. Allein wie man von der reinen Nationalökonomie theoretisch nicht zum Staatsbegriff gelangt, indem die „Lehre von dem Güterleben" nichts vom Staate weiß, eben so wenig vermag eine bloße Förderung der nationalen Wirthschaft an sich schon zu einer Entwicklung des nationalen Staates hinüber zu führen. Der Zollverein besteht nun bereits seit fast dreißig Jahren, und dessenungeachtet hat er bisher seine anfängliche Verfassung nicht im Geringsten geändert. Noch heute herrscht in ihm das polnische Veto zu Recht, noch heute droht sein Verband bei jeder sonder= staatlichen Meinungsdifferenz zu zerreißen. Der deutsche Zollverein giebt deßhalb recht eigentlich den Beleg dazu her, daß die bloße Nationalökonomie und der reine Rechtsstaat vortrefflich neben ein= ander bestehen können; oder daß doch wenigstens die Oekonomik als solche nicht Macht genug besitzt, dem Rechtsstaate Gesetze vor= zuschreiben. Leider ist indessen der wissenschaftliche Uebergang von der Nationalökonomie zur Socialistik noch nicht vollzogen; von der Erkenntniß der bloßen Arbeitstheilung hat sich die Theorie noch nicht zu einem Standpunkte emporgeschwungen, auf dem sie die durch die Arbeitstheilung bewerkstelligte Eintheilung der Arbeitenden gewahrte. Das eigentliche Wesen der Gesellschaft ist ihr fremd, die sociale Gliederung, welche die Mittelstufe zwischen Staat und Ein= zelwirthschaft abgibt. In solcher Beschränktheit leistet die Atomistik der Nationalökonomie daher der Atomistik des Rechtsstaates erst recht eigentlich Vorschub; und an eine organisch=staatliche Gestaltung des ganzen deutschen Volkskörpers ist noch nicht zu denken.

Erst wenn man sich gewöhnt hat, eine jede wirthschaftliche Lebensäußerung in ihren socialen Rückwirkungen zu erfassen und von diesen die Linien zum Staatsorganismus hinüberzuziehen, wenn man das Privat= wie das Staatsrecht in lebendigen Zusammenhang mit der Gesellschaft gebracht hat, wird man den rechten Staat in Theorie und Wirklichkeit auszubilden vermögen. Damit gelangt man aber schließlich zum modernen Ständestaat hin. Wahrscheinlich erscheint es Vielen als eine ganz wirre Idee, daß wir in der zweiten Hälfte des neunzehnten Jahrhunderts, nachdem der Begriff des allgemeinen Staatsbürgerthums längst vorherrschend geworden ist, eine Wiederbelebung des Ständethums befürworten wollen. Hoffentlich wird sich jedoch der Leser bald überzeugen, daß wir nicht beabsichtigen, einen Leichnam zu galvanisiren, sondern daß wir nur bezwecken, das wirklich social Vorhandene auch politisch zur Geltung zu bringen. Genau genommen ist ja schon gegenwärtig, so siegreich sich immerhin der reine Rechtsstaat überall festgesetzt hat, keine deutsche Repräsentativverfassung völlig von ständischen Bestandtheilen frei. Vielmehr räumt eine jede der constitutionellen Monarchien in Deutschland dem großen Grundbesitz eine mehr oder weniger bevorrechtigte sociale und parlamentarische Stellung ein, die dem Rechtsstaat als solchem unverständlich ist. Von der Möglichkeit, für sich Fideicommisse zu gründen, bis zu dem erblichen Sitz in der Kammer hin wird der Grundherr nicht als bloße Rechtsperson, als allgemeiner Staatsbürger, sondern im eigentlichsten Sinn des Wortes noch als Standesperson, als Inhaber einer socialen Position betrachtet, welcher die ihr gebührende politische Anerkennung nicht versagt werden kann. Man entgegne uns auf diesen Satz nicht, daß eine solche Ausnahme von den allgemeinen Schablonen des Rechtsstaates zu Gunsten der aus der Vergangenheit her überlieferten Adelsrechte beliebt worden sey; die alten sogenannten historischen Rechte machten die politische Bevorzugung unvermeidlich, wenn der Adel sich mit dem neuen Zustande der Dinge versöhnen sollte. Denn wäre der Einwurf wirklich stichhaltig, wäre das heutige politische Recht des Adels nur ein Ausfluß seiner früheren Prärogative, so müßte es doch seltsam erscheinen, daß nicht der alte Adel als solcher, sondern nur der grundbesitzende Adel in den neuen Staatsverfassungen berücksichtigt worden ist; und der rechtsstaatliche Liberalismus hätte alle Befugniß, gegen die politische Sonderstellung des Adels in den Kampf zu rücken. Allein nicht sein zweifelhaftes geschichtliches Recht, sondern seine unzweifelhafte Eigenschaft als socialer Stand trägt die politischen Rechte des adeligen Grundbesitzers in der Gegenwart; ihr mußte der Rechtsstaat wider Willen Zugeständnisse darbieten.

Es ist in dem letzten Jahrzehnt, in welchem man sich mannichfach mit der Neuordnung unserer öffentlichen Verhältnisse beschäftigt hat, sehr Viel über den Adel geschrieben worden; trotzdem ist man seiner eigentlichen Bedeutung für die Gegenwart kaum näher gerückt, weil man bei seinen Betrachtungen nicht vom Gesellschaftsstaate,

sondern vom Rechtsstaate ausging und auch zu letzterem immer
wieder zurückkehrte. Dem thörichten romantischen Versuch der Einen,
das Recht des Adels zugleich mit dem Recht der Krone auf eine
mystische Willensemanation des Weltgottes zurückzuleiten, konnten
die juristischen Politiker leicht mit vernichtendem Hohne entgegen-
treten; und ebenso fiel es ihnen nicht schwer, das hie und da sich
kund gebende Bestreben, dem Adel körperliche Raceneigenthümlich-
keiten zu vindiciren, lachend abzufertigen. Nur sollen sie sich nicht
einbilden, daß sie damit den Adel selber abgethan haben, so unbequem er ihrem Rechtsstaate immerhin seyn mag. Vielmehr wird
der Adel, sobald er einmal als social-politischer Stand begriffen
worden ist, auch hoffentlich das Bürgerthum zur Neubelebung seines
bürgerlichen Ständewesens veranlassen. Es ist ein wahres Glück,
daß der Adel nicht ganz in dem Rechtsstaate unterging; so läßt
sich denn heute von ihm, dem einzig wenn auch nur in Resten
übriggebliebenen Stande, aus zu dem neuen Gesellschaftsstaate hin-
übergelangen. Um indessen die ständische Natur des Adels richtig
zu erfassen, ist es nöthig, von ihm alle äußere Ornamentik loszulösen; und außerdem hat man sich wohl zu hüten, daß man etwa
den Adel und die Aristokratie mit einander verwechsele; thatsächlich gingen und gehen wohl beide vielfach Hand in Hand, begrifflich sind sie jedoch keineswegs identisch; nicht jede Aristokratie
ist adelig, und nicht jeder Adel schließt die Aristokratie in sich.

Sehen wir nun bei der Frage nach dem Ursprunge des Adels
von der Geschlechterbildung in den Städten der alten Welt ab, so
begegnen wir in den vorchristlichen Zeiten auf den Ackerbau-
gefilden des mittleren Europas einer von den römischen Ethnographen sogenannten nobilitas, der gesellschaftlich hervorragenden
Stellung der größeren Grundbesitzer. Sie sprechen im Frieden über
ihre Hintersassen Recht und sind während des Krieges zu Folge
ihrer gesammten socialen Position die naturgemäßen Anführer derselben. Als dann später an der beginnenden Königsmacht das
Reich zu krystallisiren anfängt, sucht der König zunächst seine
Beamten vor den übrigen Unterthanen auszuzeichnen. So kommt
es, daß z. B. in Frankreich unter den Merovingern die königlichen

Diener — einerlei ob von Geburt Freie, d. h. Begüterte, oder ob Unfreie — eine hervorragende Klasse ausmachen. Der Dienst des Königs schafft eine Personalaristokratie, der gegenüber die sociale Macht der Grundeigenthümer, wenigstens dem Systeme nach, politisch unbeachtet bleibt. Da indessen Grund und Boden damals die einzige Nährquelle bildete, und die königlichen Diener zu ihrem Unterhalte belehnt werden mußten, oder weil auf die Dauer nur solche Personen zu Reichsbeamten erwählt werden konnten, welche schon Grundeigenthum besaßen, so führte der größere Grundbesitz für den Inhaber folgerichtig eine staatlich bevorzugte Stellung nach sich. Die Masse der freien Grundbesitzer erhielt als solche ihre politische Anerkennung; sie ward von dem Herzoge und Grafen an bis zum Ritter hinunter zu einem auf dem Gute (Odale) beruhenden Adel, zum Stand. Das Gut und die darauf haftende politische Pflicht und Würde verwuchsen mit einander und erbten zusammen vom Vater auf den Sohn weiter. Ist überhaupt, wie wir mehrfach hervorgehoben haben, der Feudalverband die einzige Art und Weise, in welcher das Ackerbauthum zu einer staatlichen Gestaltung zu gelangen vermag, dann muß innerhalb desselben Adel und Aristokratie auf der Basis von Landeigenthum und der dadurch ermöglichten staatlichen Dienste nothwendig zu Eins werden. Diesen Ausgang hat man scharf ins Auge zu fassen, wenn man in dem Wechsel der Verhältnisse die verschiedenen Phasen klar unterscheiden will, welche der Adel in der Geschichte bis auf die Gegenwart hin durchgemacht hat. Mit dem allmählig hinzutretenden beweglichen Eigenthume nämlich, welches ja einen durchgreifenden Wandel in dem ganzen socialen Gefüge des Mittelalters hervorruft, ändert sich unmerklich, aber unausbleiblich auch die Pflicht und somit das Recht des „Adels," sobald wir ihn als den politisch anerkannten Stand der größeren Grundbesitzer festhalten; er hat sich fortan immer von Neuem mit den Trägern des beweglichen Eigenthums staatlich zu setzen; seine social-politische Position wird nunmehr zu einer staatlichen Frage zwischen Stadt und Land. Anfänglich begegnet freilich das bewegliche Eigenthum noch in der Stadt selber einem Adelsstande. Die landbegüterten Geschlechter spielen in dem

mittelalterlichen Städteleben die gleiche Rolle, wie die Patricier in
Rom. Nachdem dieselben jedoch von dem kräftiger werdenden Kauf=
manns= und Handwerkerthume, ebenso wie an der Tiber, nach und
nach absorbirt worden sind, ist im großen Ganzen im Adel und
Bürgerthum das Land und die Stadt, das unbewegliche und das
bewegliche Eigenthum politisch repräsentirt. Die erste Veränderung
aber, die der Adel dadurch in seiner bisherigen Stellung erfährt,
besteht darin, daß er fortan nicht mehr allein die Lasten des Reiches
zu tragen hat. Das Bürgerthum zahlt von seiner fahrenden Habe
nicht minder Steuer an den Fiskus und leistet bald mit seinen
Zünften ebenfalls Kriegsdienste. Also kann es nicht ausbleiben,
daß der dritte Stand auch seine politischen Rechte im Staatsver=
bande verlangt. Dieser Proceß erfolgt so ziemlich gleichmäßig durch
ganz Europa. Daß der Verlauf desselben vielfach mit dem Schwerte
ausgefochten wird, geht uns hier nicht weiter an; wir haben dabei
nur darauf hinzuweisen, daß, wo der Adel, der politisch anerkannte
Stand der großen Grundbesitzer, genöthigt ist, die Macht im Staate
mit dem Bürgerthume in den Reichsversammlungen mehr oder
weniger zu theilen, fortan Adel und Aristokratie nicht mehr dasselbe
bleibt. Der Adel und die Spitzen der Bürgerschaft machen von
jetzt an zusammen die Aristokratie aus. Daher wiederholt sich denn
im späteren Mittelalter, mutatis mutandis, die nämliche Er=
scheinung, welche wir oben aus der Zeit der Merovinger hervor=
gehoben haben: die königlichen Diener, die das wissenschaftlich ge=
bildete Bürgerthum liefert, die doctores juris, die Stützen der
beginnenden Büreaukratie, nehmen als solche bald einen gleichen
äußerlichen Rang ein wie der Adel. Und von da ab greift in der
natürlichen Adelsinstitution die unnatürliche Vermischung von Adels=
rang und Adelsstand Platz, welche bis auf den heutigen Tag
die schlimmste Gegnerin des Adels geblieben ist — Adelsrang und
Vertretung des größeren Grundbesitzes reißen sich von einander
los. Bis dahin war der „Herr von" auch wirklich der Herr
von Land und Leuten gewesen. Nun hört diese Bezeichnung nach
und nach auf, einen socialen Inhalt zu haben, sie wird zum
bloßen Titel.

An und für sich steht die eben hervorgehobene Thatsache mit der ganzen Umsetzung des naturgemäßen social-politischen Organismus in einem künstlichen Staatsverband, wie sie mit dem Auftreten des römisch-juridisch gebildeten Beamtenthums ihren Anfang nimmt, in dem innigsten Zusammenhange. Trachtet die Büreaukratie fortan unausgesetzt darnach, die mathematischen Linien ihrer Administration an die Stelle der bisherigen social-politischen Gliederung zu bringen, sucht sie den Schwerpunkt des Staates in ihr Maschenreh zu verlegen, dann muß sie folgerichtig den Adelsstand eben so gut in den allgemeinen atomistischen Zustand der Unterthanenschaft aufzulösen streben, als sie keine social-organischen Gebilde im Bürgerthum dulden kann. Leider hat ihr jedoch bei diesem Verfahren der Adel selber nur zu hülfreiche Hand geleistet. Er verlor allmählig in dem größten Theile seiner Angehörigen das alte social-politische Standesbewußtseyn, um dafür die höfische Ranggliederung anzunehmen. Wenn auf der einen Seite die bürgerlichen Mitglieder der Büreaukratie darüber aus waren, in den Adelsrang gehoben zu werden, ohne daß sie dabei nothwendiger Weise zu großen Grundbesitzern wurden, so trachteten andererseits die ärmeren Adeligen oder die nachgeborenen Söhne des Adels darnach, in die einträglichen Beamtenstellen einzurücken, während sie trotzdem auf ihren Adelsrang nicht verzichten wollten. Man hat, namentlich im Verlaufe des achtzehnten Jahrhunderts, oft sehr lebhaft darüber geklagt, daß nur sogenannte Adelige zu den höheren Plätzen im Heere und Staatsdienste zugelassen würden. Armee und Administration bildeten die Versorgungsanstalten für die unbegüterten Mitglieder der Adelsfamilien. Nun mag allerdings dem Socialhistoriker beim Betrachten des junkerhaften Uebermuthes gegen das Bürgerthum als Canaille oder Crapule oft das Blut rascher wallen; sollte er indessen ein Gegner des Adelsstandes als solchen seyn, so müßte er sich doch einräumen, daß der Adel eben durch jene Vermischung mit der Büreaukratie der Anerkennung seiner Standeseigenschaft am meisten Abbruch gethan hat. Der Hofadel von Paris hatte zuvor den französischen Adelsstand untergraben, ehe die Abstraktion der Revolution denselben dem Boden gleich machte. Weil in Frankreich der Grundadel und Hofadel nicht getrennt worden war, und als Rang, vom Landeigenthum losgelöst, sich überhob, konnte er als Stand in der allgemeinen Ständenivellirung vernichtet werden. Wäre er statt dessen nichts als Stand geblieben, so hätte es zuvor einer gewaltsamen Abschaffung des Eigenthums bedurft, um ihn unter den Trümmern der gesammten Gesellschaftsgliederung zu begraben. Seitdem liefert Frankreich den Beleg zu der doppelten Erfahrung, daß erstens kein Staat einer Aristokratie vollständig entrathen kann, und daß zweitens kein politischer Verband in sich Halt zu gewinnen vermag, der, alles Ständethum völlig verneinend, sich nur an den abstrakten Staatsbürger richtet. Die Guillotine konnte wohl vielen Adeligen den Kopf abschlagen, aber nicht die Aristokratie hinrichten; und wenn in Frankreich jemals der Abgrund der Revolution geschlossen werden soll, so hat das Land gewiß von dem agrarischen Ständethum, soweit noch letzte Trümmer von ihm vorhanden sind, auch bei dem beweglichen Eigenthume zur Ständegliederung zurückzukehren. Am gesundesten zeigt sich aber das Staatsgefüge allemal da, wo der Hauptschwerpunkt der Aristokratie im Adel, d. h. in der als Stand politisch anerkannten Klasse der großen Grundbesitzer, liegt.

Man hat, und dieß ist selbst von hervorragenden Geschichtsforschern geschehen, neuerdings oft den Satz ausgesprochen, daß die Herrschaft in der Politik immer mehr von den Wenigen zu den Vielen übergehe, und Europa sicher einer allgemeinen Demokratie entgegenschreite. Auf dem Standpunkte des Rechtsstaates mag in dieser Anschauung eine gewisse Denkfolgerichtigkeit enthalten seyn; allein der Gesellschaftsstaat, der nicht den staatlichen Organismus aus dem freien Willen und der Vernunft der Menschen, sondern aus der socialen Menschennatur herleitet, kann jenem Axiom auch selbst theoretisch, geschweige praktisch, nicht beistimmen. In welchen Verhältnissen für ein größeres Ländergebiet, das nicht, wie Nordamerika, nachbarlos dasteht, die monarchische Staatsform begründet liegt, haben wir in dem Aufsatze: „die social-politische Macht des Krieges" nachzuweisen gesucht. So lange nicht auf dem ganzen Erdball die Aera des allgemeinen Weltfriedens eingeläutet ist, bleibt

die Republik in einem Flächenstaate auf die Dauer eine social=
politische Unmöglichkeit. Will man jedoch auch die Stichhaltigkeit
dieser Behauptung, als historisch nicht bewiesen, in Abrede stellen,
so läßt sich gewiß nicht läugnen, daß sich in jedem Staatsleben
auf die Länge irgend eine Aristokratie aufwerfen muß; die Men=
schen, von allen socialen Verhältnissen, unter welchen sie stehen, los=
gerissen, und nur von dem Rechtsstaate als Personen betrachtet,
sind doch auch rein als Personen nicht einander gleich. Ganz con=
sequent verfuhr deßhalb der Communismus, als er sein rücksichts=
loses Nivellirungssystem bis auf die Unterschiede der Bildung aus=
dehnen wollte; es war ihm nicht zu viel, die Gleichheit der gesell=
schaftlichen und staatlichen Rechte der Einzelnen mit der vollständigen
Vernichtung der Individualität zu erkaufen. Denn die Verschieden=
artigkeit des Wissens und Könnens in den Menschen bedingt un=
ausbleiblich, wenn man dabei auch noch von der Eigenthumsbasis,
in der sie fußen, völlig absieht, gewisse Unterschiede in ihrer ge=
sellschaftlichen Stellung. Beruht überhaupt die Theilung der Ar=
beit, mag sie nun materieller oder geistiger Natur seyn, auf der
Mannichfaltigkeit der menschlichen Begabung, so wird mit dem
Werthe, welchen eine Arbeit für das Ganze hat, nothwendig auch
mehr oder weniger der Werth des Arbeiters selbst abgeschätzt. Ein
gebildeter Sklave im Alterthum war theurer als ein bloßer Hand=
langer, und im Anfang des Mittelalters wurde der hörige Hand=
werker mit einem höheren Wehrgelde geschützt als der Bauernknecht.
Schon das angeborne Talent, welches niemand selber sich verleihen
kann, und das sich nur in seltenen Fällen durch Fleiß künstlich
ersetzen läßt, bewirkt also bereits innerhalb einer gesellschaftlichen
Gliederung gewisse Abstufungen; schon die Mutter Natur, welche
die Erdensöhne verschiedenartig ausrüstet, befiehlt damit eine Ari=
stokratie. Die „Herrschaft der Besten" richtet sich zwar ihrerseits
zunächst nach den Gesammtzuständen der Gesellschaftsgruppe, inner=
halb welcher sie sich festsetzt. Unter den Jägern sind es vielleicht
die Kräftigsten und Gewandtesten, denen naturgemäß die Leitung
der Horde zufällt. Je mehr sich indessen die socialen Zustände eines
Volkes entwickeln, einen um so größeren Einfluß wird sich die

geistige Macht innerhalb des socialen Verbandes erringen. Die von den Priestern gegründete Theokratie der altasiatischen Welt wurzelt im Allgemeinen in der geistigen Ueberlegenheit einiger Wenigen über die Andern; die Aristokratie der Intelligenz läßt sich selbst von der abstrakten Freiheit und Gleichheit des Rechtsstaates nicht vollständig aufheben. Plato fordert, daß die Philosophen herrschen sollen.

Aber diese Aristokratie der Intelligenz, so naturgemäß sie an und für sich seyn mag, wird denn doch durch viele andere socialen Mächte sehr wesentlich modificirt. Schon die nicht zu bestreitende Thatsache, daß die Intelligenz, wenn sie gleich eine natürliche geistige Begabung voraussetzt, in ihrer Ausbildung ein Produkt der Arbeit ist, oder mit andern Worten, daß sie des Lernens bedarf, unterwirft sie den in der Welt vorhandenen ökonomischen Gesetzen. Die bereits angesammelte Arbeit, das Kapital, das Eigenthum bietet dem Einzelnen erst die Möglichkeit dar, die ihm angeborene Intelligenz zu entwickeln. Er muß während der auf seine Durchbildung verbrachten Zeit frei von der Nothwendigkeit seyn, für den Unterhalt zu sorgen; er bedarf dabei vieler Hülfsmittel, die einen ökonomischen Werth haben, welche er also zu kaufen hat; und ebenso ist er gezwungen, den Lehrern, von welchen er lernt, ihre Lehrarbeit zu vergüten. Die Intelligenz ist demnach von dem aufgesparten Eigenthum abhängig, welches ihren eben erwähnten Bedürfnissen genügt. Es versteht sich von selbst, daß bei der Mannigfaltigkeit des Lebens auch ein von Haus aus unbegüterter Mann sich zu hoher geistiger Ausbildung durchringen kann, zumal gegenwärtig, wo so viele öffentliche, allgemein zugängliche Bildungsanstalten bestehen. Solche einzelne Ausnahmen stoßen indessen die durchgreifende Gültigkeit des aufgestellten Satzes nicht um, daß das Eigenthum neben seiner unmittelbaren ökonomischen Macht auch auf das geistige, auf das kulturliche Leben der Menschheit sehr kräftige Rückwirkungen äußert — eine geradezu arme Aristokratie der Intelligenz ist auf die Dauer unhaltbar.

Haben wir nun gesehen, daß die beiden Hauptarten des Eigenthums und der vermittelst derselben vollzogenen Arbeit, daß die

Unterschiede des unbeweglichen und des beweglichen Eigenthums, oder der Stoffproduktion und der Stoffveredlung, in dem Laufe der Menschheitsgeschichte ganz unverkennbare sociale und politische Einflüsse ausgeübt haben, so wird uns dadurch die Frage nahe gerückt, ob sich daran auch wohl bestimmte kulturliche Wechselbe= ziehungen knüpfen? Und selbst die einfachste Anschauung der gesell= schaftlichen Verhältnisse hat es ja längst begriffen, daß der Land= mann durchgehends ein anderer Mensch ist als der Städter. Wir wiederholen hier noch einmal, was wir bereits früher ausgesprochen haben, der Mensch ist in seiner Individualität durchschnittlich das Produkt der Verhältnisse, unter denen er aufwächst, und diese Verhältnisse werden zunächst durch Arbeit und Eigenthum bestimmt. Das Wesen des beweglichen Eigenthums ist ein anderes als das Wesen des unbeweglichen Eigenthums; also muß auch das Wesen der auf beiden fußenden Arbeitergruppen nothgedrungen auf die Länge verschieden werden. Hier vermögen wir indessen die daraus hervorgehende Unterscheidung wegen der Enge des Raumes nur in den Hauptumrissen anzudeuten; die Darstellung der aus der reinen Geldwirthschaft hervorgehenden kulturlichen Folgen bleibt einem andern Aufsatze vorbehalten. Selbst eine oberflächliche Berührung der in Betracht kommenden Gesichtspunkte wird aber für den vor= liegenden Zweck schon genügen. Denn die charakteristischen kultur= lichen Rückwirkungen des beweglichen Eigenthums entspringen eben aus seiner Beweglichkeit; die ewige Bewegung des Bürgerthums sticht auch kulturlich sehr scharf gegen das Beharrungsvermögen des Ackerbaustandes ab. Wohl ist eine jede ökonomische Arbeit ein Kampf des Einzelnen für seine Existenz; allein die Waffen, mit welchen derselbe gekämpft wird, sind verschieden und bilden somit auch den Arbeiter, den Menschen verschieden aus. Wer, losgelöst von Grund und Boden, seine Existenz als Handwerker, als Kauf= mann, als Gelehrter hat, folgt in seinem eigenen Schicksale, wie in dem Schicksale seiner Familie, weit mehr den großen Wandlungen des allgemeinen Güterlebens, als der Landmann, welcher im schlimmsten Falle die unverkäuflich werdenden Früchte selber ver= zehrt. Der letztere hat seine Nährquelle unmittelbar neben sich,

während der erstere sich auf den Absatz seiner Arbeit hingewiesen
sieht. Also ist auch dieser weit mehr von der unerbittlichen Mathematik des Güterlebens abhängig. Der Städter bleibt in seiner
ökonomischen Lage tausend und aber tausend störenden Umständen
unterworfen. Die Sorge um den Erwerb oder um die Behauptung
seines Besitzes schläft eigentlich nie bei ihm; er kommt nie zu der
völligen Ruhe des Landmanns. Gerade die allgemeine Unruhe,
welche heutzutage die Menschen ergriffen hat, ist die Unruhe des
beweglichen Eigenthums; der Materialismus, der Alles käuflich
werden und den Menschen einzig als Geschäftsmann erscheinen
läßt, entspringt aus der immer weiter gehenden Theilung der
Arbeit, aus der stets weiter sich ausbildenden reinen Geldwirthschaft, diesem Kampfe Aller gegen Alle. Am deutlichsten zeigt sich
die eben berührte Einwirkung bei derjenigen Menschenschichte,
welche mit dem Gelde selber, als solchem, arbeitet. Die specifische
Eigenthümlichkeit der Juden, die als Nachfolger der Phönicier seit
Jahrtausenden hauptsächlich Geldhandel getrieben haben, ist ganz
unläugbar daraus hervorgegangen. Das Wesen des Hebräers ist,
so zu sagen, mit dem Wesen des Geldes zu Eins geworden; ihm
ordnet derselbe seine Individualität, exceptis excipiendis, völlig
unter; und das Bürgerthum in den Städten ist auf dem besten
Wege, bei demselben Endresultate anzukommen. Courslifte und
Preiscourant sind die Götter der Gegenwart geworden.

Kein Vernünftiger wird freilich verkennen wollen, daß die
heutige fieberhaft gesteigerte Concurrenz in allen Arbeitszweigen auch
eine ungemein gesteigerte Leistung nach sich zieht; aber auch kein
Vernünftiger kann sich zugleich verhehlen, daß in solchem Wett-
bewerbe das gesellschaftliche Mittel zum gebietenden gesellschaftlichen
Zwecke wird. Das lateinische sibi res submittere hat sich in das
se rebus submittere verwandelt. Nicht die harmonisch menschliche
Entwicklung möglichst vieler Einzelnen, sondern das Kirchthurm-
rennen nach Glücksgütern ist, wie das Ziel des Einzellebens,
so auch das Ziel der Gesellschaft geworden. Als Rom an dieser Entwicklungsstufe angelangt war, konnte Jugurtha von der Verkäuflich-
keit der ganzen Stadt reden; wie August Wilhelm v. Schlegel singt:

„Feil ist Allen der Staat, dir, Crassus, um Sand des Pactolus;
  Stolz will schaltende Macht, Spiele der Pöbel und Brod."

Dazu kommt, daß mit der überwiegenden Herrschaft des be=
weglichen Eigenthums der Staatsverband von der augenblicklichen
Constellation des Heute abhängig gemacht wird. Der Zusammen=
hang desselben mit der Vergangenheit, das Vorbereiten der Zukunft
hört auf; der Moment allein gebietet, ein jeder lebt für sich und
fragt nicht nach den Kindern. Es ist ja ein durchweg angenommener
Satz, daß ein kaufmännisches Geschäft sehr selten in die dritte
Generation reicht. Der Wohlstand des erwerbenden Vaters bringt
für den Sohn meistens eine andere Erziehung mit sich; je mehr
dieser seines Erbes menschlich froh werden will, desto mehr hört
seine eigene Erwerbsfähigkeit in der jetzigen Concurrenz auf; und
die Enkel vollends, wenn auch keine Schicksalsschläge das Familien=
vermögen treffen, sind nicht mehr im Stande, ihren verwöhnten
Lebensansprüchen mit ihrem Erbtheile und ihrer verminderten Ar=
beitskraft zu genügen. Sollte es aber wohl nicht schließlich der
Staat und die gesammte nationale Kultur zu büßen haben, wenn
innerhalb einer ganzen Bevölkerung jeder Vater sich gezwungen
sieht, seinen Sohn, statt zu einem Menschen, in erster Linie zu
einem Geschäftsmanne zu erziehen? Ein solcher Bevölkerungsstoff
ist dann recht eigentlich für eine unbeschränkte Büreaukratie zube=
reitet, die ihrerseits wieder, indem sie das Amt zum reinen öko=
nomischen Geschäft macht, dem Absolutismus der Krone die Wege
bereitet. Eine Aristokratie der Intelligenz, welche innerhalb eines
Rechtsstaates bloß im beweglichen Eigenthume wurzelt, muß schließ=
lich zu Zuständen hinführen, wie wir sie jetzt in Paris vor uns
sehen.

Jedem Historiker mit klaren Augen, auch wenn er den gesell=
schaftlichen Zuständen seine Aufmerksamkeit nicht weiter zuwendet,
drängt sich bei der Betrachtung der Völkergeschichte die Wahrnehmung
auf, daß die Nationen allemal am kräftigsten in derjenigen Lebens=
epoche dastehen, in welcher sich innerhalb ihres ökonomisch=socialen
Gefüges bewegliches und unbewegliches Eigenthum einander die

Wage halten. Dann ist die Zeit ihrer größten politischen Erfolge nach Außen, der reichsten geistigen Produktivität im Innern. In dieser Periode werden ihr die größten Staatsmänner, die größten Dichter, Denker und Künstler geboren, steht die durchschnittliche Moral der gesammten Bevölkerung am höchsten. Wir sind zwar leider auch in Deutschland, Dank der siegreichen Geldwirthschaft und dem nicht minder ungehinderten Schalten des Rechtsstaates, über dieses glückliche Gleichgewicht einigermaßen hinausgeschritten; während man dem beweglichen Eigenthum und der politischen Abstraktion alle Zügel schießen ließ, wurden auf der andern Seite die naturgemäßen ökonomisch socialen Verhältnisse des Ackerbauthums theoretisch wie praktisch zersetzt. Was der Hofadel, der seinen Adelsrang mit dem Adelsstande verwechselte, etwa noch Gesundes überließ, das fiel den Herrn der römischen Jurisprudenz, dem Rechte des Städtewesens unter das Messer. Allein da es jetzt gilt, mit Erfassung des naturgemäßen Gesellschaftsstaates das staatliche Leben selbstbewußt den socialen Bedingungen gemäß zu organisiren, so bleibt die Hoffnung nicht ausgeschlossen, daß es gelingen wird, jenes gestörte Gleichgewicht auf legislativem Wege wiederherzustellen. Dazu ist in erster Linie erforderlich, daß man endlich einmal anfängt, bei der Beurtheilung von social-staatlichen Angelegenheiten sich der bis dahin allein maßgebenden rechtsstaatlichen Anschauungen zu entäußern. Dem Rechtsstaate ist es völlig unmöglich, die Nothwendigkeit der Vinculirung von Grund und Boden zu begreifen. Daß die Kinder nicht das Erbe des Vaters gleichmäßig unter sich theilen sollen, ist ihm eine schreiende Ungerechtigkeit. Was kümmert es ihn, ob das ökonomische Wesen des Erbes selber die Theilung zuläßt, oder daß die addirte Summe seiner Stücke nicht mehr den nämlichen socialen Werth hat als der ungetrennte ökonomisch-organische Zusammenhang derselben! Fiat justitia, pereat mundus! Was bei dem beweglichen Eigenthume in der Regel unbedenklich geht, die Vertheilung nach Kopftheilen, während doch selbst bei ihm das Vererben einer Handelsfirma oder anderer Geschäfte oft gewisse Modifikationen der Kopfzahltheilung bedingt, wird auch ohne Weiteres auf das unbewegliche Eigenthum übertragen. Die abstrakte Nationalökonomie, sie, die nichts von der Socialistik weiß, ist der römischen Jurisprudenz in ihrem Kampfe gegen die Gebundenheit der Hufe treulich zur Seite gestanden. Sie klügelte es nämlich heraus, daß bei der Parcellirung der Felder eine größere Menge von Früchten erzielt werde — ein Satz, der noch obendrein, wenn man von ungeheuern Latifundien absieht, keineswegs bei der heutigen Bedeutung des ameliorirenden Kapitals für die Landwirthschaft über allen Zweifel erhoben ist — daß also mit der Zerstückelung der Gutscomplexe eine größere Anzahl von Menschen ernährt werden könnte. Nehmen wir aber auch an, dieses Axiom sey mathematisch richtig, so bliebe doch noch zu beweisen, warum eine sociale Gruppe das höchste Interesse daran habe, eine möglichst große Kopfzahl von Insassen zu umschließen, ein Interesse, so hoch, daß ihm jede andere Rücksicht nachgesetzt werden müßte.

Naturgemäß wird eine geschlossene Hufe im Laufe der Zeit zu einem mehr oder weniger individuellen ökonomischen Organismus. Felder, Wald und Wiesen stehen darin in einem gewissen, die Wirthschaft bedingenden Gesammtverhältniß, und die Gebäulichkeiten entsprechen meistens den Bedürfnissen des Ganzen. Theilen nun die Kinder den Hof des Vaters unter sich, so heben sie damit jenen natürlichen Zusammenhang seiner Bestandtheile auf, und außerdem wissen sie mit den vorhandenen Gebäuden nichts Rechtes anzufangen. Denn wenn in der Art getheilt wird, daß Jedes von jedem Felde seine Quote erhält, so haben wir jene Zerreißung der Gelände vor uns, der jetzt selbst die reine Nationalökonomie aus bloß wirthschaftlichen Gründen durch Verkoppelung und Zusammenlegung entgegen arbeitet. Setzen sie sich aber nach der Art der Bestandtheile — Felder, Wald und Wiesen — auseinander, so hört damit das ökonomische Ineinandergreifen jener Glieder auf, und in beiden Fällen gehen fortan die Gebäulichkeiten, selbst wenn Einer sie für Geld zu seinem Bodenantheil an sich bringt, über ihren ursprünglichen Zweck hinweg. Forscht man dann weiter nach dem Werth der so abgetheilten Landwirthschaftsexistenz für die ganze sociale Gruppe, innerhalb welcher sie steht, so gleicht bei gewöhnlichen Verhältnissen der Bevölkerungszuwachs den dadurch hervorgerufenen sonstigen Nachtheil keineswegs so ohne Weiteres aus. Die Staaten haben aufgehört, in ihrem Unterthanenbestande bloß die Nachzüchtung von Soldaten zu sehen, selbst wenn es sich auch nicht herausgestellt hätte, daß schlecht genährte Menschen schon körperlich untaugliche Vaterlandsvertheidiger abgeben, und außerdem Proletarier, die fast nichts besitzen als ihr Leben, selten dasselbe muthvoll für die nationale Unabhängigkeit einsetzen — sie haben an den Feind nichts zu verlieren. Allerdings schießt nach dem Malthus'schen Populationsgesetze die Bevölkerung in einen ihr neugebotenen freien Raum alsbald nach. Indessen kann dieser Zuwachs doch nur bei einer wirthlich stattgehabten Vermehrung der Nahrungsquellen für das Ganze vortheilhaft seyn; ohne diese müssen sich die neuen Mitesser mit den alten in die unverändert gebliebene Mahlzeit theilen — ein jeder erhält so viel weniger. Die nächste Folge davon kann also nur die seyn, daß der Einzelne um so abhängiger von dem kleinen Nahrungsboden wird, in welchem er wurzelt. Der höchste Zweck des ganzen gesellschaftlichen Lebens, nämlich die möglichst harmonische Entwicklung des Individuums, wird aber völlig aus den Augen verloren, sobald der Mensch, auf die engste Nahrungssphäre beschränkt, keine Zeit und keine Mittel vor sich sieht, Kopf und Herz auszubilden. Der noch ungeborenen Menschheit ist die gegenwärtige Generation durchaus nicht schuldig, daß sie in der größten Kopfzahl geboren werde. Wie der einzelne Mensch in freier Willensbestimmung Herr darüber bleibt, daß seine Nachkommenschaft sich nicht über seine Ernährungsfähigkeit vermehre, ebenso ist ein Volk durch nichts gezwungen, seine Hauptaufgabe in eine möglichst weit gehende Steigerung der Bevölkerungszahl zu setzen. Nicht darauf kommt es an, daß viel Menschen existiren, sondern daß die vorhandenen menschlich leben. Und ist es wohl noch nöthig, hier weitläufig auseinanderzusetzen, daß die ungehemmte Parcellirung von Grund und Boden in wenigen Generationen ein agrarisches Proletariat nach sich zieht, welches schließlich nur noch in Auswanderung seine Rettung findet?

Nehmen wir jedoch auch von solchen humanistischen Rücksichten Umgang, obgleich es heutzutage nicht scharf genug betont werden

kann, daß das gesammte wirthschaftliche Getriebe nur Mittel, nicht
Zweck ist, dann bleiben doch auch immer ökonomisch-sociale Gründe
genug übrig, die der unbegrenzten Theilbarkeit des Ackers entgegen-
treten. Eine jede Nation, wie sie durch das von ihr bewohnte
Ländergebiet auch räumlich individualisirt wird, ist durch den Hauptbestandtheil ihrer Nahrungsfrüchte auf die eigene Produktion hingewiesen; sogar in England liefern bekanntlich die Zufuhren fremden
Getreides doch nur den Bedarf von wenigen Tagen. Ist indessen
in einem Lande der Acker völlig parcellirt, so ernährt derselbe bloß
die ihn bearbeitende Bevölkerung, es ist kein Produktenüberschuß
für die Angehörigen des beweglichen Eigenthums da. Diese vermögen demnach nur im Welthandel gegen den Absatz ihrer Fabrikate
das benöthigte Korn von Außen zu beziehen, die geringste Störung
in ihrem Austausche macht sie brodlos. Und wenn Nationen auf
einer solchen ökonomischen Basis eine jede größere Verkehrskrise
schon wie einen vernichtenden Krieg empfinden, so bieten sie vollends
dem kriegerischen Angriffe von Außen die schlimmsten Blößen dar.
Ueber ein Volk, das noch ein gesundes Ackerbauthum in sich hat,
gehen militärische Verheerungen viel leichter hinweg, als es der
Fall ist, sobald dasselbe aus einem Ackerbauproletariat und einer
Fabrikbevölkerung besteht. Nur dann vermag ein Staat seine Industrie und seinen Handel ohne Furcht vor Abschwächung seiner
Kraft auszudehnen, wenn dem wachsenden und wachsenden beweglichen Eigenthume und seinen Angehörigen ein befestigtes unbewegliches Eigenthum, ein wohlhabender Bauernstand gegenüberhält.
Mit den Fäden des ersteren, über den ganzen Erdball ausgespannt,
faßt er in das allgemeine Weltgüterleben ein, mit den Wurzeln
des letzteren haftet er fest im eigenen Boden. Es geht einer Nation
darin gerade wie dem einzelnen Menschen: sie kann ökonomisch,
social, politisch und kulturlich Feld, Wald und Wiesen nicht entbehren. Aus Land und Stadt setzt sich ein gesunder Staat gleichmäßig zusammen; auch das harmonisch sich aufbauende Einzelleben
bedarf der Stadt und des Landes zu gleichen Theilen. Mit seinen
Wäldern würde Deutschland zugleich den Kern seiner geistigen Eigenthümlichkeit verlieren. Nicht in den großen Residenzen, vielmehr

im Grünen der Fluren gedeiht noch immer deutsches Denken, deutsches Dichten und deutsches Lieben am schönsten!

Wenn wir aber nun eine neu einzuleitende Vinculirung von Grund und Boden befürworten, so versteht es sich wohl von selbst, da wir damit nicht einer Wiederherstellung feudal-agrarischer Zustände zustreben. Was wir vielmehr zunächst nur verlangen, läuft darauf hinaus, daß die Jurisprudenz endlich anfange, einen Unterschied zwischen dem unbeweglichen und dem beweglichen Eigenthume theoretisch und praktisch anzuerkennen. Es wäre ja eine an Wahnsinn grenzende Thorheit, allen vorhandenen Acker in feste unantastbare Familienbande legen zu wollen und damit den Eigenthumswechsel an den Landgütern durch Kauf und Verkauf völlig aufzuheben. Auch sind wir weit entfernt, die Zweckmäßigkeit von Fideicommissen als in allen Theilen von Deutschland gleich vortheilhaft einzuräumen. Nur darauf kommt es uns an, eine wissenschaftliche Unterstützung dem in verschiedenen deutschen Kammern erwachten Bemühen zu verleihen, welches dahin zielt, überhaupt innerhalb des Grundbesitzes Fideicommisse als Anhalt für das agrarische Leben zu errichten, und somit den Adel als social-politisch anerkannte Klasse der Grundbesitzer wieder zu einem Stand zu machen. Am naturgemäßesten lehnt sich jedoch dieser schöpferisch organisatorische Gedanke an diejenigen vorhandenen Adelsfamilien an, die noch dem Wesen nach sich ihre alte Standeseigenschaft bewahrt haben. Sie ihrerseits müssen zuerst in die richtige social-politische Stellung gebracht werden; dann versöhnen sie selbst sich nicht nur mit den neuen staatlichen Zielen der Nation, lösen nicht nur ihre unnatürliche reaktionäre Verbindung mit der Bureaukratie, sondern sie sind auch zugleich wirthschaftlich, social, staatlich und kulturlich die eigentlichen Stützen des gesammten Ackerbauthums, des Kernes unseres Volkes. Gegenwärtig leben, durch ganz Deutschland zerstreut, viele altadelige Grundbesitzer, die in bewußter oder unbewußter Empfindung des Zwanges, welchen ihnen der juridische Liberalismus in ihrer naturgemäßen gesellschaftlichen Position anthut, die offenen oder geheimen Feinde eines jeden nationalen Fortschrittes sind, von welchem sie befürchten müssen, daß er diese

Zwangsjacke immer schärfer anziehen wird. Sie sind social noch
mächtig genug, um ihren Gegnern die mannigfachsten Hindernisse
in den Weg zu werfen, während doch zugleich bei ihrer jetzigen
Lage in ihnen der kräftigste sociale Stoff für das Ganze verloren
geht. Zu fordern bleibt dabei von ihnen, daß sie ihrerseits auch
nicht ferner den Adelsrang mit dem Adelsstand verwechseln, d. h.
daß sie die social=politische Solidarität mit allen nur in den äußeren
Titeln ihnen gleichstehenden Persönlichkeiten abweisen, welche nicht
zugleich im großen Grundbesitz wurzeln, und dagegen jeden auch
nicht von alter Familie abstammenden großen Grundherrn in die
nämliche social=politische Stellung bei sich aufnehmen — individuell
mögen sie sich zu ihm stellen, wie sie wollen. Damit, daß mein
Nachbar ebenso viel Aecker hat, als ich, braucht er noch lange nicht
mein Freund zu seyn, wenn gleich er social=politisch mit mir auf
derselben Basis steht, und dadurch mein Standesgenosse ist. Ob es
sich dazu in Zukunft durchführen ließe, daß der Titel Herzog,
Fürst, Graf, Freiherr und Ritter nur denjenigen Personen gebührt,
die ein entsprechendes herzogliches, fürstliches, gräfliches, freiherr=
liches oder Rittergut besitzen, wäre thatsächlich irrelevant, sobald
sich nur die social=politischen Rechte dem Grundeigenthume ent=
sprechend abstuften, wenn nicht damit zugleich dem albernen
Titularadel der Stab gebrochen und den nachgeborenen Söhnen
ihre richtige Grenze angewiesen würde. Denn soll der Adel wirklich
zu seiner ehemaligen Standeseigenschaft zurückkehren, so hat nicht
nur der Staat ihn als solchen anzuerkennen, sondern er selber
hat alle äußerlichen Vorurtheile abzulegen, die sein inneres Wesen,
seine social=politische Basis umschleiern und in den Augen der
Menge unkenntlich machen. Die Symbolik des Wappens hat auf's
Neue zu der Natur der alten Bauernmarken, der Eigenthumsbe=
zeichnung von Grund und Boden zurückzukehren, und innerhalb
des Kreises der Familienmitglieder das eventuelle Anerbrecht der
Einzelnen an das Stammgut zu bezeichnen. Die Wiedergeburt des
Adels auf der Grundlage des agrarischen Eigenthums bedingt
also eine ebenso weitgehende rücksichtslose Ausstoßung des Titular=
adels aus jeder imaginären Standesgemeinschaft, als die Aufnahme

aller großen Grundbesitzer in den Adelsstand, die sich ein ent=
sprechendes vinculirtes und auch fideicommissarisch gefestetes Boden=
bereich erworben haben.

In ganz Deutschland, Oesterreich eingeschlossen, nur mit Aus=
nahme des einzigen Mecklenburg, wo das auf den großen Gütern
fußende Heimathsrecht der Tagelöhner dem Gutsherrn noch eine
nicht mehr zeitgemäße Willkür in mancher Hinsicht ermöglicht, sind
Feudallasten und Frohnden gegenwärtig vollständig abgelöst. Der
einzelne Mensch als solcher findet für Person, Arbeit und Eigen=
thum den staatlichen Rechtsschutz, wenn er auch völlig mittellos
dasteht. Eine unrechtmäßige despotische Gewalt über die auf seinem
Gute lebenden Menschen bleibt somit von dem Gutsherrn nicht
weiter zu besorgen: niemand ist glebae adscriptus. Kann jemand
besser thun, sein Brod in der Stadt als auf dem Hofe zu er=
werben — er wird durch nichts daran verhindert. Daß jedoch der
große Gutsherr in der Gemeinde=, Provinz= und Staatsverfassung
nur als Kopf und nicht als Inhaber einer socialen Position in
Geltung kommen soll, ist social=politisch gewiß nicht richtig. Nehmen
wir einmal an, in einer Dorfgemeinde besäße ein Gutsherr den
dritten Theil des gesammten Areals; er hat somit ein Drittel
aller gemeinheitlichen Grundlasten bei Wegbau und so weiter zu
tragen, er ernährt von seinem Eigenthum eine beträchtliche An=
zahl Menschen, er fördert durch sein wirthschaftliches Beispiel, durch
seine individuelle Bildung das Wohlergehen des ganzen kleinen ge=
sellschaftlichen Verbandes; und dessenungeachtet soll er in der Ge=
meinde nicht mehr Stimmrecht haben als jeder Häusling, der von
seinen wenigen Morgen Feld gerade nur sich und seine Familie
kümmerlich durchbringt, ohne dabei den geringsten Kraftüberschuß
für politische oder kulturliche Zwecke aufwenden zu können? Es
mag der juridischen Seite des Staats obliegen, rechtliche Einrich=
tungen zu treffen, daß ein Grundbesitzer sich keine privatrechlichen
Vorrechte anmaßt. Die Grundsteuerexemption wie die Jagdberech=
tigung auf anderer Leute Boden gehören dem Feudalismus an;
sie entspringen fürwahr nicht aus dem Wesen des Socialstaates.
Ebenso soll und darf das Fideicommißrecht nicht ungestraft zu

betrügerischem Schuldenmachen benutzbar seyn; der Gutsherr ist im
Civil= wie Criminalrecht dem gewöhnlichen Gerichte unterworfen.
Allein so lange er der Herr seiner freieigenen Grundbesitzungen
bleibt, wirft man alle natürliche Gliederung des gesellschaftlichen
Lebens um, wenn man ihn in politischer Hinsicht nur als Kopf
betrachtet und ihn bloß als Einzelnen in dem Verfassungsverbande
verrechnet. Man entgegne uns hier nicht, daß ja in vielen Con=
stitutionen eine sogenannte Timokratie zu Grunde gelegt, d. h. daß
der Einzelne nach seinem Vermögen oder seinen jährlichen Ein=
künften in verschiedene Wählerklassen eingetheilt sey, und somit
wenigstens für die Landeskammer seinem Eigenthum gemäß wähle.
Gerade in dieser Institution gibt sich die völlige organisatorische
Impotenz des Rechtsstaates am unverkennbarsten kund; sie ver=
schneidet den gesunden gesellschaftlichen Bau zum juridischen Eunuchen.
Ein Minimum von socialistischer Einsicht genügt ja fürwahr, um
sich einzuräumen, daß ein Grundherr im Besitz und Betrieb eines
Areals von einer halben Million Gulden Werth eine andere
ökonomisch=sociale Position inne hat, als ein Rentier, der jährlich
fünfundzwanzigtausend Gulden Coupons abschneidet! Was kümmert
den letzteren die Hekuba, vom Weg= und Wasserbau seines Wohn=
ortes an bis zu den höchsten Staatsangelegenheiten hinauf? Er
nimmt im schlimmsten Falle seine Papierchen zusammen, schüttelt
den Heimathsstaub von den Füßen und wandert über die Grenze.
Bliebe wohl das preußische Landwehrsystem mit seiner Pferde= und
Getreidelieferung für die Armee durchführbar, wenn nicht noch in
Preußen ein kräftiges Ackerbauthum vorhanden wäre? Dessenun=
geachtet nehmen in vielen Ländern Rentier und Gutsherr zu gleichem
Verhältniß an der Bestimmung des Staatswillens über Krieg und
Frieden Theil!

Natürlicher Weise liegt es uns hier nicht ob, eine deutsche
Agrarverfassung, und sey es auch nur in den allerflüchtigsten Grund=
linien, zu verzeichnen. Der sich neu constituirende Gesellschafts=
staat hätte sich, unseres Erachtens, überall an die aus der Ver=
gangenheit her noch vorhandenen social=staatlichen Einrichtungen
anzulehnen, und in dieser Beziehung sind ja die ländlichen

Verhältnisse von Staat zu Staat, oft von Provinz zu Provinz
verschieden. In welchem Verhältnisse innerhalb eines Landes das
vinculirte Grundeigenthum zu dem ungebundenen zu stehen hat,
welchen Theil die agrarischen Fideicommisse oder die bloß geschlossenen, aber in ihrer Gesammtheit verkäuflichen Hufen ausmachen sollen, wie groß für den hochadeligen Grundbesitz, für das
Rittergut, den Bauern= und Köthnerhof die Anzahl Morgen etwa
seyn müßte, ist jedesmal Sache des individuellen Staates. Nicht
minder ist es im Allgemeinen und a priori völlig unbestimmbar,
in welcher Weise das unbewegliche und das bewegliche Eigenthum
für die constitutionelle Vertretung im Staate wie in der Gemeinde
mit einander abpaaren könnte. Hier liegt es uns nur ob,
daß die in den verschiedenen deutschen Verfassungen noch übrig
gebliebenen ständischen Reste in Vertretung von Grund und Boden
nicht völlig vernichtet werden, sondern den Ausgang bilden, von
welchem man den Ackerbaustand in allen seinen Unterabtheilungen
als Stand politisch wieder zur Geltung bringt. Welch' eine Fülle
wohlthätiger ökonomisch=socialer Einrichtungen, die jetzt nur krüppel-
haft in den Schindeln des Rechtsstaates ans Tageslicht kommen,
dann Platz zu greifen vermögen, dürfen wir hier dieses mal noch
nicht weiter verfolgen. Z. B. die Associationen für den agrarischen
Kredit, das Hypothekenwesen, die Assekuranzen, große Bewässerungs=
und Entwässerungsarbeiten, das Alles erhält eine ganz neue Beleuchtung, wenn es auf einer ständischen Basis ruht. Der Rechts=
staat sucht den angedeuteten ländlichen Bedürfnissen durch seine
landwirthschaftlichen Vereine, durch seine Grundentlastungsver-
bände u. s. w. zu genügen. Daß er damit verhältnißmäßig so
wenig ausrichtet, hat eben seinen Grund darin, weil er dabei die
gesellschaftliche Unterlage, auf die es in erster Linie ankommt, gar
nicht in's Auge faßt. Erst wenn das Ackerbauthum auf's Neue in
Gemeinde, Provinz und Staat ständisch eingerechnet ist, besitzt
es die Kraft, den seiner Natur zuwiderlaufenden Ansprüchen und
Eingriffen des beweglichen Eigenthums nachhaltig entgegenzutreten,
vermag es wieder den naturgemäßen social=politischen Unterbau
des ganzen Staatsorganismus abzugeben.

Damit haben wir denn zugleich die Aufgabe bezeichnet, deren
Lösung zunächst dem heute noch vorhandenen wirklichen Adel zusteht. Nicht als ein ihm zufallendes Geschenk von Außen hat derselbe etwa die neue social-politische Stellung zu betrachten; er muß
sie im Schweiße seines Angesichts sich erringen; dann wird ihm
mit dem Stande selbst auch die alte Standesehre im Vaterlande
zurückkehren. Der Adel hat früher, wie überall, so auch in
Deutschland, sich entsetzlich am Vaterlande versündigt. Weil er sich
selbst in seiner eigenthümlichen socialen Natur nicht begriff, weil
er den Kern seines gesellschaftlich-staatlichen Wesens in Aeußerlichkeiten verschnitzelte und den Rang als die Hauptsache hinstellte, rief
er durch seine alles Maß überschreitenden Ansprüche nach und nach
eine Opposition gegen sich wach, die bloß von der völligen Vernichtung des Adels eine Besserung der unerträglich gewordenen
Zustände erwartete. Den Souveränen mag es aus Staatsrück-
sichten geboten seyn, nur Töchter aus souveränen Häusern zu ehe-
lichen. Die nothwendige Symbolik der Krone macht für sie eine
bürgerliche Verschwägerung unmöglich; allein die auch von dem Adel
gesellschaftlich und politisch festgehaltene Lehre von der Mißheirath
ist denn doch eine Dummheit, die nicht ungestraft das allgemeine
menschliche Sittlichkeitsgefühl empört. Ebenso hat er es übersehen,
daß eine hervorragende sociale Stellung, wenn sie wirklich eine
Aristokratie stützen soll, nothgedrungen mit hoher geistigen Bildung
verbunden seyn muß. Nicht in der Befriedigung der noblen
Passionen liegt die wahre adelige Kultur enthalten. Gerade da in
dem großen befestigten Grundbesitz die beste und dauerndste ökonomische Möglichkeit für die Grundherrn geboten ist, sich geistig auszubilden und über die kleinen Rücksichten, wie sie der tägliche Ge-
schäftskampf schließlich zur Gewohnheit stempelt, sich zu erheben,
wird auch von ihm am allerersten das Beispiel ächter Humanität
verlangt. Wir sagten oben, daß die in jedem Volke unerläßliche
Aristokratie nicht auf den Stand des Adels beschränkt zu seyn
braucht; aber ein Adel, der seinerseits nicht zugleich die wirkliche
„Herrschaft der Besten" auch kulturlich in sich trägt, verfehlt
die intellektuelle Seite seines gesellschaftlichen Berufs. Soll das

gesammte Ackerbauthum, d. h. die eine Hälfte des ökonomischen, ge=
sellschaftlichen, politischen und kulturlichen Lebens einer Nation ihre
rechte Stütze und zugleich ihren freiesten Ausdruck und ihre höchste
Ehre in dem Adelstande finden, dann hat derselbe auch auf allen
bezeichneten vier Gebieten thatsächlich obenanzustehen. Seine Güter
müssen die wahren Hochschulen der Landwirthschaft abgeben; zu den
gesellschaftlichen Einrichtungen des Ackerbaus in Associationen u. s. w.
hat er mit Kopf und Hand am meisten beizutragen, auf staatlichem
Gebiete fällt ihm zunächst die Fahnenwacht bei dem nationalen
Ruhme zu, und Wissenschaft, Kunst und Poesie haben in seinen
Schlössern die schönsten Asyle zu finden.

So weit indessen der Adel auch kulturlich von seinem eigent=
lichen Berufe im Laufe der Zeit abgekommen seyn mag, noch bleiben
ihm, sofern wir Deutschland dabei im Auge haben, doch eben so
gut Anhalte zu einem intellektuellen Neuaufschwung, als sich an
den übrig gebliebenen Resten seiner Standeseigenschaft die social-
politische Reconstituirung anknüpfen läßt. Wir bestreiten gewiß
nicht den Angehörigen des beweglichen Eigenthums, dem Bürger=
stande, den Vollbesitz wissenschaftlicher und künstlicher Produktivität;
aber die geistige Arbeit bei ihm ist, und kann es auch nicht anders
seyn, in der Regel auf ökonomischen Gewinn gerichtet — sie muß
ihm Brod schaffen. Und bei dem steten Wechsel, welchem sein
Eigenthum unterworfen ist, sieht sich der Einzelne in den seltensten
Fällen in die Möglichkeit versetzt, als Einzelner große Ausgaben
für kulturliche Zwecke sich zu gestatten. Das Bürgerthum schreitet
zu Associationen, um sich Bibliotheken zu verschaffen, wie sie ein
Adeliger oft allein besitzt. Riehl's Forderung, daß jedes Bürger=
haus eine entsprechende Familienbibliothek einrichten solle, läßt sich
nicht erfüllen. Zu diesem Zwecke sind die Büchersammlungen der
geschlossenen Vereine und der Leihanstalten in den Städten da. Mit
wenigen Exemplaren eines Werkes weiß sich oft eine zahlreich be-
völkerte Stadt auf solche Weise zu behelfen, während der auf seinen
Gütern lebende Adelige sich das Buch kauft. Was würde aus dem
deutschen Büchermarkte werden, wenn er einzig in den Städten
seinen Absatz zu suchen hätte? In gleicher Weise stützt der Adel

auch jetzt noch vielfach die Plastik und Malerei. Gemäldegallerien gehen in den meisten Fällen schon über den Raum, geschweige über die Mittel des Bürgerhauses hinaus, und was die begeisterte, hingebende Pflege der Kunst anbetrifft, so fehlt dazu dem Geschäftsleben der Städte meistens die holde Ruhe des Gemüthes. Oder wäre es nur ein reiner Zufall, daß alle jene großen Plätze rein bürgerlichen Lebens in Deutschland: Hamburg, Bremen, Köln, Mainz, Magdeburg, Augsburg in der Literatur meistens bloß receptiv, sich verhalten, und namentlich ihre Theater nur zu oft zu einem wahren Scandale der Schauspielkunst erniedrigen lassen?

Treten wir aber endlich in unseren Betrachtungen über die Aufgabe des Adels auf das politische Gebiet hinüber, so hat er unseres Erachtens in seiner Gesammtheit zunächst den naturgemäßen Zusammenhang zwischen der Vergangenheit, der Gegenwart und der Zukunft zu wahren, und dann aus seinem Bereiche die von aller büreaukratischen Beimischung freien Staatsmänner zu stellen. Das Ackerbauthum ist schon an sich seinem ganzen Wesen nach, mithin auch in der Richtung des Staates conservativer als das im steten Wechsel begriffene bewegliche Eigenthum. Die Lebensweise seiner Angehörigen wird weniger dem Wechsel unterworfen, und bei ihm ist demnach auch der Familienbestand viel gesicherter als in den Städten. Bildet nun die Landwirthschaft den ökonomischen Schwerpunkt jedes Flächenstaates, so findet auch in ihren gesellschaftlichen Kreisen der nothwendige Conservativismus seine erste Stütze. Das bewegliche Eigenthum wallt wasserartig auf und nieder, und mit ihm steigen und fallen die politischen Ideen und Bestrebungen. Als politischer und kultureller Ausdruck des Ackerbauthums ist demnach der Adel auf staatlichem Felde am besten geeignet, die Nation vor Ueberstürzungen zu bewahren. Mit dem Gute selber, mit dem nämlichen ökonomischen Interesse, mit der darauf beruhenden staatlichen Position pflanzen sich vom Vater auf den Sohn vielfach die nämlichen staatlichen Anschauungen über. Und wenn auch gegenwärtig das Staatsleben im schnelleren Tempo geht, wenn der Staatsgeist nicht mehr für Jahrhunderte in die Zukunft denken kann, wie er eben so wenig Jahrhunderte alte Erinnerungen aus

der Vergangenheit mehr mit sich schleppen soll, ganz darf er die
von Gestern herüberlaufenden Fäden nicht abreißen, falls nicht
schon das Heute vollständig gereift ist. Man frage indessen einmal
die Städter, was sie denn im Durchschnitt noch von den ihnen
vorausgegangenen Geschlechtern wissen; bei den meisten fängt erst
mit ihrer eigenen Geburt die Welt an, so sehr auch noch thatsächlich die elterlichen Gewohnheiten zu ihnen herüberwirken. Auf
dem Lande dagegen hält sich in mündlicher Ueberlieferung die Volks-
sage, an den uralten Eichen und Linden haften die socialen, die
politischen und die kulturlichen Traditionen; nicht die Stadtbevöl-
kerung, sondern die Landbevölkerung gibt in ihrem Generationen-
zusammenhange der Provinz, dem Staate die nationale Eigenthümlichkeit. Und wie das gesammte Ackerbauthum eines Staates ihm
den rechten politischen Halt gegen die nothwendige Beweglichkeit
des Bürgerstandes darbietet, so ist es eben auch der Stand der
größeren Grundbesitzer, in welchem ein Land den Grundstock seiner
Staatsmänner finden wird. Der Staat bei der Mannigfaltigkeit
der ihm gegenwärtig gestellten Aufgaben kann eines großen Beamtenthums heutzutage gar nicht entbehren. Dessenungeachtet wird
es sehr nachtheilig empfunden werden, sobald die eigentlichen
Leiter seiner Hauptgeschäfte bloß aus dem Kreise der Büreaukratie
hervorgehen. Denn die Mitglieder derselben sind vermöge ihrer
ökonomischen Lage gezwungen, ihr politisches Arbeiten zu einer
Ernährungsquelle zu machen; das Amt ernährt sie, von dem Amte
sind sie also auch in ihrem Willen abhängig. Dazu kommt, daß
der angehende Büreaubeamte in den allerseltensten Fällen unter
Verhältnissen aufwächst, welche ihm die Erwerbung einer ächt
staatsmännischen Bildung, eines staatsmännischen Charakters ermöglichen. Wer an der Spitze eines Reiches steht, im großen Zusammenhange des Völkerlebens, muß von Jugend auf das Menschendaseyn von einem allgemeinen Standpunkte zu betrachten gewöhnt
seyn. Frei von kleinlichem ökonomischen Zwange und daher auch
nicht genöthigt, selbstsüchtig pekuniäre Zwecke zu verfolgen, soll der
wahre Staatsmann gesellschaftlich wie kulturlich unbedingt zu den
Spitzen des gesammten Unterthanenverbandes gehören. Bloß dann

ist er wirklich im Stande, sowohl in Bezug auf sich selbst als in Rücksicht auf das Vaterland immer nur das allgemeine Beste voranzustellen, nur so verbindet sich seine individuelle Stellung am gesundesten mit seiner öffentlichen Wirksamkeit. Eine Persönlichkeit kann ein ganz vortrefflicher Minister, ein sehr gewandter Diplomat seyn, in technischer Geschäftskunde wie Routine unübertrefflich erfahren. Will indessen seine Thätigkeit über die des politischen Handlangers hinausgehen, sein Leben mit dem Leben des Staates auf das Innigste verwachsen, dann muß er auch zugleich auf einer hervorragenden wirthschaftlichen Basis fußen, welche die persönliche Position eines büreaukratischen Chefs weit überragt. Der Büreaukrat steht unter dem Staatsmann, er ist nicht identisch mit ihm. Wer sich das rasch klar machen will, der braucht nur die einschlagenden Zustände von England und Frankreich mit einander zu vergleichen, oder neben einen Freiherrn von Stein einen Herrn von Beust zu stellen.

Jedoch knüpft sich an die wirklich erfolgte Wiedergeburt des Adels, als der auf dem großen Grundbesitze beruhenden Aristokratie des Ackerbauthums, noch die weitere Consequenz, daß seine Neubildung als Stand ebenfalls auf die Neubildung des Ständewesens im Bürgerthum unausbleiblich zurückwirken muß. Ist es nämlich erst einmal an einer Stelle des staatlichen Gefüges geglückt, den ökonomisch-social-politischen Zusammenhang, den jetzt der Rechtsstaat zerrissen hat, wieder herzustellen, hat sich die abstrakt juridisch gebildete Staatswissenschaft wenigstens auf agrarischem Gebiete mit dem Gedanken vertraut gemacht, daß nicht die juristische Individualität, nicht die Abstraktion des allgemeinen Staatsbürgerthums nach timokratischer Abstufung die politische Gliederung zu schaffen vermag, hat der sociale Werth eines Menschen für das Staatsleben erst einmal mindestens für die Angehörigen des unbeweglichen Eigenthums einen Sieg über den philosophischen gleichheitlichen Rechtsanspruch des Einzelnen im Betreff seiner Stellung in der Gemeinde- und Staatsverfassung gefeiert, dann läßt sich hoffen, daß man beginnen wird, den nämlichen social-politischen Grundsatz auch auf die Bevölkerungsschichte zu übertragen, welche im beweglichen Eigenthum wurzelt. Der Proceß wird bei dem letzteren allerdings ein ungleich schwierigerer seyn, weil hier so ziemlich alle früheren ständischen Reste nivellirt sind, und obendrein das wissenschaftliche Verständniß seines Ganges der Jurisprudenz so viel Mühe verursacht. Soll jedoch die Büreaukratie wirklich in die ihr gebührenden Grenzen eingedämmt werden, und wollen wir außerdem mittelst ökonomisch=socialer Hebel den büreaukratischen Partikularismus zu Gunsten der Nationaleinheit durchbrechen, so daß nur die naturgemäße föderative Gliederung Deutschlands übrig bleibt, dann haben wir auch im Bürgerthum zum modernen Stände= wesen zurückzukehren, dessen social=politische Associationen zugleich die wirksamste Abhülfe des Pauperismus, die Aufhebung des Kampfes Aller gegen Alle bilden werden.

Dürfen wir aber wohl nach obiger Auseinandersetzung unserer social=politischen Anschauungen befürchten müssen, daß unsere Be= vorwortung einer neuen Ständebildung auch für die Gesellschafts= schichten des beweglichen Eigenthums uns den Vorwurf staatlicher Romantik zuziehen und uns in die Reihe der Adam Müller und Haller stellen wird? Wer der Darlegung aufmerksam gefolgt ist, der kann sich schon jetzt sagen, daß die in der Socialistik wurzelnde Politik auf allen Gebieten des öffentlichen Lebens der Restauration romantischer Feudalität eben so feindlich gegenüber steht, als der reinen politischen Jurisprudenz. Genau genommen läuft ja die staatswissenschaftliche Romantik nur darauf hinaus, das Recht, das juridische Produkt früherer Gesellschaftszustände, auch für die veränderten Zeiten der Gegenwart in der Weise festzuhalten, daß unsere heutige Wirthschaftswelt in die Fesseln obsolet gewordener Rechtsgebilde gelegt wird. Denn das Augenmerk der Restaurations= politik ist nicht etwa darauf gerichtet, den organischen, social=poli= tischen Proceß im Staate zu fördern, die Wechselwirkungen zwischen dem gesellschaftlichen Inhalte und der staatlichen Form frei walten zu lassen, sondern mit alten Formen der allgemeinen Zersetzung des Gesellschaftslebens entgegenzuarbeiten. Die Romantiker em= pfanden wohl das Unorganische in dem europäischen Staatsleben, wie es sich nach der französischen Revolution eingerichtet hat; allein sie suchten, statt mit schöpferisch kluger Hand die Natur in ihrer politischen Thätigkeit zu unterstützen, die Berechtigung der frisch hinzugetretenen socialen Kräfte völlig zu verneinen; unfähig, den Fortschritt der Geschichte zu bemeistern, wollten sie einen Stillstand derselben hervorrufen. Und mit diesem ihrem Bestreben haben sie, so sehr sie persönlich gegen die Büreaukratie eiferten, der atomistischen Zersetzung der Gesellschaft, wie sie von der Jurisprudenz ausging, thatsächlich nur weiteren Vorschub geleistet. In der sich von selbst ergebenden Opposition gegen die Conservirung abgestorbener Organismen wurden die neuen gesellschaftlichen Mächte immer tiefer in die Arme des Rechtsstaates getrieben. Das Recht allein konnte Schutz gegen solche reaktionären Gelüste verleihen; da ward denn vollends das aus der freien Persönlichkeit erwachsende abstrakte Recht zum Grundprincip des ganzen Staatslebens erhoben. Was wußte der altliberale Constitutionalismus von dem Wesen der Gesellschaft!

Zum Staunen wunderbar erscheint dem Socialhistoriker der Entwicklungsgang, welchen die Menschheit bei ihrer Ausbildung des Staates in der Stufenfolge der Völkergeschichte durchgemacht hat; jede Nation, jedes Jahrhundert löst dabei eine eigene Aufgabe. Welch eine ungeheure Frist mußte verstreichen, welch' mühevolle Arbeit eines ganzen Erdtheils war zu vollenden, ehe das von der unmittelbaren Umgebung festgehaltene menschliche Bewußtseyn den Menschenwerth an sich und somit das unveräußerliche Recht der Person begrifflich zu erfassen und politisch anzuerkennen vermochte! Erst mit dem Auftauchen der christlichen Lehre ist Asien dahin vorgedrungen, den Menschen als Erdenbürger, losgelöst von dem Nationalschutze, unter welchem er lebt, hinzustellen und ihn in dieser seiner Wesenheit mit besonderen Rechtsansprüchen, mit besonderem Rechtsschutze zu umgeben. Und wiederum dauert es fast zwei Jahrtausende, bis der von Asien nach Europa in der christlichen Religion übergepflanzte neue Gedanke den gesellschaftlichen Boden in der Weise bereitet fand, daß er eine staatliche Geltung finden konnte. Was half es einigen Philosophen des klassischen Alterthums, zu lehren, daß alle Menschen Brüder seyen, so lange die Völkerver-

bände noch nicht im gemeinsamen internationalen Austausche ihrer
Arbeit die nationale Exclusivität überwunden hatten, und wie konnte
das Evangelium von der gemeinsamen Gotteskindschaft der Erden=
söhne durchbringen, so lange in den rein agrarischen Zeiten des
Mittelalters der Mensch völlig an die Scholle gebunden blieb?
Die Geldwirthschaft mußte zuvor Arbeit und Eigenthum als selbst=
ständig einander gegenüberstellen, ehe die menschliche Freiheit aller
Einzelnen zur Wahrheit zu werden vermochte. Je mehr indessen
das ökonomische Leben Europa's auf der eben bezeichneten Bahn
vorwärts kam, einen um so höheren politischen Werth erhielt die
menschliche Persönlichkeit als solche. Der zuerst erkämpften Freiheit
des Stadtbürgers folgte später nach Ablösung oder Beseitigung der
Feudallasten die Freiheit der unteren Schichten der Landleute nach;
in demselben Verhältnisse, als sich das aus Einzelnverträgen zu=
sammengewachsene Reich in den Staat umwandelte, griff auch das
allgemeine Staatsbürgerthum durch die kleinen örtlichen social=po=
litischen Verbände hin; der Staat zieht jetzt von seinem Mittel=
punkte zu jedem seiner Unterthanen eine ungebrochene, gerade Linie.
Ob dieser, mit den mittelalterlichen Verhältnissen verglichen, un=
geheure Fortschritt des Staatslebens für die Flächenreiche unseres
Erdtheils ganz ohne Mithülfe der juristischen Traditionen Rom's
möglich gewesen wäre, oder sich so rasch vollzogen hätte, wollen
wir hier nicht untersuchen; es genügt, daß, so sehr die durch die
römische Jurisprudenz geförderte atomistische Zersetzung der socialen
Gliederung zu beklagen bleibt, wir dessenungeachtet die Nothwen=
digkeit anerkennen, welche für die Entwicklung des Staates nach
der Seite des Rechtes maßgebend war. Das heutige rechtsstaatliche
Bewußtseyn der Menschheit entspricht nämlich auf politischem Ge=
biete durchaus der religiösen Lehre von der gleichen Gotteskind=
schaft der Erdensöhne. Wie die Dogmen der christlichen Kirche,
unbekümmert um die unterschiedliche gesellschaftliche oder politische
Stellung der Menschen, für Alle den gleichen Himmel, die gleiche
Hölle setzen — Gerippe ist Gerippe, einerlei, was für ein Kleid
es im Leben getragen hat: ebenso weiß auch das Recht nichts von
den gesellschaftlichen Abstufungen seiner Staatsbürger. Es fordert

für den Bettler den nämlichen Schutz von Person und Eigenthum
wie für den Höchstgestellten im Staate, es verlangt für ihn dieselbe
Möglichkeit freier Willensbestimmung, soweit sie nicht der öffentlichen
Ordnung zuwiderläuft, und, falls wir die auf der Erblichkeit
ruhende Position des Monarchen ausnehmen, denselben ungehinderten Zugang zu jeder Arbeit in der großen Arbeitsgliederung
der Menschen. Allein involvirt denn die Wegräumung der rechtlichen Hindernisse, welche früher dem Menschen bei der Wahl seines
Berufes im Wege standen, schon die Aufhebung der wirklich gewordenen gesellschaftlichen Gebilde? Ist der Commis-Voyageur mit
der ihm zustehenden Möglichkeit, einmal ein großer Handelsherr zu
werden, nun jetzt schon von dem nämlichen social-politischen Werthe
als sein Principal, der ein Dutzend Seeschiffe über den Erdball
sendet.

Wer sich den eben berührten Gedanken klar gemacht hat, daß
die rechtsstaatliche Gleichheit der Menschen, d. h. die Gleichheit
Aller vor dem Gesetze thatsächlich gar nicht im Stande ist, die aus
Arbeit und Eigenthum hervorgehenden socialen Unterschiede aufzuheben, den kann auch bei einiger Consequenz im Denken eine Neuconstituirung des Ständewesens, selbst für die Angehörigen des
beweglichen Eigenthums, kaum noch befremden. Die Verschiedenartigkeit der socialen Position zieht unausbleiblich eine Verschiedenartigkeit der Bildung, der faktischen Leistungsfähigkeit, d. h. der
Macht, und des Interesses für die Einzelnen nach sich. Sogar der
Rechtsstaat selber hat sich trotz seines Principes der staatsbürgerlichen Gleichheit thatsächlich der Anerkennung dieser Folgerichtigkeit
nicht entziehen können. Bereits früher haben wir darauf aufmerksam
gemacht, daß die von ihm nach der Höhe des Vermögens einge-
richteten Wahlsysteme, diese timokratische Abstufung der Repräsentativverfassung, ein unwillkürliches Zugeständniß desselben an die
Gliederung der Gesellschaft in sich schließe. Nicht minder belegt
die in vielen Staaten beliebte oder vorgeschlagene progressive Ein-
kommensteuer eine bewußte oder unbewußte principielle Concession
des abstrakten Rechtsstaates, daß die absolute Gleichheit der Menschen dem Fiscus gegenüber bei ihrer faktischen socialen Ungleichheit

eigentlich die größte Ungerechtigkeit enthalte, und nur in ihrer relativ gleichen Besteuerung die wahre Rechtsgleichheit liege. Allein eine seltsame Angst vor den mittelalterlichen social-politischen Organismen schreckt dessenungeachtet die Gemüther immer wieder von dem Versuche zurück, die sociale Ungleichheit politisch in einem Ständewesen zum Ausdruck gelangen zu lassen. Die Worte Zunft, Gilde rufen meistens Vorstellungen von himmelschreienden wirthschaftlichen Mißbräuchen in uns wach; wir erblicken darin recht eigentlich die Verkörperung des kleinlichsten Spießbürgerthums. Ist man indessen zu der Ueberzeugung gelangt, daß Jurisprudenz und Nationalökonomie an sich noch nicht einen gesunden Staatsorganismus mit einander zu erzeugen vermögen, dann erhält für die Socialistik die von dem alten ökonomischen Unsinn gereinigte Zunft und Gilde eine für die Neubildung des bürgerlichen Ständewesens nicht hoch genug anzuschlagende Bedeutung. Wie der Rechtsstaat die Gleichheit Aller vor dem Gesetz fordert und fordern muß, ebenso besteht und muß die Nationalökonomie auf dem Grundsatze der freien Concurrenz bestehen: der Weg zu jeder Arbeit soll einem Jeden offen seyn; aber dadurch kann ja doch unmöglich die Verschiedenartigkeit der Arbeitszweige und ihrer socialen, politischen und kulturlichen Rückwirkungen aufgehoben werden. Damit das Wort: gleiche Brüder, gleiche Kappen, social-staatliche Geltung habe, muß man sich einräumen, daß es in der ökonomischen Welt verschiedene Bruderschaften gibt; um die gleiche Kappe zu tragen, hat man zuvor der gleiche Bruder zu werden. Daß man es werden kann, ist Sache des Rechtsstaates, daß man es geworden ist, Sache des Socialstaates.

Bei unserer Auseinandersetzung über die Neuconstituirung des Adels als Stand haben wir darzulegen versucht, in welcher unmittelbar natürlichen Weise sich der Grundadel aus den ökonomischen Verhältnissen des früheren Mittelalters emporbildete, und in welcher Art etwa die heutigen Reste seines organischen social-staatlichen Gebildes für seine moderne Reorganisation zu benutzen wären. Theilen wir nun unbewegliches und bewegliches Eigenthum im großen Ganzen als Bauern- und Bürgerstand von einander, wobei der Bauerstand in dem Adel sein ökonomisches, gesellschaftliches, staatliches und kulturliches Sublimat findet, so läßt sich vielleicht bei der Betrachtung des bürgerlichen Ständethums ein ähnlicher Weg einschlagen.

Halten wir nämlich zuerst es immer fest: das Mittelalter kannte noch gar nicht den scharf umgrenzten Begriff Staat, wie ihn das Alterthum in dem Worte res publica zusammengefaßt hatte. Unter den weiten Mantelfalten des Reiches, das selbst räumlich keineswegs stets bestimmt abgesteckte Außenlinien aufwies, richtete sich eine jede neuauftauchende social-politische Macht im Kampf und Compromiß mit den bereits vorhandenen social-poli-tischen Mächten ein, so gut, als es gehen wollte; ohne Sorge, was daraus für das Ganze werden könnte. Aus dem Verhältniß-werthe der in ihm vorhandenen staatlichen Kräfte krystallisirte das Reich in unmittelbarer Art, und entwickelte sich weiter entsprechend den wechselnden Proportionen desselben. So ergibt es sich denn auch als etwas völlig Selbstverständliches, daß als das Handwerker-thum in den Städten seinen Anfang nimmt, die Handwerker sich nach und nach zu Genossenschaften vereinigen und eben in diesen ihren ökonomisch-socialen Verbänden sich ihre politische Position erringen. Die Kaufleute, die vor ihnen als freie Leute existirten, hatten das Nämliche gethan, und selbst die städtischen Grundbe-sitzer, die Geschlechter hatten ähnliche Corporationen gebildet. Nicht als Mensch an sich, als abstrakte Rechtsperson, sondern als Mit-glied der Schuster-, Fleischer-, Bäckerzunft hatte der Schuster, der Fleischer, der Bäcker seine Stellung in der social-politischen Glie-derung, und eben als Zunftgenosse nahm er an der Verwaltung seiner Stadt Theil, stellte er die dafür geforderten Leistungen in Vermögen und Diensten. Als sich bei wachsender Blüthe der mittel-alterlichen Städte das Handwerkerthum, wie in Rom die Plebs, eine Mitberechtigung in der Stadtverfassung erstreitet, treten die Zünfte mit ihren Zunftmeistern in den Rath der Stadt, stellen die Zünfte nach den Zunftabtheilungen die städtische Miliz, ist die Gewerbesteuer ganz und gar eine Zunftsteuer. Das gleiche Hand-werk machte die ihm angehörenden Menschen nicht nur social gleich, sondern es vereinigte sie auch nach der ökonomisch=socialen, und nach der social=staatlichen Seite hin. Die in ihm vorhandene na= türliche Arbeitsgliederung von Lehrling, Gesell und Meister erhielt zuerst ihren socialen und dann ihren politischen Ausdruck, die Arbeitsassociation wurde zugleich zu einer Association des gesamm= ten Lebens der Arbeiter.

Ganz charakteristisch für die social=organische Natur des Zunft= wesens beginnt denn auch der Verfall der Zünfte zu derselben Zeit als der Verfall des Adels anfängt. Die zersetzende Einwirkung des büreaukratischen Rechtsstaates äußert sich in Betreff der Stände= gliederung des Bürgerthums in vielfach verwandter Weise wie bei der Auflösung der agrarischen Standesorganisation; und wie der Adel, in Verwechselung von Stand und Rang, seinerseits der allgemeinen politischen Nivellirung in die Hände arbeitet, ebenso tragen die Zünfte, die ihr Wesen in der Aufrechthaltung einer kleinlichen Gewerbstaktik erblicken, das Ihrige redlich zu ihrem Verfall bei. Dieselbe Opposition, welche sich auf politischem Ge= biete gegen die Anmaßungen des Rangadels erhebt, wächst auf dem Felde der Oekonomik nach und nach im Publikum gegen die Sonderansprüche der Zünfte groß; gegen die Ersteren streitet die Jurisprudenz mit ihren abstrakten Menschenrechten, gegen die Letz= teren die Nationalökonomie mit ihrer eben so gewichtigen Lehre von der Freiheit der Arbeit und von der freien Concurrenz — die französische Revolution begrub unter den Trümmern des feu= dalen Gesellschaftsstaates Adel und Zunftwesen in dem nämlichen Moment. Ist jedoch, so fragen wir, mit der Aufhebung des Zunft= wesens, mit der Verbannung alles exclusiven ökonomischen Zunft= schutzes die ökonomisch=sociale und die social=politische Wechselwir= kung der freien Arbeit auch selber wirklich aufgehoben, oder läßt sich eine dem modernen Gesellschaftsthume entsprechende Erneuerung desselben hoffen?

Wir wissen es recht gut, wie sehr wir mit solchen Anschauungen gegen den staatswissenschaftlichen Geist der Zeit verstoßen; vielleicht beschuldigt man uns gar der geheimen Absicht, das Kastenthum auch in Deutschland einzuführen. Die Staatsverfassung nach der

Arbeitstheilung aufbauen wollen, was heißt das anders, als die
Menschen in Braminen, Krieger, Handwerker u. f. w. abzusondern?
Sieht man jedoch genauer zu, so muß es bald klar werden, daß
es nicht gilt, den politischen Organismus Altindiens bei uns her=
zustellen, sondern nur den ihm zu Grunde liegenden richtigen
staatlichen Gedanken auch in Europa zur Anerkennung zu bringen.
Ob die verschiedenen Kasten in dem südlichen asiatischen Länderdreieck
ursprünglich aus verschiedenen, über einander gelagerten Völker=
stämmen verwachsen sind, wie einige Historiker meinen, ist für die
in Rede stehende Frage völlig gleichgültig; ihren Bestand haben sie
durch die in jenem Lande eigenthümliche Arbeitstheilung erhalten,
mit deren verschiedenen Arbeitszweigen sie sich identificirten. Natür=
licherweise ist indessen einerseits in Europa in der zweiten Hälfte
des neunzehnten Jahrhunderts die Arbeit in allen ihren verschiedenen
Branchen himmelweit von den wirthschaftlichen Verhältnissen ver=
schieden, unter denen sich Jahrtausende vor Christi Geburt der
Braminenstaat am Ganges einrichtete; und andererseits war und
ist daselbst das Recht der Person, sich die Arbeit nach eigener freier
Willensbestimmung zu wählen, vollständig unterdrückt. Wie einst
im feudalen Mittelalter das Grundeigenthum die darauf arbeitenden
Menschen, sobald sie selber kein Grundeigenthum besaßen, an die
Scholle band — das Eigenthum fesselte die Persönlichkeit, so bleibt
in Indien der Mensch der Sklave des Arbeitszweiges, in welchem
er geboren ist. Wir erblicken hier den Socialstaat noch in seinen
Kinderschuhen vor uns; dagegen können wir nicht umhin, uns zu
der Ansicht zu bekennen, daß der Constitutionalismus, der jetzt
mehr oder weniger auf einer timokratischen Kopfzahlvertretung be=
ruht, auf ein Wahlsystem zu basiren ist, wie es aus den in einem
Lande vorhandenen allgemeinen Arbeitszweigen hervorgeht.

Bereits oben haben wir im Vorübergehen darauf hingedeutet,
daß das Grundprincip der englischen Verfassung, nach welchem der
moderne Constitutionalismus sich doch überall richtet, wie dasselbe
ja auch der früheren Reichsbildung auf dem Festlande wirklich
innewohnte, in der Vertretung von unbeweglichem und beweglichem
Eigenthum neben der in der Staatseinheit fußenden Königsmacht

besteht. Wie sehr immerhin eine äußere Ornamentik die Haupt=
mauern des britischen Staatsgebäudes überkleidet, so daß seine
eigentlichen Linien nicht sogleich dem betrachtenden Blicke entgegen=
treten; das Oberhaus bildet doch noch stets, dem Wesen nach, die
Repräsentation des englischen Ackerbauthums in seiner agrarischen
Aristokratie, und im Unterhause setzt sich mit den Interessen der=
selben das bewegliche Eigenthum in das stets wechselnde nöthige
Gleichgewicht. Leider hat aber der rechtsstaatliche Liberalismus
auf dem Continente den wahren Schwerpunkt des englischen Vor=
bildes nicht erfaßt. Ihm gilt die erste Kammer nur als das con=
servative Moment im Staate, während er der zweiten Kammer
die nach vorwärts drängende politische Bewegung zuweist. Er
übersieht es, daß jenes Beharrungsvermögen, getragen von der
Standesaristokratie, in den ökonomisch=socialen Verhältnissen des
Ackerbauthums wurzelt; und demnach erkennt er auch nicht den
ökonomischen Inhalt des dritten Standes, der thatsächlich seine
Abgeordneten in das Haus der Gemeinen sendet. Wenn dessen=
ungeachtet innerhalb der Formen des abstrakt=liberalen Constitutio=
nalismus sich auch auf dem Festlande bisher die ökonomisch=poli=
tischen Ausgleichungen eines Landes einigermaßen vollzogen haben,
so ist jener Vorgang nicht mittelst, sondern trotz der rechtsstaatlichen
Schablonen vollzogen worden, und eine wirkliche gründliche Ver=
söhnung der Gesellschaft mit dem Constitutionalismus hat bis auf
den heutigen Tag nicht stattgefunden.

Oder wäre etwa der Einwand, den die Gegner des modernen
Constitutionalismus so oft erheben, daß man nämlich die Stimmen
w ä g e n und nicht z ä h l e n solle, schließlich nicht ein Vorwurf,
den die Gesellschaft dem Rechtsstaate macht? Sie, die sich aus der
mannigfachen Gliederung von Arbeit und Eigenthum zusammensetzt,
vermag es nicht zu begreifen, wie ein richtiger politischer Willens=
ausdruck, der nothwendige Compromiß der Interessen, im Staate
fertig gebracht werden kann, sobald derselbe aus einer Kopfzahl=
majorität hergeleitet werden soll. Ein jeder Mensch hängt auf das
Innigste mit der Arbeit zusammen, von welcher er lebt. Er erhält
von ihr zunächst seine Nahrung, die Modifikation seiner Bildung,

seine staatlichen Anschauungen, seine sociale Position; und dennoch, obgleich er dergestalt durch seine Arbeit politisch individualisirt ist, wird er in Wählerklassen eingereiht, die nur nach dem jährlichen Geldeinkommen abgetheilt sind. Der Handwerker, der 2000 Thaler jährlich verdient, stimmt mit andern Gesellschaftsschichten zusammen, als der Handwerker derselben Arbeitsbranche, der vielleicht 6000 Thaler erwirbt, obgleich er in beiden Fällen dieselben Interessen, dieselben Anschauungen, dieselbe Bildung besitzt — welch' eine sonderbare Einrichtung!

Will man jedoch erst recht gewahr werden, in welchem Grade organisatorisch impotent der rechtsstaatliche Liberalismus vor den Gebilden der gesellschaftlichen Welt dasteht, so richte man sein Augenmerk auf die großen ökonomischen Aktiensocietäten, die im neunzehnten Jahrhunderte überall in Europa aufgetaucht sind. Das Privatrecht erkennt eine Eisenbahncompagnie, einen norddeutschen Lloyd, eine Hamburger Paketschifffahrtcompagnie, eine Augsburger mechanische Spinnerei als juristische Persönlichkeiten an. Alle diese genannten Institute und so viele andere ihres Gleichen können Verträge abschließen u. s. w. Aber so sehr sie als solche mit dem ökonomischen und politischen Leben der Nation verflochten sind, sie alle üben keinen verfassungsmäßigen Einfluß auf die Richtung des Staatswillens aus. Ein Kaufmann, welchen sein Vermögen etwa in die erste Wählerklasse setzt, und der also schon einen nicht unerheblichen Theil an der Absendung eines ihm passenden Abgeordneten für die Kammer nimmt, kann sich doch unmöglich mit der ökonomisch-socialen Macht einer Bank messen. Dessenungeachtet hat bisher niemand daran gedacht, den größeren Aktiengesellschaften, soweit sie wirthschaftliche Zwecke verfolgen, ebenfalls ein bestimmtes Wahlrecht einzuräumen. Das Mittelalter, welches in freier Unmittelbarkeit den socialen Kräften ihren politischen Spielraum darbot, verfuhr in dieser Beziehung ganz anders. Es kannte allerdings die heutige Association des Kapitals zum Behufe ökonomischer Produktion noch nicht; allein es bedachte sich keinen Augenblick, den schon vorhandenen größeren Corporationen ihre eigene Vertretung zu verleihen, wovon einzelne Traditionen auch noch in der Gegenwart beibehalten sind. Wie die großen Grundbesitzer, so hatten auch Klöster und Universitäten Sitz und Stimme auf den Landtagen; wenn jedoch, so müssen wir fragen, noch heute z. B. der Heidelberger Universität die Befugniß zusteht, einen Platz in der ersten badischen Kammer zu besetzen, so erscheint es in hohem Grade seltsam, daß eine Fabrik wie Waghäusel nicht einmal unter die Urwähler eingereiht ist. Ihre in Baden wohnenden Aktionäre, ihre Direktoren und sonstigen Angehörigen wählen in ihrer Eigenschaft als badische Staatsbürger — die Fabrik als solche, welche einige Tausend Menschen beschäftigt, die jährlich Hunderttausende von Gulden Steuern bezahlt, hat nicht das geringste eigene verfassungsmäßige Organ, um auf die Richtung der badischen Handelspolitik einwirken zu können. Unter solchen Umständen dürfte man sich, genau genommen, nicht wundern, daß häufig die Wirklichkeit mit ihren concreten Verhältnissen sich sehr empfindlich an der gegenwärtigen constitutionellen Unnatur rächt. Es ist in unsern Tagen so oft über die Wahltyrannei geklagt worden, vermittelst welcher ein reicher Fabrikherr seine von ihm abhängigen Arbeiter für die Erwählung seines Candidaten bestimmte; was man indessen der politischen Moral des social mächtigen Mannes vorwarf, hätte man der Unrichtigkeit des Wahlsystems selber zur Last legen sollen. Das abstrakte atomistische Staatsbürgerthum wird in seinem politischen Willen von einer gesellschaftlichen Großmacht geknechtet, weil der constitutionelle Liberalismus gar nicht daran gedacht hat, in seinen Wahlordnungen der einen socialen Macht eine andere sociale Macht gegenüberzustellen. Wählten die Arbeiter gesetzlich als Arbeiter, wie der Fabrikherr thatsächlich als Fabrikherr wählt, dann stünde die Sache ganz anders.

Auf dem Gebiete der Privatwirthschaft weist heutzutage der gesammte Zug der Gegenwart zur Bildung von Associationen hin. Der atomistischen Zersetzung der reinen Oekonomik arbeitet man mit der Vergesellschaftung überall entgegen. So sehen wir die Handwerker selbst da, wo längst aller traditionelle Zunftverband aufgelöst worden ist, für ihre Manufakturen gemeinschaftliche

Ausstellungsräume einrichten; sie haben sich oft zum gemeinsamen
Ankauf des benöthigten Rohmaterials verbunden; Krebitvereine,
Wittwen= und Waisenkassen für die Arbeiter treten ins Leben,
und die Gewerbekammern bilden die anerkannten Organe, vermittelst
welcher die Gewerke zur selbstbewußten Verständigung über ihre
Interessen gelangen. Ist es denn auf einer solchen vorbereiteten
Basis so schwierig, dem gesellschaftlich Gewordenen auch seine staat=
liche Berechtigung zu verleihen? Will man noch immer fortfahren,
die neuen socialen Gebilde unaufhörlich mit dem abstrakten Staats=
bürgerthume wieder zu zerstören?

Bei unserer Betrachtung über die social=politische Stellung des
Grundadels kamen wir zu dem Endergebniß, daß sich an die noch
vorhandenen Reste des Adels und des geschlossenen Bauerthums
füglich die neue ständische Gliederung der agrarischen Bevölkerungs=
schichten anknüpfen ließe, wobei wir besonders darauf hinwiesen,
wie der Eintritt in die verschiedenen Abstufungen des Ackerbau=
standes einem Jeden offen stehen müsse, der dazu die erforderliche
ökonomisch=sociale Qualifikation besäße. In gleicher Weise bieten
die noch geretteten Ueberbleibsel des Corporationswesens im Bürger=
thume die geeigneten Ausgänge dar, um zu einer neuen ständischen
Durchbildung bei den Angehörigen des beweglichen Eigenthums zu
gelangen. Auch abgesehen von dem gewiß historisch nicht zu läug=
nenden Satze, daß die Geschichte keine tabula rasa liebt, sondern
stets darüber aus ist, das aus früheren Zuständen hervorgesprungene
Gebilde den veränderten Zeiten gemäß umzugestalten, wohnt in
jenen Zünften und Gilden trotz der nivellirenden Einwirkungen des
abstrakten Staatsbürgerthums noch ein residuum körperschaftlichen
Bewußtseyns, woran die übrigen Gebilde sich am leichtesten frisch
zu krystallisiren vermögen. Die Aufhebung der zünftischen Aus=
schließlichkeit versteht sich dabei freilich für die ökonomischen Corpo=
rationen des dritten Standes ebenso von selbst, wie bei dem Grund=
adel. Nicht in der Oekonomik, sondern in der Socialistik liegt
fortan ihr Schwerpunkt; von dort aus haben sie sich ihr politisches
Bereich zu erkämpfen. Daß indessen eine solche social=staatliche
Organisation möglich ist und die besten Folgen für ein reges

politisches Leben nach sich zieht, beweist uns der Handelsstaat Bremen. Nirgendswo sonst in Deutschland beruht wohl ein staatliches Gebäude so vollständig auf dem beweglichen Eigenthume, als grade in der genannten Republik. Der Ackerbau ihres Weichbildes ist verschwindend unbedeutend im Vergleich zu der Nährquelle, die sie in ihrem Welthandel besitzt. Man hätte also voraussetzen sollen, daß grade hier das abstrakte Staatsbürgerthum des Rechtsstaates am allerschärfsten in seine Consequenzen getrieben worden wäre. Dessenungeachtet hat Bremen das ständische Princip für das Bürgerthum auch bei seinem Verfassungsorganismus festgehalten. Der Senat wird aus dem Gelehrten= und Kaufmannsstande nach einem bestimmten Verhältnisse zusammengesetzt; die „Bürgerschaft", d. h. die Kammer, wird gleichfalls nicht in timokratisch abgestuften Wahlklassen, sondern gemäß den ständisch gefaßten verschiedenen großen Arbeitszweigen der Stadt gewählt; der Unterschied zwischen Gelehrtenstand, Kaufmannsstand, Handwerkerstand und Bauernstand kehrt bei ihr wieder. Und diese Einrichtung hat sich so unmittelbar aus den Zuständen selber ergeben, sie ist so sehr ein natürliches Produkt der Bremischen Gesellschaft, daß auch in verschiedenen Privatsocietäten Bremens, z. B. im Künstlervereine, welcher den Mittelpunkt des geistigen Lebens bildet, die Theilnehmer nach ihrem bürgerlichen Arbeitsberuf in Sektionen eingetheilt und besteuert sind. Wir sehen es täglich vor uns, es ist möglich, dem Rechtsstaate zu geben, was des Rechtsstaates ist, ohne daß dabei die Gesellschaft politisch zu kurz zu kommen braucht.

Hegel hat gesagt: „was ist, das ist vernünftig;" die Philosophie mag die Verantwortung des bekannten Axiomes auf sich nehmen. Der Socialhistoriker dagegen gelangt zu dem Resultate, daß in jedem gesellschaftlichen oder staatlichen Gebilde wenigstens ein vernünftiger Kern steckt, und er betrachtet es als seine erste Aufgabe, diesen Kern theoretisch wie praktisch zu erfassen. Daher ist er denn auch weit davon entfernt, vermittelst des Gesellschaftsstaates alle geraden Linien des Rechtsstaates durchbrechen zu wollen. Der Mensch gehört dem Staate nicht ausschließlich als Arbeiter an; über seine gesellschaftliche Stellung hinaus reichen seine

allgemein menschlichen Beziehungen, welche einem jeden Staatsbürger
in gleicher Weise geschützt werden müssen; und außerdem weist das
Staatsleben verschiedene Seiten auf, die von der Mannigfaltigkeit
der gesellschaftlichen Gebilde gar nicht berührt werden. In erster
Reihe rechnen wir darunter die Civil= und Criminaljustiz. Die
darauf bezüglichen Gesetze müssen und können gar nichts von den
im Staate vorhandenen socialen Gruppen wissen. Abgesehen von
der social=politischen Bestimmung, daß im Lande eine Anzahl
Grundgüter Fideicommisse sind und, als Majorate vererbbar, eben
als geschlossene Hufen nicht parcellirt werden dürfen, ist der Social=
staat außer Stande, weder im Personen= noch im Eigenthums=
oder Obligationenrecht irgend eine Sonderung hervorzurufen. Eben
so wenig vermögen die socialen Abstufungen auf das Ausmaaß
der Strafen bei Vergehen oder Verbrechen einzuwirken. Man sollte
allerdings der relativen Gerechtigkeit wegen den gebildeten Mann
in gleichen Contraventionsfällen schärfer bestrafen als den Unge=
bildeten, weil der erstere vermöge seiner gesellschaftlichen Stellung
weniger Verführungen ausgesetzt ist und außerdem bei seiner höheren
Kultur subjektiv schuldiger erscheint. Allein derartige Klassifikationen
der Verbrechen lassen sich in der Praxis nicht durchführen, höchstens
daß in dem einzelnen Falle der Wahrspruch der Geschworenen einige
Rücksicht darauf nimmt. Hand in Hand mit der Gleichheit aller
Staatsbürger vor dem Gesetze geht dann die Gleichheit derselben
vor der Polizei. Auch dieses Staatsinstitut kann der socialen
Gliederung der Menschen keine Rechnung tragen; der Grundherr
wie der Bettler, der Kaufmann wie der Gelehrte hat sich den
polizeilichen Anordnungen in der nämlichen Weise zu fügen. Schon
die zur Handhabung des Rechtes wie der öffentlichen Ordnung be=
stimmten Staatsorgane würden also sich gar nicht um Verschieden=
artigkeit der gesellschaftlichen Schichten zu kümmern haben. Nicht
minder fährt das Steuer= wie das Militärsystem mit geraden Linien
mitten durch die Gesellschaft hin. Der Staat besitzt die unveränder=
liche Berechtigung, von einem jeden seiner Angehörigen die gleiche
Dienstleistung zum Behuf kriegerischen Schutzes zu verlangen; darin
können die socialen Abstufungen keine Modifikationen bewerkstelligen.

Und wenn auch, genau genommen, eine Progressivsteuer die ge-
rechteste Vertheilung der öffentlichen Lasten in sich schlösse, dem
Aerar ist es völlig gleichgültig, ob ihm der Landmann, der Fabrikant, der Handelsmann oder Handwerker die betreffende Abgabequote
bezahlt. Ein Beamtenthum wird mithin der Staat, und wenn er
noch so sehr alle gesellschaftlichen Mächte frei walten lassen will,
niemals zu entbehren im Stande seyn. Das büreankratische Gefüge
des Staates erscheint uns in dem Bilde eines Kreises, von dessen
Mittelpunkte aus die Radien nach allen in ihm befindlichen staatsbürgerlichen Atomen sich erstrecken. Aber quer durch die Radien
hin ordnet das Gesellschaftsthum diese Atome zu bestimmten socialen
Figuren, welche erst jenem Radiengerippe die individuelle Körperlichkeit verleihen; und diese Figuren haben sich mit einander zu
verständigen, sobald aus ihrem Compromiß der richtige Staatswille
in der Legislation nach Innen wie in der Politik nach Außen
hervorgehen soll.

Die eigentliche Anforderung, welche der Socialstaat an den
Rechtsstaat richtet, besteht demnach darin, daß die Zusammensetzung
der legislativen Gewalten in Gemeinde, Provinz und den Kammern
nicht aus dem timokratisch abgestuften abstrakten Staatsbürgerthume,
sondern aus den thatsächlich vorhandenen gesellschaftlichen Gruppen
hervorgehe. Dann allein wird bei allen Organismen des Staatslebens das Selfgovernment zu einer Wahrheit, weil nur unter
solcher Bedingung die Uebermacht der Büreaukratie durch festbegründete sociale Kräfte im Zaum gehalten werden kann. Man sehe
doch einmal durch unser liebes deutsches Vaterland hin und frage
sich, wo denn eigentlich trotz aller seiner Constitutionen eine wirkliche Selbstregierung des Volkes von der Gemeinde an bis zum
Staate hinauf statt findet! Nehmen wir das ständisch gegliederte
Bremen aus, so stoßen wir allerdings wohl auch auf andere sehr
liberal regierte Staaten, die ebenfalls ihren Unterthanen in liberaler
Weise eine Theilnahme an der Regierung gestatten; aber einmal
hängt diese liberale Richtung von der Individualität der gerade entscheidenden Persönlichkeiten ab, und zweitens thun uns hundert Beispiele dar, wie die Büreaukratie mit der abstrakten rechtsstaatlichen

Freiheit der Unterthanen umzuspringen weiß. Ihr steht ja auf
allen Stufen des Staatsgebäudes immer nur der individuelle einzelne, von einer Anzahl individueller Einzelner gewählte Privat-
mann gegenüber. Sie hat daher tausend und abertausend Mittel
zu Gebote, sich den politischen Willen dieses Einzelnen gefügig zu
machen. Und wenn sie im schlimmsten Falle Gewalt anwendet,
dann bleibt den unorganisirten staatsbürgerlichen Atomen nichts
weiter übrig, als Proteste zu Protokoll zu geben, falls sie nicht als
Revolutionäre den entstandenen Kampf auf der Gasse durchführen
wollen. Daher drängt denn auch eine constante Reaktion in einem
abstrakt constitutionell regierten Staate die Unterthanen nur zu leicht
zu der ultima ratio hin. Ist dagegen die Bevölkerung eines Landes ständisch gegliedert, sind bei ihr die Kammern aus ständischen
Vertretern des unbeweglichen und des beweglichen Eigenthums zusammengesetzt, dann hört der einzelne Abgeordnete auf, ein bloß
politisches Individuum zu seyn, der nur Individuen hinter sich hat.
Er wird vielmehr zu einem ständischen Repräsentanten; sein Ja oder
Nein ist von einer ständischen Corporation getragen; die Regierung
hat sich in ihm nicht mit einer Person oder einem individuellen
Charakter, sondern mit einem ganzen Stande abzufinden; nach beiden Seiten hört dadurch die Zufälligkeit der Kopfzahlmajorität auf,
die Kammer wird recht eigentlich zu einem Ausgleichungsbereich der
im Staate vorhandenen Interessen. Der rechtsstaatliche Liberalismus ist mit der Frage nie in's Reine gekommen, ob im parlamentarischen Leben ein Abgeordneter an das Mandat seiner Committenten gebunden sey, oder nach eigenem freien Willen stimmen dürfe.
Dieselbe läßt sich auch vom Standpunkte des Rechtsstaates aus nicht
füglich entscheiden. Der Ständestaat entscheidet sie jedoch thatsächlich
durch sich selbst. Sobald das Kammermitglied der ständische Ausdruck seiner ständischen Committenten ist, spricht und stimmt in ihm
der Stand und nicht die Person; und in seiner Stimme liegt das
ganze Schwergewicht des hinter ihm haltenden Standes. Warum
entwickeln denn in dem heutigen Kammerwesen allemal diejenigen
Mitglieder die meiste Macht, die wenigstens thatsächlich in sich eine
Art Standesrepräsentation darstellen? Und warum auf der andern

Seite ist mit den sogenannten politischen Collektivmeinungen trotz aller Adressen so leicht fertig zu werden, wenn ein reaktionäres Ministerium seine eigenen Wege wandeln will?

Wenn nun die politischen Erfahrungen der jüngsten Zeit den deutschen Patriotismus ernster als jemals zuvor auffordern, die vaterländischen Zustände auf eine gesicherte Basis zu bringen, so hat derselbe unseres Erachtens seine Aufgabe mit einer Neubildung des Ständewesens zu beginnen. Sind einmal die verschiedenen Hauptarbeitszweige der Gesellschaft im unbeweglichen und beweglichen Eigenthume, wie auch bei den reinen Dienstleistungen von Kopf und Hand, wieder zu ständischen Gliederungen geworden, dann bieten diese Associationen nach der Seite des ökonomischen Lebens hin die beste Grundlage dar, die wichtigen wirthschaftlichen Angelegenheiten unserer Zeit gründlich zu ordnen; und politisch gewähren sie dem Staate den kräftigsten Halt. Alle jene Probleme, welche uns jetzt so viel vergebliches Nachsinnen bereiten, die Armen- und Krankenpflege, der personelle und hypothekarische Kredit, die politische Stellung großer Kapitalassociationen erhalten eine ganz andere Beleuchtung, sobald man sie auf das Postament eines modernen Ständethums stellt; während zu gleicher Zeit, wie gesagt, eine ständische Verfassung das constitutionelle Selfgovernment zu einer Wahrheit werden läßt. Hätte Louis Philipp sein Frankreich ständisch gegliedert, die Charte wäre in Erfüllung gegangen und dem Lande die politische Abstraktion des Napoleonismus gespart. Daß diese Aufgabe bei der noch vorherrschenden staatswissenschaftlichen Richtung, bei dem rechtsstaatlichen Bewußtseyn, welches sich seit Jahrhunderten festgesetzt hat, und das mit dem Interesse des Beamtenthums jetzt so innig verbunden ist, sehr schwierig bleibt, verhehlen wir uns keinen Augenblick. Wir hegen deßhalb auch die Ansicht, daß der nothwendige Kampf vorerst nur ein rein publicistischer seyn wird. Zuvor hat die Idee einer Verbindung von Rechtsstaat und Gesellschaftsstaat Propaganda zu machen, allen ökonomischen Bestrebungen muß erst theoretisch ihr socialer Charakter verliehen seyn, die Nationalökonomie selber sich der Socialistik unterordnen, ehe es gelingen wird, die Arbeiter gleicher Berufs-

Klassen zu ständischen Gruppen zu vereinigen. Ist jedoch die eben
angedeutete Phase des Processes überwunden, dann gilt es weiter,
mit einer völligen Umgestaltung des constitutionellen Wahlsystems
in Gemeinde, Provinz und Kammer die Ständegliederung in das
Staatsleben überzuführen; um schließlich den gesammten Staats=
organismus, so weit es die unveräußerlichen rechtsstaatlichen Be=
ziehungen zulassen, in den politischen Körper der Gesellschaft zu
verwandeln. Bis zu dem Streitpunkt über das Domanialgut der
Krone hin würden dann alle öffentlichen Angelegenheiten eine neue
Wesenheit aufweisen; die Staatswissenschaft hätte alle ihre theoreti=
schen Sätze umzudenken; die Menschennatur, die Arbeitstheilung,
das Eigenthum und ihre social=politischen Rückwirkungen würden
den Kern ihrer Untersuchungen bilden.

Selbstverständlich darf es uns hier, wo wir nur Andeutungen
über die politische Aufgabe der Gegenwart und Zukunft geben,
nicht in den Sinn kommen, die schließlichen Resultate ihrer Lösung
vorab bestimmen zu wollen. Wir arbeiten daran mit, wie die
Andern auch; das Zusammenwirken Vieler führt erst zur Klarheit
und Wahrheit. Doch vermögen wir es uns nicht zu versagen, die=
jenigen Gesichtspunkte in leichten Umrissen hervorzuheben, welche
bei der Neubildung des ständischen Wahlsystemes unserer Auffassung
gemäß in Betracht zu ziehen sind. Die Basis derselben hätte näm=
lich im großen Ganzen die Unterscheidung von Land und Stadt,
von Stoffproduktion und Stoffverarbeitung, von Ackerbau und Ge=
werbe zu bilden. Welche Nebenzweige sich dabei dem Einen oder
dem Andern anschließen, wie Bergbau und Viehzucht dem agrari=
schen Leben, die reinen Dienstverrichtungen dagegen der Stadt zu=
zuweisen sind; wie der Einzelne, als Grundbesitzer und Fabrikant
zugleich, beiden großen Gesellschaftsschichten angehören kann, bleibt
dabei nach der Specialität der gegebenen Verhältnisse zu regeln.
Bei der Festhaltung der Trennung von Land und Stadt hätten
also von der Gemeindevertretung an bis zur Kammer hin Bauern
und Bürgerthum nach Verhältniß zu participiren. Wo innerhalb
einer Gemeinde gar keine städtischen Bestandtheile vorhanden sind,
sieht sich allein das Bauernthum vertreten, umgekehrt in der Stadt=

gemeinde, die kein agrarisches Weichbild besitzt, bloß das Bürger=
thum. Beide sociale Schichten aber müssen nach ihren eigenen ge=
sellschaftlichen Abstufungen ihre Wahlordnungen einrichten. Ein
Provinzialverband wird dann schon in der Regel aus Land und
Stadt zusammen bestehen; und vollends läßt sich bei den ökonomisch
so durcheinander gemischten Verhältnissen Deutschlands keine Kammer
denken, die nicht ländliche und städtische Vertreter zugleich umfaßte.

Geradewegs indessen erste und zweite Kammer nach Land und
Stadt von einander zu trennen, würde weder theoretisch richtig noch
praktisch ausführbar seyn. Wir würden es vielmehr vorziehen, in dem
Oberhause neben dem großen Grundbesitze auch die Aristokratie der
Intelligenz wie die großen ökonomischen Aktienvereine zur Repräsen=
tation gelangen zu lassen und dafür die zweite Kammer neben den
ständischen Gliederungen des Bürgerthums auch den mittleren und
unteren Schichten des Bauernstandes zu öffnen. Dagegen müßten
folgerichtig beide Häuser der Büreaukratie als solcher verschlossen
seyn. Sie findet ihren Ausdruck in der Staatsgewalt; sie nimmt
an sich nicht an der ständischen Gliederung Theil; bloß in soweit
ihre Mitglieder durch ihr Privatvermögen einem Stande im Grund=
besitze oder als Aktionäre einem stimmfähigen ökonomischen Institute
angehören, würden sie an den politischen Wahlen sich betheiligen
oder als Repräsentanten eines Standes in der Gemeinde, Provinz
oder Kammer einzutreten befugt seyn. Es hat uns niemals ge=
fallen wollen, wenn wir in dem Hause der Abgeordneten Staats=
beamte als Delegaten des Volkes, der außerhalb des Staatsgerippes
liegenden Gesellschaft, erblickt haben. Nur der abstrakte Rechts=
staat, welcher seine Schablonen auf den Constitutionalismus über=
trug, konnte auf ein solches Auskunftsmittel verfallen. Seltsam
jedoch bleibt es, daß so sehr dasselbe sich in der Praxis von jeher
gerächt hat, man doch eigentlich folgerichtig nicht zu dem Gedanken
gelangte, daß die Büreaukratie und die Volksvertretung sich nicht
einer und derselben Persönlichkeit bedienen könnten. Während der
constitutionellen Kämpfe des Altliberalismus, welcher die staatlichen
Anschauungen in die Moral der Menschen verlegte und ebenso wie
der Absolutismus die „Gutgesinnten" von den „Schlechtgesinnten"

unterschied, statt nach den ständischen politischen Interessen der
Bevölkerungsschichten zu fragen, spielten ja die staatlichen Urlaubs-
verweigerungen für die zu Kammermitgliedern gewählten Beamten
eine große Rolle. Ein Büreaukrat, der sich in seiner hierarchischen
Carrière zurückgesetzt glaubte, hatte die angenehme Chance, dafür
als Mitglied der Opposition auf dem Landtage der Regierung
Schwierigkeiten zu bereiten; oder umgekehrt bot ein vorwiegend aus
gefügigen Beamten bestehendes Haus dem Ministerium die beste
Handhabe dar, die ganze Volksvertretung nahezu illusorisch zu
machen. Schlimmer konnte sich eigentlich die innere Unwahrheit
des rechtsstaatlichen Constitutionalismus nicht an's Licht stellen, als
bei dem eben berührten Dilemma. Wer die Aufgabe der Büreaukratie und ihre Stellung im Staate da, wo sie unveräußerlich
nothwendig ist, klar bei sich überlegt, der muß sich eingestehen,
daß sie nur die Instrumente des Staates, die Organe des Staatswillens bilden. Als solche mögen die Beamten wie die Militärs
immerhin der Verfassung den Eid der Treue leisten. Aber wie sie
ihrerseits nicht für die Befehle verantwortlich sind, die sie von
oben herunter erhalten, sondern ihre Verantwortlichkeit sich nur
auf die Ausführung des Befehls beschränkt, ebenso können sie con-
sequenter Weise auch keine politische Willensäußerung als Individuum sich erlauben, welche dem in ihrer hierarchischen Gliederung
waltenden Staatswillen zuwider läuft. Die büreaukratische Subordination, deren die Verwaltungsmaschinerie unleugbar bedarf,
löst sich in demselben Augenblicke auf, wo es dem Unterbeamten
in seiner Eigenschaft als Volksvertreter gestattet ist, seinen Vor-
gesetzten oppositionell entgegenzuarbeiten; und wenn auch die oben
erwähnten persönlichen Motive im Einzelfalle gar nicht maßgebend
wären, ein Beamter kann nicht Vertreter der Gesellschaft in ihren
Beziehungen zum Staate seyn, weil er selber außerhalb der Gesellschaft steht. Erst nachdem das Beamtenthum als solches gleichfalls zu einem politisch anerkannten Stand geworden ist und nun
seine Standesinteressen in der Staatsverfassung zur Geltung und
zum Compromiß mit den Interessen der übrigen Stände bringt,
tritt es aus seiner Isolirung heraus. Bis dahin findet der Beamte

seinen einzigen Rechtshalt, von der Civil= und Criminaljustiz abgesehen, in der von der legislativen Macht erlassenen Dienstpragmatik; innerhalb ihrer Bestimmungen muß sich seine Individualität mit der Subordination abfinden. Wie der Wirthschaftsarbeiter unter dem ökonomischen Gesetze, so steht der Beamte unter dem Gebote der Amtspflicht.

Der rechtsstaatliche Liberalismus hat doch sonst das Grundwesen einer constitutionellen Verfassung in der Trennung der drei Gewalten, der legislativen, der exekutiven und der richterlichen Gewalt erblickt; und dessenungeachtet weist er die Mitglieder der exekutiven Gewalt, die ganze Schaar der Administrativbeamten und der Militärs zur individuellen Theilnahme an der Legislative hin! Welch eine Verworrenheit der politischen Begriffe! Gehen wir von einer monarchischen Staatsform aus, so entstehen die Gesetze durch das Zusammenwirken von Krone und Parlament, wie beide Mächte auch zusammen über die Politik des Staates nach Außen entscheiden. Unabhängig neben beiden, weder allein der Krone, noch allein dem Parlamente verpflichtet, sondern von ihnen als selbstständig anerkannt, hält die richterliche Gewalt, von dem untersten Friedensrichter bis zu dem obersten Gerichtshofe hin, der über die Minister zu Urtheil sitzt. So wenig wie deßhalb die Mitglieder der Gerichte an der Legislative Theil nehmen können, falls man sie nicht in eine völlig schiefe Stellung versetzen will — sie wenden nur die bestehenden Gesetze auf die gegebenen Fälle an, unbeirrt von allen ständischen Interessen — ebenso wenig haben sich die Angehörigen der Exekutivgewalt in die von Krone und Parlament oder innerhalb des Parlamentes allein abgeschlossenen Compromisse einzumischen; sie verrichten nur die Funktionen, welche zu deren Inswerksetzung erforderlich sind. Man entgegnet uns vielleicht, daß wir auf solche Weise dem parlamentarischen Leben eine Reihe der tüchtigsten Köpfe, wie der gewandtesten Fachmänner entziehen. Das ist ja aber gerade die völlig falsche Auffassung des parlamentarischen Lebens, daß man das Ständehaus zu einer technischen Commission für die Ausarbeitung von Einzelfragen macht, während es der Ausgleichungsbereich für die social-

politischen Kräfte der Gegenwart seyn soll. An und für sich kann
es nicht fehlen, daß die verschiedenen Stände zu Landtagsabgeord=
neten ihre besten Männer wählen; und diese dürften zur Abstimmung
über die Zweckmäßigkeit von Gesetzesvorschlägen wohl um so ge=
eigneter seyn, als sie, mitten im wirklichen Leben stehend, auch
die Bedürfnisse des wirklichen Lebens am klarsten erfassen, als sie
am sichersten ihre Parteiinteressen jedesmal zu Rathe ziehen werden.
Allein dabei ist es keineswegs nöthig, daß nur das Parlament in
seinen Commissionen sich mit der genauen Ausarbeitung von legis=
lativen Details beschäftige. Im Gegentheil, je mehr es dazu ver=
wendet wird, um so mehr verliert es seinen ursprünglichen Cha=
rakter als Volksrepräsentation, um so leichter kann ihm die herr=
schende Gewalt einen büreaukratischen Anstrich verleihen. Specielle
Ausarbeitungen sollen füglich außerhalb des Parlamentes vorge=
nommen werden, wie es z. B. mit der Codificirung des deutschen
Handelsrechtes der Fall gewesen ist; dem Parlamente bleibt dann
in seiner Befugniß, anzunehmen, abzulehnen oder zu modificiren,
ein hinreichender Raum zur Bethätigung seiner legislativen Prä=
rogative über. Außerdem wird der Gelehrtenstand als Stand im
Ständesaale nicht fehlen, und in ihm ist somit für die nothwendige
Redaktion der Gesetze gewiß hinreichende Kraft vorhanden.

Können jedoch auch für die parlamentarischen Arbeiten die
Commissionen im Schooße des Parlamentes nicht entbehrt werden,
dann ist es jedenfalls denkfolgerichtig, sie nicht nach Kopfzahlwahl,
sondern ebenfalls nach Ständen zusammenzusetzen, falls innerhalb
derselben jede wirkliche Parteiansicht zur Geltung gelangen soll.
Es mag seine große Schwierigkeit haben, wir verkennen es keinen
Augenblick, das Stimmverhältniß der Stände sowohl im Plenum
als in diesen Commissionen gerecht zu vertheilen; die Kopfzahl der
den verschiedenen Standesschichten angehörenden Menschen kann dafür
keinen Maßstab abgeben, sonst würde ohne allen Zweifel der social
unbedeutendste der Stände, die Klasse der reinen Handarbeiter am
schwersten ins Gewicht fallen. Dessenungeachtet hat die staatswissen=
schaftliche Theorie wie die politische Praxis auf die entsprechende
Lösung der bezeichneten Aufgabe hinzuarbeiten, falls nicht die

Kopfzahlmajorität schließlich doch die neugewonnene Ständegliederung wieder auflösen soll. Suchen wir zuvörderst Stadt und Land in ein parlamentarisches Gleichgewicht zu versetzen, so ist es ferner unerläßlich, die Arbeitszweige des beweglichen Eigenthums, d. h. der einen Hälfte des Ganzen, in das richtige Gleichmaß zu einander zu bringen. Aber liegt denn, so möchten wir fragen, die Abstimmung nach Bänken dem politischen Bewußtseyn und der geschichtlichen Erinnerung der Deutschen so ferne, daß es eine Unmöglichkeit ist, auch jetzt zu ihr zurückzukehren? Es darf nur die Anzahl der Bänke nicht definitiv geschlossen seyn. Denn so oft in dem Wandel der Zeiten ein neuer großer Arbeitszweig ökonomisch auftaucht und sich social durchbildet, muß es ihm unbenommen bleiben, seine Bank im Ständesaal aufzustellen, wie einst die Bänke der Städte zu den Bänken der Ritterschaft und Geistlichkeit gesetzt wurden, als das Bürgerthum zur Blüthe gelangt war. Das Parlament soll der politische Ausdruck der Gesellschaft seyn. Das bewegliche Wesen der Letzteren macht die bewegliche Form des Ersteren zur Grundbedingung. Auch daran krankt die Politik unserer Zeit, daß sie stets geneigt ist, in dem unaufhörlichen Wechsel der menschlichen Dinge feste staatliche Schablonen für alle Jahrhunderte zu errichten, obgleich die Wirklichkeit uns zeigt, daß selbst die rechtsstaatlichen Normen immer wieder und wieder verändert werden. Die Urkunden der deutschen Verfassungen sind meistens kurz und bündig; hinter ihnen drein zieht dann aber ein langer Zug von späteren Amendements und Modifikationen, oder die Gewalt hat sich ihrer auf dem Wege der Oktroyirung angenommen. Denn dem Rechtsstaate kann man Gesetze aufzwingen, der Gesellschaft nicht, so lange es nicht gelingt, auch den Kurs einer Münze willkürlich zu bestimmen.

Die liberale Partei in Deutschland hat seiner Zeit ganz entschieden auf der Seite der Kronen gestanden, welche im zweiten Decennium unseres Jahrhunderts die altständischen Verfassungen gegen das moderne Repräsentativsystem auswechselten. Die versprochene rechtsstaatliche Constitution erschien Allen als ein großer Gewinn im Vergleich zu den noch vielfach feudalen Formen des bisherigen Kammerwesens; die französischen Ideen, die politischen Constructionen feierten ihre vollständigen Siege über alle social-staatlichen organischen Einrichtungen. So sehr indessen auch damals die altständischen Institutionen einer Umwandlung bedurft hätten, sie vermochten doch trotz ihrer Mangelhaftigkeit eine festere, weil eine historische Basis für das Selfgovernment abzugeben, als die von Oben promulgirte Verfassung. Ob man auf der Seite der dynastischen Interessen sich von Anfang an ganz klar über den vortheilhaften Tausch gewesen ist, soll dahin gestellt bleiben; die Thatsache läßt sich jedenfalls nicht leugnen, daß bei der Loslösung der Verfassung von der gesellschaftlichen Unterlage der Schwerpunkt des Landtags in die augenblicklich herrschenden Ideen und nicht in die vorhandenen socialen Zustände verlegt ward. Daher ist denn auch die Geschichte des neuen deutschen Kammerwesens so übermäßig von dem Wechsel des politischen Zeitgeistes bewegt worden. Je nachdem jenseits des Rheines Revolutionen oder Reaktionen an der Tagesordnung waren, neigte sich auch diesseits das Zünglein den republikanischen oder absolutistischen Velleitäten zu. Epochen von übersprudelnden Ansprüchen, die im Grunde ungefährlich blieben, weil sie das Unmögliche forderten, folgten dann lange Perioden allgemeiner Abgeschlagenheit, in denen der Antiliberalismus reichlich Alles wieder einbrachte, was er vielleicht in jenem Sturme verloren. Dabei hielt die Büreaukratie stets im Vollbesitz ihrer Macht. Sie sah ihrer festgeschlossenen Phalanx nur politische Atome gegenüberstehen, deren künstliche Organisation sie jeden Moment zu verhindern vermochte, weil dieselbe des ständisch-socialen Rückhaltes entbehrte. Und wie es in der Vergangenheit gewesen ist, so wird es ohne Zweifel in der Zukunft bleiben, sobald nicht eine Neubildung des Ständethums bei uns eingeleitet wird. Nur mit ihm gelangen wir zur wirklichen constitutionellen Freiheit und ebenso zur nationalen Einheit, da es unmöglich ist, die Ständebildung des deutschen Volkes mit den partikularistischen Linien der Büreaukratie zu durchschneiden. Wir behalten es einer der folgenden Abhandlungen vor, nachzuweisen, in welcher Art unsere allgemeinen ökonomischen Angelegenheiten ständisch gefaßt werden müssen.

Drei Generationen.

Eine so vollständige Umwandlung aller äußeren Lebensverhältnisse, wie sie innerhalb der letzten neunzig Jahre bei den Hauptkulturvölkern Europa's stattgefunden, tritt uns in ähnlicher Weise in keinem Zeitraume der Geschichte wieder entgegen; eine solche weite Kluft hat sich in der ganzen Entwicklungsfolge der Menschheit noch nie zwischen Großvater und Enkel ausgedehnt. Wir stoßen zwar auch im Alterthume und Mittelalter auf scharfe, kurze Wendungen im Fortschrittsgange der Nationen. Einst wohnten z. B. in der mesopotamischen Ebene Hirtenstämme; Abraham mit seiner ganzen alten Sagengeschichte gehört dem Nomadenzustande in dem Gebiete zwischen den zwei Flüssen an. Da plötzlich landen im oberen Golfe des persischen Meerbusens altabessinische Seefahrer, der Gott Oannes mit seinem Fischleibe, der die Menschen das Feldmessen lehrt, die Ackerwirthschaft und das Gründen fester Städte. Eine von außen kommende Colonisation macht sich in diesem Gebiete geltend; Kain, welcher eine Stadt erbaut, erschlägt seinen Bruder, den Hirten Abel. Der Erzvater Abraham aber kehrt den in seine Heimath neu eindringenden wirthschaftlichen Momenten den Rücken und wandert aus. Nicht minder schroff war der Uebergang der Juden vom Hirtenthume zur festen Ansiedelung, als sie von Aegypten nach Kanaan hinüberziehen. Nachdem ferner die Phönicier zuerst von Syrien aus ihre Handelslinien über die Küsten des mittelländischen Meeres auszustrecken beginnen, verbreitet sich ein geschichtliches Licht auf dem Umkreise der Thalatta. Die Griechen sind lange Zeit hinburch ausſchließlich mit dem Ackerbau beſchäftigt; mit der Argo= nautenfahrt beginnt indeſſen ihre Handelsthätigkeit; Troja, welches den Schlüſſel zum ſchwarzen Meere in den Händen hat, muß zuerſt zerſtört werden, damit ſie frei in den Pontus fahren können. Die Neugeſtaltung der europäiſchen Welt durch die Völkerwanderungen und das Chriſtenthum, der Umſchwung, den die Kreuzzüge, die Entdeckung Amerika's in dem Leben Europas hervorrufen, ſind oft genug dargeſtellt worden; immer vertheilte ſich jedoch im Vergleich zu unſerer Gegenwart die Wandelung der Dinge über eine längere Zeit. Die Menſchen, ihre Gedanken, ihre Sitten und Gewohnheiten blieben noch im Zuſammenhange mit der nächſten Vergangenheit. Alte geſellſchaftliche Einrichtungen bildeten die Brücke zu den neuen Verhältniſſen; es gab noch feſte Anknüpfungspunkte für dauernde Beziehungen zu den vorangegangenen Generationen, und das Da= ſeyn des einzelnen Menſchen floß wenigſtens in einer in ſich gleich= artigeren Periode dahin.

Wenn nun, wie wir meinen, die Gegenwart ſich mit keiner früheren Periode der Geſchichte irgendwie vergleichen läßt, und außerdem die Neuzeit ſchnell und unvermittelt über die Menſchheit ſo zu ſagen hereingebrochen iſt, dann gilt es gewiß, namentlich für jede politiſche Thätigkeit, die ſtattgehabte Veränderung ſelber klar zu erfaſſen, und demnach an derſelben die Stichhaltigkeit der über= lieferten ſtaatswiſſenſchaftlichen Sätze zu prüfen. Im Allgemeinen iſt es ja nicht zu läugnen, daß unſer politiſches Denken, vielfach von dem Boden der Wirklichkeit losgeriſſen, in den Lüften umher= ſchwebt. Seitdem am Schluſſe des Mittelalters die Politik ſich zu einer Wiſſenſchaft erhoben hat, als Macchiavelli, Thomas Morus und Bodinus zuerſt wieder die Ideen der Alten über Staat und ſtaatliche Dinge weiter zu entwickeln anfingen, iſt neben den un= mittelbar waltenden ökonomiſch=politiſchen Mächten der Zeit auch die politiſche Ideologie als Faktor im öffentlichen Leben hervor= getreten. Und dieſe Ideologie hält ſich weit mehr an die Folge= richtigkeit des Denkens bei ihren Combinationen, als an die nothwendigen Rückwirkungen der geſellſchaftlichen Thatſachen. Man ſpricht fürwahr nicht mit Unrecht von einer Katheberpolitik; nur darf man sich nicht einbilden, daß dieselbe ausschließlich ihren Sitz auf dem akademischen Lehrstuhle hat; sie steckt heutzutage nicht minder in der Büreaukratie, in den Kammern und in der Presse. Der Organismus des Staates ist in die Willkür der Menschen verlegt; an der Stelle social=politischer Nothwendigkeiten, wie sie in den darunter liegenden wirthschaftlichen Verhältnissen wurzeln, sollen Sympathien und Antipathien, Gesinnungstüchtigkeit oder Reactions= gelüst über das in einem Lande zu befolgende politische „System" entscheiden.

Schon das unglückliche Wort „System" und die mit demselben in naher Verbindung stehende Principienreiterei deuten darauf hin, daß das Staatsleben nunmehr vorwiegend der Gedankenwelt anheim= gefallen ist. Nicht das Verständniß der in einem Lande gegebenen gesellschaftlichen Bedingungen bestimmt mehr bei den Regierungen wie bei den Oppositionen die Richtung des Organisirens und Ver= waltens, sondern irgend eine abstrakte Construktion gibt dafür den Regulator ab; und in der Masse des Volkes wird die Gesinnung des Einzelnen beobachtet, während diese Gesinnung doch meistens nur der klare oder unklare Ausdruck vorhandener ökonomisch=socialen Kräfte ist. Die heute als gang und gäbe umlaufenden politischen Ideen sind aber größtentheils noch logische Folgerungen aus den Zustän= den und Anschauungen der Vergangenheit; sie entspringen noch nicht einer richtigen Erkenntniß der lebendigen Gegenwart. Dieser Um= stand ist denn auch die Ursache, warum jetzt wahrhafte Staats= männer so äußerst selten gefunden werden. Daß eine neue Zeit da ist, fühlt man wohl; wie jedoch die politischen Bedürfnisse der neuen Zeit zu befriedigen sind, darüber herrscht in den wenigsten Köpfen der entscheidenden Kreise eine feste Einsicht. „Nach uns die Sündfluth!" — man lebt in politischer Beziehung von der Hand in den Mund.

Zurückgeführt wird indessen, der vorherrschenden Auffassung nach, das gesammte politische Chaos Europa's, wie es sich heute den beobachtenden Blicken darstellt, auf die erste französische Re= volution. Mit der Pariser Nationalversammlung vom Jahre 1789 ist das angebliche Glück oder Unglück, je nach dem Standpunkte der Parteien, in die Welt gekommen. Die Centralstadt an der Seine bildet den vermeintlichen Herd, von welchem aus der Geist der Neuerung sich über Europa verbreitet hat. Ist jedoch, so fragen wir einfach, der Zusammenbruch des bourbonischen Staates selber ein reiner Willkürakt der Weltgeschichte? Muß er nicht, wie jede andere Erscheinung im Völkerleben, aus den gesellschaftlichen Momenten Frankreichs hergeleitet werden? Und darf man wohl annehmen, daß die sogenannten französischen Ideen ihre Rundreise über unsern Erdtheil hin machen könnten, wenn nicht ähnliche sociale Momente in vielen Reichen desselben vorhanden wären?

Man hat sich in der Historiographie gewöhnt, vom Ende des fünfzehnten Jahrhunderts den Schluß des europäischen Mittelalters zu datiren. Die Entdeckung Amerika's, die Auffindung des Seewegs nach Indien, die Uebersiedelung des Welthandels an die atlantische Küste Europa's beginnt der agrarischen Feudalität zu Grabe zu läuten. Niemand wird es in Abrede ziehen wollen, daß gleich= zeitig mit den Fahrten der Genuesen und der Portugiesen die Staatenconstruktion der christlichen Welt eine andere wird, als sie bisher gewesen war. Allein das Hervortreten der Nationalstaaten am Ausgange des Mittelalters ist doch zunächst ein politisches Produkt der gesammten vorangegangenen Periode; die Durchbildung der Reiche zu nationalstaatlichen Organismen erhält in der Er= weiterung der Welt nur eine wesentliche Beförderung, eine Menge von socialen und politischen Hebeln wirkte bei der damaligen Umbildung des Staatslebens mit. Und ebenso sind es am Aus= gange des achtzehnten Jahrhunderts eine Fülle von verschieden= artigen wirthschaftlichen, gesellschaftlichen, politischen und kultur= lichen Momenten, aus denen sich das moderne staatliche Getriebe zusammensetzt.

Sollen wir nun im großen Ganzen den Unterschied bezeichnen, der in der europäischen Staatenwelt an der Scheide des Mittel= alters im Vergleich zu den früheren Jahrhunderten heraustritt, so dürfte derselbe darin zu finden seyn, daß die damalige Zusammen= schließung der nationalen Staaten zugleich eine bestimmte inter= nationale Gliederung der Völker= und Ländergebiete nach sich zieht.

Und dagegen läßt sich der Unterschied der modernen Zeit im Hin=
blick auf die drei letzten Jahrhunderte vielleicht in seinem untersten
Grunde damit erfassen, daß jetzt das internationale Leben der
Menschheit eine eben so große Macht über das Geschick einer ein=
zelnen Nation ausübt, als ehemals die nur innerhalb des eigenen
Bodenbereichs waltenden ökonomisch=socialen Kräfte. Jedes Kultur=
volk gehört gegenwärtig nur noch mit der Hälfte seines Wesens
seiner Landheimath an; die andere Hälfte ist von dem großen
zwischenländischen Getriebe abhängig, welches seine Linien und
Fäden über den Erdball ausgebreitet hat. Der Nationalismus hat
sich jetzt in jedem Staate, wie in jedem einzelnen Menschen, mit
dem Kosmopolitismus in's Gleichgewicht zu bringen.

Blicke man nur einmal zurück auf die Geschichte der europä=
ischen Staaten seit dem Anfange des sechzehnten Jahrhunderts.
Mit der Auffindung der neuen Welttheile sind sie nicht mehr auf ihr
eigenes Ländergebiet beschränkt; sie strecken ihre Arme über die Meere
aus und gerathen dadurch in die mannigfaltigsten Berührungen mit
einander. Allein sie unterwerfen dabei auch zugleich alle inter=
nationalen Beziehungen den ausschließlichen Ansprüchen des Na=
tionalismus; sie vertheilen die entdeckten transoceanischen Länder
unter sich, die Tochterländer werden die ökonomischen und politi=
schen Leibeigenen der Mutterländer; das europäische Colonialsystem,
der Mercantilismus und Industrialismus sind der Beleg dafür,
daß der Welthandel noch in der strengen Unterthanenschaft der ein=
zelnen Nationen gehalten wird. Während im Mittelalter, als der
Verkehr nur eine Sache von einzelnen Städten, noch nicht eine
Angelegenheit der Nationen war, der Handel sich ziemlich fessellos
bewegte, wenigstens keineswegs durch eine Nationalpolitik eingeengt
wurde, scheint er somit nach der Entdeckung Amerika's geradezu
einen Rückschritt zu machen. Ueber dem Austausch mit ihren
Colonien vergessen die europäischen Hauptstaaten den Austausch unter
einander; Wirthschaft, Politik und Kultur ist über den Ocean hin
in die exclusiven nationalen Grenzen gebannt. Demnach muß also
auch eine Staatswissenschaft, welche sich unter solchen Verhältnissen
in Europa ausbildet, ein ausschließlich nationales Gepräge tragen;

sie umfaßt nur das politische Leben einer Nation mit dem von ihr beherrschten Bodengebiet, weil dieses Leben selber darüber nicht hinausschreitet. Die ganze politische Wissenschaft der letzten drei Jahrhunderte ist ihrem Wesen nach einseitig national, wenn sie auch gültige Sätze für die ganze Welt aufzustellen meint.

Wie völlig anders haben sich indessen alle zwischenländischen Verhältnisse in der Gegenwart ausgebildet, und wie muß diese Neugestaltung des internationalen Lebens nun nach allen Richtungen hin auf das nationale Daseyn der Länder Europa's zurückwirken! Ist es aber wohl die französische Revolution, welche den Nationalismus im Welthandel durchbrochen, oder ist nicht vielmehr die Beseitigung des europäischen Colonialsystems durch die Unabhängigkeit Nord- und Südamerika's die Ursache, daß jetzt der zwischenländische Verkehr einen Aufschwung genommen hat, wie er niemals vorher in der Geschichte stattfand? Die Umwälzung in Paris hat zwar mit der daraus hervorgehenden Kaiserherrschaft einige Staatenverhältnisse geändert. In Deutschland ist durch die Thatsachen, welche sie gebar, an die Stelle unzähliger Territorialhoheiten ein Staatenbund getreten. Dagegen hat die Freigebung der Meere überall in Europa die Gesellschaft umgewandelt, und in der Umbildung der Gesellschaft wurzelt die neue Zeit. Unterstützt und befördert wurde dann diese Umbildung der Gesellschaft durch die ökonomischen und kulturlichen Folgen, welche sich an die Menge der modernen technischen Erfindungen knüpfen. Scheint es überhaupt ein Gesetz im Entwicklungsgange der Menschheit zu seyn, daß in entscheidenden Uebergangsperioden neben den Haupthebeln noch eine Menge kleinerer Hebel bei der Herausarbeitung der frischen Zustände mitwirken; trifft z. B. bei der Ausbreitung des Christenthums der Verfall des römischen Reiches mit der Völkerwanderung zusammen, um den Boden für die Kirche zu ebnen; machen sich bei den Kreuzzügen viele Motive, Glaubenseifer, Uebervölkerung, Hungersnoth, Staats- und Handelspolitik geltend, welche die Heere in Bewegung setzen; wird die Durchbildung des nationalen Staates am Ausgange des Mittelalters ebensowohl von der Erfindung des Schießpulvers und der Buchdruckerkunst, als von den Entdeckungsfahrten begleitet; so

geht auch die Befreiung der Welt von der maritimen Feudalität,
dem Colonialsysteme, abgesehen von der Aufregung der Geister durch
die französische Revolution, Hand in Hand mit der ungeheuren
Verbesserung der industriellen Technik durch die Anwendung der
Dampfkraft und die Verfeinerung des Maschinenwesens. Weder das
Mittelalter noch die drei Jahrhunderte des exclusiven Nationalismus
kannten eine eigentliche Massenproduktion. Die Ernährung der
Länder bewerkstelligte sich fast ganz aus dem eigenen Grund und
Boden; der Handel sorgte der Hauptsache nach nur für Luxusge-
genstände. Erst die neue Zeit mit ihrer erstaunlichen Arbeitstheilung hat die Völker wirthschaftlich von einander abhängig gemacht; alle Verhältnisse der täglichen Existenz sind für den Staat
wie für das Einzelleben völlig andere geworden.

Es müßte eine im hohen Grade dankbare Aufgabe seyn, wenn
ein befähigter Kopf mit Hinblick auf das gesammte Weltleben die
sociale Umwandlung untersuchen und darstellen wollte, welche das
ganze Europa eben durch die Neugestaltung seines Handels, wie
überhaupt seiner Wirthschaft während der letzten drei Generationen
erfahren hat. Allein auch das Verfolgen der Wandlungen innerhalb eines einzelnen Landes, ja innerhalb einer einzelnen Stadt
in dem bezeichneten Zeitraume gewährt viel Interesse und Belehrung.
Der Vergleich unseres heutigen Lebens mit dem unserer Großväter
und Väter, wie wir es in der Erinnerung tragen, legt es sattsam
dar, daß die inzwischen eingetretene neue Zeit auch neue politische
Ansprüche an den Staat richtet. Man braucht ja nur die Häuser
des eigenen Geburtsortes zu betrachten, um in ihnen genügende
Zeugen für den stattgehabten Umschwung seit jenem Tage zu gewahren, „als der Großvater die Großmutter nahm." Ehe der
Handel mit Amerika für Deutschland frei wurde, sah es im lieben
Vaterlande für unsere heutigen Begriffe gar seltsam aus. Es mag
dem Historiker gelingen, sich mit klarer Anschauung in die politischen Zustände von damals hinein zu versetzen; zwischen den gesellschaftlichen Zuständen, wie sie im heiligen römischen Reiche deutscher
Nation vor neunzig Jahren da waren, und der Gegenwart dehnt
sich jedoch eine Kluft aus, die ein Kind der Neuzeit nicht so leicht

überspringt. Sogar die vortrefflichen Studien, welche Biedermann über die socialen Verhältnisse des achtzehnten Jahrhunderts neuerdings veröffentlicht hat, tragen uns über jenen Abgrund nicht ohne weiteres hinweg. Wir lernen durch sie allerdings eine große Fülle von Thatsachen kennen; aber dieselben liegen für unser Gefühl so weit von uns ab, sie ziehen sogar keine Linie zu unserem eigenen Denken und Wollen herüber, als ob sie statt drei Generationen dreißig Generationen von uns entfernt wären. Der Umschwung ist zu rasch, zu durchgreifend und zu gewaltig gewesen, die Gegenwart hat mit dem Verständniß der nächsten Vergangenheit auch den Zusammenhang mit ihr verloren.

Von der Entdeckung Amerika's an bis zum Unabhängigkeitskampfe der Vereinigten Staaten hin ist Deutschland von einer aktiven Theilnahme am Welthandel abgeschnitten gewesen. Mit dem Verfall Venedigs im Süden verfiel auch die reiche Städtekette, welche sich vom adriatischen Meere quer durch Tirol an den Rhein zog. Waren, wie wir es öfters hervorgehoben haben, die gothischen Dome der süddeutschen Handelsplätze bis dahin die Wegweiser für die Straße gewesen, welche die levantinischen Güter durch Deutschland nach Flandern einschlugen, so drückt sich die Verarmung der Städte am Anfange des sechzehnten Jahrhunderts eben durch die Thatsache aus, daß viele jener Thürme nicht mehr ausgebaut werden können. Und im Norden erlag die Hansa der beginnenden maritimen Selbstständigkeit der Dänen, Engländer und Holländer. Was aber noch von angesammeltem Kapitale in den verschiedenen Gegenden des Reiches aus den vorangegangenen Zeiten her übrig blieb, wurde zum größten Theil in dem Reformationskampfe und während des dreißigjährigen Krieges vernichtet. In der Mitte des siebenzehnten Jahrhunderts ist Deutschland thatsächlich wieder auf die Ackerbauwirthschaft zurückgeführt worden, mit welcher dann der Feudalismus auf's Neue Boden gewinnt. Das einst so stolze mächtige Bürgerthum ist überall in den Städten verschwunden, die Fugger haben aufgehört zu handeln, die Welser sind bankerott geworden. Der Handwerkerstand, der in den Waffenschmieden, den Tuch- und Leinenwebereien schon angefangen hatte zur Groß-

industrie überzugehen, sinkt in den beschränktesten Geschäftsbetrieb
zurück, und mit der Kleinheit seiner Produktion verbindet sich dann
die Kleinlichkeit seiner wirthschaftlichen Anschauungen und Be=
strebungen. Der mangelnde Erwerb soll ihm durch zünftige Hin=
dernisse herbeigezogen werden; von Fortschritten in der Geschicklich=
keit ist keine Rede mehr. Die Kaufleute sind wieder Krämer gewor=
den, und die Gewerbe sorgen abermals, wie im Anfange des Mit=
telalters, nur für den Lokalverbrauch. Allerdings sehen wir im
achtzehnten Jahrhunderte verschiedene Fürsten in Sachsen, Preußen
und am Rheine ernstlich bemüht, den Handel und die Industrie
ihrer Gebiete zu heben; die von ihnen in's Leben gerufenen Fabriken
gedeihen auch wirklich einigermaßen. Im Hinblick auf die gesammte
Volkswirthschaft bleiben jedoch derartige Bestrebungen immer nur
Einzelversuche, sie sind nicht im Stande, eine größere ökonomische
Bewegung in Deutschland zu erzeugen, welche etwa sociale Rück=
wirkungen ausgeübt hätte. Denn die eigentliche belebende Kraft
des wirthschaftlichen Gedeihens, der Seehandel, fehlte unserem Vater=
lande. Gleich dem binnenländischen Verfall war nämlich auch die
Schifffahrt an den nordischen Gestaden, auf der Ostsee und Nord=
see um Jahrhunderte zurückgeworfen worden. Das Colonialsystem
schloß die deutschen Fahrzeuge von dem Besuche der transoceanischen
Häfen aus. Weder in Indien noch in Amerika wehte eine deutsche
Flagge, und die schüchternen Ansiedelungen Preußens an der afri=
kanischen Westküste wurden bald von den Niederländern beseitigt.
Weiter als nach Rußland, Scandinavien, Dänemark, nach Holland,
England, Frankreich, Nordspanien und Portugal ging damals kein
Bremischer oder Hamburgischer Kauffahrer; auf dem mittelländi=
schen Meere störten die Barbaresken jeden nicht mit Kriegsconvoi
geschützten Handel. In den Stapelorten der europäischen Länder
mußten sich die Deutschen mit den orientalischen und amerikani=
schen Waaren versehen; sie waren auch im Commerz vollständig
abhängig von den Seemächten, die außerdem bei jedem Kriege die
neutrale deutsche Flagge allen möglichen Willkürlichkeiten unter=
warfen. Was konnte der Seeverkehr des deutschen Reiches bedeuten,
wenn seine beiden Hauptseeplätze, Hamburg und Bremen, die erstere

nicht einmal 80,000, die zweite nicht einmal 40,000 Einwohner
zählten? Die deutsche Schifffahrt war im eigentlichsten Sinne des
Wortes Küstenschifffahrt; für ihre kleinen Fahrzeuge genügten die
kleinsten Hafenanstalten in der Heimath. Wenn gegenwärtig ein
Dampfer von der amerikanischen Linie den ganzen Vegesacker Hafen
überlaufen machen würde, vorausgesetzt, daß er in denselben hin=
einfahren könnte, so genügte dieses Bassin im vorigen Jahrhun=
derte so ziemlich noch zur Aufnahme der gesammten Bremischen
Handelsmarine. Was hatte auch Deutschland viel auszuführen?
Sein Ackerbau war bei den Feudallasten im Innern wenig ent=
wickelt; Vieh ließ sich damals schwer auf See transportiren. Außer
Holz, Getreide, Wolle, Eisen blieb als Hauptartikel nur Leinwand
übrig, da dem Export der anderweitigen einheimischen Fabrikate
die Schutzzollsysteme der fremden Mächte im Wege standen. In der
ersten Hälfte des Mittelalters exportirten auch wohl die rohen
Völker Nord= und Osteuropa's in Ermanglung sonstiger Güter
Sklaven in die Fremde. Bis in's zehnte Jahrhundert hinein ver=
sorgten z. B. die englischen Großen aus ihren Leibeigenen den Con=
tinent mit „fahrenden Dirnen." Und so weit war es vor hundert
Jahren mit Deutschlands Verfall gekommen, daß einige hohe Herren
gleichfalls wieder zu ähnlichen Ausfuhrgegenständen griffen. So=
bald die Subsidiengelder des Auslandes nicht mehr zureichten, um
den von Paris bezogenen Luxus zu bezahlen, wurden sogar Regi=
menter an England oder Frankreich verkauft; man hatte keinen
andern Export.

Es ist deßhalb, wie gesagt, nicht etwa die französische Revo=
lution mit ihren politischen Rückwirkungen gewesen, welche eine
frische Strömung in das erstarrte Wirthschaftsleben von Deutsch=
land gebracht hat. Im Gegentheile dienten die durch sie hervor=
gerufenen Kriege nur dazu, die trotz der gedrückten Lage ersparten
wenigen Kapitalien abermals zu verschlingen. Bloß insoweit als
die Napoleonische Continentalsperre auch den deutschen Fabriken
die englische Concurrenz benahm, stärkte sich während der Fremd=
herrschaft das Großgewerbe in Deutschland ein wenig; und außer=
dem kamen die von Napoleon I. angelegten Heerstraßen dem inneren

Verkehr zu gute. Erst als mit der Herstellung des Friedens die deutsche Schifffahrt sich nach Amerika zu richten begann, erwachte ein regeres wirthschaftliches Leben an der Küste, das dann seine Schwingungen in's Binnenland ausdehnte.

Um aber an einem hervorspringenden Merkmale den Umschwung sogleich gewahr zu werden, der mit dem vierten Lustrum unseres Jahrhunderts in Deutschland eintrat, braucht man nur die Vergrößerung zu betrachten, welche seit jener Zeit so ziemlich alle deutschen Städte erfahren haben. Bis dahin besaßen noch viele von ihnen ihre alten Ringmauern und Befestigungswerke, innerhalb welcher die Häuser und Straßen eng zusammengedrängt waren; die städtische Bevölkerung wies weit geringere Zahlen auf als in der Gegenwart, und eigentlichen bürgerlichen Reichthum gab es wohl kaum. Wie ist das alles jetzt so ganz anders geworden, und in welcher Weise hat sich damit zugleich das äußere Daseyn des Einzelmenschen geändert! Wird aber, wie man behauptet, das Wesen des Menschen durch die Verhältnisse bedingt, unter denen er aufwächst, so ergibt sich daraus die Nothwendigkeit, daß das Denken und Empfinden der jetzigen Generation völlig von dem der großelterlichen verschieden seyn muß. In enger Gemessenheit gingen am Schlusse des vorigen Jahrhunderts unsern Voreltern die Tage hin. Die Lebensbeziehungen waren bei der Beschwerlichkeit des Reisens vorwiegend örtlich gebannt; sie verbreiteten sich nur über einen kleinen Raum. Also wuchs innerhalb der abgesteckten Grenzen die einzelne Persönlichkeit scheinbar um so höher; die Individualität prägte sich schärfer durch. Der Mensch zählte noch nicht, wie gegenwärtig, als Atom in einer großen Masse, er stand mehr für sich da.

Wenn den Verfasser dieser Skizze die Erinnerung in das großelterliche Haus zurückträgt, so führt der Weg dahin in eine schmale düstere Straße, in welcher der alte Herr seine Wohnung inmitten der Stadt nahe bei der Börse und dem Marktplatze erbaut hatte. Eine große Hausflur dehnte sich bei dem Oeffnen der Thüre vor dem Eintretenden aus; für die Waaren war selbst in dem Wohngebäude der beste Platz bereitet worden. Rechts und links befanden sich nur drei kleine Zimmer für die Bedürfnisse der

Familie, und im zweiten Stockwerk waren durch den freien Auf-
gang zur Bodenlucke, welche zu den oberen Packräumen hinführte,
nicht minder die eigentlichen Wohnstuben eingeengt. Dessenungeachtet galt das Haus, als es gebaut wurde, für ein sehr stattliches
Gebäude, dessen Größe sich gerade nicht viele in der Stadt gleich-
stellen konnten. Allerdings zeugte das Ganze von einer gefesteten
bürgerlichen Existenz; allein keiner der Enkel hat gewiß je so unbequem und unfreundlich gewohnt als der Großvater, der bis zu
seinem Ende in seiner Burg verblieb. Sah man sich dann weiter
in Küche und Keller nach der Art und Weise um, wie der Haushalt geführt wurde, so trug derselbe noch die Spuren alter Gewohnheiten, die uns Kindern schon nahezu antediluvianisch vor-
kamen, gleich als ob zwischen der Erschaffung der Welt und Großvaters Geburtstage gar nicht viel Zeit verflossen seyn könnte. Da
lag noch im Hofe der Holzblock, auf welchem jährlich im Herbste
der Ochse geschlachtet worden war, damit Herrschaft und Gesinde
für den Winter gesalzenes und geräuchertes Fleisch hatten. Sorg-
fältigst wurde, nach den Erzählungen der Eltern, jedes Familien-
mitglied an dem großen Feiertage des Schlachtens in's Zimmer
gesperrt, bis das Thier todt dalag, weil sonst bei einem etwaigen
falschen Hieb des Metzgergesellen das wüthend gewordene Opfer
vielleicht Schaden anrichtete. Und war es nun endlich wirklich
nach den Regeln der Zunft zu Fall gebracht, ausgenommen und
seiner Haut entledigt, dann mußte es unter der Decke der Flur,
an starken Tauen hinaufgezogen, einige Tage frei im Hause hängen; und Groß und Klein, der alte Herr an der Spitze, be-
trachteten von Stunde zu Stunde im Vorgeschmack kommender
Mahlzeiten von außen den mächtigen Bug und Rücken des statt-
lichen Viehs. War aber Großmütterchen besonders gut gelaunt
gewesen, so trug dasselbe als äußeren Schmuck an allen vier Beinen
zierlich weiße Manschetten, aus Papier geschnitzt; die Solidität des
Fleisches trat dadurch für die kennerschaftliche Beobachtung noch
deutlicher hervor. Unsere lieben Hausfrauen von heute wissen es
gar nicht, oder denken wenigstens nicht daran, wie leicht sie im
Vergleich zur Großmutter jetzt den Haushalt führen können. Die

weit vorgeschrittene Theilung der Arbeit hat für jedes Hausbedürfniß
besondere Etablissements geschaffen, die jeden Augenblick bereit sind,
die benöthigten Gegenstände zu liefern. Es ist gar nicht mehr er=
forderlich, das Haus im Herbste mit Nahrungsmitteln zu verpro=
viantiren, man kauft dieselben den ganzen Winter hindurch von
verschiedenen Händlern eben so gut und billig, als ob man sie
selber eingesetzt, eingemacht oder aufgespeichert hätte. Großmütter=
chen dagegen mußte sich zur rechten Zeit wohl vorsehen, daß es
im Falle der Noth dem Tische an nichts fehle. Sie hatte im
Herbste noch Roggen einzukaufen und ihn beim Müller mahlen zu
lassen, weil ihre Köchin alle Sonnabend den Teig für das Roggen=
brod selber anmachte, das dann im Ofen des Bäckers gar gebacken
wurde. Die Gemüse ließ sie unter eigener Aufsicht in dem Garten
vor der Stadt ziehen; beim Bohnen= und Sauerkrauteinmachen
halfen alle weiblichen Hände der Familie, vielleicht gar der Ver=
wandtschaft, mit; diese Festtage wurden früher durch das ganze
Haus hin gerochen. Was weiß denn jetzt wohl die glückliche
Männerwelt von jener entsetzlichen Woche allherbstlich, während
welcher „die große Wäsche" im Hause war? Gegenwärtig gibt
man das gebrauchte Leinenzeug einfach dem Waschmann, der es
nach kurzer Zeit rein und gebügelt zurückbringt. Damals — o
Grausen! — rückten eines schönen Morgens, wo möglich schon um
drei Uhr, die Waschfrauen in hellen Haufen vor das Haus, störten
die süßeste Frühruhe; Großmütterchen selber hielt es nicht mehr
im Bette aus. Wasser ward herbeigeschleppt, Feuer angezündet,
die Holzschuhe der Weiber klapperten auf den Treppen und der
Diele, viel unnöthiges Geschwätz ertönte dazwischen, und ein Seifen=
duft durchzog alle Zimmer. Wir schildern hier aber nicht etwa
das haushälterische Treiben in irgend einem Ackerbaustädtchen, wir
haben dabei vielmehr einen der ersten Handelsplätze Deutschlands
und in demselben ein blühendes Kaufmannshaus im Auge. War
es denn unter der Fülle der häuslichen Pflichten zu verwundern,
daß die Großmutter wenig Zeit zum Bücherlesen, zum Klavier=
spielen oder zur Stickarbeit fand? Wenn das Haus in Ordnung
gehalten werden sollte, so blieb ihr nichts anderes übrig, als unter

eigener Leitung die Hauptgeschäfte vornehmen zu lassen. Da gab es noch keine zuverlässigen Sattler, denen das Matratzestopfen hätte anvertraut werden können; Würste, von einem Wurstmacher gekauft, wären gar nicht gegessen worden. In welchem Bürgerhause werden jetzt noch wohl Würste gemacht — drei Tage lang nichts als wurstliches Hacke Gemacke! Man soll indessen nur immer bedenken, daß vor neunzig Jahren die Theilung der Arbeit im Gewerbestande nicht mit der heutigen verglichen werden könnte. Und wie die Großmutter trotz ihrer, ohne allen Zweifel gut gefüllten Haushaltungskasse zu einer Wirthschaftsweise genöthigt war, von der die Enkelinnen sich nichts träumen lassen, eben so einfach und in enge Grenzen gewiesen zeigte sich das Leben des Großvaters. Schon in seiner Kleidung mußte sich der damalige Zustand der Industrie kundgeben. Wir sind es nicht anders gewohnt, als mindestens alle Frühling vollständig mit unserer Toilette zu wechseln; die Stoffe sind schon darnach eingerichtet, daß sie nicht länger halten. Der Großvater dagegen trug seinen Rock zehn Jahre und mehr; das eigentliche Feierkleid reichte vielleicht gar für das ganze Leben aus. Nicht minder einfach war seine Zimmereinrichtung. Wies auch ein altes schönes Bild aus der holländischen Schule, welches über dem Sopha hing, darauf hin, daß der Inhaber der Stube Sinn für die Kunst hatte, so fehlte doch jedem sonst darin vorhandenen Geräthe die geschmackvolle Form oder die Harmonie der Farben. Das Wort „Comfort" kannte der Consument noch nicht, aus dem natürlichen Grunde, weil der Producent gleichfalls nicht wußte, was es zu bedeuten habe. Und doch liegen zwischen dem ledergepolsterten Großvatersitze und dem rocking-chair nur neunzig Jahre. Steif und fest saß der alte Herr in seinem harten Sorgenfessel, in ewiger Bewegung wiegt sich der Enkel in seinem weichen Schaukelstuhle — drei Generationen!

Eine jede Zeitperiode in dem Entwicklungsgange der gesammten Menschheit wie in dem Entwicklungsgange eines einzelnen Volkes läßt aber alle ihre äußeren und inneren Verhältnisse in einer gewissen Harmonie erscheinen; dem, so zu sagen, körperlichen Leben der Menschen, den Bedingungen, von welchen dasselbe abhängt,

entspricht auch allemal ihr geistiges Thun und Treiben. Hat nun
der Historiker bei der Betrachtung einer bestimmten Epoche diese
angedeutete Harmonie sich zunächst klar zu machen, und erst nach
ihrem Maßstabe die einzelne hervortretende Persönlichkeit in ihrer
Bedeutung zu bemessen, so muß andererseits der Kritiker aus dem
aufgestellten Satze die Folgerung ziehen, daß der Fortschritt der
Geschlechter gleichzeitig auf den verschiedensten Gebieten des mensch=
lichen Daseyns vor sich geht. Klein und beengt, wie uns gegen=
wärtig die Verhältnisse erscheinen, unter denen die Großeltern den
Faden ihrer Tage abspannen, ebenso beengt zeigen sich uns auch
ihre politischen und kulturlichen Auffassungen und Anschauungen.
Die Schulen, in welchen sie ihren ersten Unterricht empfingen,
würden vielleicht heute kaum noch diesen Namen verdienen. Die
Grundelemente des Wissens bestanden auch für den gebildeten Bür=
gerstand damals in Lesen, Schreiben, Rechnen und in einer ge=
nauen Bekanntschaft mit der Bibel; Lateinisch und Griechisch wurde
nur auf den Gymnasien gelehrt, Französisch lernte man im besten
Falle gelegentlich durch Gouvernanten oder Hauslehrer. Geschichte,
Literatur, Naturwissenschaften fanden sich wohl auf keinem Schul=
plane. Noch gegenwärtig kann man alte Damen darüber klagen
hören, daß sie in ihrer Jugend nicht einmal in der Geographie
ordentlich unterrichtet worden seyen. Die Länderbildungen der
Erde, die Gestalt der Meere, oder die untersten Begriffe der Astro=
nomie blieben ihnen unbekannt. Denn auch noch in den reiferen
Jahren bot sich wenig Gelegenheit dar, die unverschuldeten Ver=
säumnisse der Kindheit einzuholen. Der deutsche Buchhandel be=
wegte sich im Vergleich zu heute noch in den Kinderschuhen; ein
einziger Mantelsack, von dem im Lande umherreitenden Buchhändler
hinten auf's Pferd geschnallt, genügte, um die literarischen Bedürf=
nisse einer weiten Umgegend zu befriedigen. Wer sich von dem
durchschnittlichen geistigen Zustande des Bürgerthums am Ausgange
des vorigen Jahrhunderts eine Vorstellung verschaffen will, der
stöbere einmal in den alten Hausbibliotheken herum, wie sie sich
hie und da noch in irgend einem vergessenen Winkel unter dem
Dache erhalten haben. Die periodische Presse, das Zeitungswesen,

welches der heutigen Welt nothwendig geworden ist, wie das liebe Brod, hatte sich erst in vereinzelten Häusern Zugang gebahnt; und wie hätte es auch belebend auf das Publikum einwirken sollen, da es ihm selber an wirklichem Leben gebrach? Die Journale enthielten nichts als einen dürftigen Bericht der größeren Welt= begebenheiten, von denen die Kunde sich äußerst langsam und noch dazu verworren in weiteren Kreisen verbreitete; und geschichtliche und sonst politische Werke, an welchen sich ein tieferes Verständniß des Staatslebens und seiner Gesetze hätte emporbilden können, drangen nicht über die abgeschlossene Republik der Gelehrten hinaus. Auch war die Berührung der Einzelnen mit der Außenwelt viel zu gering, als daß das Leben selber in einer großen Mannigfal= tigkeit der Begebnisse die Menschen geistig viel gefördert hätte. Bei dem Zustande der Landstraßen und der mangelhaften Entwicklung des Postwesens fiel das gegenwärtig so wirksame kulturliche Ele= ment des Reisens beinahe noch ganz weg. Bloß ein Geschäfts= oder ein Badeausflug machte die Menschen einmal vorübergehend von der Scholle los; man hatte sehr wenig Bekanntschaften im Auslande aufzuweisen, die etwa einen Briefwechsel hervorriefen. Und dabei war das Porto so hoch, die Correspondenzverbindung zwischen den verschiedenen Orten noch so unregelmäßig und unzu= verläßlich, daß oft nahe Verwandte, die von einander entfernt lebten, Jahre lang nichts von einander erfuhren. Die Literatur bediente sich damals wohl für ihre didaktischen oder philosophischen Abhandlungen der Briefform; die wirklichen Briefe spielten jedoch in dem kulturlichen Daseyn der Großeltern eine untergeordnete Rolle, oder sie wurden, weil sie eben noch so selten waren, fast wie Broschüren angesehen, die man in der Nachbarschaft herumlieh.

Dergestalt blieben denn auch die Geister in der kleinen Peri= pherie des städtischen Lebens eingeschlossen. Ein großes gemeinsames Vaterland, dessen Ringen und Kämpfe, dessen Schicksale oder Er= folge die Gemüther in Anspruch genommen und über das Weichbild der Vaterstadt hinaus zu einander geführt hätten, kannten unsere Großväter nicht; sie fühlten gar nicht einmal das ganze Gewicht des Elendes, unter welchem Deutschland damals erlag. Das heilige römische Reich war ja seit Jahrhunderten gleichen Schrittes mit der deutschen Wirthschaft einem unaufhaltsamen Verfalle entgegengegangen. Die Schattenfigur des deutschen Kaisers übte keinen politischen Zauber mehr aus, der Reichstag und das Kammergericht führten nicht minder eine Scheinexistenz. Was den einzelnen deutschen Bürger nicht unmittelbar in Haus und Hof traf, ging ihn politisch nichts an. Allerdings hatte der österreichisch-preußische Krieg in einigen hervorragenden Köpfen mehr Aufmerksamkeit für die vaterländischen Angelegenheiten hervorgerufen; sie standen indessen mit ihren Hoffnungen und Befürchtungen vereinsamt in der Menge, und auch sie trugen sich wohl kaum mit ernstlichen politischen Zukunftsplänen. Der große Haufen vollends nahm stumpf und dumpf die Weltereignisse hin, die rund umher vorgingen. Fühlte sich aber in jenen Zeiten das deutsche Bürgerthum nicht im Entferntesten als Theil einer in sich geschlossenen Nation, so fühlte sich dafür innerhalb der eigenen Ring- oder Hausmauern der einzelne Bürger als eine um so wichtigere Person. Auch in das lächerliche Selbstbewußtseyn, das die Menschen vor drei Generationen beseelte und beherrschte, können wir uns jetzt ebensowenig mehr hineindenken, als wir uns im Geiste in die Beschränktheit ihrer wirthschaftlichen Verhältnisse zu versetzen vermögen. Weil eben in jenen Tagen von dem Durchschnittsmenschen der kulturliche und politische Horizont mit dem Radius der Nasenlänge gezogen wurde, deßwegen erschien man sich in dem selbstumschriebenen Kreise so groß. Wenn auch vielleicht die Erde nicht mehr im Mittelpunkte des Weltalls lag, so lag doch das eigene kleine Selbst unbedingt im Mittelpunkte des Erdumfanges. Die städtischen Magistratspersonen von damals sind heutzutage auf der Bühne zu komischen Figuren geworden; sie waren indessen in der bewegten Zeit von ihrer Gewichtigkeit im vollsten Ernste überzeugt. Zu Hause ward dem Hausherrn von Seiten des Gesindes fast fürstliche Ehre erwiesen, und in Amt und Würden mußten vor den städtischen Honoratioren die Untergebenen sich ebenso tief bücken, als die Hofleute in der Umgebung des Königs. Gottlose Enkel, die zum Entsetzen des alten Dieners den großväterlichen Staatsdegen als

Steckenpferd benutzten, oder mit dem weißstäubenden großmütter=
lichen Puderbeutel Fangball spielten! Zitterte nicht die Erde in
ihrem Innersten, wenn solche Dinge geschehen konnten? Wehe aber
damals demjenigen, der in seinem unbewachten Herzen vielleicht
eine Ahnung davon verrieth, daß es für den Menschen noch andere
Lebenszwecke auf der Welt gäbe, als später einmal bei sogenannten
reifen Jahren in den städtischen Magistrat zu gelangen! Geist und
Seele waren in den abgeschmacktesten Albernheiten gefangen. „Die
gute, alte Zeit" war in Deutschland, nach ächt menschlichem Maß=
stabe gemessen, eine entsetzlich armselige Periode unseres Volkes;
die wenigen Geistesheroen lebten für die Zukunft, das Pfahlbürger=
thum ihrer Gegenwart hatte kein wahrhaftes Verständniß ihres
Wesens und ihres Wirkens.

Wir bemerkten oben, nicht die französische Revolution sey es
gewesen, welche mit ihren Rückwirkungen eine Veränderung in
dem angedeuteten Zustande der deutschen Dinge hervorgerufen hat.
Die wirklichen ökonomischen, gesellschaftlichen und kulturlichen Neu=
gestaltungen beginnen erst einzusetzen, als gleichzeitig mit den An=
ordnungen des Wiener Congresses die Meerschifffahrt für Deutsch=
land frei wurde, und in Folge davon Handel und Industrie einen
neuen Aufschwung nahmen. Die große Umwälzung in Frankreich
und die französische Fremdherrschaft in Deutschland dienten nur
dazu, rascher, als es sicher im ruhigen Verlaufe der Verhältnisse
der Fall gewesen wäre, die alten socialen Einrichtungen, Sitten
und Gewohnheiten mehr in den Hintergrund zu stellen. Die ge=
waltigen Kriege zertraten mit unerbittlichem Fuße das kleinbürger=
liche deutsche Stillleben. Die großelterliche Generation wurde mit
der Nase darauf gestoßen, daß in der bisherigen Weise das poli=
tische Daseyn von Deutschland nicht fortgeführt werden könne. Sie
mußte aber erst an Hab' und Gut, an Ehre und Blut mit Scor=
pionen gezüchtigt werden, ehe sie im Stande war, das französische
Joch abzuschütteln. Deutschlands Leiden am Anfange unseres Jahr=
hunderts waren furchtbar; an sie und an die völlige Erniedrigung
des Vaterlandes wird gegenwärtig kein Deutscher ohne den tief=
sten Schmerz zurückdenken. Dessenungeachtet sollte man auf dem

Standpunkte einer allgemeinen Weltbetrachtung fast meinen, daß
eine solche Heimsuchung unserer Nation nöthig war, um sie für die
später zu beginnende Entwicklung zu befähigen. Wie gesagt, mehr
als einen Reinigungsproceß vermögen wir bei unserer ökonomisch=
socialen Anschauung der Geschichte in den Freiheitskriegen nicht zu
erblicken; deßhalb nimmt es uns denn auch gar nicht Wunder,
daß nach der Aufregung derselben, die so hohe Wogen getrieben
hatte, eine allgemeine Erschlaffung und Ernüchterung der Gemüther
eintrat; die gesellschaftlichen Zustände in Deutschland entsprachen
noch keineswegs den Hoffnungen, welche der ideale Patriotismus
von der Wiedergeburt des Vaterlandes hegte. Während der Kriege
und der Fremdherrschaft hatte ja eine wirthschaftliche Stärkung
des Bürgerthums bei uns nicht stattfinden können. Der Handel
nach Nordamerika, welcher alsbald nach dem Abschlusse des Friedens
von Versailles von der nordischen Küste eröffnet wurde, war in=
zwischen durch die Bedrückungen der neutralen Flagge und später
durch die Continentalsperre völlig wieder in's Stocken gerathen.
Hatten auch die großen politischen Ereignisse die Geister in Bewe=
gung gesetzt, so blieben doch die ökonomisch=socialen Verhältnisse
so ziemlich dieselben, wie früher. Erst als die Ruhe in Europa
neu hergestellt war, wirkte die veränderte Gestaltung des inter=
nationalen Lebens kräftigend auf Deutschland zurück.

Ein Historiker wird es daher wohl zu beachten haben, daß
gleichzeitig mit den kriegerischen Errungenschaften des deutschen
Volkes ganz neue Bedingungen für die wirthschaftliche Arbeit des=
selben sich darboten. Je mehr nämlich allmählig der aus dem
Freiheitskampfe herrührende ideale Schwung der Nation an den in
der Wirklichkeit bestehenden Hindernissen sich zerrieb, um so weiter
griff die Erstarkung unserer ökonomischen Verhältnisse und damit
die Durchbildung frischer politischer Elemente im Vaterlande um
sich. Wie das Menschen= und Staatsleben nun einmal von der
Natur geordnet ist, reichen leider die idealen Momente nicht hin,
um das nationale Daseyn eines Volkes auf eine feste Grundlage
zu bringen. Diese social-politische Wahrheit ist indessen unmittelbar
nach den Freiheitskriegen in der allgemeinen Aufregung verkannt

worden. Wir schauen gewiß gegenwärtig trüben Blickes auf die mannigfachen persönlichen Conflikte zurück, in welche damals die besten Männer der Nation geriethen, weil sie ihre staatlichen Bestrebungen nicht an der vorhandenen Wirklichkeit maßen; aber wie viel individueller Seelenadel auch im Kampfe gegen die im Staate ausschließlich gebietenden Parteimächte aufgeopfert wurde, eine nationale Zusammenfassung Deutschlands war thatsächlich noch nicht möglich; das Bürgerthum mit allen seinen wissenschaftlichen und kulturlichen Beziehungen war noch nicht entwickelt genug, um schon ein entscheidendes Gewicht in die Wagschale der deutschen Geschichte werfen zu können. Ganz ist deßwegen die Generation unserer Väter niemals aus dem angedeuteten Dualismus herausgekommen. Das großväterliche Geschlecht hatte bei der Beschränktheit seines äußeren Daseyns ein in sich harmonisches Leben geführt. Sein politisches Wollen ging nicht über sein politisches Können hinaus. Es fand gar nicht für nöthig, seine etwaige sociale Kraft zu prüfen, weil es eigentlich gar keine politischen Zielpunkte aufzuweisen vermochte; es wollte staatlich nichts erreichen und konnte auch staatlich nichts durchsetzen; es ließ die öffentlichen Angelegenheiten gehen, wie sie eben gehen mochten. Unsere Väter dagegen, in dem Taumel der französischen Zeit großgewachsen, und ohne genaues Verständniß der im politischen Leben waltenden Gesetze, geriethen alsbald in einen unverhüllbaren Zwiespalt zwischen Wollen und Können. Eine Periode der Romantik, wie sie in Deutschland während der ersten drei Decennien unseres Jahrhunderts vorherrschte, kehrt in ähnlicher Weise allemal dann im Entwicklungsgange eines Völkerlebens wieder, wenn das geistige Leben der Nation sich von dem Boden der gegebenen Verhältnisse losgerissen hat. Denn man darf die deutsche Romantik nicht etwa bloß in den Erzeugnissen unserer poetischen Literatur suchen; sie gibt sich ebenso gut auf dem Gebiete der Politik kund. Nicht aus der Gegenwart heraus und gemäß der in ihr gegebenen Lebensbedingungen sollte die nothwendige staatliche Organisation des Vaterlandes vor sich gehen: man fragte sich nicht, was ist denn in Deutschland an social-politischem Stoffe da, um darauf zu berathen, wie derselbe in einer geeigneten

Weise geordnet werden könne; sondern man machte historische Erin=
nerungen oder abstrakte Construktionen zu staatlichen Schablonen,
in welche dann die deutsche Realität hineingepaßt werden sollte.
Diese Verirrung des deutschen Nationalgeistes bei der Wiederauf=
nahme der lange vollständig vernachläſſigten politischen Arbeit läßt
ſich allerdings ſehr gut erklären. Bei der oben betonten Bedeu=
tungsloſigkeit unſerer ökonomiſch=ſocialen Verhältniſſe nach dem
dreißigjährigen Kriege hatte die Nation als ſolche nur noch ein
geiſtiges Geſammtleben geführt; ſie war der Wirklichkeit völlig
fremd geworden. So mußte ſie denn auch anfänglich nach Been=
digung der Freiheitskämpfe mit der Wirklichkeit für die deutſche
Geſammtpolitik wenig oder nichts anzufangen. Es gilt jedoch heut=
zutage, alle Ueberreſte der politiſchen Romantik zu beseitigen; und
darum kommt es für die Politiker in der zweiten Hälfte unſeres
Jahrhunderts ſo ſehr darauf an, ſich über die von der vorange=
gangenen Generation gemachten politiſchen Fehler klar zu werden.

Während nun der mit dem Wiener Congreſſe beginnende ſo=
genannte Altliberalismus ſein Augenmerk ausſchließlich auf die
rechtsſtaatlichen Beziehungen unſeres öffentlichen Lebens richtete und
von ihnen aus innerhalb der conſtitutionellen Normen und Formen
einer phantaſtiſchen deutſchen Zukunft entgegenſtrebte, ſchritt die
Entwicklung unſerer Volkswirthſchaft, von der allgemeinen Auf=
merkſamkeit kaum beachtet, auf ihrer eigenen Bahn einher. Nach
drei verſchiedenen Seiten hin ſehen wir aber die neue ökonomiſche
Bewegung in Deutſchland ſich wenden. Die Ausbreitung unſeres
Seehandels, die Durchbildung unſeres Fabrikweſens und die Be=
freiung des Ackerbauthums von den feudalen Laſten gehen gleich=
zeitig vor ſich; da mußte denn wohl die geſammte ſocial=politiſche
Gliederung der Nation im Laufe der Jahre eine andere werden.
Wir haben es früher berührt, wie der Schifffahrtsverkehr der Groß=
väter ſich nur zu den Häfen der atlantiſchen Küſte Europa's und
ſtellenweiſe vielleicht nach Italien erſtreckte. Die Fahrzeuge, welche
ſie zu ihrem Waarentransporte gebrauchten, waren deßhalb auch
verhältnißmäßig klein; die geringere Ladung und die kleineren
Reiſen erforderten keine großen Kauffahrteifahrer. Mit der

Eröffnung der amerikanischen Häfen für die deutsche Flagge hatten
demnach zunächst einmal unsere Seewerften anzufangen, den ver=
änderten Bedürfnissen im Schiffsbau gerecht zu werden. Der
Schiffskörper wurde für bedeutendere Frachten eingerichtet, die Ta=
kelage, die in der bisherigen Küstenfahrt vollkommen ausgereicht
hatte, genügte nicht mehr für die weite Reise über den Ocean.
Rief aber in Folge dessen der vermehrte Holzbedarf im Norden
reichere Holzzufuhren aus dem Innern von Deutschland nach der
Elbe= und Wesermündung hervor, dessen Rückwirkungen auf die
binnenländische Forstkultur nicht ausbleiben konnten, so stellte auch
die Frachtfahrt nach Amerika andere Ansprüche an den Kapitän
und die Mannschaft, als die zeitherige Küstenfahrt. Was wußte
denn am Schlusse des vorigen Jahrhunderts der deutsche Seemann
von Mathematik und Astronomie? Sobald er lesen und schreiben
und sein Schiff steuern konnte, war seine Bildung fertig. Jetzt
entstehen an der norddeutschen Küste Navigationsschulen, die alte
Empirie wird auf eine wissenschaftliche Basis zurückgeleitet, der
Seeschifferstand hat eine ganz andere Bedeutung erhalten, als
früher. Und wie die anders gewordene Schifffahrt andere Seeleute
verlangt, ebenso beansprucht der anders gewordene Handel ein
anderes Kaufmannsthum. Die kaufmännische Carriere der Groß=
väter war sehr einfach gewesen. Man hatte sie in ihrer Jugend
auf irgend ein Comptoir gesteckt, wo sie Jahre hindurch bloß Hand=
langerdienste verrichten mußten, dann lernten sie die doppelte Buch=
führung, etwas kaufmännische Correspondenz, arbeiteten, wenn
es hoch kam, vorübergehend in einer englischen oder holländischen
Firma und setzten später des Vaters Geschäft in gewohnter Art
fort. Daß der Handel ein wichtiges Moment des ganzen nationalen
Lebens ist, und zu einem Kaufmannsbetrieb auch national=ökono=
mische, geographische, statistische und politische Kenntnisse gehören,
kam ihnen nicht in den Sinn. Sie kannten in alter Gewohnheit
ihr Geschäft, das genügte ihnen und genügte vielleicht auch über=
haupt der gesammten Lage der damaligen Wirthschaftsverhältnisse.
Fortan begaben sich die jungen Commis nach vollendeter Lehrzeit
als Cargadeurs oder Agenten ihrer heimathlichen Häuser in die

amerikanischen Häfen. Es knüpften sich direkte Geschäftsverbin=
dungen zwischen Deutschland und Nordamerika an. Hatten nun
bis dahin die Importeurs an der Küste ihre aus den europäischen
Handelsplätzen bezogenen Colonialwaaren mit dem Export deutscher
Rohstoffe nach England, Frankreich, Holland oder Spanien bezahlt,
so sahen sie sich in dem amerikanischen Verkehr genöthigt, zu der
Ausfuhr deutscher Fabrikate zurückzugreifen, da ja Amerika selber
sich im überreichlichen Besitze der Hauptrohstoffe befindet. Man
täusche sich darüber nicht: bis zu dieser Zeit waren die Bande,
welche die norddeutsche Küste an das Binnenland fesselte, eben
nicht besonders eng geknüpft gewesen. Die Städte Hamburg und
Bremen glaubten, eine Art wirthschaftlicher Selbstständigkeit zu
besitzen. Daß sie nur den Austausch Deutschlands mit dem Aus=
lande vermittelten, und somit durchweg von der Consumtions=
fähigkeit des Binnenlandes abhängig blieben, war ihnen nie näher
getreten. Erst der erwachende Bedarf an Exportgegenständen lenkte
sie darauf hin, daß sie ein Interesse an der Entwicklung der deut=
schen Industrie besaßen. Deßwegen muß fortan das nordische
Gestade, je weiter es in den Welthandel hineintritt, auch um so
mehr seine Beziehungen zu seinem Hinterlande ausdehnen. Ein
jeder neu über den Ocean gezogene, commercielle Faden ruft auch
einen neuen Einschlag in das innere deutsche Güterleben von Seiten
Hamburgs und Bremens hervor. Und als gar Südamerika gleich=
falls sich von dem europäischen Colonialsysteme befreit, führt der
vergrößerte transoceanische Handelsraum die genannten Plätze für
den Bezug wie für den Absatz noch inniger auf Deutschland zurück.
Fast nachweisbar von Jahr zu Jahr werden die mercantilen An=
schauungen an der Küste nationaler. Der Zwischenverkehr der
Seestädte nach der Ostsee hin läßt zwar für ihr ehemaliges kosmo=
politisches Gebahren immer noch einigen Platz über. Noch manch=
mal ertönt ein Wort vom Norden her nach dem Innern von
Deutschland hinein, als ob den deutschen Seehandel die Gestaltung
der wirthschaftlichen Verhältnisse im Binnenlande nicht weiter zu
kümmern brauchte. Mit dem steigenden Interesse an der ein=
heimischen Produktion und Consumtion steigt indessen auch die

Einsicht, welchen Platz eigentlich die Häfen im deutschen Güterleben einnehmen, und an das bessere Verständniß der ökonomischen Bedingungen der deutschen Volkswirthschaft lehnt sich dann ein besseres Verständniß der daraus resultirenden politischen Consequenzen an.

Seinerseits blieb denn auch der binnenländische Gewerbfleiß nicht hinter den Anforderungen der veränderten Zeit zurück. Bis zum Schlusse des vorigen Jahrhunderts hatte das deutsche Fabrikwesen nicht viel bedeutet. Die neuen englischen Maschinen waren noch nicht über den Kanal gekommen; die alte Handarbeit und die geringe Theilung der Produktion dauerte bei uns in der früheren Weise fort. Wo nicht gerade besonders günstige örtliche Unterstützungen den deutschen Fabriken zu Hülfe kamen, waren sie trotz der schlechten Verkehrsmittel im Innern von Deutschland selten im Stande, die englische oder französische Concurrenz auch nur von ihren eigenen Wohnsitzen abzuhalten. Namentlich sah es mit der Baumwollenindustrie, die schon in Großbritannien seit länger eine bedeutendere Rolle spielte, in Deutschland noch kläglich genug aus. Nur die Tuchmanufakturen, die Leinwandwebereien, die Zuckerraffinerien und Lederfabriken behaupteten einigermaßen ihre Selbstständigkeit bei uns; doch ging auch, außer Leinwand, von ihren Erzeugnissen wenig genug ins Ausland ab. Einen künstlichen Wandel hatte in diesem Zustande dann die Continentalsperre geschaffen.

Mit der vollständigen Unterbrechung des Seehandels hörten auch die Zufuhren der englischen Industriegegenstände in Deutschland auf. Die einheimischen Fabrikanten, gegen die auswärtige Concurrenz dergestalt gedeckt, vermochten nun bei der Versorgung des deutschen Marktes ihre Etablissements auszudehnen oder neue zu gründen. Allerdings ruhten dieselben zum bei weitem größten Theile keineswegs auf einer gesunden Grundlage. Das in der Continentalsperre thatsächlich liegende Prohibitivsystem verschaffte ihnen die Möglichkeit der Existenz, und mit der Beendigung des europäischen Krieges mußte der in sein altes Bett zurückgekehrte englischdeutsche Handel schlimme Verheerungen unter jenen jungen Fabrikanlagen anrichten. Außerdem hatte das englische Fabrikantenthum

noch obendrein den wohlbedachten Plan, mittelſt Schleuderpreiſen
die in der Zwiſchenzeit entſtandene deutſche Induſtrie wieder zu
ruiniren. Dem Feldzuge Europa's gegen Napoleon I. folgte ein
Feldzug der brittiſchen Induſtrie gegen die feſtländiſche. Un=
geheure Maſſen von Fabrikaten wurden in der letzten Hälfte des
zweiten Decenniums von England, dem die Bourbonen in Frank=
reich alsbald wieder einen Prohibitivzoll entgegenſetzten, namentlich
nach Deutſchland hinübergeworfen. Allein ſo traurig es auch da=
mals mit der deutſchen Arbeit ausſah, ſie hatte doch während der
franzöſiſchen Zeit eine größere Anregung erhalten; ihre nunmehr
gefährdete Lage ließ daher die Staats = und Geſchäftsmänner auf
Abwendung der Noth ſinnen. Damit trat denn aber das deutſche
Wirthſchaftsleben in den Kreis der deutſchen Politik ein; die Re=
gierungen konnten ihm ihre Aufmerkſamkeit nicht mehr verſagen.
Die Oppoſition des Altliberalismus kämpfte zwar im öffentlichen
Leben noch immer um mehr oder weniger abſtrakte Staatsrechts=
poſitionen; ſie verband ſich noch keineswegs mit den neuen ökono=
miſch=ſocialen Momenten im Vaterlande. Dagegen wußten dieſelben
ſich durch ſich ſelbſt Anerkennung zu verſchaffen und, wie ſie jetzt
anfingen, in der Politik berückſichtigt zu werden, ſo rangen ſie
auch bald dem deutſchen Schulunterrichte ſehr weſentliche Zuge=
ſtändniſſe ab. Für die Ausbildung der Jugend in den ſogenannten
exakten Wiſſenſchaften war bisher ſo gut wie gar nichts geſchehen.
Der Handwerkerſtand lernte ſein Gewerbe einzig und allein in der
Werkſtatt, der Kaufmannslehrling auf dem Comptoir; was hatten
unſere Großväter von Handels = oder polytechniſchen Schulen ge=
wußt? Wer etwa ſeine Durchbildung weiter verfolgen wollte, der
mußte das Gymnaſium durchmachen; die claſſiſche Philologie war
ein unabweisbares Erforderniß jeder höheren Cultur. Bei der
regeren Bewegung, die jedoch nun in das ökonomiſche Getriebe des
Vaterlandes gekommen war, verlangten die eigentlich producirenden
Claſſen für ihre Söhne andere Lehrgegenſtände, als ſie bis dahin
in den Schulen vorgetragen worden waren. Das heranwachſende
Geſchlecht ſollte ſchon frühzeitig für ſeinen künftigen Beruf vorbe=
reitet werden; nicht den Ueberlieferungen einer weit hinter uns

liegenden Vergangenheit, sondern den Bedürfnissen der Gegenwart war Rechnung zu tragen. Keine Thatsache bezeichnet es indessen wohl schärfer, wie weit das deutsche Geistesleben sich früher von der Wirklichkeit entfernt hatte, als die Anfeindung, welche die Realschulen bei ihrem Entstehen erdulden mußten. Heutzutage lachen wir über die Ansichten, die damals von „gewiegten" Schulmännern über die verderblichen Neuerungen im Unterrichtswesen laut wurden. Es fällt niemandem mehr ein, die segensreiche Wirksamkeit der Gewerbeschulen, der polytechnischen Anstalten, der Handelsakademien bestreiten zu wollen. Um unsere Wiege indessen wogte noch der Kampf des neuen „Realismus" gegen die classische Bildung. Stellenweise wurde sogar der Untergang der Welt von der verwerflichen veränderten Richtung in der Schulbildung befürchtet; so schwer die Neugestaltung des Wirthschaftslebens selber in Deutschland zu kämpfen hatte, ebenso viel Anstrengung kostete es ihr auch, sich bei der Pädagogik Beachtung zu verschaffen. Unsere Schulmänner waren noch in überwiegender Anzahl für das ehemalige kleinstädtische Leben des Bürgerthums geistig zugerichtet; jetzt zwang die veränderte Zeit die Widerstrebenden, sich auch auf andern Gebieten des Wissens umzusehen.

Neben den durchgreifenden Wandlungen, wie sie in der angedeuteten Weise die städtischen Verhältnisse durch die Rückwirkungen des freier gewordenen internationalen Lebens erfuhren, ging dann die ungeheure Umgestaltung der landwirthschaftlichen Zustände einher. Kommende Geschlechter, die einen allgemeineren Ueberblick über die ökonomisch-sociale Geschichte unserer Zeit erlangt haben, werden es erst vollständig bemessen können, welcher ungeheure gesellschaftliche Fortschritt in der Abschaffung der agrarischen Feudallasten gethan worden ist. Der wirthschaftliche Kampf von anderthalb Jahrtausenden ward darin beendigt, der freie Grundbesitz wieder hergestellt, von welchem das deutsche Leben ursprünglich ausging.

Wir sind weit davon entfernt, die Natürlichkeit der feudalen Gliederung von Bodeneigenthum und Personen in der Periode der reinen Naturalwirthschaft in Abrede stellen zu wollen. Das Lehenswesen ist in wirthschaftlicher, wie in social-staatlicher Hinsicht die einzige Form, in welcher das von dem Geldumlauf noch nicht durchzogene Ackerbauthum zu einer größeren Theilung der ökonomischen und politischen Arbeit gelangen kann. Die feudalen Bildungen, die allmählig zwischen den früher unverbundenen Höfen naturgemäß sich einrichten, werden jedoch unter veränderten Wirthschaftsverhältnissen auf die Dauer ein unerträgliches Hinderniß der weitergehenden Volksentwicklung. Schon im Mittelalter beginnt mit der Verbreitung des Städtewesens in Europa nach und nach eine Auflehnung der ländlichen Bevölkerungen gegen jene Institutionen, die nunmehr die steigende ökonomische Bewegung hemmen. In den verschiedenen Bauernaufständen Englands, Frankreichs und Deutschlands spricht es sich ganz unverkennbar aus, daß neue wirthschaftliche Momente sich mit Gewalt freie Bahn brechen wollen. Es waren damals die drastischsten Mittel nöthig, um zu Gunsten der feudalen Vorrechte den Bauernstand in seiner früheren Abhängigkeit zu erhalten. Nach der Entdeckung Amerika's kamen in Deutschland noch anderweitige Umstände der feudalen Reaktion zu Hülfe. Mit dem Verfalle des Handels verfiel auch die Bedeutung der Geldwirthschaft im Reiche wieder; die alte feudale Pachtungsart, die schon begonnen hatte, sich auf den Geldzins umzusetzen, griff auf's Neue zu Naturalabgaben und Dienstleistungen; Leibeigenschaft, Frohnden und Zehnten faßten abermals festen Fuß. Dazu traten außerdem die Reihe innerer Unruhen in Deutschland, die Reformationskämpfe, der dreißigjährige Krieg, der Orleans'sche Krieg bis zum siebenjährigen Kriege hin, um der Landwirthschaft die wenigen Kapitalien, über welche sie etwa verfügte, zu schmälern. Einen rationellen Ackerbau gab es daher noch in den großväterlichen Zeiten kaum. Der Adel kümmerte sich wenig um den Zustand seiner Güter, und das Bauernthum vermochte bei den vielen feudalen Bedrückungen keine ökonomische Selbstständigkeit zu gewinnen. Da leitete sich nun nach Beendigung der Freiheitskriege überall in Deutschland die Ablösung der feudalen Lasten ein. Mit der Aufhebung der personellen Hörigkeit, welche schon das vorige Jahrhundert meistentheils zu Wege gebracht hatte, vereinigte sich die Freiheit des Grundeigenthums. Weil die modernen Zeiten an das Staatsleben andere finanziellen

Anforderungen stellten, darum mußten die Regierungen darauf
Bedacht nehmen, die Steuerkraft ihrer Unterthanen zu stärken; und
wenn sie aus diesem Grunde dem Handel und der Industrie mehr
Aufmerksamkeit zu schenken anfingen, so konnte es ihnen ebenfalls
nicht entgehen, daß eine gesteigerte Rohproduktion im Lande vor
allem die Einkünfte des Aerars erhöhen würde. Daher wandte sich
denn die Legislation der großen Aufgabe der Ablösung zu. Eine
Fülle geistiger Arbeit ist dazu erforderlich gewesen, um diesen Proceß,
dessen Durchführung einst, wie gesagt, mit Gewalt versucht worden
war, auf dem Wege friedlicher Verständigung der Interessenten zu
Ende zu bringen. Dabei blieb es selbstverständlich nicht aus, daß
die bäuerlichen Zustände überhaupt mehr die Theilnahme der Re=
gierungen gewannen. Zu der Beseitigung der feudalen Lasten ge=
sellten sich mannigfache Verbesserungen in der Anlage von Wegen,
Entwässerungen u. s. w., und wie das Großgewerbe sich seine Fach=
schulen einrichtete, ebenso strebte man darnach, landwirthschaftliche
Lehranstalten und Musterökonomien in's Leben zu rufen. Auch in
das deutsche Bauernthum wurden neue kulturliche Keime gelegt;
der frischeren Bewegung in den Städten entsprach eine größere
Rührigkeit auf dem Lande. Mit dem früheren wirthschaftlichen
Schlendrian war es nun nicht mehr gethan. Da die fleißige Arbeit,
der rationelle Betrieb in der Stofferzeugung wie in der Stoffver=
arbeitung jetzt viel reicheren Gewinn brachte, so riß das Beispiel
des Einen die Andern mit sich fort. Und die errungenen Kapita=
lien dienten dazu, neue Verbesserungen zu machen, und weitere
Fortschritte zu ermöglichen. Die ganze Physiognomie des Güter=
lebens und in Folge dessen des Gesellschaftslebens hatte sich in
Deutschland verändert. Großvaters Alter fiel in eine ganz an=
dere Zeit!

Die Söhne, d. h. unsere Väter, wuchsen demnach unter völlig
neuen Verhältnissen auf, und fanden dann als Männer ein Leben
in Deutschland vor, für welches die Generationen ihrer Eltern keinen
rechten Maßstab besaß. Schon die Schulbildung war für die Knaben
wie die Mädchen eine gründlichere geworden. Großmütterchen konnte
von ihren Töchtern Manches lernen; „das Ei war wirklich klüger

als die Henne!" Wo hätten z. B. die Großeltern in ihren Kinder=
jahren einen Schulatlas hernehmen sollen? Die buchhändlerische
Industrie hatte noch gar nicht für dieses Bedürfniß hinreichend
gesorgt. Französisch und Englisch war am Schlusse des vorigen
Jahrhunderts noch nicht unter die Lehrgegenstände der Schulen
eingereiht, und von Literaturgeschichte für die Jugend wußte man
vollends nichts. Unmöglich konnte es da ausbleiben, daß in sehr
vielen Lebensanschauungen und Beziehungen Vater und Sohn,
Mutter und Tochter einander nicht verstanden. Manch junges Ge=
müth, das sich der regeren kulturlichen Strömung der Neuzeit gerne
hingab, verkümmerte bei der Enge des elterlichen Horizontes;
manche kräftigere Knabennatur lebte in offener Empörung gegen
die väterliche Autorität. Die veränderten Verhältnisse eines ganzen
Nationaldaseyns wirken oft tragisch genug in persönlichen Con=
flikten selbst auf die bürgerlichen Kreise zurück. Auch den Einzel=
menschen kann man, wenn es gilt, ein gerechtes Urtheil über ihn
zu fällen, nicht aus dem Zusammenhange mit seiner Zeit reißen.
Er ist einerseits mit allem seinem Denken und Empfinden das Pro=
dukt dieser Zeit und trägt andererseits auch seinen Theil an den
in derselben vorhandenen Gegensätzen mit. Im abgeschlossenen
Familienleben herrscht indessen in den seltensten Fällen ein klares
Bewußtseyn über die gleichzeitige ökonomisch=sociale Conjunktur des
ganzen Volkes; geschweige der ganzen Welt. Den Kindern wird
daher oft eine Neigung oder Abneigung, ein Wünschen und Wollen
als Charakterfehler angerechnet, und so der individuellen Moral
zugewiesen, was in einem Umschwunge des allgemeinen Gesellschafts=
thums seinen Ursprung hat. Wie die Könige und Großen auf den
Höhen eines Nationallebens den in ihrer Zeitperiode waltenden
socialen Kräften unterworfen sind — im Streite mit denselben
verläuft nur zu häufig das Lebensdrama einer geschichtlich hervor=
ragenden Persönlichkeit — so greift auch die Weltgeschichte, freilich
in viel schwächeren Ausläufern ihrer Mächte, bis in die kleinbür=
gerliche Existenz eines Privatmanns hinein. Warum konnte und
wollte die Generation unserer Väter nicht in derselben Weise leben,
wie die Großeltern gelebt hatten und noch in alter Gewohnheit

weiter lebten? Die Großväter sahen es nicht ein, daß seit ihren eigenen Jünglingstagen die Welt eine vollständige Wandlung erfahren hatte, während dagegen die Väter fühlten, daß das Leben an sie ganz andere Ansprüche richte und ihnen auch andere Möglichkeiten darbiete. Denn wie schon ihre Schulbildung viel gründlicher angelegt war, so hatten sie auch beim Heranwachsen viele andere Eindrücke in sich aufgenommen, als sie der Generation ihrer Eltern in dem gleichen Alter entgegengetreten waren. Die kriegerischen Ereignisse in ihrer Knabenzeit spiegelten sich natürlich in der jugendlichen Brust in einem helleren Lichte wieder, als in dem gedrückten Herzen der Alten. Der Ruf zum Kampfe für's Vaterland hatte dann ferner ihrer individuellen Entwicklung eine kräftige Anregung gegeben. Und als sie darauf nach Wiederherstellung des Friedens an die bürgerliche Arbeit gingen, fanden sie, wie wir gesehen haben, in Handel, Industrie und Ackerbau bald ganz neue Arbeitsbedingungen vor.

Nach der großväterlichen Art brauchte der Vater sein Haus nicht mehr einzurichten, selbst wenn sein Geldbeutel sich auch nicht mit der Kasse des alten Herrn messen konnte. Er sucht es oder baut es schon gar nicht mehr im engsten Centrum der Stadt. Am Schlusse des zweiten Decenniums in unserem Jahrhundert setzen diejenigen deutschen Städte, welche bereits von dem frischeren wirthschaftlichen Leben in der Nation mehr berührt werden, insgesammt Außenringe von Wohnungen an. Die alten Befestigungswerke oder Mauern werden weggerissen, die Vorstädte beginnen sich auszudehnen, die Straßenbepflasterung wird besser, die nächtliche Erleuchtung regelmäßiger. Dadurch sieht sich also mancher früher nicht weiter beachtete Raum in der städtischen Peripherie als Bauplatz benutzt. Lassen sich nun auch die damals errichteten Wohnhäuser an Comfort und Bequemlichkeit keineswegs mit den modernen bürgerlichen Gebäuden der Gegenwart vergleichen, so unterscheiden sie sich doch wesentlich von den Behausungen der vorangehenden Generation, die Bedürfnisse des Familienlebens werden darin mehr berücksichtigt. Früher hatte ein Kaufmannshaus, wie die Wohnung eines Hauensteiner Bauern, die Geschäfts- und Wohnräume unter

einem und demselben Dache gehabt, und außerdem wurde noch den
häuslichen Wirthschaftsangelegenheiten viel Platz eingeräumt. Fortan
wird das Waarenhaus von dem Wohnhause des Kaufmanns völlig
geschieden; beide Gebäude stoßen oft nicht einmal mehr aneinander;
und wenn schon dadurch die Zimmer größer werden, so ist es auch
nicht mehr nöthig, für die Führung des Haushaltes mehrere Stuben
abzugeben. Denn inzwischen hat das städtische Gewerbe eine un-
läugbare Entwicklung erfahren. Eine Menge von Haushaltserfor-
dernissen, die zeither von den Familienmitgliedern selber verfertigt
oder besorgt werden mußten, lassen sich jetzt eben so billig und
gut in den verschiedenen Läden kaufen. Auch findet die herbstliche
Verproviantirung der Vorrathskammern nicht mehr in der ehemaligen Weise statt; die benöthigten Stoffe sind den ganzen Winter
hindurch leichter zu beschaffen. Durch diese günstigeren Verhältnisse
gewinnt also auch das Frauenleben mehr freie Zeit zur geistigen
Fortbildung. Man mag vielleicht im ersten Augenblick den Socialhistoriker auslachen über seine Ansicht, daß zuvor durch äußere
Umstände der bürgerliche Haushalt minder beschwerlich werden mußte,
ehe die deutschen Bürgerfrauen als Consumenten der Literatur in
Betracht kommen konnten. Wer jedoch die Literaturgeschichte nicht
von der gesammten Kulturgeschichte losreißt, vielmehr alle Erscheinungen des öffentlichen Lebens auf die ihnen zu Grunde liegende ökonomische Basis zurückführt, der verkennt es auch nicht,
wie mit der Umgestaltung der Haushaltsführung eine ganz andere
Büchergattung in Deutschland auftaucht, weil nun für die Frauen-
lektüre nicht minder gesorgt werden muß, als für das Lesebe-
dürfniß der Männer. Die sogenannten „Hausbibliotheken“ mit
ihrem „allerlei Gemeinnützigen“ nehmen ihren Ausgang; die Leih-
bibliotheken werden fleißiger benutzt; die Musik zieht mit ihrem unvermeidlichen Klavier in jedes Haus ein; eine ganz neue Menschenklasse von Gewerbsleuten entsteht, um diesen veränderten Lebensansprüchen zu genügen. Die Großmutter war noch auf ihrem
„Hackebrette“ von dem Stadtorganisten unterrichtet worden, der auf
dem selbstverfertigten Linienpapiere ihr die Noten abschrieb. Wo
gab es denn damals lithographische Anstalten für den Notendruck?

Die wenigen Stickmuster, welche sie benützte, waren gelegentlich nach der Schablone einer Freundin abgezeichnet; bei ihr stand noch in der Zimmerecke das Spinnrad. Jetzt erscheint in der bürgerlichen Gesellschaft nach und nach die Schaar der Musiklehrer; die Anfertigung der Modejournale beschäftigt eine Menge Köpfe und Hände; für die Kinder werden besondere Jugendschriften herausgegeben. Deutschland ist, im großen Ganzen betrachtet, reicher geworden; die einzelne Individualität empfindet mehr geistige und körperliche Bedürfnisse als früher. Die Consumtion wirft sich auf viel mehr und viel mannigfaltigere Gegenstände; die Theilung der Arbeit geht demnach noch weiter auseinander; mit der veränderten Kleidertracht ist auch das menschliche Denken und Empfinden wesentlich anders geworden. Das ursprünglich lange wallende Lockenhaar, der Stolz des freien Germanen, war endlich in den immer weiter gehenden Künsteleien einer lebensarmen Zeit in dem gepuderten Zopf zusammengefaßt, und der verschnitzelten Menschennatur entsprach eine nicht minder alberne Kleidung. Mit der zurückkehrenden frischeren Bewegung in dem ganzen deutschen Wirthschaftsgetriebe kehrt nun auch eine frischere Natürlichkeit in dem Gebahren der Menschen zurück; die Umgangssprache wird wieder einfacher, der Briefstyl weniger überschwenglich; die Accolade verschwindet; die Kinder reden ihre Eltern mit dem geraden „Du“ an; an die Stelle der nichtssagenden Höflichkeitsphrase mit ihrem oft seltsamen Deutsch tritt der klarere Ausdruck eines gesunderen Gefühls.

Richten wir nun nach diesem flüchtigen Einblick in die veränderten Einflüsse des deutschen Familienlebens, wobei wir natürlicher Weise nur leichte Umrisse zeichnen konnten, unsere Aufmerksamkeit auf den gleichzeitigen Entwicklungsgang des öffentlichen Lebens in Deutschland zurück, so weist auch darin die Periode der Väter bedeutende Unterschiede im Vergleich zu der großväterlichen Zeit auf. Schon oben berührten wir es vorübergehend, welche Reorganisationen in dem städtischen Haushalte damals allmählig Platz griffen. Wie sah es noch vor neunzig Jahren mit dem Medicinalwesen selbst der hervorragenden Städte in Deutschland aus? Die Apotheker entbehrten der gehörigen Controle, die Krankenhäuser befanden sich

in einem Zustande, der eher darauf berechnet schien, die Menschen
elend, statt gesund zu machen. Die Gefängnisse waren stellenweise
wahre Höhlen der Noth und des Lasters. Dazu herrschte durchweg
in dem städischen Budget eine entsetzliche Unordnung, die Polizei
verharrte mit seltener Ausnahme noch in dem Naturdaseyn des
Büttelthums; daß auch die Administration auf einer wissenschaft=
lichen Basis beruht, ahnten die Magistrate zu Großvaters Tagen
wohl schwerlich. Es verstehen sich für die jetzt lebende Generation
so viele Dinge und Anordnungen ganz von selbst, wir begreifen
es im ersten Augenblick nicht, wie dieselben unsern Vätern Kopf=
brechen verursachen konnten. Allein, wenn man gerecht seyn will,
so wird man sich eingestehen, daß eine Menge von Organisationen,
in die wir uns von Jugend auf hineingelebt haben, wirklich
schöpferische Thaten unserer Väter sind. Sie mußten erst allmählig
auf dem Wege der Erfahrung das Bessere finden; sie waren noch
nicht, wie wir, von Kindesbeinen an gewöhnt, die Umstände und
Verhältnisse in weiterer Weltumschau aufzufassen, und es stand
ihnen in der Association der Kräfte, in statistischen Anhaltspunkten,
in wissenschaftlichen und technischen Hülfsmitteln noch lange nicht
die mannigfache Unterstützung zu Gebote, über welche wir jetzt ver=
fügen. Ihre Reisen im Innern von Deutschland, um sich anderswo
Land und Leute anzuschauen, waren noch seltener, kostspieliger und
dauerten viel länger als heutzutage. Das Zeitungswesen, welches
sie mit der Außenwelt in Verbindung hielt, hatte noch nicht seinen
gegenwärtigen Aufschwung genommen, der Briefverkehr bewegte sich
viel langsamer; die exakten Wissenschaften reichten den administra=
tiven Aufgaben noch nicht in der heutigen Weise ihre Hand zur
Hülfe, und die Schaar technischer Fachmänner war erst im Ent=
stehen. Trotz alledem haben indessen unsere Väter im Weg= und
Straßenbau, in der Anlage öffentlicher Gebäude, in der Anordnung
der städtischen Verhältnisse redlich das Ihrige gethan. Es ist in
den zwanziger Jahren unseres Jahrhunderts eine Unsumme organi=
satorischer Kraft in Deutschland verbraucht worden, wenn schon die
Nachwelt die Meinung hegt, alle jene Vorkehrungen hätten sich ja
von selbst ergeben. Welcher Kaufmann in Bremen faßt es z. B.

heutzutage, wie man sich vor vierzig Jahren in der alten Hanse=
stadt noch hat darüber streiten mögen, ob Bremerhaven erbaut
werden solle oder nicht? Er kann sich die Mutterstadt ohne die
Tochterstadt gar nicht mehr denken. Und doch haben deßhalb einst
an der Weser die schärfsten Debatten stattgefunden, und noch nach
Vollendung des Bassins ließen mehrere Rheder aus Opposition
ihre Schiffe auf dem offenen Flusse liegen, bis dann einmal ein
scharfer Eisgang dieselben in das schützende Wasserbecken trieb.
Aehnliche Belege wären aus jeder größeren Stadt anzuführen. Das
erste Dampfschiff auf der Weser, dem Rheine oder der Elbe war
wirklich für die damalige Zeit eine Erscheinung, deren Bedeutung
wir jetzt gar nicht mehr ermessen, obgleich kaum mehr als vier
Decennien seitdem verflossen sind. In den zwanziger Jahren wurde
die Bergstraße als die höchste Leistung des Chausseebaus angestaunt;
jetzt führen hunderte von gleichguten Heerstraßen durch das deutsche
Gelände hin, und es fällt niemandem mehr ein, sich über ihre
kunstvolle Anlage zu verwundern. Werden nicht vielleicht einmal
unsere Söhne über die endlichen Resultate unseres heutigen Ringens
und Kämpfens mit derselben Gleichgültigkeit urtheilen? Jede Gene=
ration ist ein Glied in der großen Kette der Menschheit, woran
das folgende Glied sich anschließt; die Nachwelt nimmt die ihr
überlieferten Vorarbeiten als selbstverständlich hin; daß darauf die
Kraft von Geschlechtern verwandt ist, tritt ihr im täglichen Leben
selten nahe.

Wenn uns demnach die eben berührten Thatsachen darauf
hinweisen, daß, obgleich auch unsere Zeit mit ihren neuen Ein=
richtungen die Anschauungen und Bestrebungen der Väter weit
überholt hat, dieselben dessenungeachtet den Umständen gemäß eine
anerkennenswerthe schöpferische Thätigkeit entfalteten, so muß man
bei der Beurtheilung ihres politischen Gebahrens gleichfalls die
Verhältnisse mit in Rechnung ziehen, unter denen sie lebten. Deutsch=
land fing nach den Freiheitskriegen eigentlich erst an, sich um seine
politischen Angelegenheiten ernstlicher zu bekümmern. In dem Kampfe
gegen die französische Fremdherrschaft hatte sich das Nationalgefühl
gestärkt; fortan verlangte das in die Grenzen der Einzelstaaten

nicht mehr festzubannende Volksbewußtseyn eine Befriedigung seiner gesammtstaatlichen Wünsche. Allein zu einer wirklichen politischen Durchbildung reift eine Nation, die Jahrhunderte lang jeder gemeinsamen praktisch-politischen Bethätigung entwöhnt worden ist, nicht innerhalb einer einzigen Generation heran. Sie findet ja einerseits bei ihrem politischen Erwachen noch die Nachwirkungen der jüngsten Vergangenheit vor, und andererseits fehlt ihr die nöthige Einsicht in die gegebenen Bedingungen der Wirklichkeit. Kommt dann, wie es bei unsern Vätern der Fall war, noch in Folge äußerer Momente eine allgemeine Gefühlsaufregung hinzu, dann ergibt sich eigentlich eine politische Schwärmerei bei jedem Volke von selbst. Die gewaltigen Schlachten, in denen Deutschland sich seine äußere Unabhängigkeit zurückerstritt, hatten natürlich das deutsche Gemüth in seiner Tiefe aufgerüttelt. Groß wie die Opfer waren, groß sollte hinterdrein der Lohn seyn. Wie wenig man aber auch die Staatsmänner, welche auf dem Wiener Congresse Deutschland neu einrichteten, vertheidigen vermag, ohne Annahme von politischen Wundern, die sich denn doch in der socialen Welt ebenso selten ereignen, als in der physischen, erscheint uns gegenwärtig eine einheitliche Constituirung des Vaterlandes im Jahre 1815 völlig unmöglich. Das in der Nation vorhandene Bedürfniß nach derselben fand platterdings die Lage der Dinge noch nicht entwickelt genug, um seine Befriedigung erlangen zu können. Da man indessen aus Mangel an politischer Erfahrung die augenblickliche Conjunktur der social politischen Elemente in Deutschland nicht untersuchte, sondern nur seinen nationalen Idealen nachging, so mußten die letzteren mit der Realität in Conflikt gerathen. Die deutsche Demagogie ist ein naturwüchsiges Kind jener Zeit. Daß durch dieselbe eine Menge von Einzelexistenzen zu Grunde gingen, entsprang aus den unausbleiblichen Rückwirkungen der Gesammtverhältnisse auf das Einzelleben. Die Jugend fühlte sich berufen, der neuen Zeit, deren Wehen sie empfand, den Weg zu bahnen, und stieß sich dabei den Kopf an den entgegenstehenden Hindernissen wund. Heutzutage wird es ja keinem vernünftigen Menschen einfallen, die Regeneration unserer öffentlichen Verhältnisse von einer Studentenschaar erwarten zu wollen. Unsere Väter dagegen, weil sie selber des klaren Verständnisses der im Staatsleben waltenden Gesetze entbehrten, hofften von der Schwärmerei ein politisches Resultat, das nur die Frucht ernster, mühevoller, nüchterner Arbeit ist. Am nachhaltigsten wirkte noch der Altliberalismus in den Kammern der verschiedenen Staaten. Obschon die deutschen Verfassungen eigentlich nicht aus der socialen Gliederung der Bevölkerung hervorgegangen sind, sondern, statt auf dem Wege der Vereinbarungen festgestellt zu werden, nach mehr oder weniger abstrakten Rechtsconstruktionen octroyirt wurden, so gewährten sie doch zur freieren Entfaltung des constitutionellen Lebens an sich eine vortreffliche Gelegenheit. In den Kämpfen der Landtage ernüchterte sich allmählig der politische Sinn der Deutschen wieder; die Organisation und Administration der Particularstaaten bildete eine nothwendige Vorschule für die späteren gesammtstaatlichen Bestrebungen der Nation. Will man indessen rasch gewahr werden, in welchem Grade eine solche Vorschule noch nöthig war, so denke man an die Aufnahme zurück, welche in dem Anfange der zwanziger Jahre die handelspolitischen Angelegenheiten der Nation in den deutschen Kammern fanden. Die veränderten Verhältnisse in Produktion und Verkehr hatten damals, wie dargethan worden ist, ganz neue wirthschaftliche Zustände in Deutschland hervorgerufen. Die größere Bewegung des Güterlebens konnte die Menge der binnenländischen Zollschranken nicht mehr ertragen, und gleichzeitig verlangte die Großindustrie die Beihülfe des Staates gegen die übermächtige Concurrenz des Auslandes. Die in jenen Jahren stattfindenden Versammlungen der Kaufleute und Fabrikanten, ihre beginnende Organisation zur Vertretung ihrer gemeinschaftlichen Angelegenheiten, ihre Petitionen bei dem Bundestage hätten fürwahr den Einzelkammern Veranlassung genug an die Hand gegeben, den nationalstaatlichen Gefühlsschwärmereien im Volke einen festeren Inhalt zu verleihen; das Wirthschaftsgebiet war das eigentliche Ausgangsbereich für die ersten nationalstaatlichen Schöpfungen. Aber den deutschen Kammern liegen diese Angelegenheiten noch völlig fern; statt sie ihrerseits zu benützen, arbeiten sie ihnen stellenweise geradezu entgegen. Daß ein politisch-selbstständiges Bürgerthum eine ökonomische Selbstständigkeit als Basis haben muß, begriff der Altliberalismus nicht. Deßwegen sind denn auch die deutschen Kammern an dem Zusammenschluß des Zollvereins völlig unschuldig. Die deutsche Wirthschaftswelt als solche, obgleich sie thatsächlich noch keinen Zutritt zu der politischen Tribüne erlangt hatte, zwang durch ihre eigene Macht den Regierungen eine dauernde Berücksichtigung ihrer Angelegenheiten ab; neben der Rechtspolitik des Altliberalismus ging die ökonomische Politik für sich ihren eigenen Gang; beide berührten sich kaum in ihren Ausläufern.

Wenn wir gegenwärtig die Debatten der Presse und Kammern wieder durchgehen, welche bei der Geburt des Zollvereins in Deutschland durchgefochten wurden, so erstaunen wir billig über die Kindlichkeit der damaligen handelspolitischen Ansichten. Aber wir müssen auch dabei immer bedenken, daß unsere Väter ganz neu in alle diese Angelegenheiten hineinkamen. Die Vergangenheit zeigte ihnen nirgends Anhaltspunkte für die Regelung eines gemeinsamen Zollwesens, die alten Einrichtungen der Hanse paßten nicht für die moderne Seeschifffahrt. Wie einfach daher auch immer die in's Auge zu fassenden Hauptlinien einer deutschen Wirthschaftspolitik waren, man gewahrte sie nicht vor dem Maschennetze der örtlichen Interessenverflechtung. Daß das deutsche Landbereich zwischen Alpen und Meer in seiner räumlichen Anlage und seiner Stellung zum Welthandel ein ökonomisch einheitliches Gebiet ist, lag noch keineswegs klar vor dem nationalen Gesammtbewußtseyn da. Sonst hätte es ja gar keiner weiteren Frage unterzogen werden können, ob fortan bei der nunmehr gesteigerten wirthschaftlichen Bewegung im Vaterland an die Stelle der vielen inneren Mauthbarrieren eine einzige große Außenzollgrenze treten solle. Die kleineren Zollvereinigungen, welche, nachdem Preußen sich seinen neuen Tarif gegeben hatte, im Norden und Süden von Deutschland entstehen, waren zwar an sich aus Opposition gegen die handelspolitischen Neuerungen Berlins hervorgegangen; thatsächlich sind sie aber nur die Ansätze zu dem späteren gemeinsamen Verbande. Mochte sich deßhalb auch der Partikularismus in den einzelnen Ländern gegen

den Anschluß an das preußische Zollsystem noch so sehr zu wehren
suchen, die geographische Nothwendigkeit siegte zuletzt über jeden
Widerstand; allein nicht ohne daß dabei die seltsamsten merkantil-
politischen Theorien zu Tage kamen. So unbedingt erforderlich
mithin auch die Gründung des Zollvereins war, eine besonders
großartige schöpferische That können wir in seinem Abschluß nicht
erblicken. Bei allen Völkern werden, sobald sie an dem allgemeinen
Weltverkehr mehr Theil nehmen, die inneren aus dem feudalen
Provinzialleben herrührenden Zollschranken unhaltbar. Die stärker
anschwellende Güterbewegung durchbricht sie von selber, und das
Ineinandergreifen der binnenländischen Gesammtproduktion läßt sich
nicht mehr durch Mauthbarrieren beliebig zerschneiden. Solchen
zwingenden Beweggründen gegenüber darf man es fürwahr unsern
Vätern nicht zu hoch anrechnen, daß sie die vielen kleinen Zolllinien
in eine einzige große Außenzolllinie verwandelten. Dazu berechnet
es sich sehr leicht, wie mit jedem neuen Anschluß einmal die Grenz-
bewachung bequemer und billiger wurde, und andererseits in den
steigenden Einnahmen die wachsende Consumtionsfähigkeit der Bevölkerung, getragen durch die vermehrte Arbeitsmöglichkeit, sich ausprägte. Blicken wir aber gegenwärtig auf die Stiftung des Zollvereins als auf einen natürlich sich ergebenden ökonomisch-politischen
Proceß hin, dem sich die Nation gar nicht entziehen konnte, so stellt
sich vor unsern Augen auch der mit so vieler Erbitterung geführte
Kampf der Freihändler und Schutzzöllner als eine unvermeidliche
Zeiterscheinung dar. Daß in dem Jahrhunderte der internationalen
Arbeitstheilung der Freihandel principiell richtig ist, wird jetzt
niemand mehr bestreiten wollen. Allein unsere Väter traten mit
ihrem erst wieder frisch beginnenden Wirthschaftsleben der weit übermächtigen Industrie des Auslandes, namentlich Englands, entgegen.
Vorübergehend bedurfte daher das deutsche Großgewerbe der Protektion. Für die Fabrikation mußte erst eine arbeitsgeschickte Bevölkerung erzogen werden; sie gebot noch nicht über so reichliche
Kapitalien als Großbritannien; die innern Verkehrsmittel an
Chausseen, Kanälen und Eisenbahnen kamen ihr noch nicht in
gleicher Weise zu Hülfe. Auch entbehrten die büreaukratischen

Regierungen noch vielfach des richtigen Verständnisses für die in=
dustriell=politischen Angelegenheiten. Hätte damals Deutschland seinen
eben wieder einsetzenden Gewerbfleiß rücksichtslos der englischen Con=
currenz preisgegeben, die noch dazu ihrerseits alles aufbot, um die
entstehende Rivalin niederzudrücken, wir würden noch jetzt in einem
großen Theile des Vaterlandes mecklenburgische Zustände vorfinden.
Und zwar würden derartige agrarische Verhältnisse sich nicht bloß
wirthschaftlich geltend gemacht haben; auch in social=politischer Hin=
sicht wären die nothwendigen Folgen nicht ausgeblieben. Unter der
mäßigen Protektion des Zollvereins ist mit dem Großgewerbe auch
das Bürgerthum größer geworden; der Uebergang in die industrielle
Entwicklungsepoche zog die Stärkung des beweglichen Eigenthums
und die Bedeutung seiner Angehörigen im Staate nach sich. Das
Schutzzollsystem war deßhalb bei uns für eine Zeit lang unerläßlich
geboten. Aber die Generation unserer Väter focht, im Unklaren
über ihre ökonomische Lage, in Betreff der Protektion einen leiden=
schaftlichen Principienkampf aus, wo es sich einfach um eine Zweck=
mäßigkeitsmaßregel handelte. Ebenso verworren waren bei ihnen
noch die Ansichten über die Stellung der Hansestädte zum Binnen=
lande. Wie belebend immerhin schon der deutsche Seeverkehr auf
die Wirthschaft des innern Gebietes zurückwirkte, die große Menge
entbehrte doch der Einsicht in seine individuellen Bedingungen.
Weil ein allgemeiner, vager Gedanke den Zollverein zum Ausgang
einer staatlichen Reorganisation Deutschlands nahm, deßwegen
sollten nun auch ohne weiteres die Hansestädte von der Zolllinie
mit umspannt werden. Ob dadurch die commercielle Beweglichkeit
derselben brach gelegt wurde, ob sie einen Theil ihres Zwischen=
handels nach dem baltischen Meere verloren, kümmerte die binnen=
ländische Handelspolitik nicht. Das Princip und nicht die Zweck=
mäßigkeit entschied.

Grün aber und unerfahren, wie die zweite Generation sich noch
hinsichtlich der allgemeinen ökonomischen Angelegenheiten zeigte,
nicht minder unreif trat sie in ihren politischen Ansprüchen auf.
Wer die Naturgesetze nicht kennt, glaubt nur zu leicht an Wunder,
und wer die social=politische Wirklichkeit nicht erfaßt, verliert sich

mit seinen staatlichen Wünschen und Hoffnungen gar gern in's
Phantastische. Es ist gegenwärtig durchaus nöthig, daß man sich
bei aller kindlichen Pietät doch bewußt wird, wie unsere Väter
durchweg politische Schwärmer gewesen sind, sowohl die Conservativen unter ihnen als die sogenannten Fortschrittsmänner. Die
ersteren gelangten nicht zu dem Verständniß, daß eine andere Zeit
über Deutschland hereingebrochen war, welche neue politische Consequenzen mit sich brachte, und die letzteren täuschten sich über das
Wesen dieser neuen Zeit und zogen deßhalb aus ihr unhaltbare
Folgerungen. Hätte wirklich wohl aus den politischen Tendenzen
der dreißiger Jahre, die noch mannigfach im Jahre 1848 nach-
wirkten, eine dauerbare Staatsgestaltung Deutschlands hervorgehen
können? Die politischen Angelegenheiten wurden fast ausschließlich
von der Willkür oder der Moral der Menschen abhängig gemacht;
man rechnete mit „Gesinnungstüchtigkeit" statt mit den vorhandenen
social-politischen Kräften; man debattirte ernstlich die Möglichkeit
einer deutschen Republik und meinte mit allen geschichtlich gewordenen Gebilden kurzer Hand reinen Tisch machen zu können. Weil
in Deutschland Wirthschaftspolitik und Staatspolitik völlig von einander getrennt blieben, und die Gliederung der Gesellschaft gar nicht
beachtet ward, deßwegen schweiften alle staatlichen Zukunftspläne im
Blauen umher, und die Reaktion, die Partei der Interessen aus
der alten Zeit, hatte den Vorkämpfern der Reorganisation Deutschlands gegenüber ein verhältnißmäßig leichtes Spiel. Die Generation unserer Väter lebte in einer Uebergangsepoche. Die Erinnerungen an die Vergangenheit waren noch sehr mächtig, während
die Gegenwart noch nicht in ihren eigentlich bewegenden Elementen
scharf erfaßt wurde. Manch' ehrenwerther Mann ist in dieser Zwischenperiode im patriotischen Schmerze dahin geschieden; indessen
die politische Entwicklung einer Nation bleibt ein organischer Proceß, in welchem sich keine Stufe willkürlich überspringen läßt. Ferne
sey es von uns, die Sünden der elenden diplomatischen Staatskunst
vertheidigen zu wollen, welche auf Deutschland vierzig Jahre lang wie
ein Alp gelastet hat. Ihr haftet für immer der Vorwurf an, daß
sie auch nicht einmal eine einzige schöpferische That nach der nationalen

Richtung hin versucht hat. Sie hat alle Weiterbildung vielmehr zu hemmen gestrebt; jede Förderung der gesammtstaatlichen Angelegenheiten galt ihr als ein Verbrechen gegen Religion und Recht; nur soll man trotzdem nicht wähnen, daß unsere Zustände schon hinreichend genug aus sich heraus entwickelt waren, um eine nationalstaatliche Form zuzulassen — eine wirklich reife politische Frucht fällt von selber vom Baume!

Dürfen wir nun auf die dritte Generation, d. h. auf uns selbst und unsere eigene Zeitgenossenschaft übergehen? Wenn die Selbsterkenntniß im Einzelleben eine sehr schwer zu lösende Aufgabe ist, so stellen sich ihr im Daseyn eines Volkes noch viel größere Hindernisse in den Weg. Zwischen Ueberhebung und Unterschätzung schwankt die eigene Beurtheilung nur zu leicht in steter Pendelbewegung hin und her. An sich selber kann sich niemand messen; bloß im Vergleich zu Andern stellt sich die Größe oder Kleinheit heraus. Halten wir nun aber das Leben, unter welchem wir aufgewachsen sind, an die Jugend und das Mannesalter unserer Väter, so liegt zwischen ihnen und uns ein ebenso weitausgreifender Fortschritt, als sie ihn im Verhältniß zu ihren Eltern gemacht hatten. Zwar haben seit dem dritten Decennium unseres Jahrhunderts keine Ereignisse in den Staatenverhältnissen stattgefunden, wie sie sich an die Unabhängigkeit der Vereinigten Staaten von Nordamerika knüpften. Vom Wiener Congreß an herrschte vierzig Jahre lang ein kaum unterbrochener Frieden unter den Kulturvölkern der Erde. Die Welt lief ohne Biegung und Wendung, im großen Ganzen betrachtet, in der nämlichen geraden Bahn weiter; denn der Wechsel in einigen europäischen Dynastien hat mit der Durchbildung der social-politischen Gliederungen in den einzelnen Ländern Europa's nichts zu thun. Nicht weil statt der Bourbonen Louis Philipp in Frankreich seit 1830 regierte, wurde das Land so durchweg anders; sondern weil es Theil nahm an dem in hohem Grade gesteigerten internationalen Leben der Völker. Allein obgleich die vergangenen vier Decennien nur die Fäden weiter fortspannen, welche schon ausgelegt waren, so vereinigten sich eben die mannigfachsten Umstände, um die Menschheitsarbeit am sausenden Webstuhle der Zeit fast mit

der nämlichen Dampfgeschwindigkeit zu vollziehen, zu der die In=
dustrie in allen ihren Zweigen gegriffen hatte. Die gepflegten
exakten Wissenschaften riefen eine Fülle segensreicher Entdeckungen
hervor, in deren Folge die Arbeit leichter, die Produktion unver=
hältnißmäßig stärker wurde. Die vorsichgehende Ansammlung des
Kapitals ermöglichte eine Menge von Einrichtungen, Verbesserungen,
Anstalten, an die man früher gar nicht denken konnte; mit dem
anwachsenden Reichthum des Bürgerthums hob sich dessen kultur=
liche und politische Bildung. Das Wirthschaftsleben drängte sich
unabweisbar in den Mittelpunkt des Staates; die ökonomische
Arbeit ward anerkanntermaaßen zu einem Hauptbestandtheil des
Völkergetriebes.

Wer im Anfange der zwanziger Jahre unseres Jahrhunderts
geboren ist, in dessen Knabenzeit fällt schon die Reorganisation des
gesammten deutschen Schulwesens. Geographie, Geschichte, Litera=
turhistorie und die Sprachen Englands und Frankreichs hatten sich
bereits auf den Gymnasien unter die Lehrgegenstände des früher
ausschließlich klassischen Unterrichts gedrängt, und die einsetzenden
Realschulen begannen auch in den verschiedenen Schichten des Ge=
werbestandes eine höhere Bildung zu verbreiten. Waren unsere
Spielsachen, unsere Schul= und Bilderbücher schon ganz anderer
Art, wie die unserer Väter, ließ sich der inzwischen stattgehabte
Aufschwung der Industrie sogar in den Geräthen der Kinderstube
nachweisen, so wuchs innerhalb der andern Umgebung, unter den
andern Jugendeindrücken ein ganz anderes Geschlecht auf. Wie oft
haben wir es nicht aus dem Munde der Eltern vernehmen müssen,
daß die Kinder es jetzt viel besser hätten, als früher! Die Alten
wünschten sich wohl selber, noch einmal jung werden zu können,
um die gesteigerten Freuden der jungen Welt ihrerseits mitzumachen.
Bleisoldaten hatte Papa in seiner Knabenzeit nicht gehabt, der
Mutter Puppe war aus Lappen zusammengenäht gewesen, eine
Nachahmung der menschlichen Gestalt, bei welcher die kindliche
Phantasie das beste thun mußte. Prinzessinnen mochten vor dreißig
Jahren kaum „Docken" mit natürlichem Haar und Glasaugen be=
sessen haben, wie unsere Schwestern Dutzende von „Bäbies" wuschen

und anzogen. Manchmal freilich zürnten die Väter über den neuen Luxus der Kinder; eine Entartung der Menschheit wurde davon vorhergesagt. Man schob der elterlichen Charakterschwäche eine Verweichlichung und Verwöhnung der nachwachsenden Generation zu. Strenge Naturen suchten deßhalb auch ihre Söhne und Töchter von der übrigen Schaar mehr zu isoliren; die ehemalige Einfachheit der Menschen ward denselben als Muster vorgehalten. Allein diese ehemalige Einfachheit entsprang keineswegs einer größeren tugendhaften Enthaltsamkeit von den irdischen Vergnügungen, sondern der damaligen Stufe des Wohlstandes und der Industrie. Die gesammte Nation war seitdem reicher und in ihrer Arbeitsfähigkeit entwickelter geworden; die Kinderschaar nahm nur den ihr gebührenden Antheil von dem erhöheten Wohlleben Aller in Empfang. In die beginnenden Jünglingsjahre fiel dann schon die Ausdehnung des Eisenbahnwesens, der belebte Verkehr der Flußdampfschifffahrt. Die kleinen Ferienreisen der Väter waren in den seltensten Fällen so weit ausgedehnt worden, daß die wandernden Schüler den heimathlichen Kirchthurm nicht mehr sehen konnten. Erst mit dem akademischen Triennium begann für sie das Pilgern. Wir dagegen reisten schon als Secundaner auf dem Harze, dem Wesergebirge und dem Thüringer Walde umher; die Vaterstadt, mit der früher der Patriotismus sich meistens abgegrenzt hatte, erschien uns bereits sehr bald bloß als ein Theil des deutschen Vaterlandes. In dem erweiterten räumlichen Horizonte stand der kleine Mann schon viel selbstständiger da; er sah selber und urtheilte auch selber; der Zauber der überlieferten Autorität wurde damit der jugendlich kecken Kritik ausgesetzt.

Und in noch viel mächtigerer Weise griff die neue Zeit in das Jugendleben des höheren und niederen Gewerbestandes ein. Die Jünger Merkurs gingen jetzt durchweg nach Beendigung der Lehrzeit frisch in die Weite. Namentlich wurde Amerika die hohe Schule des deutschen Kaufmannsthums. Aber auch nach Ostindien und Australien zogen die jungen merkantilen Pioniere hinaus. Wie einst am Schlusse des Mittelalters sich so ziemlich in allen Häfen Europa's italienische Händler angesiedelt hatten, so sitzen jetzt deutsche

Kaufleute überall in den Stapelplätzen der ganzen Welt. Natür=
licherweise spannen dieselben ihre Fäden in das Geschäfts= und
Familienleben der Heimath zurück. Sie machen die deutsche In=
dustrie mit den Bedürfnissen des fernen Auslandes bekannt; sie
vermitteln den Absatz derselben über's Meer, das Kirchthurms=
interesse des Gewerks und Gewerbes geht in dem Güterleben des
ganzen Erdballs auf. Und mit derartigem ökonomischen Rückwirken
der in der Fremde verweilenden jungen Deutschen verbindet sich
eine Menge belebender kulturlichen Einflüsse. Eine Familie, welche
einen Sohn „an der andern Seite des Wassers" wohnen hat, wird
selbstverständlich durch das transoceanische Getriebe mitberührt. Der
Student macht seine Schwester daheim mit den Vorlesungen der
Professoren bekannt; die empfängliche weibliche Seele bildet in der
Regel ein willkommenes Absatzgebiet für die frischerworbene akade=
mische Weisheit; der andere Bruder, welcher als junger Kaufmann
in der Havannah oder Lima, in Newyork oder Akyab weilt, erzählt
ihr in seinen Briefen von den Sitten und Gewohnheiten des Aus=
landes. Daher ist auch seit zwanzig, dreißig Jahren das Feld der
Reiseliteratur in Deutschland mit so großer Vorliebe bebaut wor=
den. Mit den vielen neuangeknüpften Einzelbeziehungen zu der
Ferne wuchs das Bedürfniß nach Kenntniß derselben. Immer mehr
wurde das heranwachsende Geschlecht geistig von der Scholle gelöst,
auf welcher es geboren war. Selbst in die Frauenkreise setzte sich
die begonnene Bewegung fort. Wenn in den Mädchentagen unserer
Mütter eine deutsche Braut sich nach Amerika verheirathete, so
wurde „Abschied auf ewig" von ihr genommen. Jetzt hausen neben
den jungen deutschen Männern jenseits der Meere überall deutsche
Ehefrauen; und man findet bereits im Vaterlande viele Damen,
die einen Theil ihres Lebens in Ost= oder Westindien zugebracht
haben. Oder es sind von den drüben angesiedelten deutschen Kauf=
leuten Eheverbindungen mit Fremden eingegangen, die dann nach
der Rückkehr der Familie in die Heimath die Bande des Blutes
über einen halben Erdkreis ausdehnen. Unsere eigenen Großeltern
waren durchweg „Nachbarskinder;" die Erziehung unserer Väter
wurde wohl von dem hohen Rathe der erbgesessenen Tantenschaft

mitgeleitet, die selbst noch hie und da in unsere Jugend hinüber=
spielt. Gegenwärtig hört man indessen in den deutschen Seestädten
häufig genug die lieben Kleinen von ihrem Großvater in Mexiko
oder ihrer Großmutter in Calcutta sprechen. Der eine der Brü=
derchen ist etwa in Chili, der andere in Californien geboren. Die
erste Sprache war spanisch oder englisch, die Aja vielleicht eine
Negerin; muß ein solcher Sprößling, falls er dann später mit seinen
Eltern nach Deutschland zurückkommt, sich nicht zu einem ganz
andern Mann entwickeln, als wenn er stabil in Böblingen oder
Ellwangen aufgewachsen wäre? Sehr leicht wiederholt sich jetzt die
zufällige Thatsache, daß vier Enkel eines in Deutschland wohnen=
den Großvaters in Neworleans oder Rio Janeiro mit einander
Whist spielen, die sich, von den vier Winden hergeweht, für ein
paar Tage „draußen" treffen. In Hamburg und Bremen ist ge=
genwärtig so ziemlich jeder Handelsherr mehrere Jahre lang in
Amerika gewesen; die Kaufleute an der Elbe und Weser kennen
in der Regel die transoceanische Welt besser, als die europäische.

Allein nicht bloß unser deutsches Fabrikanten= und Kauf=
mannsthum hat seine Geschäfts= und Familienfäden über den Globus
gespannt, auch der deutsche Bauernstand zählt seine Blutsange=
hörigen so ziemlich in aller Herren Ländern. Die massenhafte
deutsche Auswanderung, namentlich aus den Schichten der länd=
lichen Bevölkerung, über's Meer, welche, so traurig auch oft die
dabei zunächst mitwirkenden Ursachen sind, uns vor einer agrari=
schen Uebervölkerung bewahrt, hat fast jedes deutsche Dorf mit
Amerika in Beziehung gebracht. Wer in Süddeutschland auf Fuß=
reisen oder Jagdfahrten viel in Dorfschenken verkehrt hat, ist gewiß
manchmal erstaunt gewesen über die genaue Kunde, welche ihm da
von dem bäuerlichen Biertische aus über amerikanische Verhältnisse
entgegentrat. Fast jeder der Bauern dort hat einen Verwandten,
der „in's Amerika" gegangen ist und nun seine Briefe in's Heimath=
dorf schreibt, „um die Andern nachzuziehen." Erzählt man dann
den Leuten, daß man selber drüben gewesen ist, und mehrere
deutsche Ansiedlungen im Orinocogebiet besucht hat, so wundern sie
sich gar nicht mehr darob — Hans und Jörgen sind ja auch drüben,

und es geht ihnen gut. Leider übersieht die wissenschaftliche Politik
unserer Tage zu leicht die gesellschaftlichen Resultate, welche aus
dieser modernen Völkerwanderung auch für unsere heimathlichen
Zustände hervorgehen. Sie rechnet meistens noch mit einer socialen
Gliederung, wie sie zur Zeit unserer Väter war, und darum dehnt
sich denn auch eine so schroffe Kluft zwischen der vorhandenen
Wirklichkeit einerseits und der politischen Theorie und der officiellen
Staatskunst andererseits aus. Die Regierer verstehen die Regierten
nicht. Mit den letzteren ist seit Decennien langsam im Wechsel
der Wochen und Monden in allen Schichten unseres Volkes eine
gründliche Wandlung vorgegangen, während die Diplomatie noch
vorwiegend an den Erinnerungen des Wiener Congresses festhält.

Wenn man die allmählige Entwickelung der Menschheit in ihrem
organischen Verlaufe verfolgt, so stößt man bald auf die Wahrnehmung, daß bei Neuwandlungen in dem Gange derselben immer eine
Menge von Ursachen gleichzeitig mitwirkt. In der ersten Hälfte
unseres Jahrhunderts trafen die mannigfachsten Umstände zusammen,
um abermals der Durchprägung und Stärkung des Bürgerthums
den nachhaltigsten Vorschub zu leisten. Jedes einzelne Land Europa's
nimmt an dieser glücklichen Conjunctur mehr oder weniger lebhaft
Theil. Darum finden sich denn auch die nämlichen Zeitideen in
allen einzelnen Staaten unseres Erdtheils wieder. Von allen Nationen aber ist es ohne Zweifel die deutsche, welche für ihre national-
staatliche Durchbildung aus der angedeuteten Constellation den meisten
Vortheil zieht. Es ist ein längst allgemein angenommener Satz,
daß unser Volk am Schlusse des Mittelalters in der Ausführung
seines großartig angelegten Staatsbaus unterbrochen worden ist.
Wie die Vollendung der deutschen Dome durch die eintretende Verarmung der Städte in's Stocken gerieth, ebenso ruhte Jahrhunderte
lang die Arbeit an unserer gesammten Staatsverfassung. Wir
knüpfen erst jetzt an viele der einst ausgesponnenen Fäden wieder
an. Und deßhalb trägt gerade jeder Fortschritt, auf welchem Gebiete des öffentlichen Lebens er immerhin geschehe, unmittelbar oder
mittelbar zu unserer nationalen Zusammenschließung bei. Bildete
aber das Freiwerden der Meere von dem Zwange der Colonial-

ſyſteme die Grundbedingung unſerer neueinſetzenden national=ökono=
miſchen Thätigkeit, ſo mußte die Erleichterung der Produktion, wie
ſie das neue Maſchinenweſen, die Dampfſchiffe und Eiſenbahnen
nach ſich zogen, nicht minder kräftig auf unſere ſocial=ſtaatlichen
Verhältniſſe zurückwirken. Die geſteigerte Theilnahme Deutſchlands
am Welthandel führte zunächſt zur Aufhebung der Binnenzoll=
ſchranken, d. h. zur Bildung des Zollvereins; der Aufſchwung des
innern wirthſchaftlichen Betriebes konnte nicht umhin, dann eine
Menge poſitiver Schöpfungen hervorzurufen, die neben ihrer ökono=
miſchen Natur zugleich auch einen ſocial=politiſchen Charakter hatten.
Die hervorgehobene Ablöſung der agrariſchen Laſten vermochte ohne
weiteres abgeſondert in jedem deutſchen Partikularſtaate vor ſich zu
gehen, die dabei gemachte Erfahrung des einen Landes war wohl
vielfach für die ähnlichen Maßnahmen des andern beſtimmend; in=
deſſen ließ ſich dabei einer jeden provinziellen Individualität voll=
ſtändig Rechnung tragen. Dagegen trieb der Aufſchwung des be=
weglichen Eigenthums ſowohl die Regierungen als ihre Unterthanen
immer mehr über die Grenzen ihrer Sonderländer hinaus; der
wirthſchaftlichen Aſſociation der deutſchen Geſellſchaft entſprachen
die ökonomiſchen Aſſociationen der verſchiedenen deutſchen Bundes=
ſtaaten. Unſere Väter ſuchten am Anfange des Bundestags ver=
gebens eine allgemeine deutſche Poſtanſtalt zuwege zu bringen; die
Verhältniſſe waren noch nicht entwickelt genug, um die auseinan=
dergehenden Einzelwillen mit dem Gebot der Nothwendigkeit unter
Einen Hut zu bringen. Für die Söhne ergab ſich der deutſch=
öſterreichiſche Poſtverein von ſelbſt; ſeine Verwirklichung hat gar
nicht einmal beſondere Mühe verurſacht. Ebenſo ging es mit der
ſogenannten Gothaer Vereinbarung über das Heimathsrecht. Die
rege gewordene ökonomiſche Arbeit des Volkes, dieſe Quelle ſeiner
Steuerfähigkeit, führte in Angebot und Nachfrage die Arbeitskräfte
der verſchiedenen Heimathsſtaaten bunt durcheinander. Sehr bald
zeigte es ſich darauf, daß die bisherige perſonal=ſtatutariſche Rechts=
ordnung, wie ſie dem vorwiegenden Ackerbauleben Deutſchlands ent=
ſprungen war, für dieſe wirthſchaftliche Bewegung der Perſonen
nicht mehr paßte. Die Eiſenbahnen und Flußdampfer vermehrten

das Reisen ungemein; die alte Paßcontrole war bei dem wachsenden täglichen Fremdenverkehr überall unmöglich, und die Uebersiedlung von einem Staate in den andern mußte auf jede Weise erleichtert werden. Nicht nur der deutschen Nation bei ihrer national=staat= lichen Durchbildung weiter zu helfen, ist die sogenannte Gothaer Convention abgeschlossen worden; sondern es galt einfach ein her= vorgetretenes Bedürfniß zu befriedigen; und je mehr derartige Bedürfnisse sich aufwerfen und ihre Befriedigung finden, um so weiter werden wir mit der Entwicklung unseres Nationalstaates gelangen.

Wir sagten oben, daß die Selbsterkenntniß für unsere Genera= tion gewiß schwierig sey; nur durch einen Vergleich unseres Lebens mit dem Daseyn des vorangegangenen Geschlechts ließe sich ein Maßstab für den stattgehabten Fortschritt aufstellen. Es ist indessen ein Zeichen der noch aus dem Anfange unseres Jahrhunderts nach= wirkenden politischen Auffassungen, daß wir unsere nationale Ent= wicklung nicht so sehr nach ihrem wirklichen Inhalte beurtheilen, sondern ihr immer eine einheitliche Staatsform gegenüber halten, zu welcher sie uns noch hinführen soll. Der Altliberalismus der Väter verstand es nicht, daß die wirthschaftlichen Angelegenheiten der Nation die eigentliche Grundlage für den politischen Aufbau bilden. In den Anschauungen des reinen Rechtsstaates befangen, glaubte derselbe einzig auf dem Wege der constitutionellen Gesetz= gebung die größere Einigung anbahnen zu müssen. Um Wirthschaft und Gesellschaft kümmerten sich die damaligen politischen Vor= kämpfer wenig oder gar nicht. Was eine Verschlingung der ökono= mischen Interessen in täglich steigender Weise nach sich zieht, wollte man einst durch den Bund der Alten und der Jungen in's Leben setzen; der Wille, um nicht zu sagen: die Willkür, des Volkes sollte an die Stelle der sich von selbst gestaltenden Verhältnisse treten; man „machte“ Geschichte und Politik. Und eben von den früheren politischen Abstraktionen hat sich unser Geschlecht auch gegenwärtig noch nicht völlig befreit. Sie ziehen sich durch den ganzen Verlauf der nationalen Bewegung seit den vierziger Jahren hin, bis sie im Frankfurter Parlamente bei ihrer vorübergehenden staatlichen

Macht auf ihre schöpferische Ohnmacht hingewiesen wurden. Was
ist von all jener politischen Poesie, mit der vor zwanzig Jahren
Freiheit und Einheit erkämpft werden sollte, übrig geblieben, und
welche Wurzeln im Volke haben die dekretirten Grundrechte gefaßt?
Darum konnte denn auch nach der allgemeinen nationalen Erhebung
am Schlusse des vorigen Decenniums in allen Formen des öffentlichen Lebens eine so entschiedene Reaktion sich geltend machen.
Hatten die Altliberalen ihre nationale Aufgabe in der Erweiterung
der Volksrechte gesucht, so strebten die Conservativen darnach, durch
möglichste Beschränkung der constitutionellen Befugnisse der Unterthanen der Wandlung der Zeitverhältnisse entgegen zu wirken.
Beide Parteien stritten indessen bloß oben in der Luft mit einander.
Unten auf dem Boden der Wirklichkeit stockte die angedeutete Umbildung der gesammten gesellschaftlichen Gliederung in Deutschland
keinen Augenblick. Wie autokratisch immerhin einzelne Regierungen
sich ihren Unterthanen gegenüber benahmen, wie sehr sie wieder
einzubringen strebten, was in den sogenannten Sturmjahren verloren gegangen war, so daß selbst die Kirche abermals vielfach zu
politischen Zwecken benützt wurde, sie sind doch dem ökonomisch-
socialen Fortschritte in allen Schichten des deutschen Volkes nicht
beigekommen. Im Gegentheile, sie haben denselben noch obendrein
absichtlich gefördert, indem sie sich einbildeten, daß durch Zugeständnisse auf dem ökonomischen Gebiete einer Bewegung Halt geboten
werden könne, die ihren Wurzeln nach gerade aus dem frischeren
Wirthschaftsleben Deutschlands herangewachsen war. So stellte sich
die gewiß eigenthümliche Erscheinung ein, daß während einer in
dem Bereiche des Rechtsstaates fast unbehindert vorwaltenden Reaktionsperiode die ökonomischen Kräfte der Nation eine früher kaum
geahnte Kräftigung erfuhren. Mitten unter dem Drucke einer streng
gehandhabten Polizeimaßregelung setzte bei uns überall eine großartige Association der Kapitale für eine Reihe weitausgreifender
ökonomischen Unternehmungen ein. Bis dahin standen die Aktienvereine in Deutschland noch in ihrer Kindheit. Einige Fabriken,
Dampfschiff- und Eisenbahngesellschaften abgerechnet, hatte sich eine
Verbindung von Kapitalisten zu gemeinschaftlichen Etablissements

kaum gezeigt. Jetzt treten plötzlich Banken und Creditanstalten in's Leben, eine Menge von Fabriken werden auf Aktien gegründet; und wenn auch bei mancher derselben viel Schwindel mit unterläuft, so verändern doch die neugeschaffenen Institute wiederum unausbleiblich das Wesen der bürgerlichen Gesellschaft. Oder sollten wir wirklich einem Irrthum verfallen seyn, wenn wir uns zu der rückhaltlosen Ansicht bekennen, daß die Polizeiadministration nicht beliebig mit derartigen wirthschaftlichen Instituten zu verfahren die Macht hat, wie sie etwa die Existenz eines Einzelmenschen von sich abhängig stellt? Ein producirendes Großgeschäft bezahlt dem Staate eine ansehnliche Steuerquote, es greift mit seinem Betriebe in manche andere Wirthschaftszweige über, es beschäftigt und ernährt eine bedeutende Menschenzahl, es gibt nach den verschiedensten Seiten hin Gelegenheit zur Arbeit. Allein es äußert doch alle diese wohlthätigen Wirkungen nur, sobald es nicht in seinem Gebahren durch polizeiliche Administrativwillkür gestört wird. Ja, es richtet vielleicht noch seinerseits ganz bestimmte Anforderungen an den Staat. Damit also, daß die Reaktion die nationalen Bestrebungen auf dem volkswirthschaftlichen Gebiete gerade hat verlaufen lassen wollen, ist sie vielmehr wider Willen die Ursache gewesen, daß dem Bürgerthum eine weitere sociale Stärkung zu Theil ward. Wohl wurden hie und da unliebsame Verfassungsparagraphen aufgehoben, wohl sah sich die kaum frei gewordene Presse auf's Neue an die Kette gelegt, wohl verstummte die nationale Begeisterung, ermüdet von all den Hindernissen, die man ihren Wünschen in den Weg warf. Allein die thatsächliche nationale Entwickelung ist dessenungeachtet unbehindert auf ihrer Bahn weiter gegangen. Wir stehen heute ohne Reichsparlament auf einer höheren Stufe unserer staatlichen Durchbildung, als 1848 während der Reichsverweserschaft. Sind jedoch unsere ökonomisch-socialen Zustände erst einmal auf der Höhe national-staatlicher Bildung angelangt, dann ist es nach dem Gesetze der Geschichte eine Unmöglichkeit, daß die nothwendige nationale Staatsform sich nicht verwirkliche.

Wir wenigstens, wenn wir unsern Blick auf die Umwandlung richten, welche das gesammte sociale Leben Deutschlands seit den

Tagen unserer Großväter, im Einklange mit dem veränderten Weltleben überhaupt, erfahren hat, geben die Ansicht nicht auf, daß die Zukunft Deutschlands den Kern der deutschen Wünsche zum vollen Gedeihen kommen lassen werde. Nur vermag unsers Erachtens das organische Hervorwachsen der Nationalgestaltung, wie es nicht künstlich unterbrochen werden kann, auch eben so wenig künstlich gezeitigt zu werden. Innerhalb dreier Generationen, so groß ihr Fortschritt immerhin gewesen seyn soll, erhebt sich kein Volk aus dem Zustande völliger nationaler Passivität zu einer in sich geschlossenen, zum Handeln fähigen nationalen Gliederung. Dabei haben wir uns wohl zu hüten, daß wir offen oder im Geheimen von irgend einer Katastrophe eine durchgreifende Aenderung unserer national-politischen Verhältnisse erwarten. Je mehr nämlich heut zu Tage die Socialistik mit wissenschaftlicher Sonde das Wesen der ersten französischen Revolution untersucht, um so mehr befestigt sich die Ueberzeugung, daß einestheils dieselbe Frankreich keineswegs in dem Maße umgewandelt hat, als man früher glaubte, und andererseits die politische Bewegung in Deutschland nicht im entferntesten mit jenem Zusammensturze des bourbonischen Staates verglichen werden darf. Denn seit dem Schlusse des Mittelalters hatte sich schon der Centralisationsproceß des französischen Staatsorganismus eingeleitet. Frankreich war bereits ein durchaus centralisirter Staat, sonst hätten die Vorgänge in Paris unter Ludwig XVI. gar nicht eine solche Rückwirkung auf das ganze Reich ausüben können. Es war aber in der französischen Revolution nicht etwa eine gesunde treibende Kraft des Bürgerthums, welche die Formen feudalistischen Absolutismus zersprengte, um den eigenen lebensfähigen Gebilden Luft zu verschaffen. Vielmehr brach der in sich längst durch und durch faul gewordene Bau aus eigener Schwäche zusammen, und erst die neue Gestaltung des Weltverkehrs nach der Freiwerdung Amerika's, der erwähnte nachfolgende Aufschwung von Handel und Industrie hob jenseits des Rheines wirklich den dritten Stand zur Macht empor, die er bis dahin nur vorübergehend bei der Schwäche der alten Gliederung an sich gerissen hatte. Dabei haben die Dekrete der Nationalversammlung die Lagerung der socialen Elemente in Frankreich fürwahr nicht verändert. Trotz des berühmten vierten August ist das französische Bauerthum dasselbe geblieben; die Revolution hat nur alles lebensunfähig Gewordene zerstört; die Neuschöpfungen in Frankreich stehen im Zusammenhange mit dem Umschwung der gesammten europäischen Geschichte. In Deutschland dagegen hat sich still und unmerklich die Evolution ihren Weg bereitet. Hier trieb und treibt seit dem Beginn unseres Jahrhunderts zuerst die Gesellschaft ihre neuen Keime, und dann erkämpft sich die veränderte sociale Schichtung der Bevölkerung die politische Anerkennung und Berechtigung ihrer einzelnen Interessen. Daß in diesem Vorgange bei dem geschlossenen Widerstande, welchen die meisten Regierungen den Anforderungen der neuen Zeit entgegensetzten, einzelne Aufstandsversuche sich zeigen konnten, zumal da die von den Freiheitskriegen her nachwirkende Idealpolitik in den Reihen der Opposition, wie gesagt, Geschichte und Staat machen zu können glaubte, widerspricht dem aufgestellten Satze keineswegs. Gerade daß das Jahr 1848, ungeachtet der allgemeinen Erregung, in der Nation schließlich äußerlich doch Alles beim Alten gelassen hat, während unter der nachfolgenden Reaktionsperiode die deutsche Wirthschaftswelt einen so frischen Aufschwung nahm, beweist wohl am besten, wie die unaufhörlich thätige Evolution sogar mitten durch revolutionäre Störungen hin ihre Straße weiter wandelt.

Man muß es im Kleinen beobachten, in welcher Weise die Zeit die Verhältnisse und mit den Verhältnissen die Menschen umwandelt. Möge es darum dem Verfasser vergönnt seyn, darüber aus seiner Vaterstadt hier einige Mittheilungen einzuschieben, die ihrem Wesen nach sicher auch auf viele andere deutsche Städte Anwendung finden. In den zwanziger Jahren unseres Jahrhunderts zeigte Bremen noch einen entschieden kleinbürgerlichen Charakter, sowohl in Betreff seiner äußern städtischen Erscheinung, als auch hinsichtlich der Gestaltung des öffentlichen und des Familienlebens. Zwar hatte der Platz schon aufgehört, Festung zu seyn. Die alten Bollwerke waren bereits abgetragen; nur an einzelnen Stellen fand

sich noch ein Rest der ehemaligen Ummauerung. Allein die eigent=
liche Stadt blieb doch noch vollständig auf den einstigen Festungs=
kreis eingegrenzt. Innerhalb der Gräben allein befanden sich die
Wohnungen. Außer den Thoren lagen bloß die Privatgärten und
ein Kranz von Gemüseländereien mit den dazu gehörigen, noch mit
Stroh bedeckten, niedersächsischen Bauernhäusern. Die Thore selbst
wurden Abends geschlossen, nur gegen ein mit den Nachtstunden
steigendes Thorgeld war während der Dunkelheit der Verkehr
möglich. Dabei mußten alle höheren städtischen Beamten nicht allein
innerhalb der Thore, sondern sogar innerhalb der Altstadt wohnen.
Ebenso wie noch kein Lutheraner in den Senat gewählt werden
konnte, so galt es auch als durch Sitte und Herkommen verboten,
daß ein Senator vor den Thoren oder in der Neustadt sich ansie=
delte. Nach und nach indessen nahmen mit der steigenden Bevölke=
rung der Stadt die Bauplätze innerhalb der Thore ab. Als die
Wälle schon alle mit Häusern besetzt waren, mußten die Vorstädte,
in denen bis dahin nur der sogenannte „kleine Mann" gelebt hatte,
zu Neubauten benützt werden. Der Häuserreihe auf den Wällen
entsprach bald eine ähnliche Häuserreihe auf den ehemaligen Gegen=
wällen. Aber auch diese Vergrößerung reichte bald nicht mehr aus;
ganze Stadttheile wurden nunmehr in den vorstädtischen Bezirken
angelegt; die städtischen Ansiedler drängten die bäuerlichen Bewoh=
ner weiter auf's Land hinaus. Denn natürlicher Weise wuchs mit
der zunehmenden Seelenzahl der Einwohnerschaft der Werth von
Grund und Boden, welcher als Bauplatz verwendet werden konnte.
Ricardo's Lehre von der Abstufung der Bodenrente wurde hier
gleichsam mit Steinen dargestellt. In der Stadt arbeitete mit
Nutzen und Vortheil das kaufmännische Kapital; mit dem zunehmen=
den Reichthum der Bürger mehrten sich die Ehen, die Geburten,
die Niederlassungen von Auswärtigen in Bremen. Also stieg die
Nachfrage nach Wohnungen. Da nun innerhalb der Thore der
Raum vergeben war, so hob sich der Preis der zunächst liegenden
Gemüsegärten in den Vorstädten. Es war für die „Kohlhöcker"
mithin bald viel profitlicher, ihr Grundeigenthum zu dem höheren
Preise zu verkaufen, und sich in der äußeren Peripherie wieder

anzubauen, als auf ihrem Terrain, das jetzt vielleicht zwanzig=
tausend Thaler werth geworden war, noch jährlich für fünfhundert
Thaler Gemüse zu ziehen. Dergestalt nahm der „kleine Mann"
an dem Zuwachs der Kapitalien in der Stadt Theil; eine Quote
des Handelsgewinnstes floß auf die kleinen Grundeigenthümer rund
um die Thore ab. Da jedoch die so verjagten Gemüsebauern ihrer=
seits sich wieder ansiedeln mußten, so steigerte ihre Nachfrage nach
Land auch den Preis des Geländes in den äußersten Vorstädten,
ja selbst in den benachbarten Dörfern. Wie die Holzringe eines
Baumes setzten sich immer neue Straßen um den städtischen Kern=
stamm an. Fortan war es nicht mehr möglich, die Thorsperre
aufrecht zu erhalten; die Accisslinie mußte die Außenstadttheile mit=
umspannen. Die frühere Tradition, daß kein Senator in der
Vorstadt wohnen dürfe, verschwand unversehens. Lächerlich war vieles
geworden, was einst mit großer Pietät beobachtet ward. Und wie
sich die äußere Gestalt der Stadt umwandelte, in entsprechender
Art veränderte sich ihr gesellschaftliches, politisches und kulturliches
Leben. Die Menge junger Kaufleute, die aus Amerika in die
Vaterstadt zurückkehrten, brachten neue Bedürfnisse, neue Anschauun=
gen mit; die bedeutender gewordene Stellung der Stadt in der
Handelswelt machte an die „Väter" andere Ansprüche. Zwar hat
es Bremen eigentlich zu keiner Zeit an tüchtigen Staatsmännern
gefehlt; allein der kleinbürgerliche Nepotismus rief denn doch früher
auch manche Persönlichkeit in den Senat, die mit den väterlichen
Dukaten keineswegs den väterlichen Verstand geerbt hatte. Wer
Equipagen halten und Diners geben konnte, war stellenweise vom
Himmel mehr zum Senator prädestinirt, als der gescheidteste Kopf,
dem weniger Glücksgüter zur Verfügung standen. Nunmehr er=
forderten die andern Maßregeln auch andere Männer. Wenn
in unserer Kinderzeit noch mehrere Senatoren vierspännig fuhren,
so gibt es jetzt von allen achtzehn Mitgliedern des Senates
nur noch einen Einzigen, der Wagen und Pferde besitzt. Das
Talent, nicht mehr der Reichthum, entscheidet über die Wahl in
den Rath; denn das Talent ist in der veränderten Zeit zur Noth=
wendigkeit geworden. Und seitdem hat die gesammte Administration

eine ganz andere Gestalt bekommen. Wer vor nun vierzig Jahren gegen den damaligen Zustand der Dinge und der Persönlichkeiten politische Opposition in Bremen machte, der stieß sich noch an der geschlossenen Phalanx der Interessenten den Kopf ein; seit jener Zeit haben sich indessen alle die angedeuteten Neuerungen von selbst verstanden. Daß dabei stellenweise ein längst obsolet gewordenes Staatsstück noch sein Daseyn weiter schleppt, beurkundet bloß den allmählig vorrückenden Gang der statthabenden Evolution. Wie in den neuerbauten Stadttheilen hie und da noch ein altes Bauern- haus mit seinem Strohdache emporragt, dessen Einwohner trotz des hohen Kaufgebotes ihre Behausung nicht verlassen wollen, bis dann ihre Erben alsbald den Baugrund veräußern; ebenso unterbricht auch in dem modernen Gefüge des kleinen Staates noch wohl ein Ueberrest der Vergangenheit die geraden Linien. Allein es handelt sich bei demselben dann nur darum, wann er beseitigt wird; daß er beseitigt wird, unterliegt keinem Zweifel mehr. Man erzählt hier, daß einige alte Herren aus persönlichem Widerwillen gegen das Eisenbahnwesen der Gegenwart niemals auf den Bremer Bahn- hof hinausgegangen seyen; haben sie etwa dadurch den Flug des Dampfwagens aufgehalten?

Diese allmählige Umwandlung aber, welche wir so eben an einzelnen Merkmalen innerhalb eines Stadtlebens verfolgt haben, geht durch ganz Deutschland hin und verbreitet sich, obschon mit unterschiedlicher Stärke, durch das gesammte Europa. Nicht nur wird eine jede deutsche Stadt innerhalb der letzten dreißig Jahre ähnliche Metamorphosen aufzuweisen haben, wie Bremen, sondern auch in der Nationalgliederung des Volks prägt sich der Umschwung der Wirthschaft und Gesellschaft aus. Die Summe der Einzel- veränderungen bildet den Inhalt und Umfang des ganzen socialen Umschwunges. Wie in den vorwiegend bürgerlichen Städten neue Familien zu Reichthum und Ansehen gekommen sind, frische Kräfte den alten reichsstädtischen Schlendrian angespornt haben, in gleicher Art regen und bewegen sich früher nicht vorhandene social-politische Elemente im gesammten Bundesgebiet. Ein eigentlicher Constitu- tionalismus ist für eine Nation so lange nicht durchzuführen, als

sie nicht wohlhabend genug dasteht, um aus den verschiedensten
Schichten ihrer Berufsklassen heraus unabhängige, gebildete Vertreter
in den Ständesaal schicken zu können. Die politische Macht des
Volkes wird nur durch seine gesellschaftliche Macht errungen. In
den zwanziger Jahren, als Studenten und Gelehrte hauptsächlich
die liberalen Vorkämpfer abgaben, da der Gewerbe= und Gewerk=
stand noch nicht seine heutige Stellung einnahm, vermochten die
Karlsbader Beschlüsse wohl, Deutschland zu maßregeln. Gegen=
wärtig jedoch, wo Wohlstand und Bildung durchweg bei uns ver=
breitet sind, sieht sich selbst die rücksichtsloseste Reaktion außer
Stande, mit den ehemaligen Mittelchen weiter zu regieren. Wir
wollen damit keineswegs behaupten, daß in den entscheidenden
Kreisen bereits ein genügendes Verständniß der veränderten social=
politischen Verhältnisse Platz gegriffen habe. Im Gegentheile, wir
sehen vielmehr jeden Tag, wie die alte Staatskunst in den alten
Bahnen fortwandelt und gar keine Organe für die kulturlichen und
moralischen Bedürfnisse unseres Nationallebens besitzt. Allein die
früheren Praktiken versagen ihr den Dienst; es geht nicht mehr so
wie ehemals. Derselbe Satz, welcher auf dem national=ökonomischen
Gebiete längst zur Anerkennung gekommen ist, daß nämlich keine
Regierung der Welt Macht genug hat, eine Münze über ihrem
Metallwerth im Umlaufe zu erhalten, gewinnt nun auch innerhalb
der Politik seine Bedeutung. Tausend und abertausend selbstständige
Einzelwillen, denen keine Polizei beizukommen vermag, arbeiten
unausgesetzt, durch das eigene Interesse dazu angetrieben, den In=
stitutionen und Einrichtungen entgegen, welche dem Geiste der Zeit
nicht mehr entsprechen. Sogar die kirchlichen Mittel haben ihre
Schrecken verloren. Ein Geschlecht, welches täglich an die Dis=
cussion der Presse gewöhnt ist, dem in den Schulen und durch die
populären Schriften die allgemeinen astronomischen und naturwissen=
schaftlichen Grundbegriffe geläufig geworden sind, das mit kritischem
Verstande sich und die Welt betrachtet, läßt sich nicht mehr mit
hierarchischen Zügeln lenken. Es ist nicht wahr, daß unsere Gene=
ration der Religiosität entbehrt. Statistisch kann dargethan werden,
daß im Durchschnitte die Summe der jährlichen Verbrechen abnimmt;

und Wohlthätigkeitssinn und aufopferungsfähige Menschenliebe wachsen im gleichen Verhältnisse mit dem Wohlstande und der Bildung der Nation. Aber unsere Generation sucht weit mehr als die früheren Geschlechter des Herzens religiöses Bedürfniß im Geiste und in der Wahrheit zu befriedigen. Die Rechtgläubigkeit, die Interpretation des Dogma freilich hat für sie an Interesse verloren; dagegen steigt gewiß der sittliche Gehalt der Zeitgenossen mit der nicht mehr zu bannenden Freiheit des Denkens.

Wir leben in einer sehr ernsten Zeit; die inneren und äußeren Gefahren, welche das Vaterland bedrohen, fordern von der Nation allen Patriotismus in die Schranken. Oft mag dem Einzelnen ein trüber Zweifel kommen, ob wir im Stande seyn werden, die häuslichen Zwistigkeiten endlich zu beseitigen und eine geschlossene Nationalgestaltung zu gewinnen. Vielleicht hat unser Volk dem= nächst eine schwere Prüfungszeit durchzumachen. Wenn wir in= deſſen den stetigen Fortschritt mustern, in welchem Deutschland seit drei Generationen trotz aller entgegenstehenden Hinderniſſe be= griffen ist, dann setzt sich die Hoffnung gewiß fest, daß unsere Söhne auf unser Geschlecht ungefähr von dem nämlichen politischen Abstande zurückblicken werden, von dem aus wir auf die Epoche unserer Väter hinschauen. Vor ungefähr zehn Jahren konnte man bei der Beurtheilung der verschiedenen im öffentlichen Leben da= stehenden Persönlichkeiten oft die Redensart hören, „er ist für den gemäßigten, oder er ist für den schnelleren Fortschritt." Der that= sächliche Fortschritt kümmert sich jedoch wenig um die ihm zu= fallende Zustimmung der einzelnen Menschen. Er bewegt sich den social=politischen Kräften der Zeit gemäß, denen gegenüber jeder widerstrebende Einzelwille auf die Dauer machtlos wird. Ist es aber ganz unbestritten, daß vom Großvater auf uns Enkel eine gewaltige bürgerliche Entwicklung in Deutschland stattgefunden hat, dann ist es auch unausbleiblich, daß dieser gesunde staatliche Stoff sich seine gesunde nationale Form schafft. Das ist jetzt un= sere politische Arbeit; Freiheit und Einheit, wir wiederholen ein früheres Wort, gehen bei uns Hand in Hand.

Die modernen Berufsklassen und die national-staatliche Einigung Deutschlands.

Schon Julian Apostata hat darauf hingewiesen, daß die ört=
liche Beschaffenheit eines Bodenbereiches bestimmend und bedingend
auf die Bewohner desselben zurückwirkt. „Wie die Verfassungen
der Völker," so führt Baur (die christliche Kirche) den Gedanken=
gang des philosophischen Kaisers an, „ebenso verschieden wie ihre
Sprachen sind, so habe Gott dieß nicht durch einen bloßen Befehl
bewirkt, sondern schon ihre Natur auf diese Verschiedenheit angelegt.
Die Voraussetzung von allem, worin die Völker von einander ver=
schieden seyn sollten, habe die Verschiedenheit ihrer Natur seyn
müssen. Man sehe dieß ja auch an der körperlichen Beschaffenheit.
Wie sehr Germanen und Scythen von Libyern und Aethiopiern
verschieden seyen! Ob dieß auch ein bloßer Befehl Gottes sey, und
nicht auch die Luft, die Gegend, die klimatischen Verhältnisse dazu
mitwirken?" Allein so frühe immerhin dieses für die Erfassung
des menschlichen Gesellschaftsthums bedeutsame Wort in der Geschichte
hervortritt, es ist doch eigentlich erst der Gegenwart vorbehalten
geblieben, den Sinn desselben in der politischen Wissenschaft weiter
zu verwerthen. Und wenn auch die allgemeinen Nationalunter=
schiede schon eher in Zusammenhang mit der Individualität der
großen Ländergruppen gebracht wurden, so ward dafür innerhalb
eines und desselben Reiches der geographisch=ökonomische Ursprung
der Provinzialverschiedenheiten gar nicht beachtet. Für die Betrach=
tung der europäischen Zustände leistete die Völkerwanderung mit
ihren nächsten Folgen dieser Vernachlässigung einer scharfen social=

historischen Beobachtung den ausgiebigsten Vorschub. Die einzelnen
Sonderheiten, welche die über unsern Erdtheil neu ausgegossene
Völkermasse in den späteren Jahrhunderten aufwiesen, wurden
einfach als den verschiedenen Stämmen in ihrer asiatischen Heimath
angeboren angesehen oder auf sociale Ueberlieferungen zurückgeleitet,
welche sie von dorther in ihre nachherige Seßhaftigkeit mitgebracht
hatten. Dazu hatten die Kreuz= und Querzüge, die Siege und
Niederlagen jener herumschweifenden Horden vielfache Bruchstücke
der ursprünglich einheitlichen Nomadenstämme durch einander ge=
würfelt. Die Archäologie suchte daher mit ihrem Romanen= und
Keltenthum ethnographische Erscheinungen zu erklären, deren Auf=
hellung in erster Linie von der Socialhistorie zu erwarten steht.

Es braucht hier wohl nicht besonders hervorgehoben zu werden,
daß wir die Nachwirkungen früherer Gesellschaftszustände auf die
folgenden höheren Stufen der ökonomisch=socialen Ausbildung im
Leben eines Volkes nicht gering anschlagen; sie üben namentlich in
den einfacheren Verhältnissen des Daseyns eine große Macht aus.
Die überlieferten Sitten der Väter tragen dann oft den Sieg über
die naturgemäßen Anforderungen der veränderten Zeit davon. Aber
man soll doch auch erwägen, wie die stets nachwachsenden Geschlechter
einerseits immer mehr solche Traditionen verlieren, während anderer=
seits die socialen Gebote ihrer Gegenwart drängend an sie hinan=
treten. Kein Historiker wird es bestreiten wollen, daß im Be=
ginne des Mittelalters das nomadisirende Ackerbauthum, wie es sich
in der Völkerwanderung zeigt, die nachherige Seßhaftigkeit der
Stämme in social=politischer Hinsicht nach seinen gesellschaftlichen
Einrichtungen regelt. Indessen in dem nämlichen Maße als dann
der alte Verband der Hundertschaften und des Markgenossenthums
durch das Sondereigen an Grund und Boden aufgelöst wird, wan=
deln die örtlichen Umstände, die neue Ackerwirthschaft und politische
Thatsachen auch die ehemaligen Stammeseigenthümlichkeiten um.
Die heutigen deutschen Stammesverschiedenheiten sind nicht etwa
vor der Völkerwanderung in Mittelasien geboren worden; sie sind
vielmehr ein Produkt des deutschen Landesgebietes selber. Für den
Socialhistoriker ist es mithin ganz gleichgültig, ob die Altbayern,

womit man in München sich rühmt, von den Kelten abstammen
oder nicht. Ihre Individualität ist mit der Individualität und
der Geschichte der Reichsprovinz verwachsen, welche sie bewohnen.

Geht man nun von dem Satze aus, daß die jetzt lebenden
Völker Europa's, um es kurz auszudrücken, die socialen Resultate
ihrer Länder sind, so wird man gewiß, um die gesellschaftlich=poli=
tische Individualität eines einzelnen Volkes auf unserm Erdtheil
gründlich zu begreifen, zuerst gerade die Natur des Grundes und
Bodens untersuchen, auf dem es haust. Sollte nicht wohl die
deutsche Erde mit die Schuld tragen, daß Deutschlands staatliche
Gestaltung seit fast zweitausend Jahren sich immer wieder födera=
listisch gliedert? Leider hat die wissenschaftliche Arbeit im lieben
Vaterlande, welche nach andern Richtungen einen so erstaunens=
werthen Fleiß aufwendet, es lange verschmäht, den Landbereich
des deutschen Bundesgebietes zum Gegenstande eines sorgfältigen
geographisch=ethnographischen Studiums zu machen. Das Auge der
Völkerkunde, soweit sie in Deutschland getrieben wird, schweifte stets
lieber in die Ferne über die Meere hinaus. Wir besitzen vortreff=
liche ethnographische Werke über die verschiedensten Gegenden von
Asien, Afrika und Amerika, von Deutschen nach ihren wissenschaft=
lichen Reisen ausgeführt. Nur die eigene Heimath mit der Mannig=
faltigkeit ihrer örtlichen und gesellschaftlichen Gebilde kennen wir
schlecht. Und wenn auch einzelne Köpfe wie Bernhard von Cotta
bei uns sich ernstlicher damit befaßt haben, ihre Schriften sind noch
nicht in die Masse gedrungen. Die politischen Calculationen und
Plänemachereien, wie sie in Deutschland gang und gäbe sind,
kümmern sich nicht um die deutsche Geographie und die mit ihr
zusammenhängenden ökonomischen Momente; die deutsche Historio=
graphie hält sich wohl an die Ethik der handelnden Personen, sie
nimmt keine Rücksicht auf das Terrain, auf welchem sie stehen.

Was jedoch in wissenschaftlicher Beziehung Generationen ver=
säumt haben, vermag eine einzelne Abhandlung nicht nachzuholen.
Sie kann nur auf die vorhandene Lücke aufmerksam machen, und
falls sie einige dahin einschlagende Gedanken bei ihren Ausführungen
zu Grunde legen muß, bloß in allgemeinen Umrissen die Ergebnisse

andeuten, zu denen die jetzt noch fehlenden Vorarbeiten wahr=
scheinlich einmal führen werden. Soll aber in Deutschland, wovon
man jetzt so häufig spricht, eine wirkliche Realpolitik Fuß fassen,
sollen wir endlich aus den politischen Nebel= und Schwebeleien des
Gemüths und der Phantasie zu einem festen Boden niedersteigen,
auf welchem wir bauen können, dann darf eine deutsche Ethno=
graphie nicht lange mehr ausbleiben. Selbst in der Verworrenheit
der staatlichen Begriffe und Projekte, wie wir sie im Jahre 1848
erlebt haben, machte sich das Bedürfniß nach einer ethnographi=
schen Unterlage für die Politik geltend. Damals wurden nämlich
Stimmen laut, welche eine Parlamentscommission mit einer neuen
Eintheilung von Deutschland in Reichskreise beauftragen wollten.
Daß eine derartige Arbeit in jener Zeit ein unbrauchbares theoreti=
sches Machwerk geworden wäre, ist wohl nicht zu bezweifeln. Die
Abstraktion, womit die unglücklichen Reichsgrundgesetze mitten durch
die Mannigfaltigkeit der ökonomischen und social=politischen Gebilde
hinfuhren, bloß um den Boden auf gut französisch überall gleich
zu ebnen; die vollständigste Unkenntniß, mit welcher man in jeder
Beziehung dem Wesen der Gesellschaft gegenüberstand, bürgt wohl
dafür, daß die begehrte Reichseintheilung in den Händen der Frank=
furter nur ein juristisches, kein sociales Fabrikat gebildet hätte.
Allein in der gestellten Forderung selber klopft doch wenigstens die
Ahnung, daß man es in der Politik nicht bloß mit Menschen,
sondern auch mit Oertlichkeiten und ihren ökonomischen Be=
dingungen zu thun hat; der Embryo der Socialpolitik verrieth seine
erste Bewegung.

Ohne eine vollständige Umarbeitung der deutschen Historio=
graphie im Mittelalter dürfte es aber, unseres Erachtens, unmöglich
seyn, eine deutsche Ethnographie, welche der deutschen Politik dienen
soll, herzustellen. Denn die Wissenschaft besitzt ja nicht bestimmte,
von vorneherein maßgebende ethnographische Grundsätze, die sie nur
so ohne weiteres auf die deutschen Verhältnisse anwenden könnte.
Es kommt vielmehr darauf an, erst dem Gange der deutschen Ge=
schichte es abzulauschen, in welcher Weise sich wohl in ihr zwischen
Zufälligkeiten und individuellen Thatsachen die örtlichen Verhältnisse

einwirkend geäußert haben. Und dazu ist zunächst eine ganz frische Durchsicht der Quellen nöthig. Haben überhaupt die gleichzeitigen Chronisten und Annalisten, bei der Beschränktheit ihres Horizontes, sehr wenig Sinn für die Erfassung von geschichtlichen Gesetzen, geht ihnen der ganze Entwicklungsproceß ihres Volkes oder ihres Stammes in einzelne Willkürlichkeiten auf, so ist bisher auch ihren unbewußt gegebenen Andeutungen über die socialen Zustände ihrer Zeit so gut wie gar keine Aufmerksamkeit geschenkt; es sey denn, um sie zu Gunsten einer abstrakten Rechtshistorie auszubeuten. Und doch kommen wir nicht über den Satz hinaus: das heutige Deutschland ist das Produkt aller innerhalb seiner Grenzen wirksam gewesenen und noch wirksamen social-politischen Momente, und nur in Uebereinstimmung mit ihnen kann eine Weiterführung seines Staatsbaus stattfinden.

Läßt man indessen mit Festhaltung von ökonomisch-socialen Gesichtspunkten den Blick über die deutsche Geschichte hingleiten, dann treten doch auch selbst bei flüchtiger Betrachtung die aus den geographischen Verhältnissen entspringenden föderalistischen Momente des deutschen Reichslebens unverkennbar hervor. Geographische Karten besaß das gesammte Mittelalter so gut wie gar nicht. Von Oben herunter willkürliche Grenzen nach Art der französischen Departements abzustecken, war mithin nicht möglich. Selbst das geographische Bild des gesammten Landeskörpers, wie wir es heutzutage dem Atlas entnehmen, stand im Mittelalter wohl kaum irgend jemandem vor der Seele. Nicht weil die pyrenäische Halbinsel, das heutige Frankreich, oder Deutschland als gegebenes räumliches Ganze angeschaut wurden, richteten sich innerhalb ihrer Grenzen die staatlichen Organismen nach und nach ein; sondern umgekehrt, weil die Erdbildung in ihnen bestimmte Rauminbividuen geschaffen hat, darum führen die darauf wirksamen geographisch-socialen Kräfte die Bewohner allmählig zu einer dem Raume entsprechenden politischen Gliederung zusammen. Und dasselbe Gesetz, was in der eben hervorgehobenen Weise bei der Durchprägung von nationalen Reichskörpern thätig ist, kehrt unter kleineren Verhältnissen bei der natürlichen Provinzialverbindung wieder. Was sind denn die sogenannten

Stammesherzoge in der vorkarolingischen Zeit anders als kleine Ackerbaukönige, welche kraft ihrer Gefolgschaft gewisse örtlich durch die Natur angezeigte Bereiche sich unterworfen haben, indem nun auf dem geschlossenen gleichen Gebiet der gleiche Menschenschlag sich zu einer mehr oder weniger in sich gleichen Gesellschaftsgruppe zusammenfaßt? Und wenn dann auch später die Heerbanneintheilung Karls, des Großen, diesen stillen Bildungsgang unterbricht, die von ihm eingesetzten Dienstherzoge schlagen unter seinen Nachfolgern denselben Weg wieder ein. Sobald sie erblich in ihren Amtsbezirken geworden sind, beginnt in Deutschland die Provinzial= und die Stammesbildung, getragen von den geographischen Momenten der verschiedenen Gegenden, auf's Neue. Man entgegnet uns vielleicht, daß doch Heirathen, willkürliche Belehnungen und die Wechselfälle von Fehden die natürlichen Bedingungen des Raumbesitzes für die Fürsten und Grafen verwischen konnten; und diesem Einwurf soll auch nicht völlig sein Recht abgesprochen werden; die menschliche Willensfreiheit geht neben den unmittelbar waltenden social=politischen Mächten in der Geschichte als Faktor her. Sieht man indessen sogar heutzutage so manche Heirath sich vollziehen, in welcher, genau genommen, eigentlich nur die zu einander passenden Güter der Gatten zusammengelegt werden; so mochte auch im Mittelalter sehr oft wohl weniger die zärtliche Neigung des Herzens als vielmehr die Möglichkeit der Besitzabrundung das Motiv der Trauung seyn. Der Himmel, in welchem bekanntlich sonst die Ehen abgeschlossen werden, mußte sein poetisches Vorrecht den Ausreckungen von Berg und Thal, von Fluß und Küste auf der Erde abtreten. Der häufig citirte Vers sagt über die Erweiterung des habsburgischen Länderbesitzes: „Tu felix Austria nube!" Haben denn aber die Habsburger ihre Kronländer sich angeeignet, weil sie die Erbinnen desselben heimführten, oder führten sie jene Erbinnen heim, weil sie nach deren Mitgift begierig waren? Diese Mitgiften bildeten eben allemal geographisch=politische Ergänzungen ihres schon vorhandenen Bodeneigenthums. Ist Oesterreich auch wirklich „zusammengeheirathet" worden, so besteht doch sein Zusammenhang in andern Bindemitteln als in den früheren Ehen seiner Dynastie.

Deßwegen glauben wir nicht zu fehlen, wenn wir von dem Satze ausgehen, daß so lange nicht im Mittelalter die künstliche juridische Politik sich zersetzend in die ökonomisch=socialen Wechselwirkungen eingeschoben hatte, die Provinzial= und Stammesbildung in Deutschland in erster Linie den örtlichen Bedingungen gehorcht. Die dabei eingehaltenen Dimensionen mögen im Laufe der Zeit gegewechselt haben; während gewaltiger Kriege im Innern oder nach Außen schlossen sich manchmal kleinere Gruppen zu einer größeren zusammen; die Bedeutung der vorhandenen örtlichen Verschiedenheiten verschwand vor den anderweitigen zwingenden politischen Momenten, um vielleicht nach wiederhergestellter Ruhe sich abermals geltend zu machen. Erst als nach der Periode der Reformation das frische, ursprüngliche Getriebe des gesellschaftlich=politischen Lebens erlahmt, tragen die sich festsetzenden Territorialhoheiten mit ihrer Miniaturdiplomatie den Sieg über die natürliche deutsche Provinzialbildung davon. Die naturgemäße föderalistische Grundlage des Reiches ward willkürlich umgewandelt und ist seitdem in der Staatenabgrenzung Deutschlands nur noch verkrüppelt zu Tage gekommen. Aber selbst in ihrer Verkrüppelung hat sie sich Lebenskraft genug bewahrt, um einer octroyirten Staatseinheit unübersteigliche Hindernisse in den Weg zu stellen. Wurzelt doch gerade die Macht der deutschen Büreaukratie, so wenig sie selbst auch von der föderalen Staatsanlage Deutschlands weiß, hauptsächlich darin, daß ihre partikularen Territorien sich wenigstens einigermaßen räumlich und historisch mit den natürlichen Provinzen decken. Daher gilt es denn im Kampfe gegen den Partikularismus, mit dem die Büreaukratie verwachsen ist, den naturgemäßen deutschen Föderalismus zur Geltung zu bringen — dann gelangen wir zu der für uns möglichen, einheitlichen staatlichen Nationalgestaltung; und dieses Ziel ist nur mit einer Durchführung des modernen Ständethums zu erreichen, welches an die Stelle des abstrakten Rechtsstaats den aus Fleisch und Blut bestehenden Gesellschaftsstaat stellt. Einheit und Freiheit sind, wie wir schon früher einmal gesagt haben, in Deutschland nicht Gegensätze; bloß die Beschränkung der Büreaukratie, d. h. die Freiheit, kann uns zu der naturgemäßen Einheit bringen. Die Büreaukratie ist aber nur mit einer Wiedergeburt des natürlichen aus Arbeits= und Eigenthumstheilung hervorgegangenen Ständethums zu besiegen!

Wir hegen eine hohe Achtung vor den Männern der jüngst gebildeten Nationalpartei, wir selber haben das Eisenacher Programm unterschrieben und gedenken fürwahr nicht, demselben ungetreu zu werden. Allein mit der Zustimmung zu dem in's Auge gefaßten allgemeinen Ziele ist unserer unmaßgeblichen Ansicht nach noch keineswegs die Verpflichtung verknüpft, nun auch jeden Weg mitzuwandeln, den die Partei nach ihrem Ziele zu einschlägt. Um einen Einheitsstaat nach französischem Muster mit vollständig gleicher Lagerung aller gesellschaftlichen Atome zu erreichen, würden wir wenigstens keine Hand rühren; und dahin würde Deutschland oder ein Theil von Deutschland sicher gelangen, wenn man ohne weiteres die preußische Staatsconstruktion darauf übertragen wollte. Es gilt nicht, Deutschland preußisch, sondern umgekehrt, Preußen deutsch zu machen. Dem mathematischen Staate Friedrich's, des Großen, muß erst das frische sociale Leben zurückgegeben seyn, er muß zuvor der Besonderheit seiner Provinzen gerecht zu werden wissen, ehe eine haltbare Assimilirung zwischen ihm und dem übrigen Deutschland vor sich gehen kann. Ein reiner Kriegsstaat, wie Preußen, genau genommen, noch immer ist, weiß nichts und kann nichts von der Freiheit der Gesellschaft wissen; die Büreaukratie ist die Grundbedingung seiner Existenz und die Grundbedingung büreaukratischer Thätigkeit ist die juridische Gleichmacherei auf demjenigen Gebiete, das sie beherrscht.

Wie verschiedenartig aber zeigt sich, selbst bei dem flüchtigsten Blicke, die Gestaltung des deutschen Bodens in seinen Theilen, und wie verschieden ist von jeher die Geschichte gewesen, die in den einzelnen Gegenden gespielt hat! Im Norden bildet eine weite, durch keine bestimmten Grenzen in Osten und Westen abgeschlossene Ebene das nächste Hinterland der See. Hier wurden die Menschen sehr frühe in den Handel mit benachbarten Völkern hineingezogen. Das

Meer bot ihnen reichliche Nahrung, sie brauchten sich nicht alle der
feudalen Gliederung des starren Ackerbauthums hinzugeben; der
Fischer ist, wie der Jäger, Niemandes Knecht. Dazu kommt, daß
hier keine Gebirge die Anlegung von herrschenden Ritterburgen be=
günstigten. Waren die nordischen Niederungen seiner Zeit kaum
von dem römischen Leben berührt worden, so vermochte in ihnen
auch der Heerbann und die Hierarchie der katholischen Kirche nicht
festen Fuß zu fassen. Von vornherein hatte hier das bewegliche
Eigenthum einen ganz andern Spielraum als im Süden. Daher
schoß hier denn auch so früh ein blühendes Städtethum auf, das
seine eigenen Zwecke verfolgte, ohne sich viel um die Vorgänge im
Binnenlande zu kümmern. Im Süden dagegen, im reichen Wechsel
von Berg und Thal mußten sich während der reinen Ackerbauzeit
früh eine Menge kleinerer Sonderherrschaften bilden. Dort ist das
rechte Geburtsland des Agraradels. Außerdem konnte sich der be=
ginnende Verkehr zunächst nur an die Donau lehnen, die ihn nach
Konstantinopel hinwies. Ueberbleibsel der römischen Herrschaft
mengten sich gleichfalls in das dort ansetzende social=politische Ge=
füge ein; das südliche Gebirgsland und die nordische Ebene hatten
viele Jahrhunderte lang so gut wie gar keine Berührungen mit
einander. Und wieder, wie ganz anders mußte sich das mensch=
liche Daseyn im Westen an den gesegneten Ufern des Rheines
ausbilden, als in dem böhmischen Thalkessel, oder im Stromgebiet
der Oder! Die gesellschaftlichen Einrichtungen ordnen sich ja ur=
sprünglich nach den Bedürfnissen der Menschen, nicht die Bedürf=
nisse nach den Einrichtungen. Drängte nun auch die social=politische
Macht des Krieges die von den deutschen Stämmen bewohnten
Gebiete zur Bildung eines Reiches mit einem König an der
Spitze, so verblieb doch der innerhalb seiner Marken vorhandenen
ökonomisch=socialen Mannigfaltigkeit genug Platz über, sich gemäß
den eigenen gesellschaftlichen Kräften zu entwickeln. Man klagt
heutzutage so oft über den losen staatlichen Zusammenhang des
alten Reiches; derselbe entsprach allerdings nicht den gegenwärtigen
politischen Begriffen. Indessen ergab sich einerseits der angedeutete
Zustand unmittelbar aus der Natur der Dinge selber, und zum

andern will ein Reich in der Stufenfolge der Entwicklung erst zu einem Staate werden. Dieser Uebergang ist aber allemal erst dann möglich, wenn sich über der Schichte der Ackerbaubevölkerung ein kräftiges, unter sich im Verkehr verbundenes Bürgerthum entfaltet hat.

Es ist neuerdings, beim Verfolgen des nationalstaatlichen Einigungsgedankens, oft auf die Ursachen hingezeigt worden, die am Schlusse des Mittelalters die Umwandlung des deutschen Reiches in den deutschen Staat verhindert haben. Die dynastische Verbindung Deutschlands mit Spanien, die Verarmung der Städte in Folge der veränderten Welthandelsconjunktur und die inneren religiösen Kämpfe spielen dabei eine Hauptrolle. Zu übersehen ist jedoch auch nicht, wie die gleichzeitig um sich greifende Herrschaft des römischen Rechtes die eigenwillige politische Construktion im lieben Vaterlande begünstigte. Als damals bei der Schwäche der Kaisermacht die deutschen Territorialfürsten vermittelst des Protestantismus hauptsächlich ihre Souveränetät befestigten, schnitten sie mit ihrer neuen Büreaukratie die natürliche föderative Grundlage des deutschen Gebietes willkürlich zusammen. Auf den Trümmern des naturgemäßen ökonomisch=socialen Lebens richteten sich fortan die deutschen Territorialhoheiten sammt ihrem Beamtenthume ein. Der Partikularismus, der nun nicht mehr mit dem natürlichen Provinzialismus identisch war, fühlte es sehr bald heraus, daß seine Existenz von der Vernichtung der wirthschaftlich=politischen Wechselbeziehungen abhängig sey; so begann denn die Büreaukratie mit ihrer römischen Jurisprudenz einen Kampf auf Tod und Leben gegen das frühere Ständethum, wie es aus Arbeits= und Eigenthumstheilung emporgewachsen war. Es ist nämlich ein großer Irrthum, wenn man nur die französische Revolution als die Mutter der gegen alle selbstständigen socialen Gebilde gerichteten modernen Nivellirungssucht ausgibt. Die Revolution hat in Frankreich und mit ihren Nachwirkungen auch in Deutschland nur die Consequenzen aus den Vorarbeiten gezogen, welche ihr bis dahin die Büreaukratie in beiden Ländern so reichlich geliefert hatte. Denn sobald einmal die politische Verbindung einer größeren Menschengruppe

nicht mehr auf ihre gesellschaftliche Gliederung gestützt wird, sobald
der ganze politische Zusammenhang der Staatsunterthanen bloß in
den administrativen Formen besteht, welche sich über sie ausbreiten,
können die natürlichen Unebenheiten der Gesellschaft die geraden
Linien des beliebten Mechanismus und Schematismus nur stören.
Man mißverstehe uns hier nicht, wir sind weit davon entfernt,
die Nothwendigkeit eines Staatsbienerthums in Abrede zu stellen.
Die Theilung der Arbeit beschränkt sich nicht auf das materielle
Gebiet der Werthproduktion, sie herrscht eben so gut auf dem
Felde der geistigen Dienste. In jedem gesellschaftlichen Verbande
wird es Angestellte geben müssen, welche für die Zwecke der Gesell=
schaft die nothwendigen Verrichtungen besorgen und von dieser Arbeit
leben. Selbst in den frühesten Zeiten des Ackerbauthums sind öf=
fentliche Diener unentbehrlich. Aber etwas anderes ist es, ob die
Angestellten die Diener der socialen Gliederung bleiben, wie sie
vermöge der in ihr waltenden Kräfte zusammenhängt, etwas anderes,
ob sie ihre eigene Diensthierarchie an die Stelle des gesellschaft=
lichen Zusammenhanges setzen. Im letzteren Falle sieht nämlich
die Büreaukratie in der Menge der Unterthanen nur lauter sociale
Atome. Vom Mittelpunkte ihres abstrakten Staates aus sendet sie
ihre Radien, rücksichtslos durchschneidend, nach allen Punkten der
Peripherie. Die unbedingte Centralisation ist und muß das Grund=
princip ihres Wesens seyn. Nur sobald alle Fäden der Hierarchie
in einen Schlußknoten zusammenlaufen, ist der politische Zusammen=
hang eines Staates gewahrt, welcher die in ihm vorhandenen so=
cialen Verbände vernichtet hat. Fragen wir uns einmal aufrichtig:
was hält denn eigentlich den preußischen Staat zusammen? Seine
einzelnen Landestheile sind sogar räumlich von einander getrennt,
außerdem bleiben sie in Wirthschaft und Kultur mannigfach von
einander verschieden. Von selber hätten sich die Rheinlande und
Pommern, Ostpreußen und Westphalen nicht zu einem politischen
Organismus zusammengefunden. Ihren ersten Berührungspunkt
haben die genannten Provinzen vielmehr in dem gemeinsamen
Fürstenhause; und dann ist zu einer Zeit, als alles größere wirth=
schaftliche und somit gesellschaftliche Leben in Deutschland brach lag,

ein einziges straffes Beamtennetz darüber ausgespannt, das die Reste
der früher selbstständigen socialen Gebilde beseitigte.

Wenn aber eine Menschenschicht, wie sie nun heutzutage der
Büreaukratie angehört, aus ihrer Arbeit zugleich Nahrung, Ansehen
und Sättigung der in jeder Menschenbrust vorhandenen Sehnsucht
zu herrschen zieht, so hat sie wohl das bringendste Interesse, eine
Beeinträchtigung der eingenommenen Stellung nach Kräften fern zu
halten. Und in diesem Interesse wurzelt dann der Kastengeist der
Büreaukratie. Im Mittelalter war das unausgesetzte Bestreben der
agrarischen Beamten, der Grafen, Voigte, Schultheißen und aller
Officiere darauf gerichtet, ihre Stellen in ihrer Familie erblich zu
machen. Mit der Uebergabe des erblich gewordenen Lehngutes, von
welchem die Würde ihre Nahrung bezog, an den Sohn, ging auch
der Amtsposten selber an ihn über. Ist nun zwar heutzutage die
Besoldung der Staatsangestellten nicht mehr in Lehngüter sondern
in baarem Gelde ausgeworfen, so hat sich dessenungeachtet gegenwärtig ebenfalls eine gewisse Erblichkeit in der Büreaukratie
festgestellt. Dergestalt steht den übrigen, unter sich unverbundenen
Mitgliedern des Staates eine geschlossene, in sich disciplinirte
Phalanx gegenüber, welche außer der Solidarität ihrer Interessen
auch noch in dem verzwickten Mechanismus ihrer Amtsthätigkeit
einen weiteren Schutz ihrer Herrschaft findet. Das Staatsleben
ist dadurch, trotz der freien Presse, der öffentlichen Controle vielfach entzogen. Mit der Wahrung des Amtsgeheimnisses hält sich
die Büreaukratie unliebsame Einblicke in ihr Thun und Treiben
fern; und dem beschränkten Unterthanenverstande ist es obendrein unmöglich, sich in dem Formenkrame der Büreaus zurecht
zu finden.

Es ergibt sich demnach von selbst, daß so ziemlich die gesammte
Büreaukratie in Deutschland, mit wenigen rühmlichen Ausnahmen,
einer nationalstaatlichen Gestaltung unserer öffentlichen Angelegenheiten feindlich gesinnt seyn muß. Sie kann ja in derselben nur
verlieren. Zunächst nämlich würden bei einem weitergehenden Zusammenschließen der deutschen Staaten unter sich sehr viele Stellen
überflüssig, die jetzt ihren Mann nähren. Jeder Mensch vertheidigt

aber naturgemäß Haus und Hof; sein Besitzthum liegt ihm am wärmsten am Herzen, dann kommt für ihn erst die übrige Welt. Ferner droht eine größere Einigung Deutschlands auch eine Aenderung des altgewohnten Geschäftsganges. Die Befähigung der Büreaukratie läuft indessen nicht selten, statt auf ein Wissen und Können, auf ein Gewohntseyn hinaus. Man vergegenwärtige sich doch nur einmal den Bildungsgang, den ein Staatsbeamter in der Gegenwart von Kindesbeinen an einschlägt. Auf der Schule beschäftigt ihn Griechenland und Rom, und auch noch obendrein jedes der beiden Länder nur unter philologischen Gesichtspunkten. Je weniger ihn dabei das frische Leben um ihn her kümmert und ihm Zeit raubt, um so mehr wird er ein Schüler nach dem Wunsche des Lehrers seyn; das büreaukratische Drillen fängt ja schon in Tertia an. Was dergestalt an Berührung mit dem wirklichen Leben und seinen Bedürfnissen auf dem Gymnasium versäumt worden ist, wird dann aber während des akademischen Trienniums fürwahr nicht eingebracht. Die deutschen Universitäten sind ja recht eigentlich die Pflanzstätten der abstrakten Weltanschauung. Der Umkreis des Daseyns gränzt sich für den Universitätsprofessor nur zu oft mit seiner Studirstube ab; den Resultaten seines Forschens fehlt, so weit wir von den exakten Wissenschaften absehen, die Controle der Wirklichkeit. Wie wollen indessen solche Lehrer ihren Schülern ein gesundes Verständniß der in der Welt waltenden socialpolitischen Kräfte beibringen, da sie selber die Kategorien des menschlichen Denkens, die Rubriken unserer Auffassungsfähigkeit für das Wesen der Dinge, mit dem Wesen der Dinge an sich verwechseln, und außerdem nur zu oft die Jugend mit einer Fülle ungeordneten Stoffes in den Vorträgen überschütten? Unmittelbar aus dem Hörsaale geht dann aber der junge Mann, nachdem er sich zum Staatsexamen abgerichtet hat, in die Amtsstube. Hier gilt es nun, den vielleicht noch vorhandenen letzten Rest einer frischen Individualität in dem regelmäßigen Mechanismus der büreaukratischen Arbeitstheilung völlig zu beseitigen. Selbst wenn es auch nicht im System läge, die persönliche Selbstständigkeit der nachwachsenden Staatsdienergeneration von vorneherein auf das

möglichst geringe Maß zurückzuführen, der täglich in der nämlichen
Regelmäßigkeit wiederkehrende äußere Geschäftsgang sorgt schon
dafür, daß der Einzelne nach und nach die Natur einer Maschine
annimmt. Bewegungen, welche nicht in seinem Automatenbau
vorgesehen sind, werden von ihm fortan vergebens verlangt. Das
alte Wort: „was nicht in den Akten steht, das ist überhaupt auf der
Welt nicht vorhanden,“ wird die Richtschnur des Handelns. Hat
der Professor mit seinen Theorien sich in abstrakter Weise die
Wirklichkeit zurechtgeschnitten, so geht ihr der zu einer amtlichen
Position gelangte Schüler unmittelbar mit seinen Maßregeln zu
Leibe. Je weniger eigene Widerstandsfähigkeit aber diese Wirk=
lichkeit besitzt, je schwächer gerade die in ihr liegenden gesellschaft=
lichen Kräfte sich regen, um so leichter wird es dem Schematismus
der Büreaukratie, ihre willkürlichen Einrichtungen an die Stelle
der naturgemäßen socialen Bildungen zu setzen. Man weist oft
darauf hin, wie frei England sich von der büreaukratischen Be=
vormundung zu halten gewußt habe, während in Deutschland im
siebenzehnten und achtzehnten Jahrhunderte die Beamtenhierarchie
zu einer Ausbildung gedieh, daß sie sich kaum von dem chinesischen
Mandarinenthume unterschied. Allein es wird bei dem Vergleich
dieser beiden geschichtlichen Thatsachen gewöhnlich übersehen, welche
verschiedenartigen Umstände sie auch diesseits und jenseits des
Kanals begleiteten. Als überhaupt in Folge der Geldwirthschaft das
moderne Beamtenthum in der europäischen Staatenwelt Fuß faßte,
begann Großbritannien in unaufhaltsam steigender Weise die Ent=
wicklung seines Handelslebens. Bei ihm also waren die ökonomisch=
socialen Momente in steter reger Thätigkeit; das gewaltige Getriebe
seiner Produktion und seines Verkehrs ließ sich nicht in die engen
Fesseln einer mechanischen Administration schlagen. Deutschland
dagegen sinkt gerade in der nämlichen Epoche von seiner früheren
commerciellen Höhe herab; seine großen Handlungshäuser machen
Bankerott, sein alter Grundadel ruinirt sich in ökonomischer Be=
ziehung durch Luxus und Pracht, sein Bauernstand ist noch vielfach
feudal gebunden, die Beamtenwillkür findet demnach nirgends eine
dauernde energische Opposition; über der am Boden liegenden

Gesellschaft führt sie unbehindert ihre Verwaltungskaserne auf! Man verfetze sich doch einmal im Geiste um vier oder fünf Generationen zurück. Welch' eine positive gesellschaftliche Kraft hätten denn damals die verschiedenen Schichten der deutschen Bevölkerung auf den Organismus des Staates ausüben können? Was das Bürgerthum bedeutete, geht am besten aus einer Betrachtung des Zuwachses hervor, welchen seitdem die Städte durchweg an Häusern und Menschen erhalten haben. Wie jämmerlich und unausgebildet war noch das sogenannte Großgewerbe; wie sich schleppte sich das Kleingewerbe fort! Der Kaufmann unterschied sich in den meisten Fällen kaum von dem heutigen Detailkrämer; eine Verbindung der Orte unter einander durch wohl unterhaltene Landstraßen gab es so gut wie gar nicht; der Personen=, Brief= und Waarenverkehr bewegte sich im Vergleich zu heute in den Kinderschuhen. Man machte sein Testament, ehe man sich den Gefahren einer Reise von Norddeutschland nach der Schweiz hin aussetzte. Und eng und klein, wie das Raumgebiet des Wirthschaftslebens, waren auch die ökonomisch=politischen Anschauungen der daran gebundenen Menschen. Wir hören es gegenwärtig mit Staunen, daß noch am Anfang unseres Jahrhunderts ein Platz wie Mannheim bloß drei Kaufleute besaß, die von dem hohen Stadtdirektor mit dem „traulichen" Er behandelt wurden. Vermochte unter solchen Verhältnissen die Arbeit etwa eine Opposition gegen die Verfügungen der Amtsstube zu erheben? Schrankenlos gebot die juridische Büreaukratie in allen öffentlichen Verwaltungszweigen. Das ökonomische Getriebe ließ sich von ihr in administrativer Hinsicht lokalisiren, weil es selber vorwiegend noch lokal an der Scholle klebte. Da setzte sich denn die Gliederung der Beamtenhierarchie bis in die untersten Organe des Staates fest; die Willkür des Polizeistaates kannte keine Grenzen mehr; die Schreiberwirthschaft in den verschiedenen deutschen Ländern erreichte die volle Höhe des türkischen Paschathums.

Inzwischen ist die Welt, und auch die deutsche Welt eine ganz andere geworden. Aber in der Schreiberstube gehen die Erinnerungen von ehemals noch vielfach weiter. In den Akten steht noch nicht

viel von der neuen über die ganze Erde verzweigten Arbeitstheilung,
an welcher auch Deutschland in sehr beachtenswerther Weise Theil
nimmt. Allerdings haben sich eine Menge, früher unbekannter
Verhältnisse der Administration aufgedrängt; allein statt denselben
ihrem Wesen nach gerecht zu werden, ist sie mit wenigen Ausnahmen bemüht, die altgewohnten Schablonen auch auf die jung
sich aufwerfenden Zustände zu übertragen. Namentlich ermangelt
die juridische Politik, wie sie vorwiegend im Beamtenthume waltet,
des Verständnisses der socialen Verhältnisse. Die Ordnung und
Regelung der ökonomischen Angelegenheiten läßt sich nicht länger
vornehm bei Seite schieben. Schon die stets wachsenden finanziellen
Bedürfnisse des Staates machen es unumgänglich nöthig, daß der
produktiven Arbeit im Volke eine gewisse Vorsorge gewidmet werde.
Nur verschließt man sich noch immer der Einsicht, wie jene wirthschaftlichen Angelegenheiten dadurch auf das gesammte Staatsgefüge
bedingend zurückwirken, daß sie Veränderungen in der gesellschaftlichen Gliederung nach sich ziehen. Freilich hat sich der constitutionelle Liberalismus, welcher nach den Freiheitskriegen zuerst in
Deutschland den Kampf gegen die Büreaukratie eröffnete, die eben
angedeutete Folgerung auch nicht klar zum Bewußtseyn gebracht.
Lange Zeit hindurch kümmerte er sich fast gar nicht um die ökonomischen Dinge im Vaterlande. Die Freiheit war ihm rein ein Produkt des Rechtes, nicht ein Ergebniß gleich mächtiger, sich ausgleichenden Staatskräfte untereinander. Und als er auch später
gewahr wurde, daß er, um für seine Ideen und Bestrebungen
festen Fuß in der Menge zu fassen, sich der realen Interessen in
den verschiedenen Bevölkerungsschichten annehmen müsse, gelangte
er doch über die reine Nationalökonomie dabei nicht hinaus. Wenn
wir gegenwärtig die deutsche Wirthschaftsgeschichte seit dem Wiener
Congresse an uns vorüberziehen lassen, so besteht ihr Verlauf, so
weit dafür die Politik in's Spiel kommt, aus lauter abgesonderten
Einzelfragen, die eine mehr oder weniger zweckmäßige Erledigung
fanden. Das Staatsleben wurde indessen unmittelbar durch dieselben nicht weiter berührt und konnte davon auch nicht berührt
werden, weil die gesellschaftlichen Verhältnisse, die damit im

Zusammenhang standen, völlig unbeachtet blieben. Am deutlichsten tritt uns die eben hervorgehobene Wahrnehmung bei dem Verlaufe entgegen, welchen der Zollverein genommen hat. Als nach wieder= hergestelltem Frieden in Deutschland die wirthschaftlichen Angelegen= heiten der Nation ihre Ansprüche an die Einzelstaaten stellten, da in Folge der neuen Handels= und Gewerbsverhältnisse das Güter= leben einen frischen Aufschwung empfing, hielten sich die Wort= führer des Liberalismus von diesen Bewegungen und Bestrebungen der Geschäftsleute fern. Mit der Unkenntniß der in die aufge= worfenen Fragen einschlagenden Thatsachen verband sich bei ihnen eine gewisse Geringschätzung der materiellen Interessen. Daß das Zollsystem, die Verkehrsanstalten, die Post u. s. w. das ökonomische Getriebe einer Nation auf das engste angehen, daß die verlangte Freiheit ohne administrative Organisationen, den Bedürfnissen des Volkes gemäß, ein inhaltloser Schemen ist, kam den Wortführern der öffentlichen Meinung nicht zur Klarheit. Deßwegen ging denn auch die Gliederung des unabweislich gewordenen Zollvereins nicht aus der Nation selbst hervor, es war vielmehr die Büreaukratie der Partikularländer, welche ihn einrichtete und ihm dabei zugleich eine Wesenheit verlieh, von der sich keine Gefahren für die Herr= schaft der Amtsstube befürchten ließen. Als dann nachher der Liberalismus gewahrte, in welcher Weise die ökonomischen Angele= genheiten die allgemeine Aufmerksamkeit beschäftigten, hat er darauf die Stiftung des Zollvereins und die daraus herzuleitenden politi= schen Consequenzen ebenso überschätzt, als er es früher vernachlässigte, sich bei dem Zusammenschließen desselben zu betheiligen. Der Zoll= verein ward nun plötzlich zum Ausgang der gesammten staatlichen Wiedergeburt Deutschlands gemacht. Geht man indessen dem Wesen des von Preußen in's Leben gerufenen Mauthverbandes auf den Grund, so beschränkt sich derselbe rein auf eine büreaukratische Re= gelung der, wie gesagt, einmal nicht mehr abzuweisenden wirth= schaftlichen Angelegenheiten des Volkes. Daß gegenüber von dem jährlich an Macht und Ausdehnung gewinnenden Welthandel, bei der durch die Maschinenindustrie bewerkstelligten Massenproduktion die binnenländischen Zollschranken sich auf die Dauer nicht halten ließen, leuchtete selbst der Büreaukratie ein. Die Forderung, welche schon zur Zeit Ludwigs XI. Comynes in Frankreich stellte, daß alle Zollstätten im Innern aufgehoben und statt dessen eine einzige Zolllinie um das Reich gezogen werden solle, entspringt bei stärker werdendem Verkehr unmittelbar aus der Natur der Dinge. Und diese Forderung hat der Zollverein erfüllt. So wenig es im Sinne des herrschenden Systems lag, daß das Bürgerthum irgend eine Kräftigung erführe; die Schlagbäume im Innern ließen sich nun einmal nicht mehr behaupten. Erleichtert wurde der büreaukratischen Administration die „schöpferische That" noch ungemein durch den Zuwachs, welchen die Staatseinnahmen dabei erhielten. Denn nicht allein war ja die eine einzige Außenzolllinie viel kürzer und somit leichter und billiger zu bewachen als das Zollgrenzengeflecht im Innern, sondern der freiere Verkehr steigerte auch die Produktion und Consumtion der Unterthanen in unerwarteter Art und erhöhte damit die Einnahmen der Aerare an allen indirekten Abgaben der Bevölkerung.

Mehr körperlichen Inhalt durfte indessen der Zollverein nicht annehmen, falls er nicht der büreaukratischen Handhabung Gefahren bringen sollte. Jede Verbindung seiner Einrichtungen mit den in der Nation vorhandenen gesellschaftlichen Momenten mußte auf das Sorgfältigste von vornherein vereitelt werden; innerhalb seiner Grenzen hatten die ökonomisch=socialen Atome um Gottes willen keine eigenen körperschaftlichen Gebilde abzuschließen. Daher war es zunächst einmal durchaus nöthig, daß die Nation so wenig wie möglich von den amtlichen Verhandlungen des Vereins erfuhr. Eine Einwirkung darauf ward ihr vollends abgeschnitten. Nur vermittelst der Presse war es den Interessenten möglich, die Begehren des wirthschaftlichen Lebens zur Kenntniß der entscheidenden Kreise zu bringen, wobei noch obendrein der national=ökonomischen Publicistik das geringste Maß von statistischen Anhaltspunkten dargeboten wurde. Wie oft ist eine raschere Veröffentlichung der Nachweise über die Zollvereinsgebahrungen von den Zeitungen gefordert worden! Immer vergebens, die Berichte des Centralbüreaus wurden regelmäßig erst dann gedruckt, wenn eine eingehende Kritik derfelben nicht mehr nützen und nicht mehr schaden konnte. Außerdem hütete man sich wohl, den gemeinsamen Ansprüchen des deutschen Wirthschaftslebens das geringste partikulare Interesse zum Opfer zu bringen. An dem Widerspruch eines kleinen Staates ist so oft die Durchführung der allernothwendigsten Maßregeln gescheitert. Der Zollverein entbehrt in dem Grade jeder eigentlichen Organisation, daß alle seine Maßnahmen, genau genommen, stets von Neuem Verträge unter den Theilnehmern voraussetzen. Die Nation hat sich lange Zeit über diese kluge Unterbindung der Rückwirkungen, welche sonst die Wirthschaftsverhältnisse auf die Gesellschaft und von ihr aus auf den Staat ausüben, getäuscht. Sie hoffte gerade durch den Zollverein zu einer weitergreifenden politischen Gliederung zu gelangen. An die gemeinsame Zollbarriere und die Gemeinsamkeit der Verkehrsabgaben sollte sich in erster Linie eine gemeinschaftliche positive Handelspolitik anschließen. Dann lag es in der allgemeinen Idee der Nation, daß der Zollverein als solcher sich die internationale Anerkennung erringe. Nicht mehr der einzelne Zollvereinsstaat als Wortführer der übrigen Mitglieder hätte demnach die Commerzverträge mit fremden Ländern abzuschließen gehabt; vielmehr ein zu schaffendes Zollvereinsorgan selber würde die dazu nöthigen Verhandlungen geführt haben, und an dieses glaubte man auch ein Netz zollvereinsländischer Consularposten anknüpfen zu können. Weiter gehende wirthschaftliche Pläne zielten endlich darauf ab, durch eine Vertretung der wirthschaftlichen Interessen neben dem Zollvereinsorgane den Mangel eines gemeinsamen deutschen Parlaments wenigstens in Etwas zu ersetzen. Da man so kühne Hoffnungen nicht hegte, das constitutionelle System auf dem politischen Gebiete durchführen zu können, suchte man sich durch ähnliche Einrichtungen auf dem ökonomischen Felde zu entschädigen. Wie oft ist der Zollverein der Vater der staatlichen Einheit Deutschlands genannt worden! Allein das Kind hat noch immer nicht das Licht der Welt erblickt, weil er sich nicht mit der Gesellschaft verband, weil kein modernes Ständethum ihm schöpferische Kraft verlieh.

Dreißig Jahre sind inzwischen vergangen, seitdem die ersten

embryonischen Gestaltungen des Zollvereins sich bildeten; dreißig Jahre voll nationaler Kämpfe und Mühen, fast jedes Jahr ausgezeichnet durch irgend einen bedeutsamen wirthschaftlichen Fortschritt im Handel oder in der Industrie, und dennoch ist der Zollverein in Betreff seiner inneren Organisation um keinen Fußbreit vorwärts gekommen; er hat heute noch die alte deutsche Hansa um ihren festeren Zusammenhang, um ihre Aktionsfähigkeit nach Außen zu beneiden. Allerdings besaß dieser Städtebund ebenfalls keine eigentliche ökonomisch-politische Körperlichkeit. Die einzelnen ihm angehörenden Städte verblieben in ihrem bisherigen Unterthanenverhältnisse; keine von ihnen war genöthigt, sich auf den Tagfahrten vertreten zu lassen, wie denn auch die Beschlüsse der Tagessatzung stets einer besonderen Genehmigung von Seiten der städtischen Magistrate bedurften. Die Hansa führte ebenfalls kein gemeinsames Bundeszeichen und lehnte jede Solidarität ihrer Theilnehmer nach Außen hin ab. Dessenungeachtet war sie von einem kräftigen socialen Stoff angefüllt, welcher der Mangelhaftigkeit der politischen Organisation im entscheidenden Momente abhalf. Denn die Hansa ist im Allgemeinen der staatliche Ausdruck des sogenannten „gemeinen deutschen Kaufmanns" gewesen. Der große Verkehrszusammenhang, wie er sich unter den Städten Norddeutschlands herausgebildet hatte, war das Lebenselement des berühmten Bundes. Den Bedingungen des gemeinschaftlichen Handels ordnete sich jede einzelne Stadt unter; darin fand sie ihre Stellung, ihr Verhältniß zum Ganzen. Die Mitglieder des Zollvereins dagegen haben gleich von Anfang an ihre politische Souveränetät dem von ihren Ländern getragenen ökonomischen-Getriebe übergeordnet; nicht seinen Anforderungen wollten sie Folge leisten, sondern das Wesen des Verkehrs wurde nur dazu benutzt, die Bedeutung des Partikularstaates mehr hervortreten zu lassen. Zu Hülfe bei dieser Taktik kam dem büreaukratischen Partikularismus die Thatsache, daß außer dem ökonomischen Zollverein noch ein politischer Bundesverband in Deutschland da ist. Ohne den Bestand dieses so seltsamen Staatenhofes wäre es nämlich einer Macht der wirthschaftlichen Interessen vielleicht doch im Laufe der Zeit gelungen, die finanz-politische Natur des Vereins

social=politisch mehr durchzuarbeiten. Unter den vorhandenen Verhält=
nissen indessen gibt es einen rein ökonomischen und einen rein staat=
lichen Mittelpunkt in Deutschland, wenn man den gebrauchten Aus=
druck nicht zu scharf nehmen will. Mittelst der Befugnisse des Einen
lassen sich die etwaigen Befugnisse des Andern stets zurückweisen. Der
Bundestag hatte über die ökonomischen Angelegenheiten Nichts zu ver=
fügen; und der Zollverein besitzt über seine verschiedenen Theilnehmer
nicht die leiseste politische Zwangsberechtigung, die etwa dem Bundes=
tage noch zuständel. Zwischen den einzelnen Partikularstaaten, dem
Bundestage und dem Zollverein aber schwankte die unglückliche, un=
gegliederte, atomistische deutsche Gesellschaft hin und her; sie konnte
nach keiner Seite hin ein Gewicht in die Wagschale werfen.

Leider ist man nun ungeachtet der langjährigen Erfahrungen
bis jetzt nicht allein bei den bestehenden Einrichtungen geblieben,
sondern man hat noch obendrein die neu sich aufwerfenden gemein=
samen Angelegenheiten in gleicher Weise zu ordnen gesucht. Auch
die Eisenbahnsachen, die Post, das Münzwesen sind der partikular=
staatlichen Hoheit allemal unterworfen worden. Die Regelung der
öffentlichen, über den Bereich der einzelnen Länder hinausgehenden
ökonomischen Angelegenheiten setzt sich aus lauter Staatsverträgen
zusammen; der Partikularstaat bewahrt immer seine politische Ge=
schlossenheit den Ansprüchen des gemeinsamen deutschen Güterlebens
gegenüber; nicht auf nationale, sondern auf zwischenstaatliche Art
werden dieselben abgefunden.

Gestehen wir es uns deßhalb endlich einmal unumwunden
ein: der Zollverein wird nun und nimmer die Grundlage der
national=staatlichen Einigung Deutschlands abgeben können. Es ist
gewiß niemanden ein Vorwurf daraus zu machen, daß er längere
oder kürzere Zeit hindurch den Glauben in sich getragen hat, es
ließe sich auf dieser Basis eine föderativ=politische Gliederung des
Vaterlandes aufführen. Allein gegenwärtig kann doch wohl kein
Zweifel über die Erfolglosigkeit solcher Bemühungen mehr obwalten.
Natürlicherweise wird jeder gesammtstaatliche Organismus Deutsch=
lands, er möge entstehen wie er wolle, statt der ehemaligen feu=
dalen Binnenzölle eine einzige Außenzolllinie um sein Gebiet spannen;

nicht minder läßt sich erwarten, daß die verschiedenen Bestandtheile desselben die gemeinsamen Zolleinnahmen nach der Seelenzahl der Bevölkerung unter sich vertheilen werden; die beiden Momente, so unerläßlich wie sie sind, reichen nur nicht hin, um aus sich heraus positive politische Schöpfungen hervorzubringen. Sie sind Linien an der gesammtstaatlichen Körperlichkeit Deutschlands, sie sind kein Theil dieser Körperlichkeit selber. Es hilft dabei nichts, daß man etwa für die erstrebten staatlichen Ziele zunächst eine Reorganisation des Zollvereins in Aussicht nimmt. Wir wenigstens wüßten einerseits nicht, worauf sich diese Reorganisation erstrecken könnte, ohne daß sie dabei auf das politische Gebiet übergriffe; und andererseits vermögen wir nicht abzusehen, woher der Zollverein eine politische Macht zu politischen Einwirkungen herholen will. Dürfen wir hier an unserer Ausführung: „der Rechtsstaat und die wirthschaftliche Gliederung der Gesellschaft" anknüpfen, dann wird es hoffentlich dem Leser verständlich seyn, wenn wir sagen: der Zollverein ist eine auf ökonomischem Gebiete vorgenommene rechtsstaatliche Einrichtung, die gar nicht auf die vorhandene Gesellschaft und ihre Gliederung in Deutschland zurückgreift. Verlangten wir aber, daß der Einzelstaat in allen seinen Institutionen der naturgemäße Ausdruck des ihm zu Grunde liegenden Gesellschaftsthums seyn solle, mit andern Worten, daß das Staatsrecht nur die Anerkennung der socialen Thatsachen in sich zu enthalten habe, so wird auch die gesunde Gliederung der deutschen Staaten unter sich von den ihnen gemeinsamen gesellschaftlichen Verhältnissen ausgehen müssen. Auf diesem Standpunkte gewinnt der Gedanke des modernen Ständethums nicht bloß eine constitutionelle, sondern auch eine volle nationale Bedeutung.

Um zu der Einsicht zu gelangen, in wie weit Deutschland eine einheitliche staatliche Gestaltung etwa zu erreichen im Stande ist, haben wir zuallererst die Frage aufzuwerfen, in wie weit seine Gesellschaft bereits einheitlich gestaltet ist oder doch auf dem Wege sich befindet, sich einheitlicher zu gestalten. Dabei ist das Gebiet des unbeweglichen und des beweglichen Eigenthums, d. h. des Ackerbaus und der Stoffbearbeitung, genau zu unterscheiden. Denn die

Landwirthschaft ist mit allen ihren Lebensbedingungen eng an die Eigenart des Bodens geknüpft, auf welchem sie getrieben wird. Die aus ihr hervorgehenden socialen Verhältnisse werden demnach, sobald man ihnen einen natürlichen Spielraum beläßt, durch die örtlichen Besonderheiten modificirt werden, unter denen sie Platz greifen. Auf einem mannigfach in sich verschiedenen, größeren Raumgebiete ist es gerade der Ackerbau, welcher der gesammten gesellschaftlichen Gliederung einer Nation ihre provinzialen Abtönungen verleiht, oder gar die Nation auf einen föderativen Ausgang ihres Staatsbaus hinweist. Ehe man deßhalb innerhalb des agrarischen Bereiches die einer Volksgesellschaft gemeinsamen Gebilde aufsucht, hat man nachzuforschen, in welchem Grade das bewegliche Eigenthum die ihm angehörenden Menschengruppen auf eine und dieselbe Weise social organisirt hat. Beim Verfolgen der social-staatlichen Gesammtentwicklung Europa's von den frühesten Zeiten an ist es aber für den ersten Moment eine überraschende Erscheinung, daß so mannigfaltig das Ackerbauthum seine gesellschaftlichen und rechtlichen Einrichtungen in den verschiedenen Gegenden unseres Erdtheils aus einander gehen läßt, das Städtethum überall einen viel mehr in sich gleichartigen Charakter trotz der weiten Entfernung der Orte von einander zeigt; ja daß, wenn die Ackerbaugesellschaften des Alterthums und des Mittelalters in ihrem socialen Wesen wenig Aehnlichkeit mit einander haben, die Städtewelt der feudalen Zeit dagegen manche Institutionen aus Roms Vergangenheit unmittelbar herübernehmen kann — es sind dieselben wirthschaftlichen Grundbedingungen, welche für den Bürgerstand von damals überall dieselben social-politischen Consequenzen nach sich ziehen. Ganz folgerecht bildet sich daher auch in den späteren Jahrhunderten, als Deutschlands Theilnahme am Weltverkehr erlahmte, bei uns eine größere Verschiedenartigkeit der Städteverfassungen aus. Der einzelne Platz unterlag mit seinem ökonomischen Leben wieder mehr den vorhandenen agrarisch-provinzialen Sonderheiten, bis nach Beendigung der Freiheitskriege abermals mit dem Aufschwung des Handels die Ausbildung der Gleichartigkeit in Bezug der städtischen Verhältnisse begann. Natürlicherweise soll man dabei

von dem geschriebenen Rechte absehen. Bei der Mannigfaltigkeit
der büreaukratischen Mechanismen, die sich in den deutschen Staaten
festgesetzt haben, konnte es ja nicht ausbleiben, daß die gemachten
Städteverfassungen oft den Stempel rechtsstaatlicher Willkür tragen.
Trotzdem indessen vermögen die juridischen Schindeln die Musku-
latur der Gesellschaft nicht glatt zu drücken. Wie sehr daher auch
in Deutschland die Constitutionen der Städte von Preußen, Bayern,
Hannover, Baden, Sachsen und so weiter von einander abweichen,
ihre socialen Zustände sind in vieler Hinsicht gleich; und eben
diese hat man in's Auge zu fassen, wenn man darnach forscht,
welche Verhältnisse im Gesammtvaterlande sich bereits einheitlicher
gestaltet haben.

Wäre es indessen nicht ein völliges Verkennen aller social-
politischen Wechselwirkungen, falls der Patriotismus nun dahin
streben wollte, zuerst einmal die deutschen Städteverfassungen in
eine und dieselbe Form umzugießen? Es ist gewiß unmöglich,
wirklich verschiedenartige Zustände durch eine gleiche Form, die
man ihnen aufzwingt, auch in sich gleichartig umzubilden. Eben
so wenig kann es uns zum Ziele werden, allen deutschen Städten
dieselben Lebensbedingungen verleihen zu wollen. Seestädte wie
Hamburg und Bremen haben einen andern ökonomischen Boden
unter sich und sehen eine andere ökonomische Aufgabe vor sich,
als binnenländische Fabrikplätze und im Innern gelegene Stationen
für den Zwischenverkehr. Nur darauf kommt es an, das in den
verschiedenen deutschen Städten vorhandene Gleichartige zu verbinden und dergestalt zu einer gemeinsam wirkenden socialen Kraft
zu erheben. Dieses Gleichartige tritt uns aber in erster Linie in
den Menschen entgegen, welche den gleichen ökonomischen Beruf
haben. Mit der Bildung des modernen Ständethums, das die
Grenzen des Partikularstaates überschreitet, erhält der Partikularismus, so weit er nicht der föderativen Grundanlage des deutschen
Staatsbaus entspricht, seinen energischsten Gegner. Der Altliberalismus hat die Wucht dieser eben angedeuteten Waffe nie
erkannt. Er arbeitete bloß darauf hin, in den verschiedenen Gegenden von Deutschland Gesinnungsgenossen zu werben. Die

gleiche politische Meinung sollte die constitutionelle Partei im Einzelstaate oder die nationale Partei im Gesammtvaterlande schaffen und zusammenhalten. Daher rührt denn auch die übergroße Bedeutung, welche er der abstrakt aufgefaßten öffentlichen Meinung zuweist. Da die Nationalökonomie sowohl als die Jurisprudenz in ihren Anschauungen des öffentlichen Lebens bisher nicht zu der gesellschaftlichen Gliederung der Menschen vorgeschritten sind, da die Volkswirthschaft ohne das Volk und das Staatsrecht ohne die Staatsunterthanen erfaßt und verfolgt wurde, täuschte man sich zugleich über den Ursprung und den Gehalt der öffentlichen Meinung. Dieselbe erzeugt sich aber nicht, wo es sich um praktische Fälle handelt, durch eine mehr oder weniger wissenschaftliche Belehrung, die etwa der Einzelne aus dem Zeitungswesen erhält; sondern ein jedes Individuum steht in Folge des Arbeitszweiges, welchem es angehört, von vornherein, bewußt oder unbewußt, thatsächlich zu den öffentlichen Angelegenheiten seiner Stadt, seines Sonderstaates, seiner Nation in einem bestimmten Winkel. Eine ganze Menge Vorkommnisse ziehen freilich gar keine Linien auf den Einzelnen zurück. Bildet er sich trotzdem darüber ein Urtheil, so ist dasselbe ein persönliches, das nach persönlichen Einflüssen wechselt. Alle Bestrebungen dagegen, alle Hindernisse oder Förderrnisse, die den Beruf des Menschen berühren, werden von ihm auch gemäß den wirklichen oder vermeintlichen Interessen des Berufs abgeschätzt. Sehen wir es denn nicht im täglichen Leben jeden Augenblick vor uns, daß ein Mann „im Allgemeinen" ganz liberal denkt, während er in Betreff seines „Geschäftes" vielleicht noch die „allerengherzigsten" Ansichten hegt? Und doch bestimmt seine allgemeine liberale Denkungsweise nicht seinen individuellen social-politischen Werth, sondern die social-politische Folgerung, welche er für seine Person 'aus seinem Geschäfte zieht, reiht ihn als brauchbaren Streiter unter die eine oder die andere Fahne. Diese social-politische Wahrheit hat, wie gesagt, der Altliberalismus vollständig verkannt, und auch heute noch wissen die wenigsten Politiker dieselbe recht zu vernützen. Statt den Menschen auf dem staatlichen Felde an derjenigen Seite seines Wesens zu fassen, wo er wirklich faßbar ist, und wo es politisch sich der Mühe lohnt, ihn gepackt zu haben, nämlich an seiner ökonomisch-socialen Natur, wenden sich die Patrioten immer noch vorwiegend an seine Intelligenz oder seine Gesinnungstüchtigkeit. Letztere beiden Momente stellen jedoch, wo sie staatliche Rückwirkungen äußern sollen, das Individuum als politisches Atom unverbunden zu den andern politischen Atomen. Oder wenn sie auch zu der Bildung von Vereinen hinüberleiten, so gehört der Einzelne denselben doch nur zeitweilig, stückweise und mit wechselnder Theilnahme an. Dagegen fügt ihn sein Beruf seinen Standesgenossen zu, und je mehr er seinem Berufe lebt, um so lebhafter wird er die Interessen seines Standes vertreten.

Wie wir bereits oben hervorgehoben haben, ist der deutsche Zollverein eine rein büreaukratische Schöpfung. An und für sich sieht derselbe lauter Unterthanatome vor sich, welche in ihrer Zusammenhangslosigkeit der handels-politischen Willkür des Einzelstaates unterworfen bleiben. Daher konnte es denn auch zu verschiedenen Malen in der Presse erörtert werden, ob nicht die verschiedenen politischen Gegensätze zu einer Auflösung des Verbandes zu führen drohten. Hätte man bei dieser Frage jedoch einen Standpunkt eingenommen, von welchem aus die ökonomisch-socialen Folgen des büreaukratischen Zollvereins sich überblicken lassen, so wären sicher die erhobenen Besorgnisse minder stark gewesen. Innerhalb des Zollvereins nämlich besteht thatsächlich längst eine Kaufmannschaft und ein Gewerbethum, deren gewichtig gewordenen Interessen eine mauthliche Spaltung des deutschen Ländergebietes gar nicht mehr zulassen. Die Fortdauer der Zollvereinsverträge ist demnach ziemlich gleichgültig; dagegen kommt es darauf an, daß diese durch ganz Deutschland gehende Kaufmannschaft und das ebenfalls in Nord und Süd, in Ost und West ansäßige Gewerbethum, beides für sich, im Kreise ihrer Angehörigen sich als Stand begreift und als Stand auftritt. Dann werden social politische Mächte organisirt, denen gegenüber die partikularistischen Willensmeinungen der Amtsstuben für den Gang der deutschen Wirthschaftsgeschichte ihre ehemalige Bedeutung einbüßen. Bisher ist der Satz aufgestellt worden,

Deutschland müsse zunächst auf dem materiellen, namentlich auf dem ökonomischen Felde seine Einigung vollziehen. Man hielt sich indessen dabei an möglichst gleichartige Einrichtungen in den verschiedenen Verwaltungsbranchen; für die Zukunft möchten wir nun dahin die Parole geben, daß erst mittelst der ökonomischen Verhältnisse eine sociale Einigung zu erstreben ist, daß man von den Menschen und nicht von dem Güterleben allein ausgeht; dann wird gewiß die Brücke zu der möglichen staatlichen Einigung gefunden. Denn zwischen der Einzelwirthschaft und dem Staate steht die gesellschaftliche Gliederung!

Eingeleitet hat sich der Proceß der größeren socialen Einigung in Deutschland neuerdings bereits, so zu sagen, von selbst. Am Schlusse der vierziger Jahre waren es die Gelehrtentage, die sogenannten Germanistenversammlungen, von denen aus man auf eine nationale Richtung der deutschen Politik einwirken zu können hoffte. Diese Zusammenkünfte bildeten denn auch wirklich die Vorläufer des Frankfurter Parlamentes. Allein da die Theilnehmer derselben hauptsächlich den verschiedenen Zweigen der geistigen Arbeit angehörten, so vermochte sich bei ihnen das Standesbewußtseyn nicht so klar social-politisch durchzuprägen, wie es bei ökonomischen Berufsgenossen der Fall gewesen wäre. Dazu waren ihre staatlichen Anschauungen vorwiegend ideeller, nicht realer Natur. Indessen ist das Beispiel, was jene Kreise damals gaben, für die Gegenwart nicht verloren gegangen. Denn kaum hatten sich die inneren Wirren in Deutschland einigermaßen gelegt, als zunächst der Frankfurter Fabrikantenverein in's Leben trat. Zum erstenmale, seit jenem in den zwanziger Jahren von Friedrich List gestifteten deutschen Kaufmannsvereine, thaten sich die Angehörigen eines Arbeitszweiges, in diesem Falle also des Großgewerkes, aus den verschiedensten Staaten von Deutschland zusammen, nicht bloß um sich vorübergehend über die Wahrung ihrer Interessen zu berathen, sondern um sich zur dauernden Wahrung derselben zu organisiren. An sich war natürlicherweise dieser Verein rein privatlicher Art; er hatte nicht einmal die juridische Persönlichkeit erlangt. Sein Direktorium, seine Kasse, sein Zeitungsorgan behielten in den

Geschäftsbeziehungen vollständig den privatrechtlichen Charakter. Dessenungeachtet hat der Verein eine nicht zu gering anzuschlagende politische Rolle gespielt, aus dem einfachen Grunde, weil eine öko= nomisch=sociale Macht in ihm repräsentirt war. Es konnte fürwahr den Regierungen keineswegs gleichgültig seyn, welche Aufnahme ihre handels=politischen Maßregeln bei einem Gremium von Fabrikanten fanden, die für sich und für ihre Auftraggeber einen namhaften Theil der deutschen Industrie darstellten. Am deutlichsten zeigte sich das Gewicht, welches der Verein in die Wagschale der ökono= mischen Tagesgeschichte warf, bei der Krisis, die der Zollverein im Jahre 1852 durchmachte. Die bloße büreaukratische Politik der Partikularstaaten ordnete damals die gemeinsamen wirthschaft= lichen Angelegenheiten Deutschlands den sonderstaatlichen Eifer= süchteleien durchaus unter. Die vorhandenen ökonomischen Inter= essen der producirenden Klassen wurden von den Kabinetten einfach als Mittel gebraucht, um durch Androhung von Repressalien, die das Güterleben treffen sollten, die Gegner zu der gewünschten Nachgiebigkeit zu zwingen. Sogar die Auflösung des Zollvereins wurde in Aussicht gestellt, und sie wäre von Seiten einzelner Re= gierungen ohne Zweifel auch erfolgt, wenn der Zusammenhang des Mauthverbandes nicht im Laufe der Zeit sich durch ökonomisch= sociale Bande verstärkt gehabt hätte. Wie hoch gleichzeitig auch die Reaktion über alle nationalen Bestrebungen in Deutschland trium= phirte, wie unbedingt die Büreaukratie auf's Neue den gesammten Staatsorganismus zu einer amtsstübischen Maschine machte, jener Fabrikantenverein war ein gesellschaftliches Moment im Vaterlande, das sich nicht so ohne weiteres bei Seite schieben ließ. Von den verschiedenen Regierungen aus wurde mit demselben geradezu unterhandelt. Leider standen dem schon einigermaßen die moderne Standesbildung einleitenden Kreise noch keine ähnliche Bildungen zur Seite oder gegenüber, welche seine wirthschaftlichen Anforde= rungen zu Compromissen hätten nöthigen können. Seine in sich abgeschlossene Schutzzollpolitik wurde nur durch die Presse, aber nicht durch anderweitige ökonomisch=sociale Gruppen bekämpft. Ihr fehlte der nöthige kräftige Widerstand, der auf die Länge allein die Aufrechthaltung des Vereins verbürgt hätte. So löste sich denn derselbe, nachdem die brennenden Fragen für den Augenblick geordnet waren, nach und nach wieder auf. Das Beispiel jedoch, das er für die Behandlung öffentlicher Angelegenheiten gegeben hat, ist geblieben, und heutzutage sehen wir es gute Früchte tragen. Allerdings hat auch der Hamburger Freihandelsverein gezeigt, daß eine bloße Association zur Betreibung ökonomischer Bestrebungen nützlich auf den Gang der Tagesgeschichte einzuwirken vermag. Allein dieser Verband trug noch nicht den Ansatz zu einem neuen Ständethum in sich. Denn es war nicht etwa der Kaufmanns= stand als solcher, der in der Vereinigung die Vertretung seiner Interessen versuchte, wenn dieselbe auch viele Kaufleute unter ihren Mitgliedern zählte. Genau genommen kämpfte in dem Hamburger Freihandelsvereine nur ein Princip, eine Collectivmeinung, getragen von einer Reihe von gleichdenkenden Köpfen, nicht von gleichen ökonomisch=socialen Potenzen. Dagegen glauben wir in den jetzt in's Leben tretenden Kaufmanns= und Gewerbetagen ein sehr beach= tenswerthes Moment für die Reorganisation des modernen Stände= thums erblicken zu dürfen.

Die seit zwölf Jahren in den verschiedenen deutschen Staaten eingesetzten Handels= und Gewerbekammern sind zwar noch gänzlich büreaukratische Institute. Es konnte der Administration nun einmal nicht mehr entgehen, daß eine Menge ökonomischer Verhältnisse sich fortan nicht ohne Zuziehung der unmittelbar dabei interessirten Klassen bereinigen ließen. Auch fehlte es am grünen Tische ent= schieden an den dazu nothwendigen Detailkenntnissen. In solcher Noth schuf man daher in den einzelnen größeren Verkehrsplätzen Handels= und Gewerbsgremien, die, ohne mit weiteren Befugnissen ausgerüstet zu seyn, nur dazu dienen sollten, für das Büreau einen technischen Beirath abzugeben. Der Kaufmanns= oder Ge= werbestand war darin nicht etwa als Stand vertreten, sondern sein thatsächlicher wirthschaftlicher Zusammenhang war im Gegentheile in lauter kleine willkürlich gebildete Kreise aufgelöst und ihm bloß in dieser Abschwächung erlaubt, seine lokalen Wünsche submissest vorzubringen. Ja, in Preußen mußten es die Handelskammern sogar erleben, daß ihnen das Ministerium es untersagte, über andere Sachen ihre Meinungen hören zu lassen, als um die sie befragt wurden. Einige Jahresberichte waren mit ihrer kritischen Haltung unbequem geworden; die Büreaukratie erblickte in diesen Instituten nur das Mittel, sich schätzbares statistisches Material zu verschaffen. Im Vergleich zu den früheren Zuständen beurkundete trotzdem die Einsetzung der Gremien ohne allen Zweifel einen thatsächlichen Fortschritt. Die bis dahin innerhalb des Unterthanenkreises vorhandenen, unter sich völlig unverbundenen ökonomischsocialen Kräfte fanden wenigstens vorerst kleinere Sammelpunkte, und daß sie selbst in so beschränkten Wirkungsgebieten den Fortgang der wirthschaftlichen Angelegenheiten in Deutschland zu fördern im Stande waren, beweist die lebhafte Theilnahme, welche neuerdings das Publikum den administrativen Dingen zuwandte. Die Frage der Gewerbefreiheit wäre sicher noch nicht so weit gediehen, wenn die Gewerbekammern nicht gewesen, und der Anklang, welchen die sogenannten Bremer Seerechtsresolutionen bei allen deutschen Handelskammern seiner Zeit fanden, hat es ebenfalls dargethan, daß der deutsche Kaufmannsstand sich in seiner Solidarität zu fühlen beginnt.

So lange nun die durchgehenden, in sich gleichartigen ökonomischsocialen Potenzen durch jene Gremien gleichsam örtlich an die Scholle gebunden sind, so lange die ökonomischen Kammern selber nicht unter sich in Zusammenhang treten und sich gliedern können, ist ein weiterer Fortschritt auf der bezeichneten Bahn nur dadurch möglich, daß sich in Deutschland freie wirthschaftliche Vereine bilden, deren Mitglieder aus verschiedenen Staaten zusammen kommen. Damit wird freilich der Weg zu einer neuen Ständeorganisation für den Augenblick wieder verlassen. In den volkswirthschaftlichen Congressen tagen in erster Linie, wie in dem Hamburger Freihandelsvereine, die Köpfe und ihre Principien, nicht so sehr die ökonomisch=socialen Potenzen und ihre Interessen. Dessenungeachtet ist die Bedeutung der volkswirthschaftlichen Congresse für die Zeitgeschichte nicht hoch genug anzuschlagen. Sie rufen wenigstens eine erste Verbindung der ökonomischen Atome, mögen diese nun aus

einzelnen Persönlichkeiten oder aus örtlichen Gremien bestehen, her=
vor und führen damit die Angehörigen des beweglichen Eigenthums
über die Grenzen ihrer Partikularländer hinaus. Sogar die allge=
meinen landwirthschaftlichen Versammlungen wirken in der nämlichen
Richtung. Zwar wird der Ackerbau, da er den lokalen Bedingungen
viel mehr unterworfen ist, als Handel und Fabrikation, in Deutsch=
land niemals zu einheitlichen Einrichtungen gelangen können; der
Marschbauer des Nordens und der Weinbauer des Südens haben
an sich kaum etwas mit einander in wirthschaftlicher Beziehung ge=
mein. Aber auch für den einzelnen Landwirth, er mag nun hier
oder dort hausen, ist es doch nicht gleichgültig, ob er sich in seiner
produktiven Arbeit als losgerissenes Individuum, oder als Mitglied
eines großen Arbeitsstandes betrachten lernt. Jedenfalls haben diese
wirthschaftlichen Wanderversammlungen das Ihrige dazu beigetragen,
daß jetzt die Handels= und Gewerbekammern, und auch die land=
wirthschaftlichen Vereine in den verschiedenen Staaten von Deutsch=
land einer Verbindung unter einander zustreben. Sie sind recht
eigentlich die Vorläufer des deutschen Kaufmannstages gewesen, der
vor zwei Jahren in Heidelberg zum ersten Male zusammengetreten
ist. Hat man sich aber wohl einmal genau gefragt, welcher
Wirkungsberuf dieser Organisation des gesammten deutschen Han=
delsstandes in socialer wie in national=politischer Hinsicht sich unaus=
bleiblich eröffnen muß? Es wird heutzutage mit jeder verbesserten
Einrichtung, die irgend eine Regierung erläßt, „eine neue Aera
eingeleitet" — vielleicht sagten wir besser: eingeläutet. Die Rede=
wendung ist daher kaum minder abgedroschen als einst im Frank=
furter Parlamente die beliebte Phrase: „den Bedürfnissen des
Volkes Rechnung tragen." Trotzdem stehen wir keinen Augenblick
an, von dem stattgehabten Zusammentreten des deutschen Kauf=
mannstages für die gesammte deutsche Staatsausbildung eine neue
Aera zu datiren; eine ähnliche Erscheinung ist unseres Erachtens
in dem ganzen Verlauf der deutschen Geschichte noch nicht da
gewesen.

Was zunächst die sociale Natur der beregten Gliederung be=
trifft, so berührt dieselbe auf das Innigste die Entwicklung des

modernen Gesellschaftsstaates, deffen Wesen wir in der dritten Ab=
handlung unserer „Studien" darzulegen versuchten. Die Arbeit
des Güteraustausches sowohl innerhalb von Deutschland, als auch
zwischen Deutschland und den übrigen Ländern ist einer der
wichtigsten Arbeitszweige, welche wir im Vaterlande haben. Von
ihr hängt ebenso sehr die Produktion neuer Werthe als die Be=
friedigung der materiellen Bedürfnisse jedes einzelnen Staatsange=
hörigen ab. Will man das ganze ökonomische Gefüge einer Nation
auf dem ihr zugehörigen individuellen Ländergebiete als eine
organische Körperlichkeit anschauen, so versieht der von ihr ge=
triebene Handel die Funktion des Blutes, das allen Gliedern des
großen wirthschaftlichen Organismus die nöthigen Stoffe zuführt
und sie so in Thätigkeit erhält. Mit der Stockung des Handels
erlahmen alsbald die einzelnen Muskeln, mit seinem völligen Auf=
hören stirbt der gesammte Körper ebenfalls ab. So ungemein
wichtig demnach aber auch der Handel Deutschlands für alle Theile
seines Güterlebens ist, so schwierig die Aufgabe sich stellt, welche
die Kaufleute zu erfüllen haben, als allgemeinen ökonomischen
Stand hat man sie seit der Gesetzgebung Karls, des Großen,
eigentlich nicht betrachtet; sie selber gelangten nicht zu einer klaren
Erfassung dieser ihrer socialen Wesenheit. Es war in dem Ent=
wicklungsgange der europäischen Staaten, die vom Kriegskönigthum
ausgingen, schon ein gewaltiger Fortschritt, daß am Schluffe des
Mittelalters die Kabinetspolitik überhaupt auf den Handel Rück=
sicht zu nehmen anfing. Geht man jedoch die Geschichte der euro=
päischen Handelspolitik auf dem europäischen Festlande während
der letzten viertehalb Jahrhunderte durch, so läßt sich nicht verkennen,
daß das Commercium doch nur der Politik gelegentlich als Mittel
diente. Wie ein Landgutsbesitzer die produktiven Kräfte seines Be=
reiches möglichst zu steigern sucht, um mehr Erträgnisse von seinem
Eigenthum zu erzielen, ebenso wurde die gesammte Volkswirthschaft
und somit auch der Handel von Seiten der dynastischen Systeme
betrachtet. In dem ausschließlich nationalen Charakter, den man
der Verkehrsthätigkeit der Völker zu geben suchte, in den Schiff=
fahrtsakten und der Colonialadministration ward der Waaren=

austausch unbedingt den anderweitig vorherrschenden staatlichen Interessen untergeordnet. An eine Vertretung der Kaufmannschaft
als Stand dachte vollends niemand. Sogar in England, das seine
staatliche Größe recht eigentlich auf dem Handel erbaute, ist bisher
die Zahl der Kaufleute noch nicht zu einer social-politischen Gliederung gelangt. Auch auf dem Inselreiche müssen die zeitweilig
auftretenden Agitationsliguen, die Meetings und Monstreadressen
diese Lücke in dem englischen Staatsbau nach augenblicklichem Bedarf ausfüllen. Denn die großen kaufmännischen Gesellschaften,
welche die einzelnen Handelszweige ausschließlich in die Hand
nahmen, die ostindischen und westindischen Compagnien, wie sie
Großbritannien, Frankreich und Holland kannten, sind ungeachtet
der bedeutenden Rolle, die sie in der Geschichte gespielt haben, bei
Lichte besehen, doch nur Aktienvereine im heutigen Sinne des
Wortes, und nicht etwa ständische Kaufmannscorporationen. Die
unmittelbaren Wechselbeziehungen zwischen Wirthschaft, Gesellschaft
und Staat waren unterbrochen; nirgends warf der „gemeine Kaufmann" als solcher sein Lootsenzeichen ins Segel. Wo keine constitutionelle Landesvertretungen waren, die sich etwa des Verkehrs
in legislativer Hinsicht annahmen, wurden im besten Falle die
verschiedenen Städte als Städte in den Handelssachen um ihre
Meinung gefragt. In jedem Lande gab es nur eine Anzahl von
neben einander stehenden Kaufleuten, die oft allerdings durch ihre
thatsächliche sociale Macht Einfluß gewonnen. Unter Napoleon I.
schloß sogar der Bankier Ouvrard, er als Privatperson, einen
Handelsvertrag mit Karl IV. von Spanien; Frau von Rothschild
konnte gelegentlich einen Diplomaten trösten: „Es wird keinen
Krieg geben, Herr Baron, mein Mann schießt kein Geld her."
Aber in seiner gewaltigen ökonomisch-socialen Potenz ward das
gesammte Kaufmannsthum in keinem Staate anerkannt, als Stand
fehlte ihm nicht minder die politische Berechtigung als das eigene
ständische Selbstbewußtseyn.

Es ist in früheren Zeiten so häufig von einer allgemeinen
„Gelehrtenrepublik" gesprochen worden, welche sich über die gebildete Welt ausdehne. In ganz gleicher Weise läßt sich von einer

über den Erdball verzweigten Kaufmannsrepublik reden. Lange
freilich hielten sich die Handelsleute der verschiedenen Länder kaum
minder feindlich gegenüber als die Länder selber. Der Vortheil und
die Verkehrsblüthe des einen Staates wurde noch unbedingt als
Nachtheil und Schädigung des andern Staates angesehen. Seitdem
jedoch der Welthandel die ehemaligen nationalen Einschränkungen
größtentheils abgeworfen hat, und die Theilung der Völkerarbeit
so ausgebildet worden ist, daß die Verkehrsstockung auf irgend einem
Punkt der Erde sich alsbald in weiteren Kreisen fühlbar macht,
hat sich nach und nach eine internationale Solidarität der Kauf=
mannswelt an den Platz der früheren nationalen Gegensätze gestellt.
Es gibt gegenwärtig bereits eine internationale Macht des Handels,
die bedingend und bestimmend auf die Politik der Staaten zurück=
wirkt. Sehr deutlich hat sich dieselbe in der allgemeinen Zustimmung
kund gegeben, mit welcher die sogenannten Bremer Seerechtsreso=
lutionen, auch außer Deutschland, in den Haupthandelsplätzen
Europa's begrüßt wurden. Ob jene Resolutionen schon jetzt positiven
Rechts werden, ist für ihre social=historische Bedeutung gleich=
gültig; ihre Wichtigkeit nach dieser Seite besteht darin, daß auch
auf dem Gebiete des Völkerrechts ein großer Arbeitszweig der
Menschheit, der sich in seiner Einheit erfaßt hat, bestimmte An=
forderungen an das Staatsleben richtet. Um so kräftiger also wird
der Kaufmannsstand, der sich eben als Stand zusammenschließt,
innerhalb einer und derselben Nation die Wechselwirkungen zwischen
Oekonomik und Politik neu zu beleben vermögen. Denn wie sehr
auch heutzutage der Handel bestrebt ist, alle Reste der früheren
nationalen Gebundenheit abzustreifen, so gliedern sich doch die ihm
angehörenden Menschen schon in Folge ihrer Wohnsitze nach na=
tionalen Gruppen. Neben der internationalen Solidarität der
Handelswelt wird noch immer eine nationale hergehen, und gerade
diese gilt es in ständischer Form zu verkörpern. Wenn aber in
allen europäischen Kulturstaaten ein nationaler Kaufmannstag auf
die naturgemäße Gesundheit des Staatslebens, für die Zurück=
führung desselben aus seiner gegenwärtigen Ueberkünstelung auf
die Grundmächte des ökonomisch=socialen Getriebes im Bereiche der

Nationen, einen nicht hoch genug einzuschlagenden Einfluß äußern wird; wenn z. B. ein französischer Kaufmannstag ohne allen Zweifel sehr bald in eine entschiedene Opposition zu der Napoleonischen Politik zu gerathen nicht umhin könnte, so muß der als Stand tagende Complex der Handelsleute in Deutschland eine ebenso große Bedeutung für die national=staatliche Gestaltung des Vaterlandes gewinnen.

Wir haben es oben darzulegen versucht, wie die naturgemäße föderative Grundlage des deutschen Staatslebens durch die rechts=staatliche Büreaukratie verkünstelt worden ist, die ja in keiner organisirten ökonomisch=socialen Macht einen Widerstand bei ihrem Thun und Treiben fand. Sobald indessen das Kaufmannsthum in allen deutschen Staaten sich als Stand faßt, kräftigen sich nicht nur innerhalb der einzelnen Partikularländer die socialen Mächte im Kampfe mit der juridisch=administrativen Willkür der Amtsstube, sondern es erhalten auch diejenigen Elemente unseres nationalen Lebens, welche den föderativen Bedingungen des deutschen Raum=gebietes nicht unterliegen, ihren ersten körperlichen Anhalt. Was sich bis jetzt an nationaler Gemeinsamkeit über die Sonderstaaten in Deutschland hinaus erstreckt, besteht in etwelchen Einrichtungen und Staatsverträgen, in den Beziehungen einer gemeinsamen Sprache und gemeinsamen Bildung und in gemeinschaftlichen nationalen Hoffnungen und Sympathien; ökonomisch=sociale Bindemittel haben sich bisher nur erst in einzelnen Fäden angeknüpft. Untersucht man z. B. den wirklichen Kern der deutschen Bundesorganisation, so dürfte derselbe einzig in der bundesstaatlichen Militärverfassung zu erkennen seyn. Das Wesen des Zollvereins beschränkt sich, wie wir bereits hervorgehoben haben, auf eine gemeinschaftliche Staaten=kasse für die Verkehrsabgaben; die Post= und Eisenbahnconventionen könnten ebenso gut zwischen ganz fremden Ländern aus reinen Zweckmäßigkeitsgründen abgeschlossen seyn; sie tragen an sich keinen nationalen Charakter. Sogar der sogenannte Gothaer Traktat über die Regelung der Heimathsverhältnisse ist bei Lichte betrachtet bloß polizeilicher Natur. Deßwegen wurzelt denn bis jetzt die Einheit der deutschen Nation als solche eigentlich in nichts anderem als in der Idee; nur auf dem Felde der Gedanken und Empfindungen laufen die verknüpfenden Linien von den verschiedenen Theilen des Vaterlandes herüber und hinüber. Wenn es ein Schillerfest zu feiern gibt, so erscheint allerdings das deutsche Volk für einen Tag als eine in sich einige Nation, um jedoch am folgenden Morgen alsbald wieder in lauter Unterthanenschaften der verschiedenen Partikularstaaten zu zerfallen. Es hilft nichts, daß wir uns mit unserem noch so warmen Patriotismus darüber täuschen: wie die Sachen jetzt liegen, so ist Deutschland kaum mehr als ein „geographischer Begriff." Alle unsere vaterländischen Hoffnungen, all unser patriotisches Wünschen, Wissen und Können fliegt haltlos gleich den Spinngeweben des Spätsommers in den Lüften umher, von dem leisesten Windhauche hierhin und dorthin geweht, sobald wir nicht die festen Taue socialer Gliederungen, d. h. sobald wir nicht die Bande des modernen Ständethums über die bunten Linien der deutschen Karte ausspannen und unter einander dauernd verknüpfen. Jetzt aber, nachdem der deutsche Kaufmannstag in's Leben getreten ist, fährt schon die Zusammensetzung desselben, das Wahlsystem, was dabei früher oder später zu Grunde gelegt werden muß, sehr eigenthümlich durch die Rangordnung der Partikularstaaten oder ihre territorialen Größenverhältnisse hin. Zum erstenmale in der deutschen Geschichte wird nämlich dadurch die Aufmerksamkeit der Nation auf den commerciellen Verhältnißwerth der verschiedenen deutschen Länder gelenkt. Dieser ist jedoch von ganz andern Elementen als von den zufälligen Grenzen eines Sondergebietes bedingt. Der nächstliegende Maßstab dafür möchte vielmehr in der thatsächlichen Bedeutung und in dem Reichthum der bestehenden Kaufmannschaften selber liegen. Für den Anfang ist nun freilich die Beschickung des allgemeinen deutschen Mercantilconventes den bereits eingesetzten Handelskammern anheim gegeben worden, ohne Rücksicht darauf, welche verschiedenartige Stellung die von denselben umfaßten Kaufmannschaften im deutschen Verkehrsleben einnehmen. Allein im weiteren Verlaufe der Dinge kann es unmöglich ausbleiben, daß die wirkliche Ungleichartigkeit der in den verschiedenen deutschen Ländern Platz greifenden

mercantilen Thätigkeiten auch in der Beschickung des Kaufmannstages
und bei der Stimmberechtigung auf demselben zur Geltung kommt.
Das Votum einer Handelskammer in Plätzen wie Hamburg oder
Bremen fällt für gegebene Angelegenheiten faktisch naturgemäß ganz
anders in's Gewicht, als die Ansicht eines Gremiums von Heil=
bronn, Minden oder Breslau. Haben wir in unserem Aufsatze
„der Rechtsstaat und die wirthschaftliche Gliederung der Gesellschaft"
verlangt, daß in einer gesunden, mit den Gesellschaftsverhältnissen
in Harmonie stehenden Gliederung die Stimmen zu wägen und
nicht zu zählen seyen, dann wird der Leser begreifen, wie wir
auch bei der Vertretung der deutschen Kaufmannschaft auf dem
deutschen Kaufmannstage ein auf die bloße Kopfzahl gegründetes
Wahlsystem, nach der nothwendigen Uebergangsperiode,
unbedingt verwerfen müssen. Man hat in den vergangenen Jahren
so oft auf die unorganische Zusammensetzung des Zollvereins hin=
gewiesen. Das liberum veto nach Art des polnischen Reichstages,
welches innerhalb dieses Mauthverbandes jedem einzelnen größeren
Theilnehmer zusteht, ist eine der Hauptursachen gewesen, daß er
noch heute gerade so unentwickelt geblieben, als er bei seiner Ge=
burt war. Die vorhandene Verschiedenartigkeit der Zustände ver=
mochte in den starren mathematischen Linien und Schindeln der
souveränen Büreaukratie nicht weiter zur natürlichen Organisation
vorzubringen, und vergebens hat man sich nach einem Auswege
umgesehen, um darin den so nothwendigen Wandel zu schaffen.
Der auf das Wirthschaftsleben drückende Rechtsstaat weiß jedoch
nichts von ökonomisch=socialen Verhältnißwerthen; mit der juristischen
Politik ist der jetzigen handels=politischen Gleichberechtigung der Zoll=
vereinsstaaten unter sich nicht beizukommen. Sobald dagegen die
deutsche Kaufmannschaft als solche Hand in Hand mit dem deutschen
Gewerke sich gliedert, wird durch ihre sich ausbildende Organisation
ganz nothwendiger Weise der Partikularstaat im Betreff der wirthschaft=
lichen Angelegenheiten nach seinem ökonomischen Verhältnißwerthe
zum Ganzen bemessen werden; die unabweisliche Correktur der Zoll=
vereinsverfassung ist einzig in der Durchführung des modernen Stände=
thums und der Verkörperung seiner nationalen Gliederung gegeben.

An und für sich hat der eben geäußerte Gedankenzusammen=
hang keineswegs das Recht, auf Neuheit Anspruch zu machen; von
einem deutschen „Interessenparlamente" wie man das nannte, ist
schon sehr häufig in Deutschland die Rede gewesen. Glaubte man
überhaupt einzusehen, daß die in's Auge gefaßte national=staatliche
Gestaltung des Vaterlandes von dem wirthschaftlichen Gebiete aus=
gehen müsse, erblickte man in den mehrfach hervorgehobenen gemein=
samen Administrativeinrichtungen den untersten Ansatz zu einer ein=
heitlicheren politischen Organisation, so suchte man die sonder=
staatlichen dynastischen Gegensätze und föderativen Unterschiede durch
eine gemeinsame Anordnung der ökonomischen Interessen aufzuheben
oder doch zu umgehen. Daß dann eine Theilnahme der Nation
als solcher bei dieser Regelung eintreten müsse, verstand sich von
selbst, seitdem das constitutionelle System in Deutschland außer
Frage gestellt ist. Die büreaukratische Geheimnißkrämerei, welche
noch immer auf den Zoll=, Post=, Münz=, Eisenbahn= und sonstigen
Conferenzen stattfindet, die völlige Unkenntniß, in der das pro=
ducirende Volk bei der Verwaltung von gemeinsamen Einrichtungen
bisher gehalten wurde, welche so nahe seine Arbeit berühren, ist
seit lange zu schmerzlich empfunden worden, als daß der Wunsch
nach einer Vertretung der Nation bei den gesammtadministrativen
Angelegenheiten nicht hätte hervorspringen sollen. Gerade deßwegen
wurde der Vorschlag gemacht, ein gemeinsames, dauerndes, bundes=
staatliches Organ für die Besorgung der gemeinschaftlichen wirth=
schaftlichen Aufgaben einzusetzen, damit ein Interessenparlament
einer bestimmten Regierungsmacht gegenüberstände. Haben wir
aber auch, wie gesagt, in dem Kaufmannstage ein Gebilde vor
uns, das sich an frühere ähnliche organisatorische Entwürfe an=
lehnt, so dürfte doch der Commerzcongreß nach der socialen Seite
hin eine besondere Wesenheit aufweisen und seine eigenen Folgen
nach sich ziehen. Man hat sich nämlich, so weit uns bekannt ist,
niemals klare Rechenschaft darüber gegeben, in welcher Weise denn
wohl ein solches Interessenparlament zusammenzusetzen sey. Auch
die eigentlichen Staatsmänner, welche die Bildung desselben seiner
Zeit betrieben, weil sie dadurch anderweitigen rechtsconstitutionellen

Ansprüchen der Nation zu entgehen hofften, haben sich nicht näher
darüber ausgelassen, wie nun in jener ökonomischen Reichskammer
die Interessenvertretung vor sich gehen sollte. Man hatte vielmehr,
wenn wir uns nicht täuschen dabei bloß im Allgemeinen eine
Versammlung von Vertrauensmännern mit specifischen Fachkennt=
nissen im Sinne, gewissermaßen ein lebendiges Nachschlagelexikon
für die Bedürfnisse des Büreaus. Allein auf die Bildung eines
bloßen commerciellen Reichsrathes, zusammengesetzt aus lauter
unter einander atomistisch unverbundenen Persönlichkeiten, läuft
der deutsche Kaufmannstag wenigstens schließlich nicht hinaus.
Werden demselben oder seinem Ausschusse im Anfang auch kaum
andere als consultative Befugnisse zustehen, so wird doch jede
seiner Tagfahrten bestimmte sociale Rückwirkungen auf das Be=
wußtseyn und das Streben des gesammten deutschen Kaufmanns=
standes äußern, was das Interessenparlament niemals vermocht
hätte. Denn letzteres richtet sein Augenmerk nur auf das Güter=
leben und gelangt von da aus nicht zu den verschiedenen Menschen=
schichten, die den einzelnen Zweigen des Güterlebens angehören.
Es ist ausschließlich national=ökonomisch, aber nicht ökonomisch=social.
Ersterer dagegen stützt sich zunächst auf eine bestimmte Menschenklasse
und tritt dann erst von ihr aus zu ihren wirthschaftlichen Ange=
legenheiten über; falls der Ausdruck richtig verstanden wird, so
möchten wir seine Natur eine social=ökonomische nennen. Von der
ständischen Zusammenfassung des deutschen Kaufmannsthums aus
schreitet der Kaufmannstag darauf los, dem Handel die ihm ge=
bührende wirthschaftlich=politische Bedeutung in dem Gebiete des
künftigen Nationalstaates zu erringen, oder besser durch die einheit=
liche Natur dieses deutschen Handels die Verkörperung des National=
staates wesentlich mit zu befördern. Selbstverständlich kommt es uns
hier nicht in den Sinn, ein durch ganz Deutschland gültiges Wahl=
system für den deutschen Kaufmannstag auch nur in den flüchtigsten
Umrissen entwerfen zu wollen. Dasselbe wird unseres Erachtens
der allmähligen schrittweisen Verständigung zu überweisen seyn; an
dieser Stelle liegt es uns einzig am Herzen, die nothwendigen Fol=
gen scharf hervorzuheben, welche der abgehaltene Congreß für das

ständische Gesammtbewußtseyn des gesammten deutschen Kaufmanns=
thums nach sich ziehen muß. Bis dahin sahen wir hanseatische
Kaufleute, hannöversche, preußische, badische, württembergische,
bayerische, österreichische und andere Handelsmänner vor uns. Die=
selben stehen wohl trotz der politischen Grenzen ihrer Partikular=
länder in den mannigfachsten Beziehungen zu einander; sie haben
den gleichen Beruf, so ziemlich die gleiche Denkweise und Welt=
anschauung, ihre Interessen dem staatlichen Leben gegenüber gehen
Hand in Hand mit einander; kurz, sie bilden auf dem durch die
Natur angezeigten geographischen Raumgebiete von Deutschland
einen in sich gleichartigen ökonomisch=socialen Stand. Dessen=
ungeachtet sind sie für die staatliche Behandlung ihrer Angelegen=
heiten in partikularstädtischen und partikularstaatlichen Handels=
kammern den Organen der Einzelregierungen unterworfen gewesen.
Nicht einmal die Handelskammern eines und desselben Staates
waren in einen organischen Zusammenhang gebracht. Nachdem
jedoch bereits auf dem ersten Kaufmannstage ein so kräftiger Zu=
sammenhalt der deutschen Kaufmannschaft gewonnen ist, werden
jene gezogenen Zwischenlinien bald mehr verschwinden. In der
That, bei keinem andern Schritte auf dem Wege der national=
staatlichen Einigung Deutschlands haben wir es so mächtig em=
pfunden, wie die moderne Ständebildung unmittelbar in den
gegenwärtigen Zeitverhältnissen liegt. Wir vermögen es uns gar
nicht anders vorzustellen, als daß der Congreß das Ständebewußt=
seyn des Kaufmannsthums in Deutschland allmählig wach rufen
wird. Jeder einzelne Handelsherr blickt in gerader Linie auf die
Tagfahrt hin, und dieselbe zieht ebenfalls ihre geraden Linien auf
ihn zurück. Der politischen Atomistik der Arbeitstheilung hält
dann der so gefundene Einigungspunkt mit seiner Anziehungs=
kraft das Gleichgewicht; die partikulare Ständebildung kommt
gleichzeitig mit der nationalen zum Durchbruch.

Fassen wir nunmehr die zweite, oben aufgeworfene Frage
in's Auge: welche zu lösende Aufgabe denn dem deutschen
Kaufmannstage zufällt, so dürfte sie im Allgemeinen dahin zu
beantworten seyn, daß derselbe in erster Linie die Angelegenheiten

des gesammten deutschen Handels im Inlande wie im Auslande den bestehenden politischen Gewalten gegenüber zu vertreten hat.

So lange derselbe jedoch noch nicht als organisches Glied in den neu zu begründenden socialen Nationalstaat Deutschlands eingefügt ist, so lange er vielmehr noch einen vorwiegend privaten Charakter hat und erst die Brücke zu jener staatlichen Gliederung bilden soll, wird er sich daher wohl zu hüten haben, daß er nicht über die sich ihm aufdrängenden Detailangelegenheiten seine ökonomische, ständische und national-politische Gesammtaufgabe aus dem Gesichte verliert. Im Gegentheile, je freier er sich anfänglich den Blick von allen verwirrenden Einzelnheiten erhält, je mehr er die vorhandene föderative Grundlage des deutschen Staatsbaus anerkennt, mag sie auch noch so sehr durch die partikularistische Büreaukratie verschnitten seyn, und nur die wirklich gemeinsamen Angelegenheiten, so weit sie den Handel berühren, seinen Berathungen unterwirft, um so entschiedener wird die in ihm vorhandene social-politische Macht auf die übrigen staatlichen Gewalten bestimmend zurückwirken. Demnach würden wir also dem deutschen Kaufmannstage, wenn man so will, vorerst hauptsächlich eine consultative Thätigkeit abverlangen. Es kommt zunächst darauf an, daß er selber wie der hinter ihm stehende Kaufmannsstand und daß die andern Theile der Nation ein deutliches Bild von der Lage des gesammten deutschen Handels erhalten. Bis jetzt schwebt bei der partikularistischen Zerstückelung des Kaufmannsthums in Deutschland nur sehr Wenigen eine klare Vorstellung von dem ökonomischen Getriebe auf unserem Ländergebiete vor der Seele. Bloß einzelne Augen überschauen das deutsche Güterleben und seine geographischen Grundbedingungen als ein Ganzes. Jenes Bild würde dann zugleich auf den oben erwähnten commerciellen Verhältnißwerth der verschiedenen deutschen Länder hinlenken, und damit eine Basis für eine rationelle Wahlordnung zur Beschickung des Kaufmannstages ermöglichen. Nachdem einmal eine solche Basis für den Verhältnißwerth gewonnen wäre, würde darauf der Abstimmungsmodus für die Annahme von Resolutionen festzustellen seyn. Denn obgleich sehr wahrscheinlicher Weise lange

Zeit hindurch alle Beschlüsse des Kaufmannstages nur einen mo=
ralischen Einfluß ausüben werden, so ist es doch nicht gleichgültig,
in welcher Art eine Resolution zu Stande gebracht worden ist.
Und erst nach Beendigung aller dieser Vorarbeiten dürfte es, un=
serer unmaßgeblichen Ansicht nach, thunlich seyn, direkt die Be=
rathung commercieller Angelegenheiten zu beginnen. Wir setzen
natürlicher Weise bei dem dargelegten Ideengange, wie wir schon
oben sagten, immer voraus, daß der Kaufmannstag inzwischen
seinen Privatcharakter noch nicht aufgegeben hat. Diese unmittel=
bare consultative Behandlung der merkantilen Anliegen und Be=
schwerden müßte indessen, so weit dieselben sich über die Grenzen
der Sonderstaaten hinaus erstrecken, keiner Schranke unterworfen
seyn. Der Kaufmannstag hätte sich unbedingt als ein wesentlicher
Theil der öffentlichen Meinung die Befugniß zuzusprechen, über
jede den Handel angehende Thatsache oder Einrichtung seine
unumwundenen Ansichten darzuthun, und dieselben in Adressen
und Petitionen den betreffenden Behörden des Bundes oder der
Einzelregierungen vorzulegen. Nur dann wird er nach und nach
die Kraft erlangen, seiner ursprünglichen ökonomisch=socialen Natur
auch zu einer staatsrechtlichen Anerkennung zu verhelfen.

Jetzt, da ein fester Ausschuß von dem Kaufmannstage gewählt
worden ist, sehen wir die Grundlage für eine anhaltende ökonomisch=
politische Wirksamkeit des „gemeinen Kaufmanns" gewonnen. An
die gegebenen Verhältnisse anknüpfend wird nämlich dieser Ausschuß
sich mit allen deutschen Handelskammern in unmittelbare Bezie=
hungen zu setzen haben, um denselben einen die verschiedenen
Radien der commerciellen Peripherie verbindenden Mittelpunkt
darzubieten. Wenn gegenwärtig jedes einzelne Gremium in seinem
dem Ministerium eingesandten Jahresbericht nur eine bald ver=
hallende Ansicht äußert, muß statt dessen der Jahresbericht des
commerciellen Ausschusses, zu dem alle Handelskammern das Ma=
terial geliefert haben, wohl bald eine Bedeutung erlangen, welcher
gegenüber die Macht der partikularistischen Büreaukratie wesentlich
kleiner erscheinen dürfte. Außerdem halten wir es für unerläßlich,
daß die Herausgabe eines allgemeinen deutschen Handelsblattes sich

mit den sonstigen Geschäften des Ausschusses verbindet. Sobald die Presse im öffentlichen Leben wirklich einen nicht abzuweisenden Einfluß äußern soll, hat sie endlich einmal einen festeren Boden zu suchen, als ihr etwelche, und seyen es noch so geistreiche Privat- oder auch bloße Collektivmeinungen darbieten. Ist es ernstlich den leitenden Staatsmännern in Deutschland zu verargen, falls sie ein Journal achselzuckend mit dem Gedanken aus der Hand legen, daß der Artikel die Auffassung dieses oder jenes Mannes enthalte, der morgen vielleicht eine andere Auffassung entgegentritt? Wo in- dessen eine Zeitung eine geschlossene ökonomisch-sociale Gliederung, einen Stand, hinter sich hat, dessen Wünschen und Interessen sie Ausdruck verleiht, wird ein Minister sich wohl hüten, ihrer Stimme mit Geringschätzung zu begegnen. Leider trägt bis jetzt das deutsche Zeitungswesen ganz den Charakter unserer eigenthümlichen öffent- lichen Zustände. Einerseits sind ja die Blätter, mit wenigen Ausnahmen, ohne Zusammenhang mit den ökonomisch-socialen Verhältnissen der Städte oder der Länder, in welchen sie erscheinen. Sie enthalten entweder Privatansichten oder suchen gewisse ideelle politische Richtungen zu vertreten. Und selbst, wo sie unmittelbar mit der sie umschließenden Wirthschaftswelt in Berührung kommen, dienen sie mehr technisch-ökonomischen als ökonomisch-socialen Zwecken. Die Bedürfnisse der Comptoirs finden in den verschiedenen Börsen- und Handelsblättern wohl ihre Befriedigung; Kurs- und Schiff- fahrtsnachrichten, Preiscourant und was dahin gehört, werden auf das sorgfältigste einregistrirt; allein die Wechselwirkungen des ökonomischen und politischen Lebens, die doch für den Kaufmanns- stand eben so wichtig sind, bleiben in der Regel unerörtert bei Seite liegen. Und andererseits fehlen uns auf politischem wie auf ökonomischem Gebiete noch immer die publicistischen Centralorgane, welche die den Partikularländern gemeinsamen Interessen in erster Linie in's Auge fassen. Auf solche Weise geht unendlich viel brauchbarer Stoff für die politische Verwerthung verloren. Es ist ja ganz unmöglich für den Einzelnen, des Tages mehrere Stunden regelmäßig in dem Lesekabinet zuzubringen, um sich aus den ver- schiedenen Zeitungen ein Gesammtbild von den mannigfachen öffentlichen Angelegenheiten zusammenzustellen. Ihn, den Einzelnen, interessiren zunächst die Vorkommnisse seiner näheren oder weiteren Umgebung und die übrigen Tageserscheinungen, soweit sie das gemeinsame Leben der Nation angehen. Und gerade für das gemeinsame commercielle Leben Deutschlands hat der Kaufmannstag vermittelst seines stehenden Ausschusses ein Organ zu gründen. Eine allgemeine deutsche Handelszeitung hat fürwahr eine sehr dankbare Aufgabe vor sich. Sie kann selbstverständlich nicht darüber aus seyn, die Comptoire mit commerciellen Neuigkeiten und Nachrichten zu versehen; in der Schnelligkeit der Mittheilungen nach den verschiedenen Punkten hin würden ihr ohne allen Zweifel die Zeitungen der Partikularländer weit zuvorkommen. Eben so wenig würde es ihr möglich werden, jede locale commercielle Angelegenheit vor ihr Forum zu ziehen. Dagegen hätte sie unausgesetzt das gemeinsame Standesbewußtseyn der deutschen Kaufmannschaft an allen großen Interessen des deutschen Handels wach zu erhalten, d. h. dergestalt recht eigentlich den gemeinsamen kaufmännischen Willen in Deutschland in sich zu concentriren und auf politischem Felde geltend zu machen.

Was wir jedoch hier über die Consequenzen des deutschen Kaufmannstages darzulegen versucht haben, gilt in ganz gleicher Weise von einem deutschen Gewerketag und einem deutschen Arbeitertage. Nur aus dem Grunde sind hier die andern beiden Zweige der realen Arbeit nicht sogleich mit in Rücksicht gezogen worden, weil uns daran lag, mit unsern Auseinandersetzungen an einen bereits öffentlich aufgetauchten Gedanken anzuknüpfen. An und für sich bildet der Handel bloß ein Glied in der producirenden Thätigkeit eines Volkes, und er ist zu innig mit der Industrie in allen ihren Theilen verwachsen, als daß in den einzelnen Fällen genau abgemarkt werden könnte, wo in der nämlichen Persönlichkeit der Fabrikant aufhört und der Kaufmann anfängt. Sicher wird demnach die nun einmal abgehaltene allgemeine deutsche commercielle Tagfahrt auch sehr bald ähnliche Zusammenkünfte von den Angehörigen der Gewerbe- und Arbeiterklassen nach sich ziehen. Wer die Erscheinungen der Tagesgeschichte

in die rechte Beleuchtung zu bringen sich bemüht, der muß längst
zu der Ueberzeugung gekommen seyn, daß auch auf den andern
Gebieten der Arbeit die Gliederungen des modernen Ständethums
embryonisch sich zu zeigen beginnen. Oben ist bereits der ehemaligen Germanistenversammlung Erwähnung gethan; die deutschen
Gelehrten suchten darin, wenn auch zunächst nur zu einseitigen
politischen Zwecken, einen Vereinigungspunkt; der Frankfurter
Fabrikantenverein war gleichfalls der vielleicht noch nicht zum
Selbstbewußtseyn durchdrungene Versuch, die Schaar der deutschen
Industriellen zur Wahrung der gemeinschaftlichen Interessen zu
organisiren. Und vollends ergibt sich in dem überall auftauchenden Associationsgeiste der Arbeiterklassen das Bestreben zu erkennen,
den Einzelnen aus der Atomistik der jetzigen ökonomisch=socialen
Zustände zu erlösen. Die Rückwirkung, welche diese Richtung auf
unser gesellschaftliches Leben äußern muß, ist denn auch den denkenden Köpfen keineswegs verborgen geblieben. Oft genug ward
neuerdings das Wort wiederholt, daß an die Stelle der alten, unhaltbar gewordenen Zünfte und Corporationen im Gewerbewesen
die freien Vereine zu treten hätten. Es widerstrebte der socialen
Menschennatur, daß die Einzelnen bloß als einzelne Arbeiter in
dem großen Zusammenhange der Arbeit stehen sollten. Der gleiche
Beruf führt von selbst zu dem gleichen Interesse und von der Er-
kennung desselben zu einer gemeinschaftlichen Wahrung der gemeinschaftlichen Angelegenheiten. Allein es will uns bedünken, daß man
bisher noch nicht die vollen Consequenzen aus dem aufgestellten
Associationsprincipe gezogen hätte. Wir möchten nämlich dabei die
Frage aufwerfen: innerhalb welcher räumlichen Grenzen sollen jene
Associationen vor sich gehen, oder auf welche Zahl von Theilnehmern sollen sie sich etwa beschränken? Im Principe selber ist dafür
keine Scheidelinie angezeigt. Denn wie viele ökonomisch=sociale Angelegenheiten der Industriellen oder Arbeiter auch immerhin rein
örtlicher Art seyn und bleiben mögen, wie schon durch die Woh-
nungsverhältnisse der Betheiligten bestimmte städtische oder provin-
ciale Marken gegeben sind; so werden sich ihnen doch stets gleichfalls
neben den lokalen Wünschen und Bestrebungen manche Thatsachen

ober Einrichtungen aufdrängen, die sie in unmittelbare Beziehungen zu der gesammten nationalen Politik bringen. Treten nun gleiche Arbeitergruppen zu gleichen Vereinen zusammen, dann können diese gleichen Vereine auf die Dauer wiederum nicht umhin, Verbindungen unter sich anzuknüpfen, deren Ausbreitung sich bis an die Grenzen des gemeinsamen Vaterlandes erstreckt. Damit sind wir jedoch ebenfalls für die Gewerks= und Arbeitergenossen bei dem Anfange einer durch ganz Deutschland gehenden modernen Ständebildung angekommen. Oben wurde schon darauf hingewiesen, daß der deutsche Kaufmannstag, indem er sich an gegebene Verhältnisse anlehnt, zunächst von den vorhandenen Handelskammern zu be= schicken war. Denken wir uns nun, daß, wie es ja in vielen deutschen Landen bereits der Fall ist, auch überall an den ge= wichtigeren Orten Gewerbekammern organisirt sind, so werden die= selben auf die Länge unmöglich verfehlen, das von den Kaufleuten gegebene Beispiel nachzuahmen. Und endlich schlagen die vielen freiwillig gebildeten Arbeitervereine den nämlichen Weg ein. Nicht aus einer von oben herunter octroyirten Verfassung der Gesell= schaft nach ihren verschiedenen Berufsarten kann und wird das moderne Ständethum geboren werden. Im Mittelalter ist die ständische Gliederung auch nicht etwa durch Gesetzgeber gemacht worden. Vielmehr von unten auf, intuitiv wächst dieselbe hervor. Ihr Wesen besteht eben darin, daß in den Mitgliedern desselben Arbeitszweiges auf einem gegebenen staatlichen Gebiete das Be= wußtseyn der ökonomisch=socialen Solidarität erwacht, und sie nun in diesem Bewußtseyn mit vereinigten Kräften sich im Staatsleben die ihrer wirthschaftlichen Stellung gebührende politische Aner= kennung zu erringen suchen. Das Wort Ständethum hat leider, wir verhehlen es uns keinen Augenblick, an sich einen gewissen Anklang an den Feudalismus; man sieht darin das ganze Mittel= alter mit seinen Einschränkungen der freien Arbeit im Geiste her= aufsteigen; am Ständethum hängt dem Anscheine nach nothwendig der Zopf des Zunftwesens. Wer sich indessen die Mühe gibt, den Ursprung des Ständethums in der europäischen Geschichte zu ver= folgen, wie sich dasselbe aus der Arbeits= und Eigenthumstheilung

nach und nach gleichmäßig auf unserem ganzen Erdtheile einge=
richtet hat, wird bald erkennen, daß die frühere kleinliche Ge=
werbspolitik gar nichts mit dem Wesen des Ständethums zu schaffen
hat. Die künstlichen Abstraktionen des Rechtsstaates haben uns
nur die Augen zu sehr getrübt, um die Wechselbeziehungen klar
zu erkennen, die zu allen Zeiten und bei allen Völkern zwischen
Wirthschaft, Gesellschaft und Staat vorherrschen. Eine Neubildung
des Ständethums, entsprechend der Gegenwart, heißt nichts anderes
als ein freies Waltenlassen dieser Wechselbeziehungen.

Dürfen wir also voraussehen, daß dem deutschen Kaufmanns=
tage über kurz oder lang ein deutscher Gewerketag und ein deut=
scher Arbeitertag nachfolgen werden, so ist von beiden eine gedeih=
liche Wirksamkeit nur dann zu erwarten, wenn sie gleichfalls zur
Wahrung ihrer Interessen dauernde Ausschüsse einsetzen. Für den
Anfang werden diese drei wirthschaftlichen Centralorgane voraus=
sichtlich unverbunden neben einander bestehen. Schon der Umstand,
daß es äußerst schwer fallen wird, sie in das richtige Verhältniß
zu einander zu bringen, muß eine unter ihnen beabsichtigte Glie=
derung längere Zeit hindurch hintanhalten. Nehmen wir jedoch
einmal an, es bestünde heute in Frankfurt ein allgemein deutscher
commercieller, industrieller und Arbeiterausschuß, seyen dieselben
auch nach ganz verschiedenen Wahlsystemen zusammengetreten, so ist
es unseres Erachtens unmöglich, daß sie nicht auf die Dauer in
gewisse Beziehungen zu einander gerathen sollten. Die Arbeits=
zweige selber, die sie vertreten, sind zu vielfach in der Wirklichkeit
durch einander geschlungen, als daß die Centralorgane sie igno=
riren könnten. Vielleicht gerathen sie zunächst als Gegner auf ein=
ander. Die Interessen der Arbeiter laufen sehr oft den Interessen
der Fabrikanten in gerader Linie entgegen; und das Freihandels=
princip der Kaufmannschaft ist nicht minder den Schutzzollbestre=
bungen der Industriellen direkt entgegengesetzt. Allein allmählig
muß aus solchen Kämpfen ein Compromiß der verschiedenen In=
teressen unter einander hervorgehen, der bereits eine Art Ver=
bindung der Interessenten in sich schließt. Dazu kommt dann
ferner die Menge der partikularistischen und national=politischen

Hindernisse, welche alle drei Arbeitszweige in Deutschland bei der Erreichung ihrer Zwecke zu überwinden haben. Die kleineren Gegensätze unter ihnen verschwinden oder gleichen sich aus, sobald die Wirthschaftswelt als solche von irgend einer staatlichen Gewalt bedroht wird.

Mögen wir immerhin dem Leser als ein Zukunftsträumer erscheinen, der die Dinge in der Welt ansieht, wie er wünscht, daß sie seyen; die Socialhistorie hat nun einmal ihre eigenen politischen Anschauungen. Sie leitet die Methode für ihre Betrachtungsweise aus der Menschennatur her, wie sich dieselbe in der Vergangenheit inmitten der wirthschaftlichen, gesellschaftlichen und politischen Verhältnisse gezeigt hat, und wendet dann die gewonnenen Ergebnisse auf die in der Gegenwart vorhandenen Zustände an. Der Plan eines Interessenparlamentes, welcher vor Jahren auftauchte, berücksichtigt nur die etwaigen Beziehungen des Staats zu dem Güterleben; er faßt die verschiedenen Menschenschichten nicht in's Auge, die den verschiedenen Zweigen der Produktion angehören. Zwischen der Oekonomik und der Politik fehlt bei ihm, wie wir schon oben einmal sagten, das Verbindungsmittel der Gesellschaft. Darum ist er denn auch nicht im Stande, bei seiner Verwirklichung auf die national-staatliche Gestaltung von Deutschland fördernd zurückzuwirken. Die beabsichtigte Versammlung würde im Wesentlichen nur ein Fachmänner-Collegium seyn, zur Unterstützung einer büreaukratischen Administration. Als das österreichische Handelsministerium im Frühlinge 1851 einen neuen Zolltarif ausarbeiten ließ, rief es einen solchen Convent von Specialitäten zur Berathung der einzelnen auftauchenden Fragen zusammen. Indessen, so werthvoll die Unterstützung desselben bei der Erwägung der Zollabgaben auch seyn mochte, er hat eine anderweitige Spur seines Daseyns nicht zurückgelassen. Alle Hoffnungen, welche in der bezeichneten Versammlung die Einleitung zu einem constitutionellen Systeme erblicken zu dürfen glaubten, sind damals getäuscht worden; dem bloßen Interessenparlamente fehlt der gesellschaftliche Inhalt, womit es organisirend auf die Staatsgesellschaft zurückwirken könnte. Erst wenn der beregte Plan statt eines Interessenparlamentes ein Parlament der ökonomischen Interessenten zum Ziele nimmt, geht er von der Mathematik des Güterlebens zu dem Organismus des Gesellschaftslebens über und bahnt sich so einen Zugang zum Staatsleben. Aber damit ein derartiges Interessentenparlament nicht vollständig willkürlich sich bilde, damit es wirklich der Ausdruck der in der Nation wirksamen ökonomisch=socialen Faktoren ist, bedarf es zuvor unter den Interessenten selber einer gesellschaftlichen Gliederung, eines ständischen Selbst=bewußtseyns.

Diesen socialen Proceß gilt es gegenwärtig einzuleiten, wenn die national=staatlichen Bestrebungen in Deutschland endlich auf einen festen Boden gelangen sollen; und zu der allmähligen Ent=wicklung der neuen ständischen Gebilde ist, wie wir dargethan zu haben glauben, bei uns der Stoff thatsächlich vorhanden. Wolle man nur erst einmal den alten langgewohnten national=ökonomi=schen Begriff von der „Theilung der Arbeit" in eine „Confödera=tion der schaffenden Kräfte" bei sich in Gedanken umwandeln. Dann entstehen vor dem innern Auge, das jetzt die Menschen bloß als lauter wirthschaftliche Atome vor sich sieht, von den Gesetzen des Angebotes und der Nachfrage hin= und herbewegt, alsbald be=stimmte geschlossene Arbeitergruppen mit gemeinschaftlichen ökonomi=schen, socialen und politischen Interessen. So lange diese Gruppen nun von dem ausschließlichen Rechtsstaate der Büreaukratie in ihrer naturgemäßen vollen Lebensthätigkeit gehemmt werden, indem sich zwischen die Gesellschaft und den Staatsorganismus das künstliche Eisennetz der Amtsstuben legt, vermögen sie allerdings nicht als wesentliche, entscheidende Momente in dem Daseyn des Staates zur Geltung zu kommen. Sie werden von der Papierscheere des grünen Tisches verschnitten; nach Art der altfranzösischen Gartenzucht stutzt die künstliche Politik die natürlichen Umrisse der Bäume und Sträucher zu willkürlichen Formen um. An einem großen ge=schlossenen Wald dagegen lassen sich derartige Experimente nicht mehr anstellen; und daß die Arbeitsgruppen der Partikularländer, über die Grenzen der Sonderstaaten hinaus, zu lebenskräftigen zu=sammenhängenden Wäldern werden, darin allein ist die Möglichkeit einer politischen Wiedergeburt für Deutschland gegeben. In olchem Sinne geht, wie wir in einem vorhergehenden Aufsatze angedeutet haben, in dem Gesammtvaterlande Freiheit und Einheit Hand in Hand. Darum legen wir der modernen Ständebildung eine so hohe Bedeutung bei, weil sie uns in Deutschland zu der natürlichen Politik in den Einzelstaaten und von da in dem Gesammtstaate zurückführen wird.

Die nächsten Schritte aber, welche dabei die wirkliche Nationalpartei zu thun hat, müssen sich auf eine möglichst weitgehende Beförderung des wirthschaftlichen Vereinswesens richten. In den untersten kleinsten Anfängen ist der sociale Lebenstrieb zu erwecken und zu kräftigen. Von den kleineren Gruppen gelangt man dann zu größeren Associationen und von dort zu dem Zusammenfassen der verschiedenen Arbeiterschichten innerhalb der gesammten Nation. Jeder Vereinstag liefert zu dem Bau irgend einen Stein herbei; jeder ökonomische Congreß arbeitet an demselben mit. Sind darin für jetzt auch noch die verschiedenen künftigen Ständereihen vielfach durch einander gewürfelt, so wird im Laufe der Zeit das Gleichartige sich schon zu finden wissen, sobald nur erst einmal das organische Leben in unser Staatswesen zurückgekehrt ist. Neben dieser allgemeinen principiellen Wirksamkeit kommt es ferner für die Patrioten darauf an, Alles, was in ihren Kräften steht, dazu beizutragen, daß der deutsche Kaufmannstag auf der betretenen Bahn fortschreite; denn in ihm wird das bis dahin lokale oder partikulare Associationswesen zum erstenmale in der deutschen Geschichte einen nationalen Charakter annehmen. Derselbe ist recht eigentlich dazu berufen, das Gerippe abzugeben, an welches die übrige ständische Centralisation im deutschen Volke sich zu festeren nationalen Gebilden ansetzt. Ein dauernder Ausschuß der deutschen Kaufmannschaft, mit der gemeinschaftlichen Kasse, die ja auch im Mittelalter die Berufsgenossen zu einer Gilde werden ließ, mit einem großen commerciellen Tagesblatte und mit dem Liniennetze, das er zu den einzelnen Handelskammern hinüber streckt, muß alsbald eine ähnliche Organisation der Gewerks- und Arbeitsangehörigen nach sich ziehen. Damit hätten wir denn die Grundbestandtheile zu einem Interessentenparlamente vor uns, dem es im Laufe der Dinge nicht fehlen könnte, seinen anfänglichen privativen Charakter in eine politische Persönlichkeit umzuwandeln. Was wirklich gleichartig in Deutschland ist, sagten wir oben, kann und soll sich in einheitlicher Weise social-politisch gestalten; es bleiben, wie wir einmal später untersuchen wollen, genug Elemente im Vaterlande übrig, die den vorhandenen föderativen Grundbe= dingungen unseres Gebietes und dem Gange unserer Geschäfte gemäß, dem Partikularleben, da wo es in seinen Ansprüchen voll= berechtigt ist, zur Anerkennung verhelfen. Wir hoffen dann bei der Darlegung unserer Ansichten den Satz beweisen zu können, daß je gesunder auf der einen Seite das moderne Ständethum Deutschland zu derjenigen staatlichen Einigung hinüberführen wird, die unser Vaterland seiner Natur nach erreichen kann, es auch auf der andern Seite um so klarer die Nothwendigkeit der deutschen Föderativverfassung bei allen denjenigen Angelegenheiten außer Frage stellen muß, die nun einmal eine unitarische Behandlung nicht vertragen. Wo die Politik auf die Natur der Gesellschaft zurückgeht, müssen die vorhandenen föderativen Momente in einem gegebenen Staate eben so gut zur Geltung gelangen, als die unitarischen; der gesunde Staatsbau wächst aus der Vereinigung beider empor.

Das Gleichgewicht des beweglichen und unbeweglichen Eigenthums im Staate.

Sind die Bürger der Vereinigten Staaten von Nordamerika anders geartete Menschen als die Bewohner Europa's, und ist die republikanische Verfassung jenes großen Staatenbundes zunächst aus einer besondern Eigenart der Yankees hervorgegangen? Oder dürfen wir wohl annehmen, daß die social=politische Durchschnittsnatur des vernunftbegabten Erdbewohners an beiden Seiten des Oceans die nämliche ist, und nur die Verschiedenartigkeit der ökonomisch=socialen Kräfte auf beiden Erdtheilen bis dahin auch eine Verschiedenartigkeit der beiderseitigen Staatsleben nach sich gezogen hat? In dieser Frage drückt sich einem einzelnen Falle gegenüber der unvermittelbare Gegensatz aus, welcher zwischen der ideal=politischen und der real=politischen Weltanschauung besteht. Was wir indessen so eben als gleichzeitig vorhandene social=politischen Unterschiede zweier Erdgebiete neben einander hingestellt haben, läßt sich nicht minder innerhalb eines und desselben Landes, ja innerhalb einer und der nämlichen Stadt in der Stufenfolge des politischen Entwicklungsprocesses hervorheben. Die römische Kultur war unter der Kaiserherrschaft gewiß viel feiner, als während der punischen Kriege; warum lebte denn ein weniger gebildetes Geschlecht unter einer republikanischen Staatsform, und führte die steigende Bildung zur Imperatorenwirthschaft, da doch im Allgemeinen die Republik für einen höheren Staatsorganismus gilt, als die Monarchie? Ist wirklich der Verfall Röm's der moralischen Versunkenheit seiner Bürger zuzuschreiben?

Bukle in seinem Werke: „Geschichte der Civilisation in England,“ weist es schlagend nach, warum überall, wo für die untersten Volksschichten sehr leicht zu beschaffende, billige Nahrungsmittel vorhanden sind, also die Masse der niedrigsten Arbeiter unverhältnißmäßig stark anwächst, die Despotie Platz greift, mögen wir nun Alt-Indien, Alt-Mexico, das kaiserliche Rom oder das bourbonische Neapel mit der Schaar seiner Lazzaroni vor uns haben. Durch diesen Satz ist unseres Erachtens die Bahn gebrochen zu einer vernünftigeren Geschichtsauffassung, als sie bis dahin selbst bei den Heroen der Historiographie gang und gäbe war. So mannigfaltig die Kräfte und Bestandtheile sind, aus denen sich ein Staatsleben in einem gegebenen Lande und in einem gegebenen Zeitraume zusammensetzt, so beruht doch sein innerstes Wesen auf wenigen Grundmomenten und ihrem wechselnden Verhältniß zu einander. Nicht die äußere Ornamentik eines Baues, sondern die im Stein liegenden physikalischen Gesetze beherrschen seine Hauptlinien, wie innig sich auch die äußerliche Verzierung an dieselben schmiegt. Leider hat sich aber das Auge des Historikers nur zu gerne den äußeren Zierrathen der geschichtlichen Gebäude zugewandt. Jahrtausende hindurch sind die Menschen über den Erdball hingegangen, ohne zu ahnen, daß ihre tägliche Arbeit, ihr Kauf und Tausch unwandelbaren mathematischen Normen unterworfen ist. Armuth und Reichthum, Hungersnoth und Ueberfluß wurden als jedesmalige unmittelbare Sendungen Gottes angesehen; eine Wissenschaft der Nationalökonomie war noch nicht vorhanden. Und immer noch will man gegenwärtig nicht gewahren, daß, wie das ökonomische Getriebe sich nach allgemeinen Weltgesetzen regelt, so auch das politische Gefüge kein willkürliches ist. Der Wissenschaft der Nationalökonomie hätte eine ebenbürtige Wissenschaft der Politik an die Seite zu treten. Es gilt, die Gesetze des Staatslebens aufzufinden, nachdem die Gesetze des Verkehrslebens entdeckt sind, die allgemeinen Gesetze, die sich dann in einem besonderen Lande, der besonderen Entwicklungsstufe seiner Gesellschaft gemäß, besonders individualisiren.

Seltsam! der Staat ist so oft ein Organismus genannt

worden. Weßhalb spricht man denn z. B. nicht auch von Staats=
krankheiten, wie man von Krankheiten der Pflanze und des thie=
rischen Körpers spricht? Und sollte es nicht, wie es Kinder=,
Knaben=, Jünglings=, Mannes= und Greisenkrankheiten gibt, eben=
falls auf den verschiedenen Altersstufen eines Gesellschaftsverbandes
eigenthümliche Störungen des gesunden organischen Entwicklungs=
ganges einer geschlossenen Menschengruppe geben? Ein Kind, das
nur unter älteren Personen lebt, wird sich von naturgemäß auf=
gewachsenen Kindern wesentlich unterscheiden; dürfte es wohl bei
einem jungen Staate ähnlich seyn? Die nordamerikanische Union
liegt den alten Staaten der alten Welt ferne; um so ungehinderter
also vermögen die in ihr vorhandenen social=politischen Mächte zu
walten. Da dieselben nun bisher von der Art gewesen sind, daß
sie keine Monarchie aufkommen ließen, so bietet das weite Land=
bereich zwischen den beiden Meeren republikanische Staatsgebilde
dar; eine durchgreifende Veränderung in dem Verhältniß der öko=
nomisch=socialen Momente Nordamerika's zieht dagegen unzweifel=
haft auch eine politische Umgestaltung der Dinge daselbst nach sich.
Der Yankee als Mensch ist fürwahr nicht mehr Republikaner als
der Europäer. Der Republikanismus wurzelt ja nicht in der
Moral oder der Gesinnungstüchtigkeit des Individuums. Man
könnte eben so gut die schwarzen oder rothen Haare eines Men=
schen seiner Charakterrichtung zuschreiben, wenn gleich ganz gewiß
rothhaarige und schwarzhaarige Menschen in der Regel verschiedene
Charaktere haben. Wie oft jedoch wird man nicht bei den poli=
tischen Faseleien in unserer Zeit an ein Bestreben erinnert, das
darauf abzielt, durch moralische Erziehung einen rothhaarigen
Menschen in einen schwarzhaarigen zu verwandeln. Bleikämme
und Begeisterung aber färben immer nur von außen auf wenige
Wochen; dann tritt die natürliche Farbe wieder hervor.

Wie die Pflanzenwelt sich den individuellen Territorialverhält=
nissen gemäß gestaltet, wie das Thierleben sich nach dem Klima
und der Bodenbeschaffenheit richtet, so darf sich auch die gesellschaft=
liche Gliederung der Menschen keineswegs als unabhängig von
der Eigenart des Landbereiches ansehen, welches die sociale Gruppe

trägt. Bedingt die Ernährungsweise einer Bevölkerung ihre Arbeitstheilung, und wächst aus dieser ihre rechtliche und staatliche
Organisation hervor, dann liegt es doch auf der Hand, daß die
Ernährungsweise ihrerseits wiederum in naher Beziehung zu dem
Raumgebiete bleibt, auf welchem sie vor sich geht. Somit ist es
ein durchaus richtiger Gedanke, wenn Hafner in seinem „System
der politischen Oekonomie" die geognostischen Zustände eines Staats-
areals als ein bedingendes Moment für die Wirthschaft desselben
ansieht. Nicht minder wesentlich für den ganzen Bau eines Staates
ist die Art des Eigenthums, das in ihm vorherrscht; ein reines
Ackerbauthum zieht unausbleiblich andere politische Formen nach
sich, als die vorwiegende bewegliche Habe eines Städtewesens; und
wiederum zeigen sich da andere Gebilde, wo bewegliches und unbewegliches Eigenthum zusammen den Staat tragen. Auf der untersten Stufe der wirthschaftlichen Arbeit, dem Jägerthume, ist noch
kein Sondereigen vorhanden, das irgendwie gestaltend auf die politische Schichtung einwirken könnte. Die Jagdgründe selber sind
unbegrenzt, der erarbeitete Werth, d. h. die Beute, wird nur dann
zu einem Kapital, sobald die Felle bereits im Handel mit fremden
Völkern verkauft werden; das Nahrungsfleisch wird unmittelbar
verzehrt. Höchstens an den Geräthen, den Waffen, vermag sich
ein Eigenthum emporzubilden, welches jedoch ohne social-politische
Einwirkungen bleibt. Die Organisation einer Jägerhorde ist rein
militärisch, wie die Taktik des Jagens es mit sich bringt. Dagegen
begründet das stehende Nahrungskapital des Hirten, die Heerde,
bereits durch sich einen gesellschaftlichen Zusammenhang unter den
Menschen, die von ihr leben. Die Vererbung des ungetrennten
Heerdenbesitzes läßt die Blutsverwandtschaft als wichtigstes staatliches Moment in den Vordergrund treten; der Familienverband,
wie er an einer geschlossenen Heerde emporwächst, wird zum Vorbilde des sich ausdehnenden Stammverbandes. Aber erst mit dem
Grundeigenthume beginnt in der Stufenfolge der Gesellschaftsentwicklung das Sondereigen; was der Einzelne von dem noch herrenlosen Grund und Boden durch seine Arbeit individualisirt, gewissermaßen mit seinem Ich stempelt, das gehört ihm. Wir brauchen

indeſſen hier auf die naturgemäße Schichtung der Gehöfdeverfaſſung und der daraus hervorwachſenden Feudalmonarchie nicht näher ein= zugehen, da wir ſchon mehrfach in dieſen Blättern den in Rede ſtehenden Proceß dargelegt haben. Nur darauf müſſen wir wieder= holt hinweiſen, daß lange Zeit hindurch im Ackerbaureiche die ge= ringe vorhandene Fahrniß dem Acker unterworfen bleibt; ſie ſowohl als die Perſönlichkeit klebt an der Scholle. Alles bewegliche Gut bildet einen Theil des Gehöfdes; der Gutsherr nimmt bloß die= jenige Stellung in der politiſchen Gliederung ein, die ſeine Hufe in der feudalen Abſtufung hat, und wer wirthſchaftlich Knecht iſt, iſt es auch in juridiſch=politiſcher Hinſicht. Darum ſchreitet gerade das Recht der freien Perſönlichkeit im mittelalterlichen Staatsleben Fuß für Fuß mit dem Anwachſen der beweglichen Habe vorwärts. Sobald einmal die Geldcirkulation von außen in ein Agrarreich eingetreten iſt, macht die weitergreifende Arbeitstheilung, verbunden mit dem nun nach allen Seiten hin möglichen Kauf und Verkauf den Arbeiter, der keine Aecker beſitzt, von dem Boden los. Denn wie das Sondereigen an Grund und Boden daraus hervorgeht, daß ein Menſch ein herrenloſes Feld durch ſeine Arbeit ſich nutzbar macht, ebenſo iſt das bewegliche Werthgut, was der Arbeiter gegen ſeine Arbeit im Stoffe eingetauſcht und dann durch ſeine Geſchick= lichkeit umgebildet hat, ſein eigen. Anfänglich freilich wirkt im Mittelalter der agrariſche Feudalverband auch auf den neueinſetzen= den Handwerkerſtand hinüber; der Handwerker iſt hörig, wie der Ackerknecht auf dem Gehöfde. Allein während dieſer noch ein Jahr= tauſend lang im Ausbildungsgange der europäiſchen Menſchheit leib= eigen bleibt, weil ſeine Arbeit an der unbeweglichen und nicht an der beweglichen Habe ſich vollzieht, d. h. weil er ſich kein von der Scholle getrenntes Sondereigen erübrigen kann, iſt der Handwerker bereits nach drei Jahrhunderten ſeiner Thätigkeit in den Städten wirthſchaftlich und politiſch ſelbſtſtändig.

Man hat den eben flüchtig angedeuteten Vorgang, ſtatt ihn in ſeinem ökonomiſch=ſocialen Weſen zu erfaſſen, meiſtens den milden Einflüſſen des Chriſtenthums zugeſchrieben; trotzdem, daß die Hö= rigkeit auf den geiſtlichen Gütern ſich principiell in nichts von dem wirthschaftlichen Dienstverhältnisse auf den weltlichen Höfen unterschied. Die Kirche hebt jedoch die Leibeigenschaft nicht auf. Sie steht in Rußland noch heute in keinem Gegensatze zu ihr, und im Mittelalter vollends hat die bischöfliche Hand zeitweilig die Bauernaufstände am energischesten unterdrückt. Vielmehr ist es der in die Mitte unseres Erdtheils vom südlichen und vom nördlichen Gestade hereindringende Handel und Geldverkehr, welcher die aus den agrarischen Verhältnissen herrührenden persönlichen Bande zu lösen anfängt, indem dadurch der einzelne Mensch mit seinem Eigenthume frei den andern Menschen gegenüber gestellt wird. Die christliche Religion tauft nur das Kind, das die Wirthschaft geboren hat. Nicht zufällig sind es daher auch die sogenannten Münzgenossen, die Münzmeister, die sich zuerst von den Handwerkern eine selbstständigere Stellung in der feudalen Welt erringen. Das Geld durchbricht die enge social-politische Gliederung des Ackerbauthums, weil es ein neues ökonomisches Moment in dieselbe hineinwirft; mit dem Gelde tritt dann das Bürgerthum neben das Bauernthum hin. Die gesammte europäische Geschichte seit dem Untergange der alten Welt ist, auf ihre untersten bewegenden Kräfte zurückgeführt, ein gewaltiger Kampf zwischen dem beweglichen und dem unbeweglichen Eigenthum, oder, um es mit andern Worten zu bezeichnen, zwischen dem dritten Stande und dem Adel. Allein dieser Gegensatz ist nicht etwa der christlichen Welt eigenthümlich; wir dürfen uns nicht einbilden, daß mit der Lehre des Nazareners die ökonomisch-socialen Mächte, welche das Menschengeschlecht beherrschen, sich verändert haben. Der gesellschaftlich-staatliche Unterschied, der das Mittelalter vom Alterthume trennt, entspringt aus völlig andern Umständen.

Das Alterthum begrenzt räumlich sein Daseyn auf das Küstengebiet des mittelländischen Meeres, im Zusammenhange mit dem Landbereiche von Vorderasien. Asien aber ist in seiner topographischen Gestaltung wesentlich von dem Innern Europa's verschieden, und auch das Leben der Menschen an den schmalen Gestaden der Thalatta mußte sich wirthschaftlich und gesellschaftlich anders einrichten als auf den großen binnenländischen Flächen unseres

Erdtheils. Die Wiege der Menschheit mit ihren ungeheuren Steppen ist zunächst recht eigentlich auf das Hirtenthum hingewiesen; deßwegen trägt denn auch das gesammte Völkerdaseyn des westlichen Asiens in Familie, Sitte und Staat den nomadischen Stempel. Die Theokratie ist allemal die Staatsform einer Menschengruppe, welche nach vollzogener Ansäßigkeit die Erinnerungen ihres Hirtenlebens noch beibehält. Dazu kommt, daß Westasien keine von der Natur schon abgegrenzte Raumorganismen besitzt. Mit Ausnahme von dem „Lande zwischen den zwei Flüssen" erblicken wir daselbst nirgends bestimmt abgegrenzte, in Lage und Wirthschaft selbstständige Flächenreiche vor uns. Also konnte dort nicht die Ausbildung von Nationen in der heutigen Bedeutung des Wortes vor sich gehen. Die Völker Westasiens sind Racen, durch Blutsverwandtschaft entstandene Stämme, nicht etwa sociale Gliederungen, welche ein individuelles Landbereich durch seine geographisch-ökonomischen Einwirkungen im Laufe der Jahrtausende unter seinen Bewohnern hervorgebracht hat. Folgerichtig bleibt denn auch die durchgeprägte Raceeigenthümlichkeit der Asiaten ganz unabhängig von dem Boden, auf welchem sie leben. Wie die Mitglieder eines und desselben asiatischen Volkes unter sich eine unverkennbare Familienähnlichkeit haben, so erhalten sie sich gleichfalls ihren äußeren und inneren Typus, wohin sie immer im Wechsel der Geschicke gerathen, unverändert, falls sie nicht Eheverbindungen mit fremden Völkern eingehen. Nach fünfhundertjährigem Aufenthalt in Aegypten ziehen die Kinder Israels in körperlicher Hinsicht als die nämlichen Hebräer von dannen, als welche sie an den Nil gekommen wären; die babylonische Gefangenschaft verwandelt nichts an ihrem Körper und an ihrem Wesen; und auch heute noch wäscht der Schwamm der europäischen Kultur vergebens an ihnen herum. Die Völkergruppirung Asiens beruht, wie gesagt, auf der Racebildung, die mit der Individualität eines Landbereiches nichts zu thun hat; die jetzigen europäischen Völker sind dagegen Nationen, social-politische Produkte ihrer Ländergebiete, wenn ihnen auch gewisse Stammeseinheiten ursprünglich zu Grunde liegen.

Steht demnach die europäische und altasiatische Welt auf ganz verschiedenen social-politischen Basen, auf welche man die uns angelernte Unterscheidung von Christenthum und Heidenthum gar nicht anwenden darf, so ist auch der Unterschied des klassischen Alterthums von dem feudalen Mittelalter fürwahr nicht in der Taufe zu suchen. Der Umkreis des mittelländischen Meeres ist das Gebiet der Stadtstaaten; die Barbaren des Nordens setzen, als sie zuerst in der Geschichte auftreten, in kriegerischer Organisation, aus Jägerthum und Hirtenthum hervorgegangen, ihr politisches Daseyn ein, um dann, nach begonnenem Ackerbau mit ihrem Boden zusammenwachsend, Flächenreiche zu bilden, die später sich zu Nationalstaaten entwickeln. Das Christenthum, so weit es social-politisch wirksam ist, spielt in diesen Vorgang nur ganz von der Seite hinein. Asien besaß bis dahin und besitzt auch heute noch Racereligionen und Racekulte, die in feindseliger Abtrennung neben einander bestehen. Der Gedanke einer allgemeinen Menschheitsreligion, wie er in einer Sekte des untergehenden jüdischen Volkes sich ausbildete, fand aber deßwegen im Umkreise des mittelländischen Meeres ein geackertes Feld vor, weil dort unter der Römerherrschaft mit der vollständigen Völkervermischung auch eine Religionsvermischung stattgefunden hatte, und wurde darauf, zugleich mit der römischen Kultur, den jungen Stämmen des Nordens zugebracht, die, in der Kindheit des Völkerlebens für alle äußere Eindrücke sehr empfänglich, gleichsam reine, von der Geschichte noch unbeschriebene Tafeln waren. Auf solche Weise verquickt sich allerdings bei ihnen die christliche Lehre mit ihrem beginnenden Gesellschaftsbau; allein sie schmiegt sich demselben doch weit mehr an, als sie ihn ihrerseits bestimmt, trotz der Hierarchie welche die Weltstadt Rom mittelst des Christenthums über Europa ausspannt.

Man muß die Völkergeschicke zuerst auf ihre ökonomisch-socialen Momente zurückführen, wenn man untersuchen will, was sich darin vielleicht mit einander vergleichen läßt. Zwischen den politischen Gestaltungen Asiens und Europa's sind fast gar keine Parallelen zu ziehen, weil die beiderseitigen geographisch-wirthschaftlichen Grundmächte so völlig von einander abweichen. Beide

Erdtheile haben in ihren staatlichen Gebilden nur das Gemeinsame, daß die besonderen, ihnen eigenthümlichen Momente hier wie dort die ihnen jedesmal entsprechenden social-politischen Organismen hervorbringen, d. h. daß auf beiden Gebieten das Leben des Menschen sich in erster Linie nach seinem Wohnungsraume und dessen Nahrung richtet. Dagegen stoßen wir bei einer Musterung des städtestaatlichen Lebens im Alterthume und des flächenstaatlichen Völkerdaseyns in Europa auf politische Erscheinungen, welche, da sie aus den nämlichen Ursachen hervorgehen, auch ihrem Charakter nach nahe verwandt sind. Daß das Städtewesen Griechenlands und Italiens mit dem Städtewesen des Mittelalters die größte Aehnlichkeit aufweist, ist natürlich. Man konnte deßhalb unmittelbar viele städtische Institute von Rom in den Städten von Deutschland, Frankreich, Spanien und England selbst mit den nämlichen Namen aus der tausend Jahre zurückliegenden Vergangenheit eines andern Landes wieder hervorholen. Aber auch innerhalb der alten Stadtstaaten ringen dieselben Kräfte mit einander, welche die Geschichte der Flächenreiche in Bewegung setzen; in beiden wird der Kampf des beweglichen und unbeweglichen Eigenthums ausgefochten.

Dieser Satz ist für das Verständniß der in unserer Zeit waltenden allgemeinen politischen Elemente im höchsten Grade wichtig. Die Historie kennt nämlich noch keinen nationalen Flächenstaat Europa's, der sein Daseyn mit der letzten Stufe seiner Entwicklung abgeschlossen hätte, und nun mit den aufgeworfenen Erfahrungen den übrigen noch im vollen Leben dastehenden Völkern einen Anhalt für ihre selbstbewußte Politik darzubieten vermöchte. Wohin der schrankenlose Sieg der beweglichen Habe über das unbewegliche Eigenthum in politischer und kulturlicher Hinsicht bei einem Flächenstaate führt, dafür haben wir in der Geschichte noch keine fertigen empirischen Belege. Nur der Lebensverlauf der Stadtstaaten im Alterthume liegt vollendet vor uns. Sollte sich nicht aus ihm, da, wie gesagt, auch in den Stadtstaaten Geld und Acker mit einander stritten, Lehren für eine staatsmännische Wirksamkeit in der Gegenwart hernehmen lassen, welche ihre Maßnahmen für Flächenstaaten berechnen muß?

Wir sehen, falls wir Nebendinge außer Acht lassen, daß alle
Stadtstaaten des Alterthums den nämlichen Entwicklungsgang durch=
machen: auf der Grundlage einer agrarischen Geschlechterverbindung
in einem gefesteten Orte setzen sich Kaufleute und Handwerker an;
die Plebs lehnt sich allmählig gegen die Patricier auf, unterwirft
sie schließlich, um dann selber widerstandslos mit ihrem nunmehr
demokratischen Staate einer Autokratie zu verfallen. Anfänglich
kann auch wohl in einer Bauernstadt ein großer Grundbesitzer als
König herrschen, bis derselbe der Aristokratie der Gentes weichen
muß; allein das Königthum der städtischen Agrarzeit ist in gar
keiner Weise mit der Tyrannis oder dem Cäsarenthum am Schluße
eines Stadtlebens zu vergleichen. Innerhalb der eben bezeichneten
Linien spinnt sich dergestalt die Folge der Generationen in den
klassischen Städten ab; jeder Einzelnmensch ist darin auf einen
bestimmten Posten gestellt; sein Lieben, sein Hoffen, sein Glauben,
sein Thun bleibt von dem jedesmaligen Maschennetze dieser Linien,
in welchen er sich der Zeit und seiner Nahrungsweise nach befindet,
abhängig; lehnt er sich in vermeintlicher socialer Willensfreiheit
dagegen auf, so geht er unter; verhält er sich der ihm angewiesenen
Schranken gemäß, so wächst er auf, zeugt Kinder, wird gebrechlich
und stirbt in seinem Bette nach sechzig, siebenzig Jahren. Man
kann dieses Gesammtleben in seinen Einzelerscheinungen langweilig
nennen, da es an sich stets das Nämliche bleibt; aber für jeden
neuen Menschen, der es durchzumachen hat, ist es eben wieder
neu. Und welche Persönlichkeit dabei, durch Geburt oder Glück
begünstigt, der hervorragende Träger einer in ihrer Zeit leben=
digen Kraft oder eines Gedankens ist, die schreibt ihren Namen
in die Bücher der Geschichte ein. Das Leben, das bunt und
mannigfaltig erscheint, sobald wir mitten darin stehen, unmittelbar
bewegt von seinen täglichen Strömungen, läßt sich auf wenige
Grundgesetze zurückführen, wenn wir es in seiner Gesammtheit
betrachten, und zwar das Leben der Staaten sowohl als das geistige
Leben der einzelnen Menschen. Daher kehren denn auch die näm=
lichen Mächte, welche in einem ursprünglich und naturgemäß sich
entwickelnden Stadtleben ihre Rolle spielen, in dem Flächenreich

wieder. Auch in ihm geht der sociale Verband, sobald Jägerthum und Hirtenthum überwunden sind, von dem Ackerbau und seinen gesellschaftlichen Grundformen aus. Der Feudalismus der klassischen Städte in ihrer Kindheit unterscheidet sich dem Wesen nach in nichts von dem Feudalismus auf dem Einzelgehöfe oder der feudalen Abstufung der Gehöfe unter einander. Die Theilung von Arbeit und Eigenthum in Zeiten, wo noch kein Geld da ist, muß in rein agrarischen Verhältnissen bei den Menschen stets auf die nämliche Art sich einrichten. Auf dem Eigenthum an Grund und Boden beruht dann die gesellschaftliche, die politische Macht des Einzelnen. Darauf stellt sich auch in dem Flächenreiche die beginnende bewegliche Habe dem Ackerbesitze gegenüber. Sie verändert zuerst nach und nach die privatrechtlichen Bestimmungen einer Menschengruppe und überträgt später ebenfalls einen Theil der staatlichen Gewalt auf die ihr Angehörenden. Das Bürgerthum tritt neben den Adel; es erkämpft sich seine politische Anerkennung, löst weiter sogar die Leibeigenschaft des Ackerbauthumes, bis es endlich mit seinem Gelde und seiner Kultur die politischen Gebilde der Agrarzeit immer mehr aufsaugt. Führt dieser Proceß auch im Flächenreiche zu demselben Ergebniß, wohin er in allen selbstständigen Stadtstaaten noch geführt hat, zur Tyrannis, zum Cäsarismus, und zuletzt zum Tode einer Nation? Wir leben in einem Jahrhunderte, das wohl Ursache hat, die eben aufgeworfene Frage an sich selbst zu richten?

Es wäre aber eine übergroße Vermessenheit, wenn wir uns herausnehmen wollten, hier eine bestimmte Antwort darauf zu geben. Die Wissenschaft der Politik liegt noch in ihrer Wiege, ihre Sprache ist bis jetzt kaum mehr als ein Lallen gewesen, was wohl einen lieben gelehrten Vater entzücken mag, mit dem man jedoch der Wirklichkeit gegenüber wenig anfangen kann. Bloß ganz im Allgemeinen möchten wir in Bezug auf den behandelten Gegenstand einige Winke andeuten, wie wir sie aus dem bisherigen Gange der Menschheitsentwicklung herleiten zu können glauben. Und da ist es zunächst die unbestreitbare Wahrnehmung, daß jedes Volk in seinem ganzen Entwicklungsgange dann am kräftigsten dasteht, wenn innerhalb seiner ökonomisch=socialen Schichtung bewegliches und unbewegliches Eigenthum einander die Wage halten. Freilich vermögen wir diese Thatsache eigentlich nur aus dem Städteleben der alten Welt und dem von der Stadt Rom gegründeten römischen Staate zu belegen. Allein in dieser Umgrenzung wird die Thatsache auch unbezweifelbar seyn. Athen's Macht ist am größten, als noch die alten Patriciergeschlechter innerhalb seiner Mauern neben dem Kaufmanns= und Fabrikantenthume in Blüthe sind; Rom's stolzeste Periode verläuft während der punischen Kriege, wo Gentes und Plebs noch mit einander ringen; und, bei Lichte betrachtet, wird eigentlich aus diesem intuitiv herausgefühlten Faktum der oft an= geführte Satz gefolgert, daß jedes Nationaldaseyn zur Erhaltung seiner Gesundheit des Kampfes zweier in ihm vorwiegenden Par= teien bedürfe; wobei man vielfach unbewußt das Eingeständniß macht, daß der äußere Glanz eines Nationallebens in Reichthum und Kultur keineswegs mit der Epoche seiner wahren Kraft zu= sammentrifft, sondern ihr erst nachfolgt; wie ja auch in einem Kaufmannshause mit dem hervortretenden Luxus der Familie das Geschäft seinen Culminationspunkt bereits erreicht hat. Um jedoch der Ursache der beregten Erscheinung näher zu kommen, muß man, unseres Erachtens, vorab untersuchen, in welcher Weise das Acker= bauthum für sich und Handel und Gewerbe für sich auf die Cha= rakterrichtung des einzelnen Menschen zurückwirken. Das Resultat der Nachforschungen liefert dann vielleicht einige Anhaltspunkte für die Beurtheilung der aus dem Kampfe beider Nahrungsarten er= wachsenden politischen Constellationen.

Oft genug ist es in Prosa und Versen ausgesprochen worden, daß das Landleben die wahre, naturgemäße Existenz des Menschen sey. Hie und da freilich haben nervös gewordene Generationen ihre socialen Ideale auch in das Hirtenthum hineingetragen, und die Jagd ist selbst für den Kultursohn der Gegenwart noch nicht aller poetischen Reize entkleidet. Allein die beiden letzteren ursprüng= lichen Ernährungsweisen der jungen Menschheit üben innerhalb der heutigen Welt keinen eigentlich gesellschaftlichen Einfluß mehr aus; als abgestorbene ökonomisch=socialen Gebilde, so weit wir Europa im Auge behalten, sind sie der Phantasie, der Dichtung verfallen; bloß Liebhaberei, nicht Nothwendigkeit holt sie zeitweilig in kleinen Kreisen wieder hervor. Der Ackerbau dagegen gibt auch jetzt noch auf unserem Erdtheil für die große Mehrheit seiner Bewohner die Hauptnährquelle ab; seine Rückwirkung auf den Menschen ist daher für die sociale und politische Anthropologie noch immer in erster Linie wichtig.

Zuvörderst nun läßt sich, was das Naturgemäße des Bauern= thums anlangt, nicht leugnen, daß Mensch und Pflanze zu ein= ander in innigen Wechselbeziehungen stehen; der beiderseitige Ath= mungsproceß ergänzt einander. Schon dadurch also bietet das Landleben im Vergleich zum Stadtleben dem Körper und seiner Entwicklung bessere Bedingungen dar. Die Sehnsucht des Städters nach Wald und Feld entspringt zuerst aus seinem körperlichen Be= dürfnisse nach frischer Luft, wie er sie innerhalb seiner Steinmassen nicht findet. Dazu tritt die Nothwendigkeit körperlicher Bewegung. Der sitzenden städtischen Lebensweise gegenüber veranlaßt das Leben auf dem Lande die mannigfachsten leiblichen Anstrengungen, der Leib gedeiht daselbst mehr. Auch heute noch sind es in Deutsch= land die Gegenden des weitaus vorwiegenden Ackerbauthums, Pom= mern, Westphalen, Mecklenburg, Hannover, Bayern, welche die größten und stärksten Rekruten stellen. Hand in Hand damit geht dann, sobald wir nicht die Taglöhner und Knechte in Betracht ziehen, der Umstand, daß naturgemäß auf dem Lande Pflanzen= und Fleischnahrung sich verbindet. Wie Ackerbau und Viehzucht wirthschaftlich in einander greifen, ebenso liefern sie zusammen die kohlenstoff= und stickstoffhaltigen Lebensmittel, welche der Städter erst von verschiedenen Seiten her sich kaufen muß. Unterliegt der Mensch mit seinem Körperleben mehr oder weniger dem Körperleben der Natur, so ist es klar, daß dieses Körperleben sich da freier entfaltet, wo zwischen ihm und der Natur nicht die künstlichen Mauern der Stadt aufgebaut sind. In den Städten leben sich die Geschlechter in der Stufenfolge der Generationen körperlich aus; das Bauernthum muß stets neues Blut in die Städte schicken — wo aber das Bauernthum körperlich auch schon städtisch geworden

ift, also keinen frischen Menschenstoff den verzehrenden Kultursitzen
mehr abzugeben vermag, was geschieht da? . . . .

Schreiten wir nach diesen flüchtigen Andeutungen jetzt zu der
socialen Gliederung des agrarischen Daseyns über, so haben wir
es bereits oben erwähnt, daß im Gange der Menschheitsgeschichte
in ihm zuerst das Sondereigen durch den ausschließlichen Besitz des
Individuums an einem Bodenreich auftritt. Wo wir bei einem
Volke noch Feldgemeinschaften finden ohne Sondereigen, ist diese
Einrichtung dem Heerdengesammteigenthum ihres vorangegangenen
Nomadenthums nachgebildet, die sich indessen mit der Zeit immer
mehr zersetzt, bis endlich die Gemeinde auch die Allmendengüter
theilt. Das agrarische Sondereigen aber ist für den Menschen die
Basis zur Durchprägung seiner Individualität. Im Jägerleben
kommt, so zu sagen, noch gar keine individuelle menschliche Besonderheit zum Vorschein; die gleiche Lebensweise macht alle Jäger
körperlich und geistig gleich; nur ihr Anführer zeichnet sich vielleicht
durch größere Gewandtheit, Kraft und Klugheit aus. Im Hirtenthume gelangen dann bloß der Patriarch und einige Aelteste zu
einer individuellen Durchbildung; in der Geschichte der Nomaden
zählen alle übrigen Mitglieder des Stammes als Nullen hinter
jener Eins; aus der Masse drängt sich dort niemals eine Persönlichkeit hervor. Der Leithammel und sein Lieblingsschaf allein
gibt den Ausschlag; alle übrigen Schafe sind eben unterschiedslose
Schafe. Erst die Sonderhufe trägt den in ökonomischer, rechtlicher, socialer, politischer und geistiger Hinsicht für sich dastehenden
Sondermenschen.

Wir haben es an einem andern Orte nachzuweisen versucht,
daß auch erst mit dem Sondereigen im Ackerbauthume sich die Paar-
ehe unter den Menschen festsetzt. Für die Menschen ist ja die Mono-
gamie keinesweges schon ein Gebot von der Natur, wie es etwa
bei den Störchen obwaltet. Sie erscheint vielmehr in der Geschichte
der Gesellschaft als sociales Produkt nur unter denjenigen Völkern,
die bereits eine entsprechende Stufe ökonomisch-socialer Entwicklung
erreicht haben, und erhält alsdann ihre ethische Weihe. Das Grund-
stück nämlich, welches dem Einzelnen Nahrung und Kleidung

gewährt, ist für ihn ein organisches Ganze. Die Ungetheiltheit des=
selben bedingt die Existenz des Herrn und seiner Familie. Nur
ein Sohn kann daher Erbe seyn, und mit dieser Nothwendigkeit
ist zugleich die Nothwendigkeit einer Gattin begründet. Und wie
in dieser Art die Individualität der Hufe auf die Gestaltung der
ihr angehörenden Familie zurückwirkt, ebenso unterwirft sie sich
alle persönlichen Rechte der Familienmitglieder. Zu der Hufe ge=
hört das Vieh, das Geräthe, die Fahrniß, deren ihre Bewirth=
schaftung bedarf; nach ihrer möglichen Erbfolge an der Hufe ordnen
sich die Angehörigen der Familie selbst, nach ihrer Arbeit auf der
Hufe die eigenthumslosen Knechte. Der Mensch verwächst derge=
stalt im Beginn einer sich bildenden Ackerbaugesellschaft vollständig
mit seinem Grund und Boden. Nicht zufällig wird im Mittelalter
in Chroniken wie in der Poesie der Schilderung eines geschichtlich
bekannten Mannes stets die Schilderung seines Besitzthums beige=
fügt; man fühlt es heraus, daß der Besitzer vorwiegend der Re=
präsentant des Besitzes ist. Was aber die Ackerbaugesellschaft
an Gliederung emporgeworfen hat, nimmt das einsetzende Acker=
baureich als politische Bestandtheile in sich auf. Die sociale Ab=
stufung der Menschen auf einem und demselben Gehöfde in Folge
von Pachtverhältnissen und Arbeitstheilungen wird zum Vorbild
des Reichsbaues; der größte Grundbesitzer, der die meisten Reisigen
ernähren kann, erhebt sich dadurch zum Heerführer, zum König,
und bringt dann die Güter der übrigen Grundherrn in sein Ober=
eigenthum. Nicht der Mensch als solcher, sondern die Stellung
seiner unbeweglichen Habe in der feudalen Abstufung erhält im
agrarischen Staate das politische Recht. Indessen, obgleich in dem
durchgeführten feudalen Reiche es außer dem Dominium des Königs
kein politisch ganz unabhängiges Allod mehr gibt, stehen doch that=
sächlich die Grundeigenthümer fast selbstständig von einander da.
Die wirthschaftliche Existenz eines Jeden von ihnen ruht einzig
auf seinem eigenen Lande, er bedarf des Andern nicht; des lieben
Brodes wegen braucht er Niemanden irgend ein Zugeständniß zu
machen. Wirthschaftlich für sich selbst da haltend, kann und wird
er seinen Charakter auch frei entfalten.

Daß der Charakter des Landmanns im Durchschnitt ein ganz anderer ist, als der Charakter des Städters, gilt als eine ausgemachte Sache; warum er jedoch anders ist, fällt der Socialistik anheim, aufzuklären. Diese nimmt indessen bei allen ihren Betrachtungen in erster Linie auf die den Thatsachen und Erscheinungen zu Grunde liegenden ökonomischen Momente Rücksicht. Das Leben des Ackerbauers wurzelt in Betreff von Nahrung und Gewohnheit in seinem Feldbereiche. Naturgemäß entwickelt sich daher bei ihm aus diesem Verhältniß eine innige Zuneigung zu seinem Besitzthum, wo er geboren, erzogen ist, auf welchem seine Vorfahren vielleicht seit Generationen gehaust haben. Die eigentliche Heimathsliebe — wir reden hier nicht von der allgemeinen Vaterlandsliebe — gehört dem Ackerbauthume an. Sie haftet an dem bekannten Berg und Thale, dem Walde, dem Feldreiche, dem Gehöfde darin; sogar wo sie in der Brust des Städters vorhanden ist, schlingt sie sich nicht um die Straßen seines Geburtsortes, die da wechseln wie die Häuserbesitzer in ihnen, sondern um die Gegend im Weichbilde der Stadt. Die Heimathsliebe weiß nichts von dem Roth der städtischen Ziegelgebäude; sie kleidet sich in das Grün der Landschaft. Der Städter ist am Ende überall zu Hause, wo er sein Geschäft hat, der Landmann nur da, wo sein Besitzthum liegt. Dieses Gebiet vermittelt für ihn den persönlichen Zusammenhang mit dem ganzen Staatsleben. Ein wirkliches Ackerbauvolk, welches ausreichendes Bodeneigenthum hat, wird deßwegen auch niemals ein eigentlich eroberndes Volk seyn. In den Völkerwanderungen des Mittelalters haben wir noch Nomaden vor uns, welche sich erst Grund und Boden erwerben wollen, oder es zieht ein Bevölkerungsüberschuß aus, um sich anderswo niederzulassen. Dagegen erhebt sich auch ein Ackerbauvolk in allen seinen Mitgliedern nur zu einem Vertheidigungskampfe, sobald ein jedes derselben fühlt, daß dem eigenen Besitzstande Gefahr droht. Dann ficht aber das Bauernthum auf Leben und Tod.

Und nicht minder entspringen viele Charakterzüge, welche wir meistens dem Adel als Standeseigenschaften zuzuschreiben pflegen, der Eigenthümlichkeit des Ackerbaulebens im Gegensatze zu der

Eigenart des Stadtlebens. An und für sich ist ja der Adel seinem Grundwesen nach nichts als die Klasse der selbstständigen Grundbesitzer, welche das Knochengerüst des feudalen Reiches abgeben. Erwäge man aber nur einmal, wie denn die Natur eines Menschen sich entfalten muß, der als sein eigener König auf seinem Grund und Boden lebt. Die ökonomische Sorge tritt in regelmäßigen Zeiten nicht an seinen Tisch; vom Handeln, Feilschen, von Profitchen hängt seine Existenz nicht ab; sein Leben ist nicht auf die scharfe Mathematik des Verkehrs in Pfennig und Heller hinausgedrängt. Dazu ist er der natürliche Herr seiner Knechte, mögen diese nun wie im Mittelalter in Hörigkeit auf seinen Gütern leben oder bei ihm in Kost und Geldlohn stehen. Stolz, Unabhängigkeitsgefühl, Freigebigkeit wird sich somit weit eher in ihm durchbilden als in dem Geschäftsmanne, der auf des Daseyns Nothdurft sehen muß. Die Ritterlichkeit ist viel mehr ein Zubehör der Grundaristokratie als der Geldaristokratie; im Durchschnitt unterscheidet sich doch die „jeunesse dorée“ trotz aller ihrer Bemühungen wesentlich von dem individuellen Auftreten der grundbesitzenden Jugend. Freilich darf man bei derartigen socialen Betrachtungen nicht den Rangadel mit dem Adelstande verwechseln; auch muß man, wenn man das Bauernthum von seinen höchsten Spitzen an bis zu seinen untersten Mitgliedern hin in seinen socialen Eigenschaften in der Gegenwart durchmustert, wohl bedenken, wie jetzt die auf's Land gedrungene städtische Geldwirthschaft bereits vielfach zersetzend dort eingewirkt hat. Buckle fordert in seiner „Geschichte der englischen Civilisation“ gewiß mit Recht, daß man bei socialen Untersuchungen von normalen und nicht von anomalen Zuständen ausgehen solle, dann erst werde man im Stande seyn, später die Verbildung der naturgemäßen Gestaltung in den anomalen Zuständen zu erkennen.

Zeigt sich uns nun, daß das Ackerbauthum an und für sich den Menschen mit seinem Besitzthume individualisirt und ihn somit frei neben seinen Nachbarn hinstellt, wie die Felder des Einen frei neben den Feldern des Andern liegen, und ergeben sich aus dieser Thatsache eine Menge Folgen, die, wie wir später sehen werden, für ein mächtiges Nationaldaseyn von hoher Bedeutung sind, so liegt es uns jetzt ob, im Allgemeinen darzuthun, wie das bewegliche Eigenthum seine Angehörigen zu ganz andern Persönlichkeiten ausbildet. Die Existenz des Landmanns hängt von der Naturkraft seines Ackers ab; er kann ohne Verkehr mit andern Menschen die Früchte desselben für sich verzehren, aus Flachs und Hanf selber sich Kleidung machen. Die Existenz des Städters dagegen ist vom Handel abhängig. Wo kein Handel sich regt, ringt sich das bewegliche Eigenthum nicht von der Hufe los, gibt es keinen Bürgerstand. Der Vorgang beim Ursprunge des dritten Standes ist ganz einfach. In ein Ackerbaureich, bestehend aus grundbesitzenden freien Männern und Knechten, welch' letztere sich auf einem Gehöfde Nahrung und Kleidung gegen ihre Arbeit verdienen, und die somit an dieses bestimmte Gehöfde wirthschaftlich gekettet sind, kommt von außen ein Kaufmann herein, im europäischen Mittelalter der ägyptisch-phönicische Jude. Derselbe bringt aus der Fremde Waaren mit und setzt dieselben gegen die Produkte der Grundherrn um. Er tauscht also nicht wie die Knechte der Grundherrn Arbeitsdienste gegen den Lebensunterhalt, sondern Sachgut gegen Sachgut. Als Gewinnst stellt sich ihm nun bei diesem Geschäfte derjenige Theil der Produkte heraus, den er nicht selbst verzehrt. Gegen denselben vermag also auch er Knechte in seine Dienste zu nehmen, die nun für ihn arbeiten. Seine Knechte arbeiten jedoch nicht mehr auf dem Acker, sondern als Handwerker zur Verfertigung neuer Waaren; sie kommen mit dem Grund und Boden wirthschaftlich nicht mehr in unmittelbare Berührung. Tritt dann gar in Erweiterung des Verkehrs das Metallgeld in ein solches Wirthschaftsleben hinein, das den Einzelnen in den Stand setzt, seine Arbeit nach den verschiedensten Seiten hin zu verkaufen und seinen Lebensbedarf von den verschiedensten Seiten her zu beziehen, so ist auch der Handwerker in dem Absatze seiner Waare nicht mehr an den nämlichen Kaufmann gewiesen; er arbeitet für das Publikum im Allgemeinen. Folgerichtig entstehen dann in einem Gesellschaftsverbande, in welchem schon ein ökonomisch selbstständiges Handwerker- und Kaufmannsthum vorhanden ist, Rechts- und

Eigenthumsverhältnisse, wie der reine Ackerbauzustand sie nicht kennt. Die fahrende Habe, die nichts mehr mit der Feldbebauung zu schaffen hat, geht leichter von Hand zu Hand als der Grund und Boden; sie ist ferner beliebig theilbar und läßt somit ein anderes Erbrecht aufkommen. Ihre Angehörigen sind wirthschaftlich keines bestimmten Herren Knechte mehr; es wird ihnen demnach auch in rechtlicher Hinsicht bald ihre persönliche Freiheit zuerkannt; und je mehr sie durch Erweiterung ihres Reichthums thatsächlich an Macht gewinnen, um so höher wird auch ihr Einfluß auf die politischen Angelegenheiten des Gesellschaftsverbandes steigen, in welchem sie stehen. Allein, wenn gleich in der Entwicklung eines Reiches schließlich nichts mehr von den Fesseln übrig geblieben ist, unter denen früher das Bürgerthum sein Leben begann, die volle that= sächliche Unabhängigkeit des ackerbautreibenden Grundeigenthümers kann dasselbe doch niemals erringen. Es bleibt immer in seiner Nahrung abhängig von dem Gange des Verkehrsgetriebes. Geräth dieses einmal in's Stecken, so wird das Bürgerthum brodlos, während der Landmann im schlimmsten Falle die Früchte seines Feldes, die er sonst gegen andere Waaren verkaufte, selbst verzehrt.

So wenig immerhin der eben hervorgehobene Unterschied in der ökonomischen Basis des Bauern und des Bürgers gegenwärtig klar erfaßt wird, weil er im Einzelfalle sich häufig verwischt; den= noch werden wir bei schärferem Hinblicken gewahren, daß gerade durch ihn der Städter zu einem ganz andern Menschen durchge= prägt wird, als sich uns der durchschnittliche Charakter des freien Ackerbauers dargestellt hat. Die Existenz des Bauern ist ein Kampf gegen die Natur; die Existenz des Städters ist ein Kampf Aller gegen Alle. Sollte nicht dadurch auch das individuelle Wesen des Städters seine eigenthümliche Richtung erhalten? Es ist bekannt, wie dem Verkehrsleben unerbittliche mathematische Gesetze zu Grunde liegen; im offenen Gegensatze zu ihnen geht die Wirthschaft des Einzelnen unter. Alle Willensfreiheit, aller persönliche Stolz hilft zu nichts gegenüber den Geboten des ökonomischen Getriebes. Also wird die Individualität eines Menschen, der mit seinem Dasein auf das Engste in die Fäden dieses Getriebes verflochten ist,

niemals so frei dastehen können, wie der Grundherr dasteht. Der
Städter muß unausgesetzt bei der Beschaffung seiner Existenzmittel
rechnen. Demnach wird ihm das Rechnen so ziemlich zur zweiten
Natur. Die Selbstsucht, welche die treibende Kraft des wirthschaft=
lichen Räderwerkes abgibt, muß für ihn das Hauptprincip seines
Erdenwallens werden. Wächst der Grundherr auf die Dauer geistig
mit seinem Feldbereich zusammen, so ist das „Geschäft" schließlich
die Seele des Städters geworden. Der Mensch geht hier in dem
Geschäftsmann auf. Am deutlichsten belegt diesen Satz die sprüch=
wörtlich gewordene Charaktereigenthümlichkeit der Hebräer. Nach=
dem einmal die Kanaaniter in den großen Welthandel der Phönicier
hineingezogen waren, sind sie bis auf unsere Tage fast ausschließlich
Kaufleute geblieben. Dadurch hat sich im Laufe der Jahrtausende
ihr Denken und Seyn vollständig mit den Bedingungen des Ge=
schäfts identificirt. Sie ordnen ihre Persönlichkeit ohne weiteres
den Ansprüchen desselben unter. Läßt es sich nicht anders machen,
so nimmt nach der bekannten Anekdote der syrische Verkäufer den
vom Käufer getadelten schlechten Geruch der Waare auf den eigenen
Körper. Darin spricht sich allerdings ein Extrem der individuellen
Hingabe an die Anforderungen des Geschäftes aus. Indessen im
Allgemeinen kann man doch behaupten, daß überall im Handel und
Wandel der „Geschäftsmann" dem Menschen vorangeht. Nicht die
harmonische Ausbildung der Individualität ist das Ziel des Ein=
zellebens; die Erwerbung des täglichen Brodes, die doch nur
Mittel bleiben sollte, ist der Zweck geworden. Täusche man sich
über diese Thatsache nicht. Bloß Wenigen gestattet es ein günstiges
Geschick, sich geistig frei über die Nahrungswelt zu erheben, wenn
sie nicht etwa in dem Lebensloose ihrer Kinder abermals der Erde
schwere Ketten fühlen müssen.

Aber in diesem „Kampfe Aller gegen Alle," wie ihn das be=
wegliche Eigenthum hervorbringt, werden auch zugleich mit der
Selbstsucht die im Menschen vorhandenen Kräfte in Bewegung ge=
setzt. Die menschliche Kultur beginnt sich überall erst mit dem Auf=
kommen des Bürgerthums zu entfalten. Kein reines Ackerbauvolk
hat eine selbstständige Bildung zu Tage gefördert; und so lange

die Völker in der ungebrochenen Naturalwirthschaft dahin leben, so lange ist die äußere Gestaltung ihres Daseyns wie ihre geistige Bethätigung unentwickelt, um nicht zu sagen roh. Welch'·ein Abstand der Kultur zeigt sich zwischen Sparta und Athen, zwischen Deutschland vor und nach dem Aufblühen des Städtewesens, wie stehen noch heute die ausschließlich agrarischen Gegenden Europa's hinter den Bereichen des Handels und der Industrie zurück!

Ist jedoch der Staat naturgemäß der Ausdruck des in ihm vorhandenen Gesellschaftswesens, dann folgt von selbst, daß das Ackerbauthum für sich ein ganz anderes politisches Gebäude mit sich bringt, als das bewegliche Eigenthum für sich, und daß wiederum die Staatsform da sich besonders ausprägt, wo unbewegliches und bewegliches Eigenthum zusammen die sociale Gliederung hervorrufen. Völlig in seinen normalen Verhältnissen können wir zwar geschichtlich kein Ackerbaureich verfolgen. Denn entweder wirken, wie bei Sparta, die umliegenden Bürgerstaaten modificirend auf dasselbe zurück, es gehorcht, wie bei den Juden, den Erinnerungen einer Nomadenvergangenheit, oder die Traditionen der römischen Welt greifen störend in seinen sich unmittelbar einsetzenden Organismus hinein. Indessen ist es doch nicht ganz unmöglich, die aus verschiedenen Ackerbauländern zu verschiedenen Zeiten hergeholten Wahrnehmungen zu einem Gesammtbilde zu verbinden. Da nämlich eine Ackerbaubevölkerung in gerader Linie von den Erträgnissen ihrer Felder lebt, so kann unter ihr eine Arbeitstheilung bloß auf dem einzelnen Gehöfde Platz greifen. Jede abgeschlossene Hufe ist eine Wirthschaftswelt für sich, die mit keiner andern in Berührung kommt. Auf dem Hofe selber scheidet sich Herr und Knecht, der Eigenthümer und der besitzlose Arbeiter; unter einander sind aber die „Herren“ gleich. Wo daher zur Aufrechthaltung des Rechts, der Criminalpolizei, zu gemeinschaftlicher Vertheidigung nach außen, zur Aufführung von schützenden Deichen eine Gruppe solcher bei einander wohnender Grundherrn sich verbindet, entsteht eine Bauernrepublik, die Jahrhunderte, Jahrtausende unverändert fortdauert, sobald keine neuen Momente in dieselbe hineintreten. Die alten Friesen und Dittmarschen, ja in gewisser Beziehung noch heute die Norweger liefern dafür ein Beispiel. Ist dagegen eine solche Bauernrepublik gezwungen, lang= jährige wechselvolle Kriege zu führen, so wandelt sich bei ihnen der Feldherr nach und nach in einen König um, die feudale Schichtung mit dem königlichen Obereigenthum über alle Gelände nimmt ihren Anfang. Damit stellt sich jedoch keine weitere Veränderung in der Theilung der Wirthschaftsarbeit ein. Einzig die Ansprüche der politischen Vergesellschaftung sind es, welche eine Theilung der politischen Arbeit nach sich ziehen. Dienste im Kriege und in der geringen Verwaltung vermag in einem Ackerbaureiche nur derjenige zu leisten, der in Haus und Hof eine selbstständige Nährquelle hat. Deßwegen werden die Grundherrn, mögen sie nun noch Allodial= besitzer oder schon königliche Lehnsträger seyn, naturgemäß zur politisch herrschenden Klasse werden. Immer indessen strebt in einem solchen social=politischen Zustande die republikanisch bäuerliche Wirth= schaftswelt der feudalen monarchischen Gliederung entgegen. Der König und mit ihm die Reichseinheit ist nur in einem Kriege nach außen mächtig, im Frieden zerfällt die kriegerische Organisation stets auf's neue. Dabei sind innere Fehden keineswegs ausge= schlossen; ein Nationalbewußtseyn vermag sich nicht auszubilden; feste Landesgrenzen gibt es nicht. Zur Entwicklung einer gemein= schaftlichen Kultur in Sprache, Wissenschaft und Kunst ist keine Veranlassung geboten; und die Wirthschaftsknechte bleiben unver= ändert durch die Jahrhunderte hin auch politische Knechte. Außer dem Interesse der allgemeinen Sicherheit nach außen, halten nur noch die persönlichen Beziehungen der Einzelnen zum König das Feudalreich nothdürftig zusammen. Die Lehnstreue mit ihrem ethi= schen Gehalt bildet ein Hauptmoment in ihm; außerdem sind es die kriegerischen Tugenden, welche zur Anerkennung gelangen. Körperkraft gilt mehr als geistige Bildung; das Nebeneinanderliegen der Existenzen ruft in dem Einzelnen Charakterstarrheit hervor; der Begriff der persönlichen Ehre beherrscht die Ritterzeit jedes Volkes. Ein allgemeines Vaterland kennt dasselbe noch nicht; ein Jeder hat nur eine Sonderheimath; seine persönlichen Beziehungen zu seinem König verbinden ihn einzig mit der übrigen Welt. Das Ackerbauthum stellt nicht bloß räumlich, sondern auch social die Menschen nebeneinander, das bewegliche Eigenthum schichtet sie zu einer Pyramide auf, bei welcher immer ein Stein auf dem andern steht. Wohin ein reines Ackerbauthum im Laufe der Jahre gelangt, zeigt einigermaßen Ungarn und Polen; die individuelle Freiheit trägt über die organische Gebundenheit den Sieg davon. Wohin gelangt denn ein Staat, der ganz auf das bewegliche Eigenthum gegründet ist?

Auch zur Beantwortung dieser Frage haben wir in der Geschichte keinen abgerundeten Fall vor uns liegen, da die alten Stadtstaaten ursprünglich vom Ackerbauthum ausgegangen sind, und die gegründeten Handelscolonialstädte durchweg nach dem Vorbilde der Mutterstadt eingerichtet werden. Indessen lassen sich doch ebenfalls die Grundzüge eines reinbürgerlichen Staatsgebäudes aus der Natur der Sache herleiten. Zunächst aber hat dasselbe seinen Schwerpunkt in der Stadt. Die Arbeit am beweglichen Eigenthume bedingt wegen des nothwendigen Ineinandergreifens der Thätigkeit ein nahes Zusammenwohnen der Menschen. Eine weitere social-politische Gliederung geht jedoch aus ihr nicht hervor. Das Feudalwesen ist die natürliche unvermeidliche Staatsform für ein reines Ackerbaugebiet, das die Geldwirthschaft noch nicht weiter kennt; eine Stadt dagegen, die nicht mehr auf der Basis der anfänglichen agrarischen Geschlechter ruht, findet in ihrem Gesellschaftsbestande keine maßgebenden Mauern für die Aufführung ihres politischen Gebäudes. Die staatliche Zusammenfassung der für sich bestehenden Angehörigen des beweglichen Eigenthums verfällt von vornherein der menschlichen Willkür, nicht der Nothwendigkeit. Allerdings stellt der Stadtstaat in Kriegswesen, Verwaltung und Rechtspflege bestimmte Anforderungen; allein diese Ordnung der staatlichen Geschäfte ist unabhängig von der Schichtung der städtischen Gesellschaft. Denn an der Hand der städtischen Geldwirthschaft beschränkt sich die Arbeitstheilung nicht bloß auf die wirthschaftliche Produktion, sie schreitet auch auf das Gebiet der geistigen Bethätigung hinüber. Und wie auf solche Weise die verschiedenartigsten

geiftigen Dienfte, der Lehrer, der Aerzte, der Seelforger, zu Be=
rufsämtern werden, ebenfo wandelt fich der dem Staat geleiftete
Dienft in eine Berufsarbeit um, die ihren Mann ernährt. Die
Träger der politifchen Macht in dem reinen Bürgerftaate find
nicht, wie im Ackerbaureiche, die Spitzen der ökonomifchen Gefell=
fchaft, fondern befoldete Angeftellte. Dadurch wird alfo der unmit=
telbare Zufammenhang zwifchen der Gefellfchaft und dem Staats=
organismus aufgehoben, das Staatswefen ruht in den Händen
einer beftimmten außerhalb der Gefellfchaft ftehenden Menfchen=
klaffe, die politifche Funktion des Einzelnen ift zu einer Nahrungs=
quelle geworden. Folgt nun fchon aus diefem eben berührten
Umftande unvermeidlich, daß auf die Dauer die producirenden
Bevölkerungsfchichten den politifchen Verhältniffen ihrer Stadt ent=
fremdet werden müffen, d. h., daß die Bureaukratie mit der Kennt=
niß der politifchen Gefchäfte zugleich die gefammte politifche Macht
fich aneignet, dann tritt noch ein anderes Moment dazu, um all=
mählig den Städteftaat zum Abfolutismus hinüber zu führen. Mit
dem bezahlten Beamten nämlich verbindet fich der bezahlte Krieger.
Auch die Leiftung der nothwendigen Kriegsdienfte wird zu einem
Nahrungszweige, dem in der allgemeinen Arbeitstheilung die Men=
fchen fich als Berufe widmen. Wie aber die Bureaukratie die
geiftige Macht über die politifchen Angelegenheiten den Händen der
ökonomifchen Gefellfchaft entzieht, fo bemächtigt fich ein derartiges
Prätorianerthum bald der phyfifchen Gewalt; das Poftament für
die Tyrannis ift bereits fertig.

Gefördert wird dann die Verwandlung eines vielleicht ur=
fprünglich republikanifch angelegten Stadtftaates in eine Einzelherr=
fchaft noch durch viele anderweitigen Einflüffe. Die Arbeitstheilung
innerhalb des beweglichen Eigenthums hat naturgemäß einen geftei=
gerten Lebensgenuß des Einzelnen im Gefolge. Wo es gilt, Geld
damit zu verdienen, beftrebt fich der Menfch unaufhörlich, neue
Bedürfniffe zu erfinden, damit fie durch neue Produktionen befrie=
bigt werden können. Dem um fich greifenden Luxus und der
Weichlichkeit leiften Handel und Induftrie allen nur möglichen Vor=
fchub. Körper und Geift werden beide ebenfalls zu einer Waare.

Wir behaupten nicht, daß Ackerbauvölker in Folge ihrer Nahrungsweise keuscher sind als die Städter; allein ihre Vergehen gegen die
Sittlichkeit entspringen aus dem ihnen inne wohnenden kräftigen
thierischen Trieb. Die Prostitution dagegen, das quaestum cor-
pore facere, ist ein Erzeugniß des Stadtlebens. Wo das Geld
den Schwerpunkt des ganzen Lebens bildet, kommen auch Jugend
und Schönheit zu Markte, sey es, daß sie unmittelbar gekauft
werden, sey es, daß der Handel zwischen einem Greise und einem
jungen Mädchen sich mit dem Mantel der Ehe bedeckt, und dem
feilen Leibe entspricht der feile Geist. Unter den Ackerbauvölkern
leben überhaupt wenige oder gar keine Menschen von der geistigen
Arbeit; am allerwenigsten aber werden sie in die Lage versetzt, je
nach dem Marktpreise ihr Denken umzuwandeln, den Gesetzen ihres
Selbstbewußtseyns Zwang anzuthun. Wo jedoch die Geldwirthschaft
erst einmal alle Lebensverhältnisse beweglich gemacht hat, da ist
der Boden für die Sophisten geackert, die das „schlechtere Wort
beliebig zu dem besseren" verdrehen, mögen sie mit dem Munde oder
mit der Feder arbeiten, das ist einerlei. Erwägt man nun, wie
innerhalb eines städtischen Lebens die körperliche Kraft der Generationen sich ausnützt, wie der Comfort des Daseyns Leib und
Seele verweichlicht, wie die offene Selbstsucht zum Grundprincip
einer jeden Einzelexistenz wird; bedenkt man ferner, daß das hoch-
gesteigerte künstliche Getriebe von Arbeit und Verkehr keinen Augenblick in's Stocken gerathen darf, wenn nicht die ganze Bevölkerung
broblos werden soll, dann wird man es begreifen, daß ein kühner
Usurpator, welcher die Bureaukratie und das Söldnerheer an sich
zu fesseln weiß, alle Chancen für sich hat, einen auf solcher Stufe
der Ausbildung angelangten Stadtstaat sich zu unterwerfen. Die
Beamten und Prätorianer gewinnt der Tyrann durch Geld, das er
ihnen aus den Staatsmitteln zuwendet, in der Bevölkerung hält
ihm nirgends eine selbstständige sociale Kraft gegenüber, die im
Stande wäre, ihm zu widerstehen. Er verbürgt dem Reichthum
und der Arbeit Sicherheit, er beschäftigt die untersten Schichten des
Volkes, deren Arme ihn tragen, mit Schaugepränge, und schreckt
alle. Wer kämpft und stirbt denn noch wohl für politische Freiheit

und persönliche Würde in einem Staate, wo Körper und Geist längst ebenfalls auf den Preiscourant geschrieben sind? Eine solche Unklugheit wird einfach zum Verbrechen. Im Gegentheil beeilt sich dann das Talent, den neuen Zustand der Dinge in ein wissenschaftliches System zu bringen; Religion und Kunst müssen dazu die Mittel herliefern. Die Staatskunst selber wird vollständig zur Intrigue. Selbstbewußt faßt sie die Unterthanen an ihren Lastern, um sie desto sicherer zu beherrschen, und entzückt jauchzt die an ihrem eigenen innersten Wesen irrgewordene Menge dem Halbgotte auf dem Throne zu. „In servitium ruunt," schreibt Tacitus von einer solchen Zeit, mit Genuß küssen sie dem Herrn den Staub von den Füßen. Die Epoche des äußeren Glanzes und der furchtbarsten Verbrechen ist dann da. Babylon, Sodom und Gomorrha, Tyrus, Rom und Byzanz bieten dafür die Belege. Die Menschheit lebt sich an derartigen Punkten der Erde vollständig aus; die Geschichte sieht sich dort später genöthigt, auf frische Bauernkräfte und Bauernsäfte zurückzugreifen, um die Arbeit des Menschengeschlechtes auf's neue in gesunde Bewegung zu bringen. Bleibt, wie wir gesehen haben, das reine Ackerbauthum staatlich und kulturlich unentwickelt und roh, so geht das reine bewegliche Eigenthum in seinen politischen und geistigen Gebilden an dem Uebermaß der Verfeinerung schließlich zu Grunde. Nur in dem steten Gleichgewichte von dem beweglichen und unbeweglichen Eigenthume bewahren die Staaten sich die ökonomischen, politischen und kulturlichen Bedingungen einer kraftvollen, sittlichen Existenz!

Der Leser kennt aus früheren Darlegungen unsere Auffassung von der allmähligen Ausbildung des Flächenreiches zum nationalen Staate. Haben sich in den Städten des europäischen Mittelalters die Kaufleute und Zünfte mit den alten agrarischen Patriciergeschlechtern politisch in's Gleichgewicht zu setzen, so wachsen auch die Städte selber als organische Theile in das Gefüge der Feudalität ein, und wandeln dieselbe nach und nach zum modernen Staatswesen um. Die Einheit des Ackerbaureiches besteht einzig in der kriegerischen und administrativen Macht des Königes, welcher die ökonomisch und social selbstständig dastehenden

Grundherrn stets entgegenarbeiten. Das Bürgerthum in den Städten dagegen verflicht zunächst einmal seine wirthschaftlichen Lebensbeziehungen über einen weitern Raum. Durch Handel und Wandel bilden sich Interessen, welche weit über das Weichbild einer Stadt hinausragen, während das Daseyn eines Gutsherrn mit den Grenzen seiner Felder nach außen abschließen kann. Dadurch erwächst in dem Reichsgebiete eine neue Gliederung und Schichtung der Menschen. Was kümmert sich der Grundbesitzer um den Landfrieden im Reiche, wenn er Ruhe und Sicherheit auf seinem Hofe hat? was gehen ihn große Heerstraßen an, was vollends hat er damit zu thun, welche Stellung das Reich zum Auslande einnimmt? Alle diese Angelegenheiten berühren ihn nicht unmittelbar, also sind sie für ihn gar nicht da. Die Städter dagegen, deren Produkte in die Ferne gehen, wie sie selber vielfach außerhalb ihrer Stadt in Geschäften sich umhertreiben, werden durch derartige öffentliche Angelegenheiten in ihrer Existenz getroffen; ihre Ernährung hängt davon ab; und auf die Dauer verknüpfen sie auch das Interesse des Gutsherrn durch Kauf und Verkauf von Waaren an das städtische Interesse. Das bewegliche Eigenthum ist gewissermaßen der Mörtel, welcher die neben einander liegenden Blöcke des Ackerbauthums zu einem festen ökonomischsocialen Körper verbindet. Daß außerdem das Bürgerthum durch die Geldsteuern, die bezahlten Beamten und Heere der Krone erst die Möglichkeit einer größeren politischen Concentration darbietet, ist zu häufig ausgesprochen, um hier noch wiederholt werden zu müssen. Die europäischen Länderräume werden nicht eher in ihrer geographisch-ökonomischen Individualität erfaßt, die darauf hausenden Stämme schließen sich nicht eher zu einer Nationalität mit gemeinsamer Sprache, gemeinsamer Kultur und abgerundeter Staatsform zusammen, es entsteht nicht eher ein eigentliches internationales Leben in Europa, ein Verhältniß der Staaten zu einander, als bis das Bürgerthum am Schlusse des Mittelalters blühend und mächtig geworden ist.

So lange nun die festen politischen Gebilde des Ackerbauthums fortdauern, fassen dieselben das flüssige Element des Bürgerthums

in sich ein. Es währt freilich lange in der Geschichte, bis die Feudalaristokratie genöthigt wird, den dritten Stand als berechtigten
Theil im Reiche anzuerkennen. Die thatsächliche ökonomische Macht
derselben erringt sich indessen auf die Dauer diese Anerkennung.
In allen hervorragenden europäischen Reichen tritt in der Stufenfolge ihrer Staatsausbildung eine Periode ein, wo naturgemäß
bewegliches und unbewegliches Eigenthum einander die Wage
halten. Das erstere hat sich so weit durchgekämpft, daß das
Staatsleben ihm seine politische Mitberechtigung nicht mehr versagen kann, und das letztere steht noch kräftig genug da, um das
eigentliche Knochengerüste des Staatskörpers abgeben zu können.
Während dieser Epoche ist sowohl in den Stadtrepubliken als in
den Flächenreichen die größte staatliche Gesundheit vorhanden.
Noch bildet das politische Gefüge den unmittelbaren Ausdruck des
gesellschaftlichen Gefüges. Keine künstliche willkürliche Politik,
keine Theorie mischt sich in den natürlichen Gang der Dinge.
Und wie dann die Verhältnisse im naturgemäßen Gleichgewichte
liegen, ebenso zeigen die auftretenden Persönlichkeiten ursprüngliche
Kraft und Frische. Gelingt es in der bezeichneten Periode einem
Volke, die Grundmauern seiner Verfassung unerschütterlich festzustellen, so baut sich in einem Flächenreiche von selber die constitutionelle Monarchie auf. Die Einheit des Staates liegt in der
Krone auf dem Boden des von ihr beherrschten Landgebietes.
Innerhalb desselben aber finden im Oberhause und Unterhause
Ackerbau und bewegliches Eigenthum ihre Vertretung, um jede
auftauchende staatliche Einzelfrage durch ein Compromiß ihrer Interessen zu entscheiden. Thatsächlich freilich ist diese glückliche Entwicklung außer den Engländern keinem europäischen Volke ganz
gelungen. In Rom wird das Gleichgewicht zwischen Patriciat und
Plebs bald durch die fortdauernden Kriege gestört, welche den
Schwerpunkt des Staates in die Legionen verlegen; und die christlichen Flächenreiche sehen sich ebenfalls durchweg während des siebenzehnten Jahrhunderts mehr oder weniger einer absolutistischen
Monarchie verfallen. Denn das Königthum weiß sehr geschickt Adel
und Bürgerthum in innere Kämpfe zu verwickeln, und baut so,

während die gesellschaftlichen Kräfte im Staate sich gegenseitig binden, über denselben das Gerüste seiner Bureaukratie auf. Das bewegliche Eigenthum, welches für sich in einem Stadtstaate in der geschilderten Weise zur Tyrannis führt, bietet dem Könige auch die Mittel dar, die social=politische Unabhängigkeit des Ackerbauthums zu brechen. Die Krone fängt ihre absolutistische Concentration damit an, daß sie den Adelsstand in einen höfischen Rangadel zu verwandeln sucht. Ist ihr dieser Plan durch ihr nunmehriges Soldheer und in Geld bezahltes Beamtenthum geglückt, dann wird es ihr leicht, auch den Bürgerstand seiner errungenen politischen Macht zu entkleiden.

In England schlugen die Stuarts offen diesen Weg ein; daß derselbe indessen nicht zu dem gewünschten Ziele führte, ist nicht etwa allein dem englischen Bürgerthum zuzuschreiben. Der dritte Stand war während des siebenzehnten Jahrhunderts auf dem Inselreiche ökonomisch wohl kaum schon so blühend als in Frankreich. Der romanische Absolutismus Karl's I., Karl's II. und Jakob's II. fand vielmehr seinen Hauptgegner in dem mit dem Bürgerthum verbundenen mittleren und niederen Grundadel Englands. Die Cavaliere, der Rangadel, waren bereits von der Krone „heimgethan." Ihr politischer Vortheil war mit dem des Königs identisch. Dagegen sind es die eigentlichen Landedelleute, welche die Schranken der constitutionellen Monarchie in Großbritannien in Verbindung mit den Städten aufrecht erhalten. Auch auf dem Festlande zeigte während der Reformation in Deutschland und Frankreich die Ritterschaft ähnliche politische Tendenzen. Der Protestantismus, die auf dem religiösen Gebiete zum Ausbruch gelangende national= staatliche Bewegung beider Völker, wird rechts wie links von den Vogesen eine Zeitlang ebenso gut von dem Landedelmann als von dem Städter getragen; beide socialen Elemente hatten die Kronen zu besiegen, ehe sie Staat und Königthum für Eins erklären konnten.

Zu Hülfe kam ihnen bei diesem Vorgange aber immer in erster Linie die zersetzende Natur, wie sie dem beweglichen Eigenthume innewohnt. Denn die Geldwirthschaft, die in den Städten

ihren Ausgang genommen hat, verbreitet sich im Laufe der Jahr=
hunderte unausbleiblich auch auf das Land. Sie löst die persön=
lichen und die Pachtverhältnisse, wie sie die Naturalwirthschaft im
Lehnswesen abgelagert hatte, auf und beginnt nun ihrerseits das
unbewegliche Eigenthum gleichfalls zu mobilisiren. Lange Zeit
hindurch ist das Bauernrecht und das Stadtrecht wesentlich von
einander verschieden. Da indessen die Städte die Sitze der Kultur
bilden, so schlägt auch in ihnen die einsetzende politische Wissen=
schaft ihre Wohnung auf, um fortan nach den Anschauungen der
städtischen Verhältnisse alle ökonomisch=socialen Gliederungen theore=
tisch zu regeln. Je weniger das Bürgerthum im siebenzehnten und
achtzehnten Jahrhunderte praktische Politik treiben kann, um so
mehr treibt es abstrakte Politik. An den Traditionen des römischen
Rechtes, diesem reinen Rechte des beweglichen Eigenthums, wächst
die Bureaukratie empor, die nun unter der Krone das Land re=
giert. Sie faßt den abstrakten Menschen und den abstrakten Staat
in's Auge, sie weiß nichts von den wirthschaftlich=gesellschaftlichen
Gebilden, wie das Corpus juris des byzantinischen Hofes nichts
davon weiß. Die geraden Linien des juristisch gebildeten Beamten=
thums fahren mitten durch den ökonomischen Organismus hin,
dessen Körperformen dem absoluten Rechtsstaate im Wege stehen.
Daß es der Bureaukratie nicht ganz gelingt, den gesammten Ge=
sellschaftsbau in lauter Atome aufzulösen, ist fürwahr nicht ihrem
Willen, sondern der Zähigkeit zuzuschreiben, mit welcher dieser den
rücksichtslosen Maßregelungen Widerstand leistet. Und die Zähig=
keit der socialen Lebenskraft sitzt gleichzeitig einzig noch in dem
Ackerbauthume und seinen Angehörigen. Vergleiche man nur ein=
mal die Geschicke Englands und Frankreichs während des acht=
zehnten Jahrhunderts mit einander. In Großbritannien vermag
die Bureaukratie nicht Fuß zu fassen, weil das blühende unbeweg=
liche Eigenthum daselbst ihrer politischen Abstraktion und Concen=
tration sich nicht fügt. Die Leibeigenschaft ist damals in England
längst vorüber; die feudalen Verhältnisse des Ackerbauthums sind
nur noch privatrechtlicher Art. Aber es sitzen im ganzen Lande
wohlhabende unabhängige Grundherren auf ihren Gütern, sociale

Potenzen in ihren Kreisen, denen die Beamtenhierarchie nicht bei=
zukommen vermag. Sie haben nichts nach der Gnade oder Un=
gnade der Krone zu fragen, sie verweigern die Steuern, wenn der
Staat ihrer socialen Individualität zu nahe tritt; und so geben sie
recht eigentlich den Stamm ab, auf welchen das englische Bürgerthum
sich stützt. Die Tories hätten gern zusammen mit der Krone die
Nation nach französischer Chablone regiert; die Whigs, ihre Geg=
ner, welche die constitutionelle Freiheit aufrecht erhalten, setzen
ihre Partei aus dem mittleren Landadel und dem Bürgerthume
zugleich zusammen. Erst gegenwärtig, nachdem in Folge des aus=
gedehnten Handels und der Industrie das bewegliche Eigenthum
in England einen so ganz unverhältnißmäßigen Aufschwung ge=
nommen hat, sind die ökonomisch=politischen Momente des britischen
Staates wesentlich anders geworden.

In Frankreich dagegen war seit dem Schlusse des Mittelalters
das selbstständige Ackerbauthum immer mehr in Verfall gerathen.
Bukle in seinem angeführten Werke sagt zwar: „Die gewöhnliche
Meinung ist, daß Richelieu den Einfluß des Adels zerstört habe,
aber dieser Irrthum entspringt daraus, daß der politische Einfluß
nicht von dem socialen unterschieden wird. Was man politische
Macht eines Standes nennt, ist bloß Symptom und Ausdruck
seiner wirklichen Macht, und es führt zu nichts, die erstere an=
zugreifen, wenn man nicht auch die zweite schwächen kann. Die
wirkliche Macht des Adels war eine sociale, weder Richelieu noch
Ludwig XIV. konnte sie verkürzen; sie blieb unangefochten bis zur
Mitte des achtzehnten Jahrhunderts, wo die Intelligenz Frankreichs
sich gegen sie empörte, sie über den Haufen warf und endlich die
französische Revolution zu Wege brachte." So viel Geist indessen
auch die Anschauungen des genannten englischen Historikers ent=
halten, so richtig im Allgemeinen seine Methode bleibt, er berück=
sichtigt bei dieser Frage die ökonomische Geschichte der Länder nicht.
Der französische Adel besaß gar keine wirkliche sociale Macht mehr,
aus dem einfachen Grunde, weil er keine ökonomische Macht mehr
besaß. Hatte schon der englische Krieg im Mittelalter dem fran=
zösischen Ackerbauthume tiefe Wunden geschlagen, so ließen die

späteren inneren Kämpfe den Grundbesitz ebenfalls nicht zu Kapital=
ansammlungen gelangen. Dazu kam, daß der genußsüchtige Zug
im Charakter der Gallier den Adel der Verwaltung seiner Güter
immer mehr entzog und nach Paris führte. Der Absenteismus
untergrub zunächst die wirthschaftliche Unabhängigkeit der Grund=
aristokratie. Außerdem ruinirte ihn die maßlose Verschwendung,
welche das Leben am Hofe hervorrief. Schon Sully spottet darüber,
daß die Adeligen seiner Zeit ihre Wälder und Felder in Seide
gestickt auf den Röcken trügen. Unter Richelieu, Mazarin und
Ludwig XIV. steigerte sich diese Prunksucht natürlich noch mehr.
Alle großen Grundbesitzer drängten der Hauptstadt zu; sie, die
ihrerseits kleine Fürsten auf ihren eigenen Gehöfden hätten seyn
können, zogen es vor, die königlichen Kammerdiener zu spielen.

Var nun aber „der große Monarch" selber am Abend seines
Lebens finanziell vollständig zu Grunde gerichtet, so war sein Adel
ebenfalls in entsprechender Weise ökonomisch herunter gekommen.
Die Hungersnoth, welche Frankreich im Jahre 1709 so schrecklich
heimsuchte, zeigt recht, wie sehr alle produktive Arbeit im Lande
vernachlässigt war. Diesem kläglichen Zustande der Dinge setzte
dann der Law'sche Bankschwindel die Krone auf. Der Schotte steckte
nämlich die ganze Nation mit dem Wahne an, daß nicht etwa die ehr=
liche Arbeit im Schweiße des Angesichts die Menschen bereichere, son=
dern daß der Schwindel der Vater des Wohlstands sey. Dazu warf
er durch die ungeheuren Gewinne und Verluste, die er hervorbrachte,
alles Besitzthum durcheinander und machte die Spitzen der Gesellschaft
zu den gemeinsten, niedrigsten Sklaven der Selbstsucht. Die Pfalz=
gräfin Elisabeth Charlotte erzählt, wie damals die ersten Damen
von Paris den Bankdirektor umlagert hätten, um Aktien zu er=
halten; er habe sich vor ihrem Andrange einmal dadurch retten
wollen, daß er ein körperliches Bedürfniß vorgeschützt; indessen seyen
ihm die Comtessen mit den Worten gefolgt: p.... z donc, pourvu
que vous nous écoutez!" „Und so geschah es denn auch," schreibt
die stolze Tochter des Heidelberger Schlosses, „das ist doch zu ab=
scheulich!" Kann man von einer Menschenklasse sociale und politische
Unabhängigkeit erwarten, die in solchem Grade ihre wirthschaftliche

Selbstständigkeit verloren hatte? Folgerichtig suchten demnach die
Physiokraten das Uebel an der Wurzel zu fassen, indem sie bestrebt
waren, den französischen Ackerbau wieder zu heben. Deutsche Uni=
versitätsprofessoren, denen die Bücherwelt alles, die wirkliche Welt
nichts ist, haben sich freilich eingebildet, die Schule Quesnay's sey
nur gestiftet, um ein wissenschaftliches System der Nationalökonomie
auszuarbeiten. Mit diesen Herren ist jedoch nicht weiter zu rechten.
Wer nicht einsehen will, daß die französischen Physiokraten eine
politische Partei waren, die das Vaterland vom ökonomischen
Bankerott zu retten suchte, dem ist nicht zu helfen. Wie Sully seiner
Zeit Ackerbau und Viehzucht die Brüste Frankreichs genannt hatte,
so kehrten die Schüler des berühmten königlichen Leibarztes zu
diesem ökonomischen Axiome zurück, nachdem durch die Austreibung
der Hugenotten die industrielle Blüthe des Reiches, durch Lud=
wigs XIV. Kriege und Verschwendung die finanzielle Ordnung, und
durch Law die gesammte Besitz= und Arbeitsordnung zerrüttet
worden war. Sie wollten den ökonomischen Bau der Gesellschaft
von unten auf neu beginnen, einen Anhaltspunkt aufstellen, um
den die übrige Wirthschaft sich gesund ansetzen könnte. Leider waren
jedoch alle ökonomisch=socialen Zustände in Frankreich schon so ver=
fault, daß eine Rettung der Gesellschaft und des Staats nicht mehr
möglich war. Das unselige System der Generalpächter hatte die
Verrottung in alle Schichten der Bevölkerung getragen. Bresson
in seiner Finanzgeschichte weist es nach, wie diese Publikani einer=
seits die Staatsdienerschaft im Solde hatte, um günstige Pacht=
contracte zu erwirken, andererseits durch die kolossalen Vermögen,
die sie rasch erwarben, die Macht des beweglichen Eigenthums dem
zerrütteten Ackerbau gegenüber in wenige Hände concentrirten. Da
nun der französische Staat seinem ganzen Gefüge nach noch durch
und durch feudal war, so konnte es nicht ausbleiben, daß die völ=
lige Auflösung der Gesellschaft in Frankreich auch die Auflösung
aller politischen Bande nach sich zog. Wir wiederholen es immer
und immer wieder, die destruktive französische Philosophie im acht=
zehnten Jahrhundert hat fürwahr die französische Revolution nicht
hervorgerufen. Die auftauchenden Theorien waren nur die Frucht,

nicht die Wurzel der allgemeinen Zersetzung. Schon Law hatte,
wie Montesquieu klug voraussah, „die Monarchie verkauft."
Frankreich war unter Ludwig XV. furchtbar arm geworden. Da
die produktive Arbeit selber völlig darnieder lag, so vermochte sie
auch nicht neue lebensfähige sociale Gliederungen unter den Menschen
hervorzurufen, und die alten ökonomisch-socialen Gebilde waren
innerlich längst abgestorben. Wie ist es sonst möglich, daß eine
einzige Stadt Paris mit ihren untersten Volksklassen das Schicksal
von dreißig Millionen Franzosen ohne weiteres entscheiden konnte?
Wenn am Schlusse des vorigen Jahrhunderts überall in Frankreich unabhängige große und kleine Grundbesitzer auf ihren Hufen
gesessen hätten, wie wollten da die Arbeiter des Faubourg
St. Antoine und St. Marceau mit ihren jedes socialen Bewußtseyns baaren Stimmführern einem ganzen großen Lande Gesetze
diktiren? Aber die französische Gesellschaft hatte sich zuvor in einen
unterschiedslosen Brei verwandelt, durch welchen auch die kleinste
Bewegung, ohne Widerstand zu finden, hinzitterte. Wie in Rom
hundert Jahre vor Christi Geburt alle früheren festen socialen
Gebilde flüssig geworden waren, und nun die Schaar der Taglöhner
durch ihre Kopfzahl, durch die Menge ihrer Arme die thatsächliche
Obergewalt im Staate erhielt, die sie dann an einen gewandten
Heerführer veräußerte: ebenso mußte die theoretisch gemachte französische Republik sehr bald in eine Militärdiktatur, in eine absolute
Autokratie übergehen. Sobald einmal in einem Lande nach Beseitigung der gesellschaftlichen Gliederung, welche die Menschen nach
Arbeit und Eigenthum abstuft, alle Bewohner nicht bloß rechtlich,
sondern auch social und politisch „gleich" seyn wollen, und von
der ungebundenen atomistischen Individualität aus der Staat construirt wird, ebnen sich für den Cäsarismus die Pfade. Die wirthschaftliche Abhängigkeit, in welcher alle Angehörigen des beweglichen
Eigenthums von einander stehen, die Nahrungsstockung, welche jede
politische Unordnung in einem ganzen Volke hervorbringt, das
keinen selbstständigen Ackerbaustand mehr hat, schmiegt den Willen
aller in ihrer Existenz Gefährdeten leicht unter das Gebot des Einzigen, „der die Gesellschaft rettet," d. h. der für den Augenblick

die öffentliche Ordnung, den regelmäßigen Gang von Handel und Wandel wiederherstellt.

Weiter als für den Augenblick hat aber Napoleon I. die französische Gesellschaft nicht gerettet. Das Staatsgebäude, welches er aufführte, war rein nach den Lebensbedingungen des beweglichen Eigenthums eingerichtet. Sein Code civil kennt ebenso wenig den Unterschied des Grundeigenthums und der fahrenden Habe, als das Corpus juris von Justinian. Nach den Möglichkeiten des städtischen Lebens werden alle Gesetze für das weite Flächenreich zurechtgeschnitten. Die Stadt regiert rücksichtslos das Land, während doch thatsächlich der Ernährungsproceß Frankreichs von Land und Stadt zusammen bewerkstelligt wird. Ganz Frankreich wurde unter Napoleon I. künstlich zu einer einzigen Stadt gemacht, die nach den Befehlen des Stadthauses lebte. Wohl drängte sich dem Kaiser die Einsicht auf, daß ein großer Staatsorganismus eine Aristokratie nicht entbehren könne; er schuf demnach einen Militär= adel. Allein eine Aristokratie, die nicht in der Unabhängigkeit von Grund und Boden wurzelt, ist politisch ohne Werth. Der Militär= adel und der Finanzadel konnten dem Lande die organische Ver= bindung von Oekonomie, Gesellschaft und Staat, die seit Jahrhun= derten unterbrochen worden war, nicht zurückgeben. So blieb Na= poleon nur ein Soldatenfürst, er wurde nicht zum Landesfürsten; als seine Heere geschlagen waren, bot ihm das Land nirgends eine Stütze mehr dar. Seine Nachfolger freilich, die Bourbonen, die nur deßwegen an die leer gewordene Stelle gesetzt wurden, weil Niemand wußte, was eigentlich fortan mit dem französischen Staats= wesen zu beginnen sey, wußten es selbst am wenigsten. In der französischen Restaurationsgeschichte kommt nicht einmal das Wort Gesellschaft vor, geschweige daß ihrem Wesen irgend eine Bedeutung beigemessen wäre. Von einer Decentralisation der französischen Verwaltung ist nicht die Rede, nach wie vor entscheidet das Leben der Stadt Paris über das Leben des ganzen Landes. Dem Adel werden wohl theilweise die Güter zurückgegeben, welche die Revo= lution ihm genommen hatte. Damit gelangte indessen Frankreich noch nicht zu einer entscheidenden Schicht unabhängiger, auf ihren

Höfen hausenden Grundbesitzer. Im Faubourg St. Germain drängte sich der französische Abel wieder zusammen; er blieb, was er war, ein Hof= und Rangadel; der Selbstständigkeit des Provinziallebens bot er keinen Anhalt dar. Und ebenso trieben die Kammern abstrakte Politik, wo sie in ökonomisch=socialer Richtung hätten organisiren sollen. Das gesammte Staatsgefüge stand auf Stelzen, es ruhte nirgends auf den festen Mauern wirthschaftlich=gesellschaft= licher Bildungen. Ein Sturm von wenigen Tagen genügte, um es über den Haufen zu werfen.

War es aber seit einem Jahrhunderte das bewegliche Eigen= thum gewesen, das, ohne im Ackerbauthume das nöthige Gegen= gewicht gefunden zu haben, Frankreich social und politisch beherrschte, so konnte die Politik des Bürgerkönigs vollends dem Lande nicht das nothwendige Gleichgewicht seiner wirthschaftlich=gesellschaftlichen Momente zurückgeben. Das Schutzzollsystem Louis Philipps hat eine unnatürliche Industrie großgezogen. Nach den Bedürfnissen der Fabrikanten, welche die Bänke der Kammern besetzten, mußte sich der Ernährungsproceß des Landes richten. Die Bourgeoisie regierte, und was weiß die Bourgeoisie von den eigenthümlichen agrarischen Verhältnissen und den Rückwirkungen derselben auf das Staatsleben? Die geraden Linien der Bureaukratie schnitten alle Zustände des Reiches auf's neue zurecht; Bourgeoisie, Börse und Bureaukratie sind ja Drillingsschwestern, die sich gegenseitig stützen und tragen. Während dergestalt alle Angelegenheiten der Rohpro= duktion in Frankreich völlig vernachläßigt wurden, strömte die Be= völkerung von dem Lande massenweise in die Städte hinein. Auf der Fläche lag das Kreditsystem gänzlich darnieder; die Theilbar= keit des beweglichen Eigenthums war durch den Code civil selbst dort auf das unbewegliche Eigenthum ausgedehnt worden, wo bis dahin vielleicht noch die bäuerliche Sitte die Geschlossenheit der Hufe aufrecht erhalten hatte. Die ländliche Bevölkerung Frank= reichs seit der Julirevolution ist theilweise zu Taglöhnern gewor= den, deren Gläubiger und Grundherrn in den Städten wohnen. Dieser Menschenschicht gegenüber, die an Kopfzahl nachweislich abnahm, wuchs aber das Fabrikproletariat immer stärker an. Die

Arbeitermenge, welche auf die unterste Stufe der Existenz durch das Angebot der Dienste hinausgedrängt wird, und die nach Bukle's Worten recht eigentlich das Heer des Cäsarismus abgibt, schwoll von Tage zu Tage. Was Wunder, daß mit einer solchen Nivellirung aller socialen Gliederung auch die auftauchenden social=politischen Ideen auf eine gänzliche Gleichmacherei der Lebensver=hältnisse hinausgingen. An sich freilich ist der Socialismus und Communismus ein Unsinn. In Zusammenhang gebracht mit den gesellschaftlichen Zuständen Frankreichs wird das System der neuen Weltbeglücker jedoch zu dem naturgemäßen geistigen Produkte der vorhandenen Wirklichkeit. Sie übersetzten nur in ihre Theorien, was sie thatsächlich vorfanden; eine Arbeiterbevölkerung, der die Sonderart des Eigenthums abhanden gekommen war, und welcher nun folgerichtig auch schließlich die Eigenart des Individuums abhanden kommen mußte. Daß unter derartigen Umständen eine constitutionelle Staatsverfassung, die sich in gesunder Weise aus dem Gleichgewicht vom beweglichen und unbeweglichen Eigenthume aufbaut, nur ein Scheindaseyn hatte, versteht sich von selbst; öko=nomisch=sociale Potenzen kommen in der Charte Louis Philipp's nicht zum Ausdruck; das Ackerbauthum war aufgelöst, die Bour=geoisie ein in sich haltloser Brei und das Proletariat eine durch seine Fäuste mächtige Masse — alle Bedingungen für die Tyrannis waren abermals gegeben; sie konnte jetzt nicht ausbleiben.

Lächerlicher Wahn, daß man sich nach der Flucht der Orleans=schen Familie einbildete, eine Republik würde in Frankreich auch nur einen geschichtlichen Augenblick hindurch Bestand haben! Eine republikanische Staatsverfassung gründet sich nicht auf den Willen und den sittlichen Gehalt der Menschen, sondern auf das Zusam=menwirken der ökonomisch=socialen Kräfte. Wie ist da individuelle Freiheit möglich, wo das bewegliche Eigenthum alle Existenzen öko=nomisch von einander abhängig gemacht hat? Jede Stockung von Handel und Gewerbe nimmt in Frankreich Millionen Menschen das tägliche Brod; zuerst hungert in Folge davon das Proletariat, dann die Bourgeoisie; und das Bauernthum in Frankreich, seitdem es mit Heinrich IV. das Huhn im Topfe verloren hat, ist noch

bis heute nicht zu einer rechten wirthschaftlichen Kraft wieder ge=
langt. Man mag über die Persönlichkeit Louis Napoleon's denken
wie man will, seine politischen Mittel der schärfsten ethischen Kritik
unterwerfen, er selber hat den Cäsarismus in Frankreich ebenso
wenig geschaffen, als Sulla, Pompejus und Cäsar den Absolutismus
in Rom schufen; er ist in seiner Stellung nur der folgerichtig sich
ergebende Ausbruck der gegenwärtigen gesellschaftlichen Verhält=
nisse des französischen Reiches. Auch wenn zufällig kein Bona=
parte mehr am Leben gewesen wäre, der mit seinem Namen an
die vorangegangene napoleonische Periode anknüpfen konnte, es
wäre doch nicht ausgeblieben, daß irgend ein kühner General sehr
bald der Scheinrepublik ein Ende gemacht hätte. In Frankreich
hat die gesellschaftliche Gliederung ihre selbstständigen Momente ver=
loren; Ruhe und Sicherheit im Innern ist für sie die erste Bedin=
gung ihrer künstlichen Existenz; wer ihr daher die polizeiliche Ord=
nung aufrecht erhält, der beherrscht sie. An und für sich überragt
die heutige französische Kultur ganz gewiß den Bildungszustand des
Landes im vorigen Jahrhundert um ein Bedeutendes. Wäre nun
die politische Freiheit wirklich bloß das Produkt der geistigen Ent=
wicklung eines Volkes, so müßte demnach gegenwärtig eine Staats=
verfassung in Frankreich unmöglich seyn, welche der Individualität
noch weniger freie Bewegung darbietet, als die feudale Monarchie
der Bourbonen. Die gesammte Freiheitsliteratur der Franzosen, wie
sie vom Jahre 1750 an bis 1850 hin aufgehäuft worden ist, liegt
jetzt nutzlos in den Bibliotheken; sie hat die Freiheit nicht zu Wege
gebracht; dagegen hat der unselige Zustand der französischen Gesell=
schaft die politische Sklaverei geboren. Der Thron Napoleon's III.
wurzelt in den unteren besitzlosen Arbeitsschichten, namentlich der
Centralstadt Paris, und in dem Heere, das mit seinen bloßen
Zahlen gleichfalls nichts mit den socialen Verhältnissen zu schaffen
hat. Dieser geschlossenen und organisirten Majorität der Fäuste
gegenüber liegt die gesammte übrige Bevölkerung des Landes wil=
lenlos da. Das Bürgerthum in den Städten dankt Gott, wenn
der regelmäßige Gang von Handel und Gewerbe ihm seine tägliche
Nahrung abwirft; zu politischer Opposition ist in ihm gar kein

Stoff vorhanden; und der in Armuth und Unwissenheit dahin le=
bende Bauernstand, in dessen Mitte die unabhängigen größeren
Grundbesitzer fehlen, ist vollends nicht dazu angethan, aus sich
heraus eine neue Staatsordnung hinzustellen. Wie einst die Stadt
Rom über das ganze römische Reich unbedingt gebot und das
gesammte Leben des ungeheuren Areals nach ihren städtischen Ver=
hältnissen gewaltsam einrichtete, indem sie dabei von keiner Seite
her einen nachhaltigen Widerstand erfuhr, ebenso liegt jetzt nach
den Worten des alten Handwerksburschenliedes „Frankreich in
Paris;" und dieselbe Sittenverworfenheit der römischen Kaiserzeit
kehrt in unsern Tagen an der Seine wieder. Für Geld ist in Paris
und vielfach auch im übrigen Frankreich alles feil geworden. Wir
sehen die höchsten Spitzen des Staates offen an der Börse um
Millionen spielen; ihre Kenntniß der Staatsgeschäfte ist nur ein
Mittel, um sich zu bereichern. Wissenschaft, Literatur und Presse
richten sich in ihren Arbeiten nach den Curschancen des Tages;
individuelle Ehre ist zu einer persönlichen Dummheit geworden, die
nichts einbringt; die Prostitution des Geistes geht mit der Prosti=
tution des Körpers Hand in Hand; wo alles „beweglich" ist, wird
der Hebräer Meister der Dinge.

Ob von einem solchen Zustande noch eine Rückkehr zur staat=
lichen Gesundheit möglich bleibt, wer möchte das zu bejahen oder
zu verneinen wagen? Angedeutet haben freilich einzelne hervorra=
gende Geister den Weg, der zu diesem Ziele vielleicht hinführen
kann. In dem Rufe nach Decentralisation, wie er hie und
da in Frankreich laut wird, spricht sich die Erkenntniß aus, daß
gegenüber der Stadt Paris den Provinzen ihre Selbstständigkeit
zurückgegeben werden muß. Indessen darf man die Decentralisation
fürwahr nicht ausschließlich auf dem administrativen Gebiete an=
bahnen wollen. Eine Lockerung der Verwaltungsfäden, die jetzt
von dem Knotenpunkte der Residenz aus sich wie ein Spinnen=
netz über das Land ausbreiten, vermag allein die Künstlichkeit der
französischen Verhältnisse noch nicht zu einem naturgemäßen Be=
stande zurückzuführen, und sie würde auch gar nicht von Dauer
seyn, wenn sie nicht von einer völligen Umwandlung der französischen

Gesellschaft getragen wäre. Diese Umwandlung könnte sich in=
dessen nur dadurch einleiten, daß in Frankreich ein neuer Phy=
siokratismus kraftvoll hervorträte, und ein anderer Sully abermals
das Schwergewicht des Staates in den Ackerbau zu verlegen suchte,
um damit einen Gegenhalt gegen das Ueberwuchern des beweglichen
Eigenthums zu gewinnen. Aber hat Frankreich noch die Zeit zu
einer solchen gewaltigen politischen Arbeit? Und wenn es wirklich
die Zeit hätte, wo ist in ihm eine Staatswissenschaft da, welche
diese nothwendige Umkehr klar erfaßte? Denn auch das ist, wie
schon oben hervorgehoben wurde, eine Thatsache, daß die abstrakte
Politik sich stets dann im Völkerleben festsetzt, wenn sein Gesell=
schaftsthum atomistisch zersetzt worden ist. Die Wirklichkeit weist
keine socialen Bildungen mehr auf, welche die rücksichtlosen Theorien
nöthigten, von den geraden Linien ihrer Construktionen abzugehen.
Auch der Staat erscheint alsdann wie ein Homunculus, der be=
liebig gemacht werden kann. Seit zwei Jahrhunderten ist in
Frankreich nur theoretische Politik getrieben worden, und zwar in
immer abstrakterer, idealerer Weise, je mehr die französische Ge=
sellschaft sich auflöste. Die sogenannten „französischen Ideen"
hielten gleichen Schritt mit der thatsächlichen französischen Nivel=
lirung. Eine ungeheure geistige Anstrengung hätte also vo3rauf=
zugehen, um die Franzosen zum neuen Umdenken ihrer politischen
Sätze zu zwingen. Wie will es jedoch in Frankreich noch viel
selbstständige Denker geben, da es so wenig selbstständige Menschen
auf seinem Gebiete mehr gibt? Ein Tacitus schwingt in einem solchen
Zeitalter vielleicht noch seine Geißel; allein wenn er seinem Volke
den Zustand der Germanen gegenüberhält, so versteht ihn niemand
von den Seinigen. Die französische Wissenschaft sitzt in Paris;
was weiß Paris von Ackerbauthum?

Das Verhältniß des beweglichen Eigenthums zu dem unbe=
weglichen, wie es in Deutschland sich zeigt, unterscheidet sich aber
sowohl von der englischen als von der französischen ökonomisch=
socialen Schichtung. Thatsächlich hat ein gewisses Gleichgewicht beider
Momente in unserem Vaterlande während der letzten drei Jahr=
hunderte fortbestanden, indem Bauernthum und Bürgerthum nach

ihrer gleichen Blüthe auch in gleicher Weise später von den all=
gemeinen Heimsuchungen betroffen wurden, obschon man sich in der
deutschen Politik dieses Gleichgewichts nie recht bewußt geworden
ist. Am Ausgange des Mittelalters steht Stadt und Land in
Deutschland in frischer Gesundheit da. Sind auch auf der Fläche
die Feudalrechte damals noch nicht abgelöst, so ist doch der Bauern=
stand durchweg wohlhabend geworden. Nicht aus Armuth und
Elend, sondern aus trotzigem Kraftgefühl der ländlichen Bevölke=
rung erwachsen, wie Wirth in seiner deutschen Geschichte nachge=
wiesen hat, die bäuerlichen Unruhen am Anfange des sechzehnten
Jahrhunderts. Der Bundschuh will auch dem Bauernthum die
politischen Rechte erringen, welche die Städter im Begriff sind,
für sich auf den Reichstagen festzustellen. Wird indessen dem Bür=
gerthume bald darauf durch die Veränderung im Welthandel die
wirthschaftliche Macht entzogen, so sieht sich der Bauernstand ge=
waltsam durch die inneren Kämpfe zu Grunde gerichtet. Ganz
Deutschland verfällt in bittere Noth, als der dreißigjährige Krieg
über sein Gebiet hingegangen war; Schaaren von Bettlern durch=
ziehen sein Gelände; Städte und Dörfer sind in gleicher Weise
entvölkert und verarmt. Unter solchen Verhältnissen fand dann
der Territorialabsolutismus bei dem Aufbau seines Staates oder
Stätleins nach französischem Muster keinen Widerstand. Das
römische Recht, das bis dahin vornehmlich nur dem Bürgerthum
zur Richtschnur gedient hatte, wird fortan durch die Bureaukratie
auch auf's Land hinausgetragen. Anderthalb Jahrhunderte lang
tritt die ökonomisch=gesellschaftliche Gliederung in Deutschland nir=
gends entscheidend hervor; unsere Geschichte ist während dieser Zeit
eine Geschichte der kleinen Höfe und der Gelehrten, das Volk als
solches verhält sich passiv, es ist von ihm gar nicht weiter die Rede.
Erst in unserem Jahrhunderte, nachdem die Freiheitskriege der
Nation einen moralischen Aufschwung gegeben hatten, und gleich=
zeitig Deutschland nach Beseitigung des Colonialsystems wieder
selbstständig am Welthandel Theil nehmen konnte, regt sich ein
neues Leben in seiner Wirthschaft und Gesellschaft. Und wenn
früher Stadt und Land zusammen dem vaterländischen Mißgeschick

erlagen, so treten sie nun auch zusammen in eine frische Entwicklung ein. Unsere geistige Bildung, unser politisches Denken und Streben ist freilich ganz entschieden städtischer Natur; wir rechnen auf staat=lichem Gebiete meistens nur mit dem Willen der Menschen, mit ihren ethischen Eigenschaften, nicht mit den Verhältnissen, von welchen sie im social-politischen Getriebe abhängen. Unser Augen=merk ist in Folge der vorwaltenden römischen Jurisprudenz noch immer auf den Rechtsstaat gerichtet, der Gesellschaftsstaat ist uns noch ein unbegriffenes Etwas. Dessenungeachtet aber haben die letzten fünfzig Jahre in Deutschland eine ebenso gewaltige Arbeit in unsern Agrarzuständen sich zu Ende führen sehen, als sie sich auf dem commerciellen und industriellen Felde vollzog. Der vor sich gegangenen Entfesselung des deutschen Handels= und Fabrik=wesens hat die Entfesselung von Grund und Boden, die Hebung des Ackerbauthums entsprochen. Im großen Ganzen läßt sich an=nehmen, daß jetzt ein gesundes Gleichgewicht zwischen Stadt und Land im Vaterlande thatsächlich vorherrscht. Nur über einen Punkt dürfen wir uns dabei nicht täuschen. Es war das unmittelbare Bedürfniß, welches die Nation darauf hinleitete, zugleich mit der Kräftigung des beweglichen Eigenthums auf eine Verbesserung der agrarischen Verhältnisse hinzuarbeiten, das Gebot des Tages, welches Gehorsam verlangte, nicht das Verständniß der innersten Be=ziehungen, in denen beide ökonomischen Momente im großen Na=tionalleben zu einander stehen; und gerade dieser Mangel an öko=nomisch-socialen Rücksichten, wie er in unserem politischen Getriebe sich unverkennbar kund gibt, legt dem Beobachter unserer staatlichen Entwicklung die Besorgniß nahe, daß dieses glückliche Gleichgewicht durch die immer mehr heraustretende Uebermucht des Städtethums gestört werden könnte, und Deutschland dann nach einer demo=kratischen Zwischenperiode einem Absolutismus nach französischem Muster mit völliger Vernichtung seiner gesellschaftlichen Gliederung verfallen möchte. Schon jetzt hemmt ein unverkennbares gegensei=tiges Sichmißverstehen von Stadt und Land den rascheren Fort=gang unserer national-staatlichen Einigung. Es gibt auch außer=halb der bureaukratischen Kreise mächtige Bevölkerungsschichten,

welche einer größeren staatlichen Einigung offen oder insgeheim
entgegenarbeiten, weil sie bewußt fürchten oder instinktiv es heraus=
fühlen, daß damit die politischen Anschauungen, wie sie bei den
Angehörigen des beweglichen Eigenthums vorherrschen, die unbe=
dingte Oberhand bekommen. Naturgemäß ist es das Bürgerthum,
das im Ausbildungsgange eines Flächenreiches die national=staat=
liche Concentration trägt und vollzieht. Seine über das gesammte
Gebiet verzweigten wirthschaftlichen Interessen verbinden die ver=
schiedenen Gegenden des Landes unter einander, und sein Ver=
kehr mit dem Auslande bedingt hauptsächlich die internationale
Stellung des Staates. Legt aber das Streben nach nationaler
Größe, nach Fortschritt und Wohlhabenheit schon an sich ein mo=
ralisches Gewicht in die Wagschale, dem die größere Passivität des
Ackerbauthums nichts entgegen zu setzen hat, so ist außerdem die
Stadt mit ihrer weitgreifenden Arbeitstheilung der Sitz der Intelli=
genz und namentlich der wissenschaftlichen Politik. Daher werden
selbstverständlich die städtischen Auffassungen der nationalen Ange=
legenheiten sich bei einer nationalen Bewegung der Geister in den
Vordergrund drängen. Gestehen wir es uns nur offen ein, unsere
gesammte Presse, wie die liberale Fraktion in den Kammern, ist
ein Stadtkind. Sie verficht in erster Linie die Ansprüche des
städtischen Lebens im Staate, und wo sie auf eine Opposition gegen
ihre Constructionen stößt, schreibt sie dieselbe viel lieber ethischen
Fehlern der einzelnen Persönlichkeiten als den anders gearteten
ökonomisch=socialen Zuständen zu, in welchen jene Persönlichkeiten
stehen. Ueberall in Deutschland zeigt sich eine sogenannte Kreuz=
zeitungspartei; wir haben uns längst gewöhnt, sie als die Feindin
unserer nationalen Hoffnungen zu betrachten. Ihr Bund mit der
Bureaukratie, dem Polizeistaate, dem Obscurantismus in Religion
und Wissenschaft läßt sie uns als den eigentlichen Krebsschaden
am deutschen Nationalkörper erscheinen. Sind denn aber, so frägt
unser Einer der gediegenen städtischen Moral gegenüber ganz schüch=
tern, alle die Mitglieder der deutschen Kreuzzeitungspartei wirklich
schlechte Menschen, viel, viel schlechter als sie im Kaufmanns= und
Fabrikantenthume vorkommen? Haben dieselben Familien, die in

den Freiheitskriegen Gut und Blut an die Befreiung des Vaterlandes setzten, so entartete Söhne, daß diese sich mit keinem Twist-
spinner oder Tabakshändler an Patriotismus und Opferbereitwillig-
keit messen können? Vergessen wir es doch nicht, die Interessen des
Bürgerthums liegen mit seinem Patriotismus in derselben Richtung,
während die „Feudalen" in ihren wirthschaftlich-gesellschaftlichen
Verhältnissen rein nach städtischer Schablone zurechtgeschnitten
werden sollen. Denn der eigentliche Kern der Kreuzzeitungspartei
ist in dem Grundbesitze, dem Junkerthume, zu suchen, welches das
agrarische Leben n e b e n dem städtischen Leben zu Rechte kommen
lassen will. Ihr Bund mit dem außerhalb der Gesellschaft stehenden
Beamtenthume, ihre Romantik in Kirche und Staat ist ihr halb-
wegs durch das Bürgerthum aufgenöthigt worden. Es ist ein
falsches Bestreben, die Ackerbauverhältnisse in Ostdeutschland nach
den Grundsätzen des nivellirenden Liberalismus einrichten zu wollen,
wie sie sich aus dem Handels- und Fabrikwesen des Rheinthals
entwickelt haben. Denn der Liberalismus des beweglichen Eigenthums muß, um ungehindert schalten und walten zu können, das
grundbesitzende Junkerthum zuvor vernichten; und da ist er denn
seinerseits sittlich im höchsten darüber erzürnt, wenn aus den Reihen
des Junkerthums Stimmen laut werden, daß die großen Städte
vom Erdboden zu vertilgen sind, „sobald es hienieden besser
werden soll." Die Einen fechten mit den Principien des reinen
Rechtsstaates, theoretisch construirt, weil ihre Interessen es so
erlauben, die Andern stützen sich auf ihre sociale Position und
benützen jedes Mittel dieselbe zu vertheidigen. Eine Versöhnung
Beider ist so lange undenkbar, als nicht unsere gesammte Politik
für den Bau des Staates die gesellschaftliche Gliederung zum Ausgang nimmt.

Und doch hängt von einer wirklichen und dauernden Versöhnung zwischen Grundadel und Bürgerthum das Gelingen der
nationalstaatlichen Pläne ab. Denn es ist zunächst einmal undenkbar, daß die Städter in der nächsten Zeit Kraft genug besitzen
sollten, um die widerstrebenden Landinteressen zur Nachgiebigkeit zu
z w i n g e n, und ein vergebliches Ringen nach einem solchen Ziele

würde nur den Liberalismus in sich schwächen. Gelänge es aber auch in Deutschland, ebenfalls durch einen andern vierten August dem Ackerbauthume jede politische Bedeutung zu benehmen und den Grundadel politisch völlig abzuschaffen, so würde nach kurzer Zeit doch nur die Bureaukratie und mit ihr der Absolutismus die Früchte dieses städtischen Sieges ernten. Denn es ist und bleibt ein Wahn, daß in einem Flächenreiche das Bürgerthum für sich und allein aus sich heraus die politische Freiheit sicher begründen könne. Macaulay hebt es in seiner englischen Geschichte mehrere= male besonders hervor, wie die Völker sich gewöhnlich in der Periode ihrer Entwicklung eine freiheitliche Verfassung erkämpfen, in welcher sie noch unter einfacheren wirthschaftlichen und kultur= lichen Verhältnissen leben. Dann allein sind sie im Stande, längere Zeit bedeutendere Opfer für einen politischen Zweck zu bringen. Die Verkehrsstockungen, welche die Friedensstörung im Innern nach sich zieht, macht noch nicht die überwiegende Menge der Bevölkerung brodlos, die Menschen sind noch nicht verwöhnt, und der pekuniäre Gewinn ist für sie noch nicht das ausschließliche Ziel ihres Erden= wallens geworden. Hat indessen eine Nation, durch widrige Schick= sale in ihrem Entwicklungsgange aufgehalten, erst später auf einer bereits vorgeschrittenen Stufe ihres Lebens eine gesunde politische Constitution herauszuarbeiten, so muß die Beweglichkeit des Bür= gerthums sich dabei mit der nachhaltigen Standhaftigkeit des Acker= bauthums verbinden. Im Jahre 1848 liefen die politischen Wogen in den Städten hoch über, während das flache Land in ruhiger Weise an den Wünschen der Nation Theil nahm. Dafür beugte sich denn aber das Ackerbauthum hinterdrein nicht so grundsatzlos der nachfolgenden Reaktion, welcher das Bürgerthum aus Angst vor dem „rothen Wehrwolfe" sich unterwarf. Die verlangte noth= wendige Versöhnung wird jedoch nur dadurch eingeleitet werden können, daß das Städterthum beginnt, dem Ackerbau und seinen social-politischen Bedingungen gerecht zu werden, daß es sich in die Verhältnisse desselben hineindenkt und nicht das Landleben nach dem Stadtleben unbedingt regeln will. Zeige das Bürger= thum statt abstrakter Theorien ein offenes Verständniß der in der

Welt vorhandenen wirthschaftlich-gesellschaftlichen Wechselbeziehungen,
so daß auch der Grundbesitz in allen seinen Abstufungen die ihm
gebührende Berechtigung in der öffentlichen Meinung erhält, und
jener unnatürliche Bund des Landadels mit der Bureaukratie, mit
der staatswissenschaftlichen Sophistik von Stahl und Consorten, mit
der kirchlichen Polizei wird sich bald lösen.

Jn der bunten Verflechtung des heutigen Weltgüterlebens ge=
hört ein jedes Kulturvolk in ökonomischer und auch in kulturlicher
Hinsicht nur zur Hälfte noch dem heimathlichen Landbereiche an;
es verfällt mit der andern Hälfte seines Wesens der allgemeinen
Arbeitstheilung, wie sie sich, vom Handel getragen, nunmehr auf
dem ganzen Erdballe eingerichtet hat. Die unausbleibliche Folge
davon ist eine mehr oder weniger große Abhängigkeit der Nation
von allen internationalen Vorkommnissen, Ereignissen und Stö=
rungen. Eine Handelskrisis in Amerika, eine schlechte Baumwollen=
ernte, ein Krieg in Ostindien zieht ohne weiteres nachschwingende
Kreise zu Europa herüber und läßt Millionen Menschen diesseits des
Oceans jene transmarinen Leiden mitempfinden. Ein Staatsleben
also, das ausschließlich oder vornehmlich in ökonomisch-socialer Hin=
sicht auf dem beweglichen Eigenthume beruhte, würde ebenfalls
Schwankungen in seinem Innern unterworfen seyn, gleich einer
Börse. Zeitweilig könnte auch durch seine Glieder ein panischer
Schrecken fahren, der jede ruhige Ueberlegung vereitelt, wie er dann
und wann das Kaufmannsthum heimsucht. Seine Einnahmen wären
sehr unbeständiger Art, eine nach außen stets verfügbare Macht
eine constante Politik würde nicht zu ermöglichen seyn. Schon der
ewige rasche Wechsel der Familien, welche die Staatsgeschäfte in
Händen haben, läßt eine Staatstradition nicht aufkommen. Jst
das Gebiet des beweglichen Eigenthums recht eigentlich der Tummel=
platz der ökonomischen Parvenüs, so wird auch in einem Staats=
leben, welches keine breite Basis des Ackerbauthums unter sich hat,
das politische Parvenüthum sich vordrängen. Dadurch muß die
Staatsexistenz mehr oder minder bloß auf die Gegenwart gestellt
werden, der Zusammenhang mit der Vergangenheit, das Vorarbeiten
für die Zukunft hört unter solchen Umständen in ihm auf. Wer

heute im Reiche oben ift, will für fich und bei feinen Lebzeiten diefe feine Stellung möglichft ausbeuten — was kümmert ihn die Nachwelt?

In dem großen Wettbewerb nun, welchen die Hauptvölker jetzt in ihrer Güterproduktion angefangen haben, darf keine Nation zurückbleiben; ihr Nachlaffen in der Concurrenz würde ein Aufgeben ihrer internationalen Stellung feyn. Je mehr indeffen durch diefe Weltlage auch Deutfchland zu einer möglichft hohen induftriellen und commerciellen Entwicklung getrieben wird, um fo forgfältiger hat es darauf zu fehen, daß ihm ein kräftiges Ackerbauthum erhalten bleibt. Die öffentliche Aufmerkfamkeit muß ebenfo fehr das Landleben als das Stadtleben bei uns in's Auge faffen. In rein ökonomifcher Hinficht zwar gehorcht unfere Zeit den Anfprüchen diefes unabweislichen Bedürfniffes. Nachdem in den letzten fünfzig Jahren der Acker von den feudalen Laften völlig befreit worden ift, ftrebt man jetzt darnach, die Rohproduktion im Lande auch pofitiv zu kräftigen. Das Netz landwirthfchaftlicher Schulen und Vereine verbreitet die Errungenfchaften der Phyfik und Chemie unter alle Schichten der Landleute; die neuerdings errichteten agrarifchen Kreditanftalten und Hypothekenbanken erleichtern ihnen den Zugang zu den benöthigten Kapitalien, und das Verficherungswefen, welches gleichfalls dem Wirthfchaftsbetriebe des Ackerbaus zur Seite tritt, fchützt fie nach menfchlicher Berechnung gegen die Laune von Zufällen. Dazu kommt, daß man jetzt überall bemüht ift, der Zufammenlegung der Aecker und der Abrundung der Feldbereiche beftmöglichft Vorfchub zu leiften; wirthfchaftlich arbeitet man dem Höfefyftem im deutfchen Bauernthume unverkennbar zu. Allein nach der juridifchen, nach der politifchen und nach der kulturlichen Seite hin räumt die überwiegende geiftige Bildung des Städters den Angehörigen des Ackerbaus noch nicht die Stellung neben fich ein, die ihnen gebührt; die Anfchauung, daß ein gefunder Staat auf dem unbeweglichen und dem beweglichen Eigenthume zu gleichem Gewichte ruht, hat fich noch nicht durchgefetzt.

Es will nun einmal dem Schreiber diefer Zeilen nicht in den Kopf gehen, daß man die Frage über die theilweife Vinculirung von Grund und Boden in einem Lande nach bloßen ökonomifchen

Grundsätzen zu beantworten sucht. Allerdings müssen dieselben vorwiegend mit in Betracht kommen. Allein die Hauptsache bleibt doch, nachzuforschen, in welcher Weise die unbedingte Beweglichkeit und Theilbarkeit des Feldes auf den Menschen in seinem politischen und kulturlichen Werth zurückwirkt. Man sagt uns allerdings, alle Welt sey klüger als jeder Mann, das Interesse leite den Einzelnen stets zu der Harmonie der allgemeinen Volkswirthschaft hin, keine staatsmännische Kunst sey groß genug, um es besser zu machen, als die unmittelbaren Gesetze der ökonomischen Welt selber es machen. Zunächst indessen bestreiten wir den Satz, daß das individuelle Interesse den Einzelnen unbedingt in die richtige Stellung zum Ganzen bringt. Denn neben der Selbstsucht, die ihren eigenen Vortheil am besten versteht, wirken noch viele andere psychischen Momente auf das menschliche Handeln ein; Dummheit, Trägheit u. s. w. halten sehr oft den Geboten des klugen Egoismus die Wage. Gewiß liegt es in Jedermanns Interesse, sein eigenes Haus gegen Feuersgefahr zu schützen. Man hebe jedoch einmal in den Städten den polizeilich organisirten Zwang zur Schornsteinreinigung auf und warte es dann ab, wie viele Leute ihre Ofenröhren zur rechten Zeit fegen lassen; wer kehrte wohl regelmäßig die Straße vor seiner Thür, sobald die Polizei die Wegführung des Schmutzes dem freien Willen der Städter überlassen wollte? Damit das eigene Interesse den Menschen richtig führe, muß es mit dem richtigen Verständniß des eigenen Vortheils gepaart seyn. Nun rechnet aber die Nationalökonomie gar zu gerne mit einem abstrakten Wirthschaftsmenschen, dessen Wesen rein nach ihren Gesetzen construirt ist. Sie sieht nicht, daß dieser ihr Mensch in den verschiedenen Lebenslagen die mannichfachsten Modifikationen erleidet. Auch gehört das in einem Staate zusammengefaßte Gesellschaftsgetriebe nicht bloß der Gegenwart, sondern auch der Zukunft an; der einzelne Mensch lebt aber in der Regel nur für sich und für die Dauer seiner Jahre; wie es nach seinem Tode auf Erden zugeht, ist ihm meistens gleichgültig. Will man das „laissez faire, laisssz passer" zum entscheidenden Grundsatz aller ökonomischen Politik machen, dann kann man folgerichtig auch nicht

umhin, alle Forstgesetze für überflüssig zu erklären und der jetzt leben=
den Generation das freie Verfügungsrecht über den vorhandenen
Holzbestand zuzusprechen. Die Erfahrung hat aber sattsam bewiesen,
wie nachtheilig die Willkür des Einzelnen im Verbrauche des Wal=
des wirkt, dessen Herstellung durchschnittlich hundert Jahre verlangt.

Die heut zu Tage ziemlich zahlreiche Schule, welche die unbe=
dingte Nationalökonomie in die Politik überzusetzen sucht, geht
dabei vornehmlich von der Ansicht aus, daß die Natur des wirth=
schaftlichen Lebens die Heilmittel für die etwa sich ergebenden Uebel
in sich selber trage und stets bestrebt sey, die sich herausstellenden
Extreme in sich auszugleichen. Im Allgemeinen ist nun zwar dieser
Satz gewiß richtig; allein jene unbewußt in der Menschheit sich
vollziehenden Ausgleichungen verlangen meistens einen sehr langen
Zeitraum — die Weltgeschichte hat keine Eile; sie erheischen ferner
nur zu oft ungeheure Opfer an Glück der Einzelnen und bedürfen
zur Vollendung ihres Processes einer Ausdehnung durch die Völker
hin, bei welchen die Existenz einer Nation bedeutungslos wird.
Sollen wir nicht mit klarer Erfassung der socialen Menschennatur
und ihrer Stellung im Staatsverbande dahin streben, daß wir
selbstbewußt das nöthige Gleichgewicht im Staatsorganismus auf=
recht erhalten? Schon oben wurde einmal im Vorübergehen er=
wähnt, es gäbe unseres Erachtens Staatskrankheiten; ist dieses
Axiom richtig, dann gilt es, auf wissenschaftlichem Wege eine
Staatsheilkunde herauszuarbeiten; falls wir uns nicht dabei be=
ruhigen wollen, wenn die Menschen und Staaten nur „nach den
Regeln der Nationalökonomie sterben." Auch läßt sich gewiß nicht
in Abrede stellen, daß die reine Nationalökonomie trotz ihres Na=
mens die Gliederung der Menschheit in individuelle Nationen nicht
kennt; sie besitzt gar keine Kategorie für einen Nationalorganismus.
Vor ihr liegt die in sich unterschiedslose Menschheit, eine einzige
große Arbeiterwerkstatt; genau genommen ist für sie das Staats=
gebäude ein Nothbehelf, der mit der Zeit beseitigt werden muß.
Weil sie von der falschen Prämisse ausgeht, die wirthschaftliche
Arbeit zum Zweck des Menschendaseyns zu machen, während die=
selbe doch nur Mittel ist, übersieht die Schule von Adam Smith

die Modifikationen, welche ihre Sätze durch die höheren Aufgaben der Menschen auf Erden erleiden. Wir zum mindesten kommen über die Basis des Nationalstaates nicht hinaus, innerhalb dessen Linien das Einzelleben die höchstmögliche Stufe geistiger und sittlicher Vollendung erreichen soll. Die wirthschaftlichen Gesetze spielen in der Entwicklung des Nationalstaates eine bedeutende Rolle; wie jedoch die Staatsform von den unter ihr vorhandenen wirthschaftlichen Momenten abhängig bleibt, ebenso wirkt sie ihrer Natur nach bedingend auf das Wirthschaftsgetriebe zurück. Nehmen wir z. B. an, die Erfahrung lehre uns, daß auf den europäischen Flächenreichen eine Republik unhaltbar ist, wobei wir uns hier nicht weiter um die dafür maßgebenden social-politischen Gründe kümmern wollen, die constitutionelle Monarchie sey die naturgemäße Verfassungsform auf den Länderräumen unseres Erdtheils, dann müssen doch die Ursachen, welche die constitutionelle Monarchie bei uns nach sich ziehen, auch mächtig genug seyn, um für dieselbe bestimmte ökonomisch-sociale Bedingungen fordern zu können. Schon an und für sich vermag die Nationalökonomie das Königthum begrifflich nicht zu construiren; am allerwenigsten ist das erbliche Königthum für sie verständlich, wenn sie vielleicht auch in dem Monarchen den lebenslänglichen ersten Staatsdiener zu erblicken sich bequemt. Wie will sie da vollends zu der Nothwendigkeit einer politischen Aristokratie vordringen? Fragt man indessen die Geschichte, die Lehren der Vergangenheit, um darnach die Bestrebungen in der Gegenwart einzurichten, dann zeigt sich, daß niemals ein Staat ohne Aristokratie Bestand gehabt hat, und daß die naturgemäße Aristokratie im Grundbesitz wurzelt. Ist aber die Grundaristokratie innerhalb eines Staates erst einmal vernichtet, so stellt sich ein gesunder Zustand der Dinge in ihm unserer Erfahrung nach von selbst nicht rasch auf's Neue her. Nach jenen rein national-ökonomischen Auffassungen müßte das ökonomisch-sociale Gefüge Frankreichs längst wieder gesund seyn, während doch jetzt das Land zum Cäsarismus als seinem letzten Palliativmittel gegriffen hat!

In die eben angedeutete Perspektive möchten wir die Frage nach der unbedingten Theilbarkeit des Ackers gebracht sehen; um sie jedoch unter solchen Gesichtspunkten endgültig zu entscheiden, bedarf die politische Wissenschaft noch anderer Vorarbeiten, als sie bisher gemacht hat. Bukle meint, das brauchbare politische Denken der Menschen finge erst gerade an; was bisher in der Beobachtung des staatlichen und menschheitlichen Entwicklungsganges geleistet worden sey, enthalte kaum mehr als eine verworrene Zusammenstellung halbverstandener Thatsachen. Auch Wilhelm Roscher, gewiß der bedeutendste Repräsentant der historischen Schule in der Nationalökonomie, hütet sich in dem zweiten Bande seines großen Werkes, der die Landwirthschaft behandelt, wohl, über die Vinculirung der Höfe schon heute ein letztes Urtheil auszusprechen. Die Sache ist noch lange nicht spruchreif, und die reine Nationalökonomie, die für sich selbstständig seyn will, statt sich als einen bloßen Theil der Gesammtpolitik zu erfassen, wird sie auch schwerlich je zur Spruchreife bringen. Man sagt wohl, die unbeschränkte Theilbarkeit könne immerhin unbedenklich von dem Gesetze gestattet werden; die in der ländlichen Bevölkerung festwurzelnde Sitte würde der Vertheilung entgegenarbeiten. Was ist denn aber diese „Sitte" anders als die agrarische Opposition gegen die geradlinige Gesetzgeberei der Städter? Wenn die Vertretung des Ackerbauthums im Ständesaal nicht mit der Ansicht durchdringen kann, daß das Landleben andern Bedingungen gehorcht als das Stadtleben, wenn die im römischen Stadtrecht geschulte Bureaukratie das „germanische Leben," das im innigsten Zusammenhange mit der Landwirthschaft steht, beliebig mit der Papierscheere zurechtstutzt, dann bleibt dem Landmann nichts anderes übrig, als in eigener Willensbestimmung die ihm nicht passenden Gesetze zu umgehen. Das bäuerliche Zweikindersystem entspringt unmittelbar aus dieser „Sitte," welche thatsächlich den Hof als Ganzes festhält. Hätte der Bauer, d. h. der große wie der kleine Grundherr, selber sich die Gesetze zu geben, so würde er vielleicht einfach in Recht verwandeln, was jetzt nur Sitte ist. Man mißverstehe uns indessen nicht; wir sind gewiß weit davon entfernt, den Acker von ganz Deutschland in Haft und Banden legen zu wollen. In dem Aufsatze „der Rechtsstaat und die wirthschaftliche Gliederung der

Gesellschaft" haben wir darüber unsere Ansicht weiter entwickelt. Dagegen scheint uns die Gesundheit unseres national=staatlichen Gefüges davon abzuhängen, daß neben dem städtischen Leben, welches jetzt in der Politik unbedingt vorherrscht, auch das agrarische Leben zur Gleichberechtigung gelange, und beide ökonomischen Po= tenzen in der Gesetzgebung mit einander abpaaren.

In Betreff der zu erstrebenden deutschen Gesammtverfassung erscheint das in Rede stehende Gleichgewicht von Stadt und Land endlich in dem Satze, daß Deutschland einheitliche Einrichtungen in allen Angelegenheiten des beweglichen Eigenthums in Aussicht nehmen kann, dagegen hinsichtlich der Lebensäußerungen des unbe= weglichen Eigenthums seine föderalistische Grundanlage sich erhalten muß. Ist einmal dieses Axiom deutlich und entschieden hingestellt und von den Stimmführern der Nationalpartei offen anerkannt worden, dann läßt sich erwarten, daß der Widerstand des soge= nannten Junkerthums, welches fürwahr nicht bloß im östlichen Preußen sitzt, gegen die Durchführung der größeren staatlichen Einigung sich verlieren wird. Bis jetzt fürchtet die ebenbezeichnete, dem Feudalismus zuneigende Menschenschichte im untersten Grunde von der politischen Einigung ein Ueberwuchern der städtischen In= teressen und damit eine Vernichtung ihrer ökonomisch=socialen Po= situr, wie sie im Landbesitz fußt. Sey das Bürgerthum in dieser Beziehung nur einmal wahr gegen sich selbst. Seinerseits betrachtet es jede versuchte Beeinträchtigung seiner Ansprüche und seines Vor= theils als einen unmittelbaren Eingriff in die den Menschen von Gott verliehenen unveräußerlichen Rechte. Es hat sich seit langer Zeit gewöhnt, sich allein als den Träger des Wohlstandes und der Kultur anzusehen; daß es außer seinen Kreisen noch Berufsstände gibt, die, sobald nicht das Eigenthum aufgehoben werden soll, ebenfalls eine bedeutende wirthschaftlich=gesellschaftliche Macht haben und keinesweges gewillt sind, sich dieselbe zu Gunsten einer un= begrenzten städtischen Selbstsucht verkürzen zu lassen, kommt ihm gar nicht in den Sinn. Jene agrarischen Anforderungen an das Staatsleben sind in den Augen einfach unberechtigt, ein Reaktions= gelüste des „Kleinherrenthums," eine Rococopolitik, die nicht

verdient, ernstlich erörtert zu werden. Unterstützt werden derartige
städtische Anschauungen freilich dann noch durch das unzeitgemäße
Verfahren der „Feudalen" selber. Denn, statt daß die Vertreter
des Ackerbauthums das Wesen der Landwirthschaft, ihre gesell=
schaftlichen und politischen Rückwirkungen für sich in den Kampf
führen, klammern sie sich nur gar zu oft an Aeußerlichkeiten des
„Ritterthums" fest, die mit ihrem eigentlichen Standpunkt im
Staate nichts zu schaffen haben und einzig dazu dienen, den
Spott der Gegner herauszufordern. Hätte der Adel im Durch=
schnitt für sich wirklich mehr geistige Bildung, er brauchte nicht
zur Vertheidigung seiner Stellung im modernen Staatsleben jour=
nalistische Sophisten aufzubieten, die, weit entfernt, ihn in seiner
ökonomisch=socialen Eigenart und in seiner Nothwendigkeit für das
gesammte Staatsgebäude zu begreifen, in der Regel ihn am
schlimmsten compromittiren. Fordern wir von dem Städterthume,
daß es die wirthschaftliche Grundlage mustere, auf der es steht,
und diese in Beziehung zu den nothwendigen Bedingungen des
ganzen Staatsorganismus bringe; so ist nicht minder von dem
Adel als dem naturgemäßen Vertreter des Ackerbauthums zu ver=
langen, daß er endlich einmal sich in der Gegenwart erfaßt, statt
an den Erinnerungen der Vergangenheit in gewohnter Weise weiter
zu saugen. Grundadel und Bürgerthum, beide auf ihre ökonomisch=
socialen Basen gestellt, können sich recht gut verständigen; es ist
oft ausgesprochen worden, daß der ächte Grundherr und der ächte
Städter in ihren politischen Anschauungen sich näher stehen, als
es in der Regel angenommen wird.

Wir sind nicht Willens, schon in der gegenwärtigen Abhand=
lung die für das wirkliche Leben maßgebenden Folgerungen zu
ziehen, die aus dem Streben nach einem Gleichgewicht zwischen dem
beweglichen und unbeweglichen Eigenthume im Staatsleben ent=
springen. Sie berühren hauptsächlich das constitutionelle Wahlsystem,
welches nach Stadt und Land verschieden zu ordnen ist, dann die
Verfassung der städtischen und ländlichen Gemeinden, und greifen
auf dem juridischen Gebiete in das Erb= und Familienrecht über.
Diese Consequenzen werden näher zu erörtern seyn, wenn einmal

erst die politische Anschauung sich gewöhnt hat, einen Unterschied zwischen dem beweglichen und unbeweglichen Eigenthum zu machen. Für heute ist uns nur daran gelegen gewesen, die Erfassung des hervorgehobenen Unterschiedes anzubahnen. Uns trieb zu dem Versuche einmal die gegenwärtig durch Deutschland hingehende national=staatliche Bewegung, die unseres Erachtens nur zum Ziele kommen kann, wenn sie das Ackerbauthum in seiner nach Boden und Lage bestimmten Sonderheit mit den Formen des städtischen Lebens verschont und zunächst bloß die öffentlichen Einrichtungen für das bewegliche Eigenthum bei ihrem Verwaltungsbau in's Auge faßt. Ferner bleibt es auch für die gesunde freiheitliche Entwick= lung unseres Vaterlandes fürwahr nicht gleichgültig, ob die fah= rende Habe, ohne Widerstand zu finden, alle Menschen allmählig in „Geschäftsmänner" umwandelt. Und endlich läßt die Thatsache, daß die souveränen Handelsstädte in Deutschland weder in ihrer politischen Administration noch im Hinblick auf Wissenschaft und Kunst obenanstehen, uns für die über den unmittelbaren Materia= lismus hinausliegenden höheren Interessen der Menschheit eben nicht viel Pflege in einem Lande erwarten, in welchem die Börse Kopf und Herz der ganzen Bevölkerung regiert.

Am Anfange dieses Aufsatzes haben wir die Frage aufge= worfen, warum in dem Flächenstaate von Nordamerika die repu= blikanische Staatsform fast ein Jahrhundert hindurch Stand halten konnte. Die Antwort darauf lautet aber dahin, daß einerseits bei der bisher gesicherten Lage der Staaten nach Außen die militärische Gliederung in ihnen nicht straff angezogen zu werden brauchte, und andererseits die ungeheuren Ackerbaustrecken im Westen und Süden dem Handel und der Industrie des Nordostens ein Gegengewicht entgegensetzen. Wenn indessen durch eine Spaltung der Union das städtische Leben an der Küste auf sich selbst hingewiesen wird, und außerdem die stehenden Heere in Nordamerika von jetzt an eine ganz andere Rolle spielen als früher, wird es sich bald herausstellen, daß der amerikanische Republikanismus nicht in den Menschen, son= dern in den socialen Zuständen gesteckt hat, indem die politischen An= sichten der Yankees nur Consequenzen dieser Zustände gewesen sind.

Die socialkulturliche Aufgabe der Kirche in der Gegenwart.

Motto:
Einzureißen hat die Wissenschaft kaum mehr Etwas;
sie muß nun aufzubauen anfangen.

Die Ansätze zum Studium und Verständniß des socialen Lebens, wie sie gegen den Schluß des vorigen Jahrhunderts, z. B. in Justus Möser, hervortraten und der Publicistik der damaligen Zeit ihren praktischen, faßbaren Gehalt verliehen, sind in der nachfolgenden Periode, bei dem Ueberwiegen der abstrakten philosophischen Richtung in der Denkarbeit von Deutschland, lange in den Hintergrund gedrängt worden. Als der Hegelianismus im Vaterlande grassirte, wurden über all dem absoluten Seyn das menschliche Fleisch und Blut die Bedingungen der gesellschaftlichen Gliederungen und die daraus sich ergebenden kulturlichen Resultate völlig vergessen. Der Mensch war nur eine Denkmaschine, einzig zu dem Zweck in die Welt gesetzt, um das neue System herauszuschälen; ja die ganze Welt selbst gab eigentlich bloß den nothwendigen Hintergrund für das erhabene Ideengebäude ab. Der Meister hatte zwar gesagt: „Was ist, das ist vernünftig." Es wäre also die Aufgabe der Schüler gewesen, die geschichtlichen Gebilde in ihrer Vernünftigkeit zu begreifen. Allein sie zogen aus jenem Satze keine Consequenzen, sie hatten kein Verständniß für die Natur des Menschen, am allerwenigsten für die sociale Seite derselben; die runden Formen der Körperlichkeit durften die geraden Linien der mathematischen Gedankenfiguren nicht weiter stören. Daher ist denn auch kein Hegelianer dem Wesen des Staates, sogar nur annähernd, gerecht geworden, und in gleicher Weise ist dieser Schule die eigentliche sociale

Bedeutung der Kirche fremd geblieben. Wir erinnern uns noch sehr gut, daß, als der Ausbau des Kölner Doms zuerst wieder aufgenommen wurde, verschiedene Stimmen öffentlich fragten, was denn wohl mit dem fertigen Gotteshause angefangen werden sollte; wenn es vollendet wäre, würde die Kirche sich längst in ein Nichts aufgelöst haben. Weil dem modernen Wissen und Bewußtseyn verschiedene, noch starr festgehaltene Dogmen des Christenthums zuwiderlaufen, und außerdem der Organismus des christlich=religiösen Gesellschaftsverbandes vielfach zu politischen Parteizwecken mißbraucht wurde, darum war mit dem Christenthum nicht nur die Kirche, sondern auch die Religion überhaupt abzuschaffen. Der Mensch wußte ja jetzt Alles, was brauchte er noch ferner zu glauben oder gar zu beten? Die Kathedralen konnten geradesweges auf den Abbruch versteigert werden.

Selbst heut zu Tage begegnet man noch sehr häufig ähnlichen Auffassungen, trotzdem, daß die Gegenwart inzwischen angefangen hat, bei der Untersuchung der vorhandenen Wirklichkeit auch der Menschennatur, ihren Bedingungen und Aeußerungen etwas mehr Aufmerksamkeit zuzuwenden. Die weltgeschichtliche Mission der Kirche wird eben von vielen Köpfen, die sich für besonders vorurtheilsfrei halten, als beendet angesehen; an ihre Stelle tritt nunmehr der Staat ganz allein, und das bürgerliche Recht ersetzt fortan die Religion. Wer in seinen Anschauungen damit nicht übereinstimmt, mit dem lohnt es sich gar nicht der Mühe, noch ferner zu reden, er ist dem Obscurantismus, dem Pietismus verfallen — weg mit ihm!

Sachte, sachte, meine Herren! So raschen Fußes auch jetzt die Geschichte dahineilt, wie viele veraltete Einrichtungen nun kurzer Hand abgethan werden, ein historisches Produkt wie die christliche Kirche, welches bald ein neunzehnhundertjähriges Daseyn durchgemacht hat und mit allen Erscheinungen des öffentlichen Lebens bis zur Kunst hin auf das Innigste verwachsen ist, bedarf, selbst wenn es sich wirklich überlebt hätte, zum völligen Ausleben noch einige Jahrhunderte weiter. Kulturliche Stränge dieser Art lassen sich im Fortgange der Menschheitsentwicklung nicht mit der Papierscheere abschneiden, falls auch plötzlich durch ein Erdbeben alle Dome bis zur letzten Kapelle hinab von dem gähnenden Boden verschlungen würden. Babylon hatte schon ein Jahrtausend lang in Schutt und Asche gelegen, und doch schwangen die Nachwirkungen seines Daseyns noch in dem Kreise der asiatisch=europäischen Völkerwelt weiter. Die Riesenstadt in der mesopotamischen Ebene war aber nur der Sammel= punkt der wirthschaftlichen, politischen und kulturlichen Kraft Alt= asiens gewesen, ein Staatsgebilde, wie jedes andere Staatsgebilde auch. Die christliche Kirche dagegen ist ein großer geschichtlicher Ausdruck des menschlichen Religionsbedürfnisses, welches fortdauern wird, so lange es Menschen überhaupt gibt. Und so lange es Menschen gibt, so lange muß bei ihnen eine organische Verbindung zwischen dem Leben der ihnen vorangegangenen Geschlechter und dem eigenen stattfinden. Wie die christliche Kirche in der Vergangen= heit ihre Geschichte gehabt hat, so wird sie auch in Zukunft ihre Geschichte haben; auf dem Standpunkte der Socialpolitik erblickt man ihr Wesen in einem ganz andern Lichte, als es die von aller Wirklichkeit abstrahirende Philosophie gewahr wird; die social=kultur= liche Bedeutung der Kirche ist in der Gegenwart keinesweges vorbei, vielleicht fängt sie in einer reineren Weise als bisher erst recht an!

Eine wesentliche Hülfe bei der Lösung der Fragen, welche die moderne Realpolitik aufwirft, leistet heut zu Tage die Ethnographie; die Völkerkunde macht sich nunmehr zur Basis der Anthropologie. Wie die Historiographie uns die stufenweise Entwickung der Menschen= natur in der Zeit verfolgen läßt, so zeigt uns diese neue Wissen= schaft die Ausbildungsphasen des menschlichen Wesens nach ihrer Mannigfaltigkeit im Raume und ergänzt dergestalt das Material zur wissenschaftlichen Construktion des Durchschnittsmenschen. Es ist aber ein von der Geschichtschreibung wie von der Ethnographie längst unbedingt anerkannter Satz, daß kein Volk der Erde je ganz ohne religiöse Vorstellungen und Bedürfnisse gewesen ist; und seyen die Gottesverehrungen noch so roh: am Fetisch des Congonegers offenbart sich verhältnißmäßig ebenso gut die religiöse Uranlage des Menschenwesens als in der sublimsten Anbetung im Geiste und in der Wahrheit. Der zum Selbstbewußtseyn durch die Reihenfolge der Sinneswahrnehmungen und Erfahrungen sich durcharbeitende

Erdbewohner muß, sobald er sein Ich, wenn auch noch sehr dunkel, erfaßt hat, dieses Ich in Beziehung zu der Welt um ihn her bringen, sein kleines Ich zu der großen Welt! Je weniger er nun sowohl sein Ich als die Erscheinungen rundum begreift, um so unklarer werden auch seine religiösen Empfindungen und Ideen seyn. Zunächst wohl fühlt er sich abhängig von den Naturgewalten; er fürchtet sie, weil sie ihm Schaden thun können, und sucht sich demnach gut mit ihnen zu stellen, oder er bewundert einzelne Naturerscheinungen, deren Glanz seine Sinne überwältigt. Der unterste Ausgang der Religion liegt gewiß in dem Verhältniß des Einzelmenschen zu der ihn unmittelbar berührenden körperlichen Natur; ihre höchste Entwicklung scheint dem Ziele zuzustreben, daß die gesammte Menschheit als ein Theil der Natur sich in sich selbst und zu der nach Möglichkeit erkannten Außenwelt in die richtige Harmonie bringt. Innerhalb dieser beiden angedeuteten Punkte bewegt sich vielleicht die Religionsgeschichte.

Allein die allmählige Ausbildung der religiösen Vorstellungen geht nicht für sich und abgesondert von dem übrigen Leben des Menschen voran. Sie steht vielmehr in dem innigsten Zusammenhange, in unaufhörlicher Wechselwirkung mit demselben. Durch die Theilung der wirthschaftlichen Arbeit werden die Menschen, ebenso wie diejenigen Thierarten, welche zusammen sich ihre Nahrung beschaffen, zu einer ökonomischen Gemeinschaftlichkeit, zu einer socialen Gliederung hingewiesen. Ueber dem Einzelnen hält nunmehr die so erwachsene Gesellschaftsgruppe, deren Leben fortan nicht minder in Beziehung zu der Außenwelt gebracht wird, wie früher das Daseyn des für sich noch allein hausenden Menschen. Nicht zufällig, sondern aus unabweisbarer anthropologischer Nothwendigkeit trägt im Anfang der Geschichte oder bei ganz rohen Völkern in der Gegenwart die Theokratie den Keim der nachfolgenden Staatsbildung. Der „Wille der Gottheit,“ wie ihn die Heiden erkannt zu haben glauben, regelt ihr sociales Daseyn, er gibt die Gesetze, er entscheidet über Recht und Unrecht. Da es indessen auf einer solchen niedrigen Bildungsstufe für die einzelnen Gesellschaftsgruppen ganz unmöglich ist, die Erde bereits als einen einzigen von den vorhandenen vielen Weltkörpern zu erkennen, oder auch nur zum Begriff der auf der Erde befindlichen einheitlichen Menschheit zu gelangen; da eine jede Gruppe nur von sich selbst und ihren vielleicht feindlichen Nachbarn weiß, so wird sie, unbedingt, ihre eigene ausschließliche Religion, ihre eigene Stammesgottheit haben. Die Idee von der Einheit der Welt, aus welcher die Idee des einigen Gottes hervorwächst, liegt ihr noch unendlich fern. Jede anscheinend für sich waltende Naturkraft erscheint noch als ein besonderer Gott, und die Götter streiten sich unter einander wie Wasser und Feuer, wie Regen und Sonnenschein. Da es indessen auf den untersten Stufen des Gesellschaftsthums die Gottheiten selber sind, welche das Leben der Menschen ordnen und regeln, so werden diejenigen Mitglieder der socialen Gruppe, die den Willen der Götter am besten auszulegen verstehen, die naturgemäßen Herrscher und Gesetzgeber derselben seyn; als Vermittler zwischen Himmel und Erde regieren sie in erster Linie die Menschen auf der Erde. Wenn wir es daher auch gar nicht aus der Geschichte wüßten, daß die An= fänge des altasiatischen Kulturlebens aus den Priesterherrschaften hervorgegangen sind, wenn uns die ungeheuren Tempel, die noch aus jenen Jahrtausenden fortdauern, auch nicht Zeugniß von der Macht ablegten, welche die Priester bei dieser Vermittlerrolle auf Erden gehabt haben, es läßt sich nicht anders denken, als daß alle Gesellschaftsverbände im Beginne einer ursprünglichen Volksentwick= lung den religiösen, den theokratischen Charakter tragen. Heut zu Tage wurzelt der Zusammenhang einer Nation in der Coincidenz ihrer räumlichen, wirthschaftlichen, politischen und kulturlichen In= teressen, sie ist ein Produkt der im Staate waltenden Momente; im asiatischen Alterthume und bei den von der modernen Kultur noch unberührten Völkerschaften Afrika's beruht der staatliche Zu= sammenhang vorwiegend auf dem religiösen Bekenntniß; so viele Religionen so viele Stämme; zunächst an der Religion wird der Stammesgenosse erkannt.

Es gehört nicht hierher, den ethischen oder kulturlichen Werth der ausschließlichen Priesterherrschaften in der Vorzeit abzuschätzen. Die Menschheitsgeschichte weist ebenso gut wie die Geschichte des

Erdkörpers chaotische Perioden auf. Dieselben mußten vorausgehen und sich austoben, damit das neuentstandene Gleichgewicht der Kräfte zu höheren Gebilden hinführen konnte. Dagegen liegt es uns ob, wenigstens in allgemeinen Umrissen anzudeuten, welche social-politischen Mächte allmählig die ausschließlichen Priesterstaaten durchbrochen und Kirche und Staat von einander getrennt haben. Als Amerika entdeckt wurde, standen seine Ureinwohner in religiöser wie politischer Hinsicht noch auf einer sehr niedrigen Stufe der Bildung; wahrscheinlich ist aber ihr Ursprung nicht jünger als die Geburtsstunde der altasiatischen Völkerschaften. Demnach ließe es sich also an einer historischen Thatsache belegen, daß die bloße Zeit an sich die Entwicklung der Menschengeschlechter hinter ein= ander sehr wenig weiter bringt. Der Anwuchs der Erfahrungen, wie sie sich unter den Indianern bei Vater, Sohn und Enkel auf= sammelten, war zu gering, um merkliche Veränderungen in ihrem Leben und ihrer Religion hervorzurufen. Ihr wirthschaftliches Ge= triebe blieb durch die Jahrhunderte hin dasselbe, also auch ihr gesellschaftliches Daseyn und die damit verquickte religiöse An= schauung. Hätten deßwegen in Altasien nicht anderweitige Momente auf den Zustand der dortigen Gesellschaftsgruppen allmählig einge= wirkt, so wären dieselben auch heute noch auf der Stufe der Theo= kratie erstarrt, und die jetzige europäische Kultur gar nicht vor= handen. Allein im Oriente blieb eben die Wirthschaftswelt nicht bei ihrer ursprünglichen Einfachheit beharren; deßwegen war denn auch das Paradies der reinen Theokratie daselbst auf die Dauer unhaltbar.

Ist es die Theilung der ökonomischen Arbeit, welche überhaupt die vereinzelten Menschen zu größeren Gesellschaftsverbänden zu= sammenführt, so treten durch die Erweiterung der Arbeitstheilung vermittelst des Handels stets neue sociale Momente in den bereits entstandenen Anfängen zu einer staatlichen Gliederung weiter hervor. Es verkehren aber nicht bloß die Menschen innerhalb einer und der nämlichen Gesellschaftsgruppe mit einander; sondern der gegenseitige Austausch dehnt sich von Gruppe zu Gruppe fort. Die Stämme gerathen dadurch unter sich in freundliche oder feindliche Berührungen, je nach der Lage ihrer Interessen. Sie sind genöthigt, sich nach außen zu schützen oder Angriffe auf ihre Feinde zu machen; neben der Priesterherrschaft bildet sich allmählig die Kriegsherrschaft, das Königthum aus. Anfänglich werden freilich die Mittelpunkte beider Kreise sehr nahe bei einander liegen; der König, wie sein ganzes Volk steht noch unter der Herrschaft der Klasse oder Kaste, welche die Gesetze der Götter verkündet. Aber die Ansammlung der menschlichen Erfahrungen schreitet, unterstützt durch die neuen Gesellschaftsbeziehungen, vorwärts. Die Menschen lernen einerseits die Natur um sich her besser kennen, die einzelnen Kräfte derselben weniger fürchten, theilweise sogar schon beherrschen; die alten Naturgötter verlieren damit an Macht über das menschliche Gemüth, während dagegen die Gesetze des bürgerlichen Lebens sich mehr Bahn brechen. In dieser Epoche der Völkerentwicklung gerathen dann allemal Priesterherrschaft und Königsherrschaft mit einander in offenen Kampf. Siegt dabei die erstere und gelingt es ihr, die beginnende Bildung der Menge wieder zu unterdrücken, so legt sie für Jahrhunderte ihr Volk in die engsten Bande. Die Vermehrung der Kenntnisse erfolgt nur innerhalb der Priesterkaste selbst und dient bloß dazu, die politische Gewalt derselben ferner zu befestigen. Siegt dagegen das Königthum, so schlägt damit der vorhandene Gesellschaftsverband den Weg seiner eigentlichen politischen Entfaltung ein. Lange, lange freilich werden alle seine Einrichtungen und Gesetze noch den religiösen Stempel tragen; und von einer Religion des Gemüthes ist auch in ihm noch kaum eine Spur zu finden. Der Glauben an die Götter, die Rückwirkungen desselben auf das moralische Gebahren der Menschen wird noch unmittelbar durch die Furcht vor den Göttern regiert. Die menschlichen Verbrechen sind noch nicht Verbrechen gegen die bürgerliche Ordnung oder gegen das eigene sittliche Selbst, sondern Auflehnungen gegen die Gebote der Gottheiten, wofür der Staat seine Strafen verhängt. Ja, den Göttern selber wird kaum schon ein ethischer Gehalt beigelegt. Jehovah ist ein Rachegott, und die Götter Griechenlands haben mancherlei, sehr menschliche Gelüste. Auch an die Idee eines einigen Gottes, der über der ganzen Menschheit waltet, ist noch nicht zu denken. Entweder zieht sich die Vielgötterei, entsprungen aus der alten Anbetung der verschiedenen Naturkräfte, durch die Staatsreligion weiter, oder die bereits aufgetauchte Vorstellung von einem einzigen Gotte erleidet doch wesentliche nationale Einschränkungen. Der Gott Abraham's hat zwar nach dem Pentateuch Himmel und Erde geschaffen und den Menschen aus Thon geformt, er ist der Herr der himmlischen Heerschaaren; trotzdem bleibt er aber der ausschließliche Gott der Israeliten; die andern Völker liegen ihm durchaus nicht am Herzen; er ist im Gegentheil ihr Feind, weil er bloß den auserwählten Samen Abraham's begünstigt.

Während des ganzen Alterthums bleibt sowohl in Asien als an den Küsten des mittelländischen Meeres das jedesmalige religiöse Bekenntniß der Völker ein unveränderlicher Bestandtheil ihres nationalen Staatsgefüges und ihrer nationalen Kultur; ihr bürgerliches Recht wie ihre Wissenschaften sind auf das Innigste mit ihrem Religionssystem verwachsen. Darum mußten denn auch die damaligen Nationalstaaten sich zuvor völlig ausgelebt haben, ehe eine neue religiöse Weltanschauung auftauchen und Boden fassen konnte. Je mehr jedoch in Folge des sich entwickelnden Wirthschaftswesens und der steigenden Erfahrungssumme der Menschen die alten politischen Organismen sich zersetzen, um so mehr werden der kommenden Idee von der einheitlichen Menschheitsreligion die Wege bereitet. Die griechische Philosophie ist zunächst eine Naturphilosophie; die bessere Erkenntniß der Naturgesetze unterhöhlt die Stützen des Olymps; und während so der Mensch sich nach und nach von der Furcht vor den Blitzen des Zeus einigermaßen befreiet, wendet er den Blick seinem eigenen Innern zu, um den Regungen seiner Seele zu lauschen. Die Sokratische Lehre geht von der auf die Moral hingewiesenen Eigenart des Menschen aus. Das religiöse Bekenntniß des Atheners, welches der athenensische Staat nicht dulden konnte, falls er nicht aus den Fugen gehen wollte, ist indessen nicht etwa das besondere Eigenthum eines vereinzelten Mannes in einer griechischen Stadt. Auch der geistige Zusammenhang der Völker an den Küsten des mittelländischen Meeres war seit Jahrhunderten

bereits lebendig geworden, ebenso wie ihr Handelsverkehr. Aehn=
liche Gedanken, als der Lehrer Plato's sie hegte, mochten zu der
nämlichen Zeit in dem Umkreise der thalattischen Welt schon viele
Köpfe beschäftigen.

Man spricht sehr häufig von der weltgeschichtlichen „Mission"
des alten Rom's. An und für sich ist dieser Ausdruck falsch, weil
er auf einer falschen Auffassung der historischen Entwicklungsgesetze
beruht. Kein Volk erhält von vorneherein, etwa nach dem Rath=
schlusse des Höchsten, eine Lebensaufgabe gestellt, die es nun ab=
arbeiten muß; sondern es verfolgt vielmehr seinen Ausbildungsgang
den ihm bei seiner Lage, seiner Ernährungsweise und seinen Be=
ziehungen zur Außenwelt innewohnenden Gesetzen gemäß und liefert
dann das Resultat seines Daseyns an die allgemeine Weltgeschichte
ab. Italien stand bei seiner örtlichen Entfernung vom Oriente
von allen Kulturvölkern des Alterthums ursprünglich am wenigsten
mit Asien in Berührung. Nimmt es nun auch im Allgemeinen den
religiösen Ideenkreis des Ostens in sich auf, so hat doch derselbe
deßwegen von Anfang an weniger Einfluß auf die Entfaltung seiner
staatlichen Verhältnisse. Auf Italiens Boden konnte mithin das
Staatsgefüge schon gleich bei seinem Beginne einen viel weltlicheren
Charakter tragen. So gelangte hier zuerst in der Geschichte der
Rechtsstaat zur vollen Durchprägung. Wenn jedoch einerseits bereits
dadurch das italische Staatswesen bei seinem klareren Organismus
ein Uebergewicht über die staatlichen Körper des Ostens gewann,
so war es ferner viel jünger als diese. Rom prägte sich national=
politisch erst durch, als die politischen Verbände Kleinasiens und
der Balkanhalbinsel schon in Zersetzung begriffen waren. Daher
wurde es denselben am Schlusse des Alterthums auch physisch so
sehr überlegen, daß es sie seiner Botmäßigkeit unterwarf und der=
gestalt ihre nationalen Absonderungen zerbrach. Das Resultat des
römischen Staatslebens besteht also in der Richtung nach Osten
im großen Ganzen erstens in der Durchbildung des Bürgerstaates
im Gegensatz zu der asiatischen Theokratie, und zweitens machte
Rom durch seine Weltherrschaft der Erfassung der Menschheit als
Einheit in den Köpfen der Menschen freiere Bahn. Ueber den

zertrümmerten Nationen wächst innerhalb des orbis terrarum die Anschauung der Menschheit als eines Ganzen empor.

Demnach konnte es denn gerade in dieser Wendung der Menschheitsgeschichte nicht ausbleiben, daß auch die Religion im Kreise der damaligen Kulturvölker einen völlig neuen Inhalt bekam. Der einsetzenden Idee der gesammten Menschheit entsprach die einsetzende Idee eines einigen Gottes, des Herrn der ganzen Welt. Derselbe war aber, bei der inzwischen gestiegenen menschlichen Kenntniß der Naturkräfte und der Entwicklung der Wissenschaft überhaupt, nicht mehr eine Personifikation der in Eins zusammengefaßten Naturgewalten. Das Wort: „Gott ist ein Geist,“ drückt den nunmehrigen Gegensatz der neuen Gottesidee zu den anthropomorphischen Gottesbildern der Vergangenheit ebenso bestimmt aus, als in dem andern Worte: „Ein Herr, ein Glaube, eine Taufe, ein Gott und Vater unser Aller,“ das Hinausschreiten über die nationalen Grenzen des religiösen Bekenntnisses enthalten ist. Wir haben es indessen hier nicht weiter zu untersuchen, ob die neue Lehre ursprünglich die geistige Arbeit eines einzelnen Menschen gewesen ist, der sie dann den Andern mitgetheilt hat, oder ob sie vielmehr aus dem gesammten politischen und kulturlichen Völkerleben der damaligen Zeit hervorsproßte. Im Zusammenhange der Menschheitsgeschichte erscheint das Christenthum als das höchste Endergebniß des gesammten kulturlichen Ringens des Alterthums, und gerade weil es den in tausend und aber tausend Köpfen bereits vorhandenen religiösen Gedanken klar ausprägte, darum fand es alsbald im Osten und Westen eine so rasche Verbreitung. Die Gottheit hat nunmehr aufgehört, eine Staatsgottheit zu seyn; die Nationalstaaten selber sind im Verfall begriffen, sie grenzen das geistige Leben ihrer Bevölkerung nicht ferner wie ehemals völlig ein; die Einzelnen haben bereits Ideen und Empfindungen, in denen sie sich nicht mehr als Juden, Griechen oder Römer, sondern als Theile der Menschheit fühlen. Da jedoch auf solche Weise der Gottesgedanken aus seiner politischen Gebundenheit befreit wird, tritt ihm der Mensch jetzt zum erstenmale in der Geschichte mit dem Herzen entgegen. Der Staatsgott konnte kein Gott der Tugend, der Liebe seyn; er kennt

auf den unteren Stufen seiner Ausbildung nur Gewalt und Ge=
horsam, auf den höheren nur gegenseitige Verträge und Recht. Der
kulturlich gehobene Mensch dagegen, der psychisch nicht mehr ganz
in dem Staate aufgeht, bedarf für seinen ethischen Gehalt auch
einen Anhalt an der vollendeten Sittlichkeit seiner Gottesauffassung.
Mit dem Erscheinen des Christenthums war das Alterthum ein= für
allemal politisch und kulturlich zu Ende, eine neue Entwicklung
begann. Es ist ein ebenso schöner als in religionsgeschichtlicher
Hinsicht richtiger Gedanke, daß der Tod unseres Religionsstifters
als „das letzte Opfer" die Nothwendigkeit des Opferns für die
ganze Zukunft aufgehoben hat.

Wir sagten vorher, die Menschheitsreligion des Christenthums
ist aus dem Zerfall der Nationalstaaten des Alterthums hervor=
gewachsen. Dieser Zerfall dauerte indessen nach dem ersten Er=
scheinen der christlichen Lehre noch Jahrhunderte hindurch fort. So
lange daher noch Reste des alten Staatslebens aufrecht gehalten
wurden, waren dieselben im scharfen Gegensatze zu dem politisch so
zersetzend einwirkenden neuen Bekenntniß. Das national=italische
Rom mußte die Christen verfolgen, so lange es an den Grund=
principien seines Staatsgebäudes festhielt. Als jedoch der Sitz der
römischen Weltregierung nach Byzanz verlegt wurde, und somit ihr
Schwerpunkt nicht mehr im italischen Boden lag, konnte die kaiser=
liche Politik am Bosporus das Christenthum um so eher zur Staats=
religion erheben, als die so verschiedenen Bestandtheile des Kaiser=
reiches durch den einheitlichen Gottesdienst einer weiteren Centra=
lisation unterworfen wurden. In dieser Hinsicht beutet die selbst=
bewußte Staatskunst zu Konstantinopel das Christenthum ganz im
Sinne des asiatischen Alterthums aus. Sie will aus dem stammlich
so mannigfaltigen Unterthanenstoffe eine einzige neue Nation machen;
deßwegen überspannt sie denselben nicht nur mit einem einzigen
Beamtennetze, einer Staatssprache, sondern auch mit einer einzigen
Staatsreligion. Die kirchliche Gliederung, wie sie sich aus den
Beziehungen der Mutter= und Töchtergemeinden autonom entwickelt
hat, wird in die Mauern des Staatsgebäudes eingefügt, der welt=
lichen Bureaukratie entspricht vollständig die geistliche Verwaltung;

Staat, Religion und Nationalität verwachsen im oſtrömiſchen Reiche nach altaſiatiſchem Vorbilde wieder mit einander. Das Weſen des griechiſchen Chriſtenthums verfällt auf's neue dem ſtaatlich gebilligten Dogma, es wird zu einer Sache des Kopfes, der dogmatiſchen Spitz=findigkeiten, nicht zu einer individuellen ethiſchen Verſöhnung des Einzelnen mit dem Leben und der Welt.

Allein Byzanz vermochte auf die Dauer nicht, den römiſchen Erbkreis ſtaatlich zuſammenzuhalten; der Weſten führte ein ſelbſt=ſtändiges Daſeyn für ſich; in der Theilung des Reiches kam dieſe unbeſtreitbare Thatſache zur offenen politiſchen Anerkennung. Wäre nun Rom im Stande geweſen, ebenſo wie Konſtantinopel, ſich auf's neue zum Mittelpunkt eines großen Staatsorganismus zu machen, ſo würde auch wohl im weſtrömiſchen Reiche die chriſtliche Religion zur Staatsreligion geworden ſeyn, und Europa hätte eine ganz andere Entwicklung genommen. Aber Rom unterlag politiſch den Einwirkungen der Völkerwanderung; ihm verblieb ſtatt eines Kaiſer=thums nur ſein altes kulturliches Uebergewicht über die rohen Horden des Nordens. Dadurch bewahrte die weſtrömiſche Kirche alſo ihren über die Nationen hinausgehenden, allgemeinen, ihren katholiſchen Charakter, ihre Religion war die Menſchheitsreligion, nicht etwa eine nationaliſirende Staatsreligion. Man muß es ſtets berückſichtigen, wie der Norden und Weſten unſeres Erdtheils da=mals noch keineswegs zu feſten Nationalgebilden durchgedrungen war; ſeine Völkerſchaften ſind loſe in ſich zuſammenhängende Kriegs=ſchaaren, die von Viehzucht leben, oder kaum mehr unter ſich ver=knüpfte, neben einander hauſende Ackerbauer. Bloß in dem römi=ſchen Theile Galliens und Spaniens taucht in dem Arianismus der Anſatz zu einer nationalen Kirchenbildung auf, die aber mit dem politiſchen Verfall der beiden Länder wieder verſchwindet. Rom hat dergeſtalt eine national und ſtaatlich noch unterſchiedsloſe Menſch=heit in der weſtlichen Hälfte Europa's vor ſich; in dieſen weichen Stoff trägt es zugleich mit ſeiner hohen Kultur die neuen religiöſen Keime hinein. Daß ſich inzwiſchen innerhalb des eigenen römiſchen Kulturkreiſes der iſraelitiſche Grundgedanken mit der Bildung der Zeit vielfach verſetzt hatte, iſt bei dem geiſtigen Zuſammenhange

des Menschheitslebens zu natürlich. Wer die christliche Lehre an
sich ein Produkt der gesammten Völkerkultur am Gestade des mittel=
ländischen Meeres, so verquickte sich auch an der Tiber mit ihr die
herrschende philosophische Richtung des Neuplatonismus, und in
der äußeren Gottesverehrung zogen sich manche Erinnerungen aus
dem asiatischen Religionsleben fort; der Ideenzusammenhang bricht
selbst bei den schärfsten Wendungen der Geschichte nie ganz ab,
eine Menge alter Fäden laufen stets in die neuen Kulturgewebe
hinüber.

Auch ohne politische Macht mußte nun Rom durch seine kultur=
lichen Ausstrahlungen nach dem rohen europäischen Binnenlande
eine hohe sociale und kulturliche Bedeutung für dasselbe gewinnen;
es schiebt nach dem Norden gleichsam Kulturcolonien vor. Die
Glaubensboten, welche von der alten Welthauptstadt, aus der von
dem Apostel Petrus selber, der allgemeinen Annahme nach, gestif=
teten Muttergemeinde die neue Lehre diesseits der Alpen verbreiten,
bringen durch die Aufnahme derselben die ungebildeten Völker
Deutschlands, Englands, Galliens und Skandinaviens in unmittel=
bare Berührung mit dem Mittelpunkte des römischen Lebens, mit
dem Staatswesen des Alterthums überhaupt. Und je überlegener
noch die vom Süden her übermittelte Bildung den jungen Stämmen
im Innern von Europa ist, um so mehr bietet sie der Tiberstadt
die Basis zur Gründung einer geistlichen Herrschaft dar. Eine Zeit
lang gewinnt es fast den Anschein, als ob die westliche Hälfte von
Europa in eine einzige Hierarchie zusammengefaßt werden sollte.
Wie indessen im Alterthume das bürgerliche Leben mit seinen welt=
lichen Anforderungen und Bedingungen die Priesterherrschaften all=
mählig durchbricht, so wirft es auch alsbald im Mittelalter die aus
Ackerbauthum und Kriegsherrschaft gegliederten feudalen Reiche auf.
Die römische Priesterherrschaft sieht im Norden weltliche, politische
Gruppirungen entstehen. Die Mittelpunkte derselben liegen aber
fern von dem Sitze des römischen Bischofs, die Radien seines Kreises
und dieser neuen Kreise kreuzen sich vielfach. Die europäischen
Ackerbaukönige streben naturgemäß darnach, den kirchlichen Orga=
nismus, der, von der Feudalität der Zeit getragen, ihre feudale

Kriegs= und Verwaltungsverfassung durchwächst, in ihre Oberherr=
schaft zu bekommen; während umgekehrt die christliche Mutterstadt
Rom, als Centrum der Kirche, die Linien desselben in sich zu ver=
einigen sucht. Dieser unausbleibliche Zwiespalt steigt noch mehr,
nachdem der römische Bischof als Papst ebenfalls zu einem welt=
lichen Besitzthume in dem Exarchate gelangt ist; und da der deutsche
Kaiser in sich die alte römische Idee der allgemeinen Weltherrschaft
festhielt, so mußte zwischen ihm und dem Statthalter Gottes auf
Erden, der dagegen die Idee der allgemeinen Religion in der christ=
lichen Kirche zunächst trug, auf die Dauer ein unversöhnbarer Ge=
gensatz ausbrechen. Bei einem richtigen Verständniß des Kirchen=
baus und des deutschen Reichsbaus erweist sich der Kampf der
beiden Schwerter Gottes auf Erden als eine unvermeidliche Noth=
wendigkeit; die Frage, ob die Menschheit fortan nach religiös hier=
archischen Normen oder nach social=politischen Gesetzen sich gliedern
sollte, war in der europäischen Geschichte auf die Länge unbedingt
zu entscheiden. Das gesammte Mittelalter bis zur Reformation
hin bewegt sich um diesen Angelpunkt.

In Rom sah sich der Grundgedanken des Christenthums, die
allgemeine Menschheitsreligion, in welcher der Einzelne auf Erden
die ethische Versöhnung sucht, so lange in seiner Reinheit festge=
halten, als die christlich=kulturliche Colonisationsthätigkeit der Stadt
noch gering blieb. Mochten immerhin die beschränkten astronomischen
und kosmogonischen Kenntnisse des Zeitalters, vermischt mit den
Sagen der jüdischen Schriften, unklare Vorstellungen über das
Weltall in den Menschen hervorrufen, die Religion selbst hatte im
Gegensatz zu dem bloßen Gottesdienst im Alterthume einen sitt=
lichen Inhalt bekommen. Die großen Kirchenväter der ersten fünf
Jahrhunderte rangen in sich nach Frömmigkeit und Gottseligkeit,
ein Seelenbedürfniß, das den Griechen und Römern durchgängig
fast völlig fremd war; die aufgestellten Dogmen erscheinen dabei
bloß als die Stützen jener gehobenen Seelenstimmung. Sobald
indessen die römische Kirche nachhaltiger ihre Gliederungen in das
Innere von Europa vorschiebt, kann sie nicht umhin, den ethischen
Kern des Christenthums mit der Schale des Symbols zu umgeben.

Schon in Italien waren für die mittleren Schichten des Volkes
manche altgewohnten Kultusgebräuche in die christliche Gottesverehrung aufgenommen; das „heidnische“ Jahr mit seinen uralten
„heidnischen“ Naturfesten verwuchs mit den hohen Festtagen der
christlichen Kirche und verband dergestalt die neue Religion vielfach
mit den noch herüberlaufenden Fäden des alten Ritus. Vollends
aber sah sich das nach dem Norden vorrückende Christenthum genöthigt, seine Ideen der Auffassungsfähigkeit der Masse anzupassen.
Wie hätten jene Ackerbauer an der Donau und dem Rhein, an der
Seine und der Themse ein Verständniß für das philosophische
Schlußergebniß des Alterthums in der vollen Reinheit der Lehre
haben wollen? Es mußte ihrer Bildung ebenso formgerecht gemacht
werden, wie Jahrhunderte später in Amerika dem Gedankenkreise
der Indianer. Auf solche Weise that die Entwicklung der Kirche
damals scheinbar Rückschritte; allein sie wurde dadurch fähig, jene
ungebildeten Horden, unter welche sie trat, kulturlich zu heben
und zu fördern. Wir fassen gegenwärtig bei unserer Betrachtung
der Kirchengeschichte im Mittelalter die Ausbreitung des Christenthums meistens unter bloß weltlichem Gesichtspunkte; es werden da
Bischofssitze und Klöster angelegt, und die gesellschaftliche Gliederung
der Geistlichkeit stellt sich dem Adel ebenbürtig zur Seite. Jene
Bischofssitze und Klöster sind jedoch ihrem eigentlichen Wesen nach
Asyle für die höhere menschliche Bildung. Sie übermitteln den
rohen Bauern um sie her die technischen Kenntnisse des Alterthums; die Landwirthschaft erhält von dort ihren ersten Aufschwung;
sie zähmen mit dem „Gottesfrieden“ die wilde Streitlust der Menge
und fördern den Sinn für häusliche, bürgerliche Sitte. Die Kirche
ist im Mittelalter die ausschließliche Trägerin der Wissenschaft und
Kunst, außer den Geistlichen gab es thatsächlich gar keine Vertreter
der geistigen Arbeit. Daß sich dabei eine große Macht bei der
Kirche ansammelte, versteht sich von selbst; das staatliche Leben
war noch in hohem Grade unentwickelt, die Kirche erfüllte viele
Pflichten, die naturgemäß dem Staate obliegen; so mußte denn
wohl, wie gesagt, die Frage zur Entscheidung kommen, ob zukünftig die gesellschaftliche Verbindung der europäischen Menschheit

eine allgemeine kirchliche seyn oder sich aus verschiedenen nationalen Staatsverbänden zusammensetzen sollte.

Die Geschichte hat dieselbe zu Gunsten der Nationalstaaten entschieden, und was ist, das ist vernünftig. Auf den unter sich so mannichfaltigen Raumbildungen unseres Erdtheils wuchsen an der Hand der sich entwickelnden Wirthschaft und der allmählig sich entfaltenden politischen Verhältnisse besondere, unter sich abgetrennte staatliche Organismen empor; die Idee des die Menschheit über= spannenden deutschen Kaiserthums wurde durch die Thatsache der nach und nach einsetzenden Nationalreiche durchbrochen. Innerhalb dieser abgesonderten politischen Verbände verfolgte aber nicht bloß das Staatsleben, sondern auch die Kultur einen eigenen nationalen Weg. Je mehr daher die Summe der Kenntnisse und Erfahrungen bei den einzelnen Völkern stieg, um so mehr mußte es sich nach und nach herausstellen, daß die äußeren Formen, in welche an= fänglich die Lehren des Christenthums für sie gekleidet worden waren, ihrem gehobenen intellektuellen Bewußtseyn nicht mehr ent= sprachen. Rom, der Mittelpunkt der allgemeinen Kirche, war bei denselben stehen geblieben, sowohl weil darauf die gesammte Kirchen= verfassung gegründet war, als auch, weil sie noch immer bei der ferneren Ausbreitung des Christenthums dem intellektuellen Stand= punkte der weniger gebildeten Stämme entsprachen. Deßhalb wurde dann folgerichtig, wie das einheitliche Weltkaiserthum, so auch die Weltkirche national durchbrochen; jede Nation bauete mehr oder weniger an der christlichen Lehre, ihrem eigenen Charakter gemäß, weiter, selbst wenn sie auch nicht offen den kirchlichen Zusammen= hang mit Rom auflöste.

Hält nun die katholische Kirche den ursprünglichen Gedanken einer in sich einigen Religion und einer auch äußerlich einzigen religiös=gesellschaftlichen Gliederung der Menschheit fest, abgesehen von den dabei in's Spiel kommenden rein hierarchischen Interessen, so geht der Protestantismus, wenn er von seiner Opposition gegen Rom zu eigenen kirchlichen Schöpfungen schreitet, von dem Princip aus, daß die kirchliche Organisation einen Theil des Staatsorga= nismus bilden müsse. Es gibt keine eine protestantische Kirche, sondern verschiedene nationale protestantische Kirchen, welche ihre Verfassungen wie ihre Glaubenssätze dem Kulturleben der Nationen anpassen, die sie umspannen; nur in der Vorstellung der „unsicht= baren Kirche" wird im Protestantismus die Idee der allgemeinen Menschheitsreligion bewahrt. Als die protestantischen Kirchen ihr Daseyn begannen, war es eben nach der ganzen Zeitlage nicht anders möglich, als daß sie ein inniges Bündniß mit dem Staate eingingen, in welchem sie sich befanden. Der Protestantismus, wie er aus der nationalen Richtung der europäischen Staatsent= wicklung hervorgeht, verwächst auch anfänglich wiederum in seiner kirchlichen Organisation mit dem nationalen Staate und macht mit demselben die verschiedenen Stufen seiner Ausbildung durch. Jede politische Centralisation aber, die nicht in einem bereits mächtigen Gesellschaftsleben ihr nothwendiges Gleichgewicht findet, führt unvermeidlich zum Absolutismus. Wie daher das moderne Staats= leben bei seinem Beginne durchweg eine absolutistische Periode auf= weist, so kann sich in den protestantischen Ländern auch die pro= testantische Kirche nicht von diesem „Geiste der Zeit" frei halten. Zwei Jahrhunderte lang beansprucht sie für ihren dogmatischen Inhalt die nämliche unbedingte Geltung auf ihrem nationalen Ge= biete wie die römische Kirche innerhalb der gesammten Menschheit. Sie selber schnitt sich damit lange Zeit die Möglichkeit ihrer weiteren Entfaltung ab.

Denn von Anfang an ist in der Geschichte die Religion stets die Auffassung des Einzelnen oder eines ganzen Volkes von seinen Beziehungen zur Welt und den daraus sich ergebenden Normen für sein Verhalten auf Erden; je mehr also die menschliche Bildung steigt, um so weniger läßt sich der Religionsgedanken in denjenigen Formen festhalten, die einem früheren, mehr untergeordneten wissen= schaftlichen Bewußtseyn angemessen waren. Die Entdeckung Amerika's und die sich daran lehnenden Reiseexpeditionen hatten den Menschen seine Erde als Kugel kennen gelehrt; die dazu tretenden astronomi= schen Erfahrungen zeigten ihm, daß dieselbe nur ein Stern wie die andern Sterne ist. Demnach mußte also die Gottesidee, welche das Christenthum aus ihren nationalen Banden befreit hatte, nun auch

von ihrer Beschränkung auf unsern kleinen Planeten losgelöst und
zur Idee eines Weltengottes erweitert werden. Dadurch indessen
gerieth der neue religiöse Grundgedanken nothgedrungen in einen
Gegensatz zu den überlieferten religiösen Anschauungen der Ver=
gangenheit. Die Wahrheit und Wirklichkeit der mosaischen Schö=
pfungsgeschichte wurde den Resultaten der Wissenschaft gegenüber
unhaltbar; die Geognosie und Geologie rückten die „Schöpfung der
Erde" viele Millionen von Jahren in die Vergangenheit zurück, die
Geschichtsforschung fand Spuren von Völkern auf, die schon aus=
gelebt haben mußten, lange bevor Adam in's Paradies gesetzt ward;
und der Kritik der im Christenthum festgehaltenen Kosmogonie folgte
sehr bald die Kritik der christlichen Dogmen selbst. Wir haben es
schon oben hervorgehoben, daß die christlichen Ideen bei ihrem
Uebertritt aus der hochgebildeten altasiatischen Welt in die neue
Völkerkindheit des Mittelalters ganz unvermeidlich der symbolischen
Einkleidung bedurften, mag nun diese Einkleidung in bewußter
Weise von der römischen Geistlichkeit vorgenommen worden seyn
oder sich von selbst ergeben haben. Deßwegen darf man sich auch
nicht darüber verwundern, daß die philosophische Kritik ein ver=
hältnißmäßig so leichtes Spiel hatte, die Unhaltbarkeit der christ=
lichen Symbole dem modernen wissenschaftlichen Bewußtseyn gegen=
über nachzuweisen. Liegt denn aber das Wesen des Christenthums
in den christlichen Symbolen? Läßt sich mit ihnen etwa auch das
Religionsbedürfniß der Menschen und der gesellschaftliche Ausdruck
desselben, der kirchliche Verband, vernichten?

Hand in Hand mit der gegen das Christenthum in seiner
überlieferten Gestalt gerichteten philosophischen Kritik ging dann und
geht noch heute in die Naturwissenschaft. Sie, die den Stoff zum
Gegenstande ihrer Untersuchung macht, kann die Brücke, welche
von dem Stoff zu dem geistigen und ethischen Leben des Menschen
führt, nicht finden; darum besteht das geistige und ethische Leben
des Menschen nur in der Phantasie. Auf dem Karton des Kaul=
bach'schen Kinderfrieses in Berlin zuckt ein kleiner Astronom ver=
ächtlich die Achseln: „er hat alle Himmel durchforscht, alle Räume
gemessen und nirgends einen Gott entdeckt." Allein einen welch=

artigen Gott hat er denn auch gesucht? Wenn der kleine Mann ehrlich gegen sich selbst seyn will, so hat er mit seinem Fernrohr doch im Grunde nach einem Gotte ausgespäht, wie die christliche Malerei ihn uns vorführt, und die Kinderseele sich ihn zu denken anfängt, nach dem König des Himmels, umgeben von den Heer= schaaren seiner Engel. Und weil nun zwischen den Fixsternsystemen für denselben kein Platz sich zeigt, darum ist der Mensch ohne Gott! In gleicher Weise aber schließt der Anatom, der mit seinem Messer das menschliche Gehirn bloß legt, da er nur Materie sieht, wo er vielleicht auf einem Silberspiegel die Denkfiguren des Geistes= lebens eingezeichnet zu schauen glaubte, „das Denken ist nichts als eine Gehirnsekretion." Wir sind bei dem vollen Materialis= mus angelangt, welcher den Glauben an Gott, die Religion, die Unsterblichkeitsidee und vollends den historischen Ausdruck der Reli= gion, das Christenthum, unbedingt in die Ecke wirft. Gut, auch wir wollen uns unbedingt auf den materialistischen Standpunkt stellen, aber an der Hand der historischen Socialistik ganz andere Folgerungen daraus ziehen. Dieselben werden uns nicht nur zur individuellen Religion, sondern auch zum religiösen Gesellschaftsverbande der Menschen, zur Kirche, zurückführen.

Wir geben es also ohne Weiteres zu: den heutigen Resultaten der Naturwissenschaft gegenüber sind alle bei den Völkern des christ= lichen Glaubens etwa übrig gebliebenen, an die biblische Schöpfungs= geschichte erinnernden Vorstellungen über die Einrichtung des Alls unhaltbar geworden. Im vorigen Jahrhunderte suchte man noch zwischen den neugemachten astronomischen und geologischen Ent= deckungen und den im Christenthume überkommenen altjüdischen Weltanschauungen zu vermitteln — die Gegenwart lächelt über derartige vergebliche Bemühungen. Allein, wenn auch die Wissen= schaft unserer Zeit die äußeren Anhalte, an denen das religiöse Bedürfniß des Menschen bisher zur Befriedigung zu kommen gesucht hat, als im unversöhnbaren Widerspruche mit dem thatsächlichen Bestande der Dinge, völlig verwirft, sie kann damit doch weder das menschliche Religionsbedürfniß selbst, die Quelle jedes religiösen

Gedankenstromes, aufheben, noch ist sie im Stande, den Platz, welchen die jedesmalige geschichtlich gewordene Religionsgestaltung in dem Leben eines Volkes wie eines einzelnen Menschen einnimmt, durch ihre Lehren auszufüllen. Die Naturwissenschaft hat die Menschheitsgeschichte und die von derselben aufgeworfenen socialen Gebilde noch nicht als feste, aus dem Wesen des Menschen eben= falls naturgemäß hervorgegangenen Erzeugnisse erfaßt; darum ge= wahrt sie auch nicht, daß die aus der Erkenntniß von dem Leben des Weltalls gezogenen Folgerungen, falls sie eine Bedeutung für das tägliche Daseyn des immer vernünftiger werdenden Erdbewohners erlangen sollen, nicht über die Bedingungen dieses täglichen Da= seyns, wie es sich bis heute entwickelt hat, hinausgehen können; oder, mit andern Worten, daß eine naturwissenschaftliche Wahrheit so lange nicht in der gesellschaftlichen Gliederung zur Geltung kom= men, d. h. eine sociale Wahrheit werden kann, so lange sie nicht mit der richtig erfaßten gesellschaftlichen Natur des Menschen auf ihrer jetzigen Ausbildungsstufe in Einklang gebracht worden ist.

Die geistigen Spitzen der Menschheit wissen heutzutage, oder glauben wenigstens, es zu wissen, daß die frühere Annahme von der Unendlichkeit der Welt falsch ist. Nur der Raum, d. h. die Möglichkeit für die Ausdehnung der Sternensysteme nebeneinander, ist unbeschränkt: immer neue Kugeln können aus dem vorhandenen Weltnebel sich bilden und in der unbegränzten Weite ein eigenes Daseyn beginnen. Aber wenn heute ein Stern aus dem Weltdunste sich verdichtet, so ist doch ein Stern mehr als gestern da. Die Menge der bereits fertigen Sterne muß demnach zählbar seyn; bloß die Möglichkeit ihrer Vermehrung bleibt unendlich, falls nicht der noch gestaltlose Weltnebel zuletzt durch die Gestaltung der Sterne aufgebraucht wird. Kann somit die Naturwissenschaft eine Unermeß= lichkeit der jetzt vorhandenen Himmelskörper nicht annehmen, so gesteht sie auch nicht zu, daß die Welt ohne Anfang ist. Für den Ursprung des Weltstoffes vermag zwar das menschliche Denken sich ebenso wenig einen Ausgang klar zu machen, als es die Möglichkeit einer etwaigen künftigen Vernichtung desselben begreift — er ist immer dagewesen und wird immer daseyn — das Sichordnen dieses

Stoffes hat sich jedoch in der Zeit entwickelt. Der sogenannte „Schöpfungsproceß" ist die Geschichte des sich gliedernden Welt= stoffes; das in der Materie sich regende Leben sieht sich dem Nacheinander unterworfen, wenn gleich dem einmal beginnenden Leben das Nacheinander in der Zeit ebenso unbegrenzt bleibt wie das Nebeneinander der sich aus dem Weltnebel neu verdichtenden Sterne im Raume.

Der Ewigkeit des Stoffes, als einem Vorhandenseyn der Materie, wird also von der Naturwissenschaft der Anfang seines Lebens, wenigstens begrifflich, entgegengestellt. Dieses Leben aber ist ein stetes Fortschreiten von einer niederen zu einer höheren Ordnungs= stufe, ein unausgesetztes Sichentwickeln, nach Maßgabe der im Stoffe auf einander wirkenden, sich in ihren Gesammtergebnissen stets neu ausgleichenden Kräfte. Zuerst hatten mithin die untersten, in der Weltmaterie schlummernden Grundmächte, nach ihrem Erwachen, sich in's Gleichgewicht zu bringen; der Stoff unseres späteren Planeten= systems schied sich in Folge dessen als ein ungeheurer Dunstball aus; jeder sich selbst überlassene flüssige Körper nimmt vermöge des Stoffgesetzes eine Kugelgestalt an. Dann mußte, so werden wir in Hudson Tuttle's „Geschichte des Schöpfungsvorganges" weiter belehrt, innerhalb unseres Sonnenkörpers, abgesehen von der all= mähligen Feststellung seiner etwaigen Beziehungen zu einer Central= sonne und zu den übrigen im Raume benachbarten selbstständigen Sternen, eine individuelle Lebensregung sich äußern. Muthmaßlich setzte dieselbe mit einer Drehung der Kugel um ihre Achse ein, indem der in höchster Gluth befindliche Ball bei allmähliger Er= kaltung dichter wurde, und somit den in ihm kreisenden Wärme= strömungen mit seiner ganzen Masse gehorchte. Da jedoch die im Umschwunge der Sonne um sich selbst entstehende centrifugale Be= wegung der Sonnenatome nicht völlig von ihrem centripetalen Ver= dichtungsstreben, der Anziehungskraft des Sonnenmittelpunktes, überwunden werden konnte, so löste sich ein Stück von der Kugel ab, das heute als äußerster Planet ungefähr in dem nämlichen Kreise um die Sonne läuft, den dieselbe damals als Masse aus= füllte. In gleicher Weise entstand bei ihrer steigenden Verdichtung

und dem abnehmenden Volumen der zweite Planet, und so weiter,
bis zum Mercur hin, so daß die Trabanten stets an Dichtigkeit
gewinnen, je näher sie sich der gemeinschaftlichen, immer dichter
werdenden Sonne befinden, d. h. je jünger sie der Zeit nach sind.
Als die Sonne eine Größe hatte, deren Halbmesser von ihrem
Centrum bis nahe an die heutige Erdbahn reichte, soll sie sich in
357 Tagen um sich selbst gedreht haben; unsere Erde, die damals
abgestoßen wurde, flog demnach bei diesem Vorgange wohl etwas
weiter in den Raum hinaus und vollendet daher jetzt in 365 Tagen
ihren Weg um die Sonne.

Hat sich auf solche Weise das System der Planeten, die ihrer=
seits die Monde gebären, aus sich selbst im Laufe der Aeonen in's
Gleichgewicht gesetzt, dann entwickelt wieder die nun für sich
bestehende Erde, dem Wesen ihres Stoffes gemäß, allmählig ein
eigenes Leben. Der Boden, auf welchem dereinst der Mensch in's
Daseyn treten wird, muß zuvor fest werden. So führt uns daher
die Naturwissenschaft weiter zu der Geschichte der Erde aus ihrem
Zustande als geschmolzenes Urgestein, durch die Schieferperiode, die
cambrische, silurische Periode, durch die Zeit des rothen Sandsteins,
der Kohle, der Kreide bis endlich zum Alluvium hin und zeigt uns,
daß den verschiedenen, über einander gelagerten Erdrinden jedesmal
ein eigenthümliches Pflanzen= und Thierleben entsprochen hat. Wie
mannigfaltig indessen auch die organischen Gebilde, von dem Kry=
stalle, dem Vorgänger der Zelle, an im Verlaufe der Erdentwicklung
auftreten, um endlich im Menschen ihre oberste Stufe zu erreichen,
die Wissenschaft will einen ununterbrochenen Bildungszusammenhang
unter ihnen nachweisen können. Ihren Lehren zufolge treffen selbst
Pflanzen und Thiere bei dem untersten Ausgange in einen Punkt,
noch ungeschieden, zusammen. Die Pflanze ist nur deßwegen eine
andere Erscheinungsart der einen in der Erde vorhandenen Lebens=
kraft, als das Thier, weil sie in ihrer aufsteigenden Ausbildung
sich unter andern äußeren Einwirkungen bewegt hat. Und ebenso
gehen die verschiedenen Pflanzengattungen, wie die einzelnen Thier=
gattungen, im Einklange mit den Elementen, unter denen sie leben,
aus einander hervor; in einem reich verzweigten Stammbaume muß

das Menschengeschlecht seinen Urahnen in dem Zellen- und Leimthiere erblicken; ja der einzelne Mensch macht, wie man uns sagt,
von dem Augenblick seiner Erzeugung an gewissermaßen alle Sta-
dien der unter ihm stehenden Gebilde nach der Reihe im Mutterleibe durch, bis er sich in der Geburt zu seiner eigenen Gattung
erhebt.

Als erste Folgerung möchte sich nun aus dieser, in ihren
Hauptzügen vorgeführten naturwissenschaftlichen Anschauung von der
Entstehung der Welt, der Erde und des Menschen ergeben, daß
dabei kein selbstbewußter Schöpfungsplan vorgelegen hat, nach welchem
das All von einer außer ihm vorhandenen Geistesmacht bis in seine
Einzelnheiten hinein eingerichtet ist; vielmehr wächst also jedes Gebilde aus einem unbewußten Aufeinanderwirken der im Stoffe vorhandenen Kräfte allmählig hervor und paßt sich dann in seiner
eigenen Entwicklung den äußeren Bedingungen weiter an, unter
denen es sich entfaltet; der in der Materie webenden Lebenskraft
wird durch diese sie umgebenden Bedingungen die jedesmalige Gestaltung verliehen, in welcher sie als besondere Erscheinung auftritt.
Dem gesammten thierischen Organismus liegt also in seiner Anordnung nicht ein bestimmter Zweck zu Grunde, ihm sind nicht etwa
die Ohren eingesetzt zum Hören, die Augen zum Sehen, sondern
die Erregungen, welche die Schall- und Lichtwellen in der Luft auf
die sich weiter ausbildende Lebenszelle ausübten, riefen im Laufe
der Jahrtausende nach und nach in der Reihenfolge der aufsteigenden
Thierentwicklung Ohren und Augen im Körper hervor und setzten
den Bau derselben mit ihren Einwirkungen in Einklang; die im
Dunkeln unter der Erdoberfläche lebenden Thiere haben keine Augen.
Auch war ursprünglich auf den untersten Lebensstufen das männliche und weibliche Moment im Pflanzen- und Thierkörper durchweg
ungetrennt; wie noch jetzt derartige niedere Gebilde sich vorfinden;
die Vermehrung der Gattung geschah durch einfache Loslösung von
Theilen, die dann ein eigenes Leben führen. Erst bei den mehr
vorgeschrittenen Organismen scheidet sich, den beiden magnetischen
Polen entsprechend, das männliche Princip von dem weiblichen;
aus der sich bethätigenden Stoffvermischung beider für sich bestehenden

Lebenszweige setzt sich nun die Reihe der höheren Gattungen bei den Pflanzen und Thieren fort.

Und wie die Naturwissenschaft für den Ursprung des Menschengeschlechtes jeden Gedanken an einen Schöpfungsakt eines außerhalb der Welt stehenden, selbstbewußten Gottes abweist, wie sie den Menschen als das höchste bis jetzt vorhandene Produkt des unbewußt waltenden Erdenlebens ansieht, ebenso verfährt sie bei ihrer Betrachtung der im Menschen regen Nerventhätigkeit; der im täglichen Leben festgehaltene Unterschied von Körper und Geist wird von ihr vollständig verworfen. Das menschliche Denken ist in ihren Augen nur der im Gehirn zusammengefaßte Reflex aller von außen erhaltenen Sinneseindrücke des Menschen, die Kette von gemachten Erfahrungen, die im Gedächtniß des Menschen, wie auch bei dem Thiere, haftend, in ihrer sich ordnenden Gesammtheit uns zum Bewußtseyn der Welt um uns her und im Gegensatze von der Außenwelt zum Bewußtseyn von uns selbst bringen. Die graue Nervensubstanz, als feinster Stoff im Körper, ernährt die im Kopfe sich vereinigenden Nervenfäden, welche, gleich Drähten, in ihrem Knotenpunkte den Gedankenfunken aus den Sinneswahrnehmungen aufsprühen lassen und, umgekehrt, in der Strömung nach außen den menschlichen Willen und seine Bethätigung vermitteln. Die Abstufung von Thier und Mensch besteht bloß darin, daß auch die höchstentwickelte Thiergattung ein weniger zartes und in dem Verhältniß zu dem übrigen Körper kleineres Gehirn besitzt als der Mensch.

So ungefähr stellt sich die Naturwissenschaft den Werdevorgang des Menschen vor; sie liefert ihn gewissermaßen in dem Zustande völliger innerer Rohheit an den Beginn der Menschheitsgeschichte ab.

Die Frage aber, ob die Menschheit von einem einzigen Elternpaare herrührt, oder jede der drei Hauptracen auf ihren eigenen Stammvater zurückzuführen ist, würde sich auf dem Standpunkte der naturwissenschaftlichen Weltanschauung nur dann vielleicht beantworten lassen, wenn es möglich wäre, vorerst einmal zu ermitteln, ob das gesammte organische Gebilde bloß von einer einzigen, an einem einzigen Punkte der Erde sich zusammenschließenden Zelle oder von mehreren zu der nämlichen Zeit in verschiedenen Gegenden entstandenen gleichartigen Zellen seinen untersten Ausgang genommen hat. Bei der Voraussetzung des ersteren Falles bliebe ferner die doppelte Möglichkeit gegeben, daß entweder jene einzige Zelle als Urmutter in der aufsteigenden Umwandlung ihrer späteren, unter sich zusammenhängenden Gestaltungen, wie jedesmal bei einer ein= zigen Pflanzengattung und einem einzigen neuen Thierpaare, auch schließlich bei einem einzigen Menschenpaare angekommen ist, dessen Nachkommen erst bei ihrer Verbreitung über die Erde unter den äußeren Einwirkungen der verschiedenen Länder durchgreifende Körperveränderungen erfahren und sich so zu jenen drei Racen abgeschieden haben; oder daß die gemeinschaftliche Stammzelle, statt in gerader Linie zu einem Menschenpaare aufzusteigen, sich gleich bei ihrer ersten Umwandlung in mehrere Zweige von Organismen theilte, die alle in gleicher Weise zuletzt ihre Menschenpaare als Blüthe trugen. Ist dagegen das organische Leben auf Erden aus einer Menge gleichzeitig beginnender Urzellen entsprungen, dann stünde nichts im Wege, die Negerrace auf eine afrikanische, die Kaukasier auf eine asiatische Urlebenszelle zurückzuweisen.

Indessen hat die Socialistik sich um die Lösung dieser natur= wissenschaftlichen Aufgabe nicht weiter zu kümmern; ihr Augenmerk ist eigentlich ausschließlich auf die kaukasische Menschenrace, als die körperlich am höchsten entwickelte Menschenart, gerichtet; das Ge= bahren der übrigen Menschheitstheile liefert ihr nur ergänzende Belege zur Erfassung der in den Kaukasiern liegenden Menschen= natur im Allgemeinen.

Dagegen ist ihr die äußere Umgebung, die Beschaffenheit der Gegend oder der Gegenden, wo unser Geschlecht entstand, für die ursprüngliche Stellung des Menschen in der Natur insofern von Bedeutung, als das Klima und die Nahrungsfülle der Geburtsstätte dem anfänglich hülflosen Zustande des obersten Erdbewohners den ausgiebigsten Vorschub geleistet haben müssen. Denn von allen lebenden Wesen erscheint der sich selbst überlassene, noch völlig un= ausgebildete Mensch am wenigsten fähig, unmittelbar sein Daseyn zu friſten. Wie das neugeborene Kind mehr als jedes Thierjunge auf die mütterliche Pflege und Sorge angewieſen bleibt — es iſt gänzlich außer Stande, nach Art der kleinen Enten oder allenfalls der Kälber und Füllen, ſelber ſich in die Höhe zu bringen — ebenſo iſt der Mann, der noch nicht ſeine Ernährung, bewußt mit Vorarbeiten, begonnen hat, abhängiger als alle übrigen Geſchöpfe von dem Boden, auf welchem er ſeine Tage verbringt. Kein Pelz ſchützt ihn gegen Kälte und Regen, ſein Gebiß und ſeine Hände, noch von keinem Werkzeuge unterſtützt, zeigen ſich weniger geeignet, für die Bedürfniſſe des Magens die rohen Speiſen zu beſchaffen, als der Schnabel des Storches oder die Klaue des Löwen. Demnach iſt die Wiege der Menſchheit in einem ſehr warmen Bereiche der Erde zu ſuchen, wo einige Pflanzen bereits eßbare Früchte trugen. Sind nämlich auch, wie man uns lehrt, alle heutigen Obſt-, Getreide- und Gemüſearten im Laufe der Jahrtauſende erſt durch den Menſchen veredelt worden, hat der Menſch ſie ſich mit ſeiner ſteigenden Bildung eigentlich ſelbſt gemacht, ſo iſt doch anzunehmen, daß beim Erſcheinen des Menſchen ſchon einige Nahrungsgewächſe, eben in dem warmen Klima, ſich ſo weit vervollkommnet hatten, um genießbare Beeren, Nüſſe u. ſ. w. zu liefern. Anfänglich mag der Menſch kaum anders gegeſſen und getrunken haben, als die Affen in den Urwäldern Südamerika's. Wenn aber die Völkerſage auf die Mitte Aſiens als die Geburtsſtäde der weißen Menſchenrace hindeutet, ſo will auch die Naturforſchung das Stammland des Getreides und der Hauptfrüchte eben dort finden; mit dem Menſchen zugleich hat ſich Roggen und Weizen über die Erde verbreitet.

Völlig unentwickelt, nur in unbegrenztem Maße entwicklungsfähig, ſteht der Menſch für die Naturwiſſenſchaft am Anfange ſeiner Geſchichte da, thatſächlich kaum ſchon verſchieden von den nächſten Thiergattungen unter ihm. Der Verfaſſer des Pentateuch, wenn er auch die Welt als von einem ſelbſtbewußten Gotte ſtufenweiſe zu einem beſtimmten Zwecke erſchaffen ſich denkt, ſtimmt alſo in dem Punkte mit der heutigen realiſtiſchen Anſchauung völlig überein, daß ſein Adam im Paradieſe einen Unterſchied von Gut und

Böse, von Tugend und Verbrechen gar nicht kennt — er lebt, wie es ihm seine Bedürfnisse und Triebe gebieten. Mit diesem Satze ist aber demnach bereits vor mehreren tausend Jahren das Grundgesetz der menschlichen Entwicklung scharf und klar hervorgehoben worden. Der Mensch im Naturzustande hat gar keine ihm angeborenen sittlichen Ideen, er besitzt von vorneherein ebenso wenig einen Begriff von Recht und Unrecht als die Thiere und kann auch denkfolgerichtig in seiner Vereinzelung gar nicht zu demselben gelangen; die gesammte menschliche Sittlichkeit in allen ihren Einzelnheiten ist vielmehr rein ein Erzeugniß der menschlichen Gesellschaft. Ehe der Mensch die Erde betrat, gab es auf der Erdenwelt nur physikalische, keine ethischen Gesetze. Alle religiösen Vorstellungen von der „Liebe" der Allmacht, die sich in der Schöpfung des Himmels und der Erde bethätigt, „nach Gottes Bilde" den Menschen formt und ihn mit göttlichem Hauche beseelt, werden bei einer naturwissenschaftlichen Weltbetrachtung unbedingt haltlos. So lange die sich in der Zeit entwickelnde Welt noch auf keinem der Sterne denkfähige, in Gesellschaft zusammenlebende Wesen hervorgebracht hat, gibt es keine Liebe, keine Sittlichkeit im All; — die Weltkörper setzen sich nach physikalischen, nicht nach moralischen Normen zu einander in Ordnung; während dagegen das auf Erden entstehende gesellschaftliche Getriebe nicht bloß in dem rohen Menschen, sondern selbst in höheren Thieren, namentlich sobald sie dauernd mit dem Menschen in Berührung bleiben, vage Ahnungen von der Beschränkung des Einen durch den Andern, z. B. in Rücksicht auf das Eigenthum und die Unverletzlichkeit des Körpers, hervorruft. Die Hunde stehlen nicht bloß in den Augen des Menschen, sondern sie können auch durch die Dressur dahin gebracht werden, zu wissen, daß sie stehlen, wie sie umgekehrt die Habe ihres Herrn zu vertheidigen suchen; und wenn ein Thier sich an einen Menschen gewöhnt hat, trauert es gewiß eine Zeit lang, falls es von demselben getrennt wird. Insofern hat mithin die Bibel ganz Recht, daß erst mit dem Menschen die Sünde in die Welt gekommen ist; nur muß man hinzusetzen, daß vor Adam auch keine Tugend auf der Erdenwelt dagewesen ist; denn Tugend und Sünde sind aus dem Gesellschaftsleben der Menschen entspringende Begriffe und nicht etwa von vorneherein absolute Weltprincipien.

Der Leser sieht, wir stellen uns somit unbedingt auf den Standpunkt des sogenannten Naturalismus; nur wird es uns erlaubt seyn, dieselbe Anschauungsweise auch weiter zu verfolgen. Hört nämlich mit der Geburt des Menschen die körperlich schöpferische Thätigkeit der Erdnatur, als auf ihrer höchsten Stufe angekommen, auf, so fängt mit der Entwicklung des Menschen die geistige Schöpfung derselben an. Die Menschheitsgeschichte ist eine Fortsetzung der Naturgeschichte; sie hat, wie diese, im Anfange ihre chaotischen Perioden, um immer feinere, geistige und ethische Gebilde hinzustellen. Wir geben es zu, der Mensch kennt anfänglich gar nicht die heutige körperliche Scham, sie entsteht erst in Folge seiner Sinnlichkeit, als er der Wärme wegen Kleider trägt. Der Ursprung der Mutterliebe mag, wie Bastian meint, in dem angenehmen Gefühl des Säugens liegen, die Liebe des Mannes zum Weibe aus der thierischen Wollust erwachsen. Aber diese Instinkte veredeln sich mit der Zeit in dem entstehenden menschlichen Gesellschaftsleben, und daß sie sich veredeln, ist eben, wie gesagt, der Geschichtsproceß der geistigen Natur. Jeder neu erwachsende intellektuelle und sittliche Begriff ist auch ein neues Produkt der Menschennatur. Die Kosmogonie weiß nichts von einem Staat, der Mensch schafft ihn; sie kann die Religion nicht unterbringen, weil sie nur mit mathematischen und physikalischen Gesetzen zu thun hat; allein der zum Selbstbewußtseyn vorgedrungene Mensch gehorcht den geistigen Gesetzen seiner Natur, die Gebilde derselben haben auch ein Daseyn, so gut wie unser ganzer Planet oder der einzelne Berg auf demselben. Zu dieser Consequenz gelang jedoch bis jetzt der Naturalismus nicht. Wie auch immerhin die Vorstellung von der Welt und den Beziehungen des Einzelnen zu ihr in der Vergangenheit gewesen seyn mag, wie sehr die ethische Willensfreiheit früher dem unmittelbaren Naturinstinkte unterworfen war, die Anschauung ist im Laufe der Jahrtausende reiner, die sittliche Willensfreiheit mächtiger, die Gottesidee lichter geworden. Als nach dem Zusammenbruch der Nationalreligionen des Alterthums die Idee der allgemeinen Menschheitsreligion, die christliche Lehre, auftauchte, wurde für den Menschen Gott zu dem unendlichen Geiste, von dessen Dasein in der Welt der Mensch selber das bündigste Zeugniß ablegt, und an die Stelle der menschlichen Selbstsucht trat das sittliche Gebot der Liebe. Ist etwa dieses geschichtliche Gebilde weniger ein Produkt des im All waltenden Lebens, welches denn doch auch der Naturalismus nicht ableugnet, als die Zelle oder das Leimthier?

Weil die Körperwelt, wenn sie von dem Menschen durchmustert wird, kein allgemeines Weltgehirn aufweist, in welches der Sitz der Centralregierung des Alls verlegt werden kann, darum sollen die geistigen und sittlichen Gesetze, die der Mensch nach und nach in seinem eigenen Wesen entdeckt hat, nicht Weltgesetze seyn, so gut wie das Gesetz der Anziehung oder des Falls? Wo nur reines Körperleben vorwaltet, kommen auch nur körperliche Gesetze zur Geltung; körperliche Gesetze beherrschen den Körper des Menschen, sein geistiges, aus dem Selbstbewußtseyn hervorgewachsenes Leben enthält die geistigen Normen in sich selbst, und die immer größere Erkenntniß dieser Normen ist die Aufgabe des Einzelnen wie der gesammten Menschheit.

Wie verhält sich denn aber die christliche Kirche zu dieser Aufgabe? Sie ist entstanden aus der christlichen Gemeinde, d. h. aus den Gesellschaftsverbänden, die sich zusammenschlossen, um gemeinschaftlich Gott als Geist zu verehren und sich in dem ethischen Gebote der Liebe zu festigen und zu heben. Neben den socialen Gliederungen, wie das ökonomische und bürgerliche Getriebe der Menschen im Staate sie aufwirft, zur Verfolgung der Zwecke des täglichen Daseyns, suchte die Menschennatur in der kirchlichen Gemeinschaft die Befriedigung ihres geistigen Wesens, welche sie in dem beschränkten, an den Raum gebundenen Staate nicht fand. Die Kirche nahm den geistigen Theil des Menschen in sich auf, der sich nicht als Römer, als Deutscher, als Gallier fühlte, sondern als einen, wenn auch noch so kleinen, Bestandtheil des Alls, und welcher eben sein Ich über die Wirren des täglichen Lebens, über die Noth und den Kummer der Zeit hinaus mit dem All in eine geistige

Harmonie zu bringen strebte. Daß sie dabei die religiösen Vorstellungen dem durchschnittlichen Bildungszustande der Menge an-
paßte, oder daß die Menge selber sich die christlichen Ideen in einer
für sie faßlichen Weise formte, war ja doch durchaus naturgemäß;
wie wir oben schon einmal sagten, das Symbol bildete die Brücke,
auf welcher der feine asiatische Religionsgedanken zu dem Leben der
rohen Völker des innern Europa's hinüberschritt. Der Anthropo-
morphismus drängte sich abermals in der Religionsgeschichte hervor,
aus dem einfachen Grunde, weil das Mittelalter in vielerlei Hinsicht
die menschheitliche Entwicklung von vorne wieder anfing. Das politische Gefüge ging damals auf seine Kindheit zurück; hätte da etwa
der religiöse Gesellschaftsverband, trotzdem, daß er das Kultur-
sublimat des Alterthums in sich aufgenommen hatte, auf einer viel
höheren Stufe stehen können?.

Jedermann gibt es zu, daß das Staatsleben, welches im
Mittelalter mit ganz neuen Momenten einsetzte, sich erst sehr langsam
den heutigen Vernunftansprüchen gemäß entwickelt hat. Ehe in ihm
die bürgerliche, die rein menschliche Freiheit aus dem Gleichgewichte
aller in ihm vorhandenen Kräfte hervorgehen konnte, mußten durch
die Reihe der Jahrhunderte hin eine Menge von Vorbedingungen
erfüllt werden. Und gewiß Niemandem kommt es in den Sinn, zu
behaupten, daß der Staat, wenn er auch heute noch in seinem
Organismus vielfach mangelhaft bleibt, in ein Nichts aufgelöst
werden müßte; die Geschlechter bauen an ihm weiter und geben
ihre Arbeit den Nachkommen zur Fortführung hin. Hätte nun,
während das Staatswesen eine solche Stufenfolge von Entfaltungen
durchmachte, der religiöse Gesellschaftsverband, die Kirche, von
vornherein vollendet und vollkommen seyn sollen? Wo bleibt bei
dieser Auffassung das Verständniß der Geschichte? Auch die Kirche
hat nicht nur in ihrer äußeren Verfassung, sondern ebenso gut in
ihrer inneren Gliederung eine Feudalperiode gehabt, mit Adel und
Hörigkeit, auch in ihr mußte das Bürgerthum mit seiner sich an-
sammelnden Wissenschaft erst zur Anerkennung gelangen, bevor neben
die staatliche Freiheit die kirchliche Freiheit zu treten vermochte. So
lange im Staate der Absolutismus gebot, gebot er ebenfalls in der

Kirche; so lange der social=politische Verband sich noch nicht in
Einklang mit der modernen Bildung gebracht hatte, lebte auch der
religiös=sociale Verband der Menschen mit ihr in offenem Zwie=
spalte; denn Staat und Kirche waren auf das Engste mit einander
verwachsen. Die politischen Dogmen liefen den Naturwissenschaften
nicht minder zuwider als die religiösen, weil beide noch aus „dem
kindlichen Alter" der Welt herrührten. Auch an der Kirche, an
dem religiösen Gesellschaftsverbande bauen wir weiter und über=
liefern unsere Arbeit den Söhnen und Enkeln zur Fortsetzung.

Wenn man von der ruhigen Höhe geschichtlicher Beobachtung
den politischen Grundzug unserer Zeit verfolgt, so scheint derselbe
der Ausbildung des Staatslebens, gemäß der modernen Kultur
und der modernen Gesellschaftsgliederung, zuzustreben. Dieses Ziel
erreicht der Staat jedoch nicht dadurch, daß er mit seiner Ver=
gangenheit bricht und sich nach reinen Vernunftgesetzen aufbaut;
kein Mensch, kein historisches Gebilde vermag die aus den früheren
Perioden herlaufenden Fäden abzuschneiden; sondern indem er seinen
überkommenen Organismus den neuen in ihm waltenden Momenten
anpaßt. Läßt aber der Staat heut zu Tage immer mehr jede in
ihm vorhandene sociale Potenz zur politischen Geltung gelangen,
so fängt er ebenfalls an, nach und nach die ihm früher auf=
gebürdeten, seinem eigentlichen Wesen fremden Verrichtungen abzu=
weisen. Bereits ist es ein anerkannter Grundsatz geworden, daß
der Staat keine Wirthschaftsgeschäfte treiben soll; die rein gesell=
schaftlichen Bedürfnisse sind von der Gesellschaft selber mit eigenen
Mitteln zu befriedigen. Damit wird es ausgesprochen, wie das
Wesen des Staatsverbandes vorwiegend in der bürgerlichen Ordnung
besteht und demnach seine eigentlichen Aufgaben zunächst in der
Aufrechthaltung des Rechtes nach innen und der Sicherheit einer
Nation nach außen zu suchen sind. Für einen solchen Standpunkt
liegt es denn auch nicht fern, zuzugeben, daß der Staat allmählig
den kirchlichen Gesellschaftsverband aus sich hinaussetzen und dem
selbstständigen Leben überlassen muß. Die Trennung der Kirche
vom Staate beginnt in der Gegenwart sich nicht minder anzubahnen
als die Loslösung desselben von den ökonomischen Pflichten der

Gesellschaft. In dem gleichen Verhältnisse indessen, in welchem dieser Akt sich vollzieht, wächst mit der politischen Freiheit der Menschen ihre kirchliche Freiheit, und die Kirche selber ist dann genöthigt, mit ihrem geistigen Inhalte dieser Freiheit Rechnung zu tragen. In der Uebergangsperiode, in welcher wir uns gegenwärtig befinden, hat sie sich mit der modernen Bildung noch nicht immer recht zu verständigen gewußt, weil sie an den Staat gebunden war, der ebenfalls hinter der Kultur der Gegenwart zurückblieb. Daburch ist ein anscheinend unversöhnlicher Gegensatz zwischen ihr und dem heutigen intellektuellen und wissenschaftlichen Bewußtseyn in den höheren Schichten der Völker entstanden. Millionen von Menschen, sagt man und gewiß mit Recht, leben jetzt außer jeder religiösen Gemeinschaft. Allein wenn diese Gegner der heutigen Kirche auch die festgehaltenen, aus den früheren religiösen Anschauungen erwachsenen Dogmen derselben verwerfen, hat darum in ihnen das religiöse Bedürfniß aufgehört? Ist der Mensch gegenwärtig ein völlig anderer geworden, als er während der letzten sechs, sieben Jahrtausende gewesen ist; hat er seine innerste Natur vollständig umgewandelt? Wir glauben nicht zu irren, wenn wir behaupten, ein großer Theil von der, unserer Zeit unverkennbar eigenthümlichen Zerfahrenheit der Menschen rührt davon her, daß das unveräußerliche religiöse Bedürfniß der Menschennatur innerhalb der stabil gewordenen Kirche die unentbehrliche Befriedigung nicht findet. Deßwegen überall die Genußsucht, der rasche Verbrauch des Lebens, deßwegen der Mangel an reiner, sittlicher Ruhe, an Zufriedenheit und Sammlung von Kopf und Herz zu schönem menschlichen Schaffen. Man sucht sich hastig auf andern Gebieten des Lebens zu entschädigen, weil man außerhalb einer der heutigen Bildung zusagenden religiösen Gemeinschaft die sittliche Einkehr bei sich selber verlernt hat.

Auch selbst die Träger der Kirche gewahren die Kluft, welche sie von dem fortschreitenden geistigen Leben der Nationen immer weiter trennt. Während aber die Einen unter ihnen durch äußere Gewalt dem intellektuellen Fortschritt der Menschheit Stillstand zu gebieten suchen, halten die Andern es einzig für ihre wissenschaftliche

Pflicht, den auf geschichtlichem Wege herausgebildeten Inhalt des Christenthums kritisch zu vernichten; nur Wenige verstehen es, auf dem gegebenen Boden der historischen Religion das religiöse Bedürfniß der Gemeinde nach ihrem Bildungsstande in freier, edler Weise zu befriedigen. Ich habe in jüngster Zeit einmal wieder Strauß' „Leben Jesu" und die „christliche Glaubenslehre" mit ernster Aufmerksamkeit durchgelesen; der Verfasser selbst sagt ja von diesen Büchern, daß sie auf alle neueren, die Kirche betreffenden Geisteswerke einen entschiedenen Einfluß äußern. So völlig ich mich indessen auch von der Stichhaltigkeit der Strauß'schen Schlüsse überzeugt glaube, so unbedingt nöthig eine solche wissenschaftliche Arbeit gewesen ist, um die eingetretene Starrheit der christlichen Dogmen wieder in Fluß zu bringen, dieselbe vermag meiner An= sicht nach weder die individuelle Religiosität, noch den im Christen= thum vorhandenen historischen Ausdruck derselben, an welchem immer wieder anzuknüpfen ist, oder den Bestand des religiösen Gesellschaftsverbandes der Menschen, die Kirche, aufzuheben.

Man sehe doch nur einmal hinein in das menschliche Daseyn, wie es sich von Tage zu Tage weiter spinnt. Auf der wirthschaft= lichen Arbeit ist es begründet, von Anfang an lautet für den Menschen das Gebot: „im Schweiße deines Angesichts sollst du dein Brod essen," und an der wirthschaftlichen Arbeit entfaltet es sich weiter. Immer bleibt es der Kampf um die Existenz, welche den Menschen in erster Linie in Anspruch nimmt. So vielfach indessen auch dieser Kampf die geistige Entwicklung fördert, so Wenigen wird es doch, schon wegen ihrer ökonomischen Lage, vergönnt, die letzten Resultate der Wissenschaft in sich aufzunehmen. Der großen Menge bleibt die wissenschaftliche Arbeit eines Strauß pekuniär und in= tellektuell unzugänglich. Aber auch diejenigen, denen sie zugänglich ist, sie, welche sich die Resultate derselben in den Momenten des reinen Denkens angeeignet haben, wie lange verharren sie in solchen Momenten des reinen Denkens? Sie sind Menschen wie die Andern, Kummer und Schmerzen unterworfen, sie bleiben Individuen, Sinneswesen, sie werden nicht zu körperlosen Trägern reiner Begriffe. Auch in ihnen hört mithin das religiöse Bedürfniß, das

Streben nach sittlicher Harmonie mit dem Leben, nach dem rechten Einklang mit der gesammten Welt nicht auf. Du bist Mann geworden, du hast dir die Schätze des modernen Wissens angeeignet, du stehst vielleicht in glücklicher äußerer Unabhängigkeit da und wähnst, mit der Religion ein= für allemal abgerechnet zu haben. Da setzt dir dein Weib deinen ersten Sohn auf das Knie; plötzlich empfindest du an diesem Theil von dir, daß du voll und ganz eingetreten bist in die große Kette der Menschheit; der Faden, der bis auf dich gekommen ist, er setzt sich jetzt, von dir ab, in deinem Kinde in die Zukunft fort. Du fühlst dich nunmehr verbunden mit dem Ganzen, nur als eine einzige kleine Schwingung des Weltlebens, die weiter schwingt. Plötzlich gewahrst du, daß einmal in deinen naturalistischen und philosophischen Studien dir noch eine Menge Fragen übrig geblieben sind, über deren letzte Lösung du bloß mit einer Phrase hinweggehüpft bist, und außerdem neben Kosmogonie und dem Spiel der Gedankenkategorien deine Seele, deine Liebe zu deinem Kinde auch ihr Recht fordert. Ist denn aber die beseligende Regung, die jetzt durch dich hinzieht, und von welcher deine Naturwissenschaft, deine Lehre von Kraft und Stoff nichts weiß, nicht etwa auch Religion? Ist es nicht Gebet, wenn du dich ihr jubelnd hingibst? steigert sie nicht dein sittliches Wollen? Das Fernrohr zeigt dir das Daseyn eines göttlichen Geistes in der Welt nicht, du bewunderst damit nur die Gestirne als Körper; in dir selber vielmehr offenbart es sich, daß es neben dem physikalischen Gesetz ein ethisches Gesetz gibt, nenne es, wie du willst; ein Gesetz, das den menschlichen Geist, nicht wie das physikalische Gesetz nur den Leib regiert. Und es wird dir zu enge im Zimmer, du eilst hinaus. Es ist draußen vielleicht Sonntagmorgen, woran du in deiner Studierstube gar nicht gedacht hast. Die Arbeit in den Häusern und auf den Straßen ruht; nach sechs Tagen mühevollen Schaffens in Schweiß und Schmutz ist der Feiertag wieder gekommen, an welchem der Mensch das Arbeiterkleid auszieht, um auch seine geistige Natur zu ihrem Rechte gelangen zu lassen. Während der Woche gingen die Stunden hin, ohne daß er Zeit fand, sich selbst und seiner Familie zu leben; nach vollbrachtem

Werke sank er Abends müde auf sein Lager. Heute ist es Sonntag, der Tag der Ruhe, der Tag des menschlichen Seelenlebens
im Gegensatze zu dem Körperleben der Woche. Steigt da doch nicht
vielleicht, während du durch die Gassen dahinschreitest, der Gedanken
in dir auf, daß die „Heilighaltung" des Sonntags eine gesellschaftliche Nothwendigkeit ist, unmittelbar begründet in der Natur
der Menschen und ihrer socialen Gliederung? Die erste französische
Republik, welche nichts von der socialen Anthropologie ahnte,
schaffte mit der Gottesidee auch den Sonntag ab; an die Stelle
der Woche sollte die Decade treten. Allein die Menschennatur hielt
eine ununterbrochene neuntägige Arbeit körperlich und geistig nicht
aus; sie forderte wieder, wie sie es seit Jahrtausenden gethan,
schon nach sechs Tagen eine Muße für die Seele. Moses hat nur
zum Staatsgesetz gemacht, was lange vorher ein Gesetz der Menschennatur gewesen war. Welche Einrichtungen aber würdest du, wenn
du das Gesellschaftsleben ganz neu zu ordnen hättest, treffen, um
die sonntägliche Ruhe auch der Menschennatur nutzbringend zu
machen? Würdest du nicht zu Anstalten greifen, die darauf berechnet sind, den menschlichen Geist, das menschliche Gemüth zu
heben? Damit du indessen dieses Ziel erreichst, mußt du deine Anstalten dem Bildungszustande der Menge anpassen. Sie hat nicht
Zeit gehabt, wie du, Naturwissenschaften und Geschichte zu stu-
diren, sie hat nicht Strauß und Feuerbach gelesen; allein sie hat
das unveräußerliche Bedürfniß, sich Frieden zu erringen in dem
Kampfe des Lebens. Würdest du nicht Männer hinstellen, die, in
der Theilung der geistigen Arbeit, einzig dazu bestimmt sind, am
Sonntage, am Ruhetage Lehrer des Volks zu seyn? Und müßtest
du nicht Häuser bauen, in welchen die Menge sich versammeln
kann, um in gesellschaftlicher Ordnung den Worten dieser Lehrer
zu lauschen? Da klingen die Glocken vom Thurme, die Thüren
des Doms öffnen sich, die von der körperlichen Arbeit ruhende
Masse zieht zur geistigen Arbeit ein. Was du schaffen müßtest,
die Geschichte hat es längst geschaffen, sie hat es durch die Jahrtausende hin von der rohen Gottesverehrung zu der Anbetung im
Geiste und in der Wahrheit durchgebildet .... Die Kirche ist da,

der alte Tempel, einst das Wohnhaus der Gottheit selbst, ist zu dem Dome, dem Versammlungshause der Gemeinde geworden!

Vielleicht bist du seit Jahren nicht unter seinem Dache gewesen, oder nur zu dem Zwecke, um dir an ihren Gewölben die Gesetze der architektonischen Schönheit klar zu machen; der Ausbau der Kölner Kathedrale ist dir nur eine Sache der Kunst, nicht der religiös-socialen Gliederung der Menschen. Wenn du indessen jetzt selber ein Haus für die Gemeinde aufzuführen hättest, das ihre sonntäglichen Versammlungen einschließen soll, in welcher Art würdest du es erbauen? Wie dein Wohnhaus, das Haus deines täglichen Daseyns, welches deine Lasten, deine Mühen sieht, die du am Sonntage vor deinem bessern Selbst in den Hintergrund treten läßst? Groß, ernst, würdig, wie unsere Kirchen dastehen, würdest du selbst sie hinstellen. Aber die Menschen kommen langsam, Einer hinter dem Andern, zur Kirche; tausend Menschen, die nicht einexercirte Soldaten sind, kannst du niemals auf den Glockenschlag zusammenbringen. Während also die Menge nach und nach eintritt, ertönt für die bereits Versammelten der Feierklang der Orgel; die Musik hat eine hohe Gewalt über das menschliche Herz, sie macht es sanft und milde; der wohlthuende Ton beruhigt die erregten Nerven, er stimmt den Geist zur Empfangsfähigkeit. Und die Orgel schweigt, die Menge ist versammelt, der Lehrer des Volkes steigt auf die Kanzel. Er hat es sich zur Aufgabe seines Lebens gesetzt, der Religionslehrer für eine Menschengruppe zu seyn; seine ganze Ausbildung richtete sich von früh an auf die Erfüllung derselben; sie ist seine Arbeit. Versteht es sich aber von selbst, daß die Gemeinde die Kosten ihres Versammlungshauses aufbringt, so bestreitet sie auch die Ernährung ihres Geistlichen, damit er Zeit findet, seinem Berufe nachzugehen. Da redet er nun zu der Menge hinab. Aus den Mühen und Sorgen des Tages, bei welchen die Einzelnen sich verloren haben in Selbstsucht oder Verzweiflung, in Unmuth und Haß, führt er sie hin zu den großen allgemeinen Gesetzen, welche das Seelenleben der Menschen regieren, er läßt sie sich als kleine Theile der großen Welt empfinden und gibt ihnen dadurch die Kräftigung zurück für den Kampf der Woche.

„Kommt her zu mir, alle, die Ihr mühselig und beladen seyd, ich will Euch erquicken." Allein er thut das in einer Gedankenform, welche für die Auffassungsfähigkeit der Menge paßt, er thut es im Zusammenhange mit den religiösen Vorstellungen der Vergangenheit, weil die Menge selbst in ihrer gesammten Bildung mit den vorangegangenen Geschlechtern im innigen Zusammenhange steht. Das Symbol ist auch die Brücke von der Wissenschaft des Einzelnen in den Momenten seines reinen Denkens zu dem Bildungsstande der Gesellschaft. Sieh dich doch nur um in dem Kreise der Gemeindemitglieder. Willst du zu ihnen reden von der Kosmogonie des Naturalismus, von den Gesetzen der Körperwelt, diesen schlichten Männern und Frauen, die da Frieden und Trost suchen im Herzen? Sollen sie es verstehen, daß das geistige und ethische Gesetz erst mit dem Menschen seine Herrschaft beginnt, während bis zu seiner Geburt nur körperliche Gesetze auf Erden gewaltet haben? Willst du ihnen die Gottesidee metaphysisch darlegen? Sie sind unmittelbare Menschen; in dem Begriffe Gott fassen sie alle körperlichen und ethischen Gesetze zusammen, von ihm ziehen sie die Linien zu ihrem Ich herüber, zu ihrem Daseyn vom Heute zum folgenden Tag, zu ihren Sorgen um das tägliche Brod; und Gott trägt und stützt sie, in dem Gedanken an ihn veredeln sie sich, vergeistigen sie immer mehr den Begriff.

Der Gottesdienst ist aus; nach einer Stunde, die ihnen neue sittliche Kraft verliehen, kehren die Menschen in ihre Häuser zur sonntäglichen Freude und morgen zu den Aufgaben des Tages zurück; aber die erhaltene Belehrung schwingt, manchmal selbst unbewußt, in ihnen weiter bis zum nächsten Sonntage. Du selber hast vielleicht seitdem angefangen, die social-kulturliche Bedeutung der Kirche, dieser großartigen Schöpfung der Menschheitsgeschichte, einigermaßen zu ahnen. Allein du bist noch nicht mit ihr versöhnt, sie hat so seltsame veraltete Gebräuche! Sie mischt sich in Angelegenheiten, welche sie gar nichts kümmern, die ja nur dem Staate anheimfallen können. Gut, sehen wir weiter! Von der Wiege deines Kindes aus bist du zur Kirche gegangen, nach der Kirche eilst du wieder zu deinem Sohne zurück. Da liegt das kleine

Wesen, unfähig zur Selbsthülfe, in allen seinen Bedürfnissen ganz auf die Liebe seiner Umgebung hingewiesen. Vater und Mutter geloben sich heilig, nach bestem Können körperlich und geistig für es zu sorgen. Nur sind Vater und Mutter selber den Wechselfällen des Lebens unterworfen. Was wird aus dem Säugling, wenn er plötzlich Waise ist? Welche Menschen nehmen sich dann seiner getreulich an? Du hast dir im Leben Freunde erworben; wie du ihnen, so sind sie dir in Freude und Schmerz fest zur Seite gestanden. Also ladest du deine Freunde zu dir ein, daß sie dir versprechen, dein Kind zu erziehen, falls deine Tage frühe enden. Die Pathen kommen; der Knabe erhält einen Namen, er wird als Individuum eingetragen in die Listen des Staates, damit ihm zukünftig seine bürgerlichen Rechte gesichert sind, und der kirchliche Verband nimmt ihn ebenfalls als Mitglied in sich auf. Möchtest du aber nicht, während du so nach besten Kräften die Zukunft deines Kindes in Sicherheit zu bringen suchst, von dem Manne des geistlichen Berufs, von dem Pfarrer einige ernste, weihende Worte dabei hören? Und wenn, was er dir und dem Kreise deiner Freunde bei dieser Gelegenheit sagt, du selber auch dir sagen kannst, hält deine Gattin mit dir auf derselben Höhe des Denkens und die tausende von Menschen um dich her, die gleichfalls Kinder haben und bei der Geburt derselben, gerade wie du, sich nach einer Bürgschaft für die sittliche Ausbildung derselben umsehen? Wie du dich mit der sonntäglichen Predigt ausgesöhnt hast, so söhne dich nun auch mit der Taufe aus. Ihr eigentlicher Inhalt besteht ja nicht in der Ausgießung des Wassers, in der Vertreibung der Erbsünde; solche Vorstellungen gehören der Vergangenheit an, sie ist vielmehr eine socialkulturliche Einrichtung zum sittlichen Schutze der kleinen nachwachsenden Menschheit.

Und dein Sohn verläßt die Wiege und wird größer; er fängt schon an zu denken, er richtet Fragen an dich: „Vater, wer hat denn die goldene Sonne gemacht und den blauen Himmel, meine Blumen, mein Schäfchen, meinen Hund?" Willst du ihm dann etwas aus Hudson Tuttle's Geschichte des Schöpfungsvorganges vorlesen? Selbst die Idee eines allmächtigen Weltgottes ist für das

kindliche Gemüth noch zu groß. Die Kinderseele will auch einen
Kindergott haben. Du suchst nun umher nach einem Symbol, das
dir einen Anhalt zur Beantwortung jener Fragen darbietet. Du
bist vielleicht Schriftsteller, Dichter; du willst Mährchen für dein
Kind schreiben, um darin dasselbe über die sittliche Weltordnung
nach seinem schwachen Verständniß zu belehren. Suche nicht so
weit, die Kinderschaar besitzt längst ihr Christkindchen! Dir sagt
deine Wissenschaft, daß das christliche Weihnachtsfest aus dem römi=
schen Heliosdienst, welchen der Neuplatonismus ebenfalls der Menge
als Symbol gab, in den christlichen Kultus mit herübergebracht ist.
Allein die weiterfortschreitende Menschheit hat diese Idee nach ihren
eigenen socialen Bedürfnissen umgewandelt; sie hat dieselbe dem
Familienleben angepaßt, und der Kern des Familienlebens liegt ja
in der Aufbringung der Kinder, in der sittlich geordneten Fort=
setzung des Menschengeschlechts. Kein Einzelmensch gebietet über so
viel poetische Schöpferkraft, um aus sich heraus Christkindchen zum
Kindergott zu machen; die europäische Menschheit, das deutsche Volk
an der Spitze, hat im Laufe der Jahrhunderte daran innig und
sinnig gearbeitet. Rasch kommt indessen die Zeit heran, wo dein
Knabe seinen Glauben an Christkindchen abstreift; er hat durch's
Schlüsselloch geguckt, als die Mutter in der Weihnachtsstube die
Gaben zurecht legte; er lacht fortan über den Kindergott, und er
hat Recht, darüber zu lachen, denn er selbst ist kein Kind mehr.
Wie er selber wächst, so wächst mit ihm auch Christkindchen zum
Christus auf. Oder sollte der angehende Jüngling schon jetzt die
Kosmogonie des Alls, wie der Naturalismus sie lehrt, verstehen,
die Gottheit, statt im Himmel, in der eigenen Brust suchen? Die
Persönlichkeit oder Unpersönlichkeit Gottes sind noch für ihn unbe=
griffene dialektische Untersuchungen, die auf sein sittliches Selbst
keine einzige Linie zurückziehen. Er schiebt sie von sich ab; er hält
sich vorerst an den Mensch gewordenen Gottes=Sohn. Wir sind,
wie gesagt, gewiß weit davon entfernt, die ungemein geistvollen
historischen Nachforschungen über das Leben Jesu gering zu schätzen.
Sie mußten von der Wissenschaft angestellt werden, damit der or=
ganische Proceß der neuen Religionsentwicklung klarer verfolgt

werden konnte. Allein die Individualität des Nazareners an sich entscheidet Nichts über den Inhalt der christlichen Lehre. Denn wie der Urheber derselben seinerseits in einem unlösbaren geistigen Zusammenhange mit der Geistesarbeit der ihm vorangegangenen Menschengeschlechter steht, so gibt er auch wieder seine Weltanschauung den nachfolgenden Generationen zur Fortbildung hin. An dem Christenthume hat die Menschheit vor Christus unausgesetzt gearbeitet, und die Menschheit nach ihm wird unausgesetzt daran arbeiten, weil die religiöse Kulturarbeit nie endet. Gerade in der Auffassung des Christenthums macht der heranwachsende Mensch alle Religionsstadien der Vergangenheit mehr oder weniger unbewußt in sich durch. Wie nach den Untersuchungen des Naturalismus der Fötus im Mutterleibe die Stufenfolge der organischen Gebilde von der Zelle und dem Leimthiere an bis zur Durchprägung der menschlichen Gattung durchläuft, ebenso hat der Mensch die Stufenfolge der bisherigen Geistesgeschichte der Menschheit in sich gleichsam nachzuarbeiten. Dazu hat er jedoch in dem Uebergange vom Knaben zum Jünglinge einen gründlichen Religionsunterricht nöthig; er muß die christlichen Dogmen kennen lernen, um später im Zusammenhange mit der Vergangenheit sich seine eigene religiöse Anschauung zu bilden. Auch der Confirmationsunterricht und die Confirmation selbst ist eine socialkulturliche Nothwendigkeit; der junge Mensch erhält darin die Kunde von den religiösen Ueberlieferungen aus der Geschichte, soweit sie nun dem männlichen und weiblichen Geiste in jenem Alter verständlich sind, und von den daran sich knüpfenden sittlichen Geboten. Dergestalt unterrichtet, wird er in dem Kreise der Gemeinde feierlich für erwachsen erklärt; fortan ist er dem Staate für sein Thun und Treiben rechtlich und politisch verantwortlich und sich selber für seinen sittlichen Wandel. Daß auch diese Handlung der Geistliche vollzieht, derselbe Mann, der an der Wiege des Kindes gestanden hat, welcher der Lehrer des Knaben gewesen ist, der Führer der Jugend — würdest du die nämliche Sitte nicht selber anzuordnen suchen, wenn sie nicht schon längst da wäre?

Aber damit ist ja das Abendmahl verbunden, und zu welcher

Verdummung der Menschen ist dieser Gebrauch benutzt worden? welche Kriege, welche Verbrechen hat er veranlaßt? was soll es mit Christi Leib und Blut? Erinnere dich doch zunächst einmal, daß auch dein Naturalismus, worauf wir schon oben hingewiesen haben, chaotische Perioden in der Kosmogonie einräumt; ist indessen die Menschheitsgeschichte eine Fortsetzung der Naturgeschichte, dann muß der Naturalismus auch die chaotischen Epochen in dem allmählig aufsteigenden Kulturgang der Menschheit als naturgemäß aner= kennen. Nach dem kulturlich so hoch entwickelten Leben des Alter= thums kam im Mittelalter wieder eine lange Dauer roher Ur= sprünglichkeit, welche die Ueberlieferungen der Vorzeit nicht begriff, ja selbst den gesellschaftlichen Sitten derselben völlig ferne stand. Das Liebesmal, wie es die kleinen Gemeinden in den asiatischen Städten zur Erinnerung an den Religionsstifter einsetzten, stieß in der Mitte von Europa auf ganz andere sociale Verhältnisse, mithin mußte es dort wohl seinen ursprünglichen Charakter verlieren. Allein es blieb ein kirchlicher Gebrauch, der durch eine äußerliche Handlung die Idee von der Gemeinsamkeit der Menschheit in der Religion beurkundet. Wo Menschen gesellschaftlich, sey es nun politisch oder religiös verbunden, miteinander leben, bedarf es allemal der Ceremonien; auch die Ceremonie ist ein sociales Symbol. Lasse deinen Sohn an seinem Confirmationstage immerhin unge= stört zum Abendmahl gehen, und wenn du selbst ihn nicht begleiten willst, so begleitet ihn die Mutter; die Frauennatur hält fest am Symbol, ihrer unmittelbaren Weltauffassung widerstrebt die reli= giöse Abstraktion. Mag dann der junge Mann an seinem Con= firmationstage zum ersten= und letztenmale in seinem Leben der Kirche Brod und Wein gekostet haben, indem seine Studien ihn bald über die Region der Symbole hinaustragen; für viele von seinen Mitconfirmanden ist jene Feierlichkeit der Gipfelpunkt ihres gesammten geistigen Daseyns. Wie oft hört man noch einen Greis in jugendlicher Begeisterung von der Stunde seiner „Einsegnung" reden! Sie packte all sein sittliches Wollen mächtig zusammen, sie machte den Charakter fertig, so weit er überhaupt je in seiner be= schränkten Sphäre fertig werden konnte. Bedurfte er dann später im Drange des Tages einer Neukräftigung seines Gemüthes, einer Erneuerung der damals gefaßten Vorsätze, nun so ging er wie damals wieder zum Abendmahle, die Stunde der Confirmation trug ihm frische Früchte.

Ob fortan dein herangewachsener Sohn im Laufe seiner Studien viele Jahre lang mit dem Christenthume und der Kirche vollständig bricht, bei Hegel und Feuerbach schwört, und glaubt, so wie er die Welt betrachte, müßten alle andern Menschen sie auch ansehen, was schadet das denn? Er steht noch außerhalb des socialen Verbandes, geistig einsam in seinem Zimmer, er hat die Pflichten der Familie noch nicht auf sich genommen. Gewiß ist es ein durchaus treffendes Wort, daß die ganze Geistesrichtung des sogenannten jungen Deutschlands eine Junggesellenphilosophie war. Keiner jener Sprudelköpfe wurzelte fest im Leben, in Haus und Hof, sie führten körperlich und geistig ein Wirthshausdaseyn. Mit der Familie beginnt aber, wie in der Urzeit der sociale Verband der Menschheit überhaupt, so auch immer noch heute das wirkliche Eintreten des Einzelnen in die vorhandene gesellschaftliche Gliederung. Sie legt ihm erst die sittliche Beschränkung seines ungebundenen Willens auf, sie bringt neben dem Kopfe das Herz zu seinem Rechte. Die philosophische Spekulation, deren Folgerungen das Familienleben nicht verträgt, verträgt auch die gesammte menschliche Gesellschaft nicht. Oder willst du dein junges Weib mit hineinreißen in die Oede deines Naturalismus, willst du in ihrer liebebedürftigen Brust das Bild einer allmächtigen Weltliebe zerstören, und an die Stelle desselben das Zusammenspiel physikalischer Kräfte setzen? Deine Gattin, deine Tochter haben dasselbe Recht, ihr Wesen geistig und ethisch in Einklang zu bringen mit dem allgemeinen Leben, wie du es für dich beanspruchst; die Hälfte deines Volkes besteht aus Frauen, sollen und können sie etwa ohne Religion bleiben? So gut aber als du für deinen kleinen Sohn nach einem Symbol suchtest, an welchem sein beginnendes Denken sich aufranken könne, und fürwahr kein schöneres zu finden vermochtest, als das von der Poesie der Menschheit geschaffene Christkindchen, ebenso müßtest du für dein Weib und deine Tochter eine Religion erfinden, wenn sie nicht in der

Menschheitsgeschichte längst, entsprechend der menschlichen Natur, sich ausgebildet hätte. Der sittliche, ewig flüssige Gedanken des Christenthums ist die Menschheitsreligion überhaupt; wir wiederholen es, wo die physikalisch schaffende Naturgeschichte aufhört, fängt die ethisch schaffende Menschheitsgeschichte an.

Und du selber, frage dich nur ehrlich, hast du in deiner rein physikalischen Weltanschauung eine volle Befriedigung deines unabweislichen, deines menschlichen Religionsbedürfnisses gefunden? Du nimmst das Leben, wie es nun einmal ist. In Ehrlichkeit und Biederkeit gehst du durch die Reihe deiner Tage hin. Mit den „letzten Fragen" hast du abgerechnet, deinem Tode siehst du ruhig entgegen. Den uralten, durch die Jahrtausende sich ziehenden Gedanken der Unsterblichkeit, du hast ihn für dich weggeworfen; wie Strauß, so schließest auch du deine Dogmatik mit Rückert's „sterbender Blume" ab:

> „Ohne Kummer schlaf ich ein,
> Ohne Hoffnung aufzustehn" . . .

oder du sagst zu dir die Worte Herder's, mit denen auch Achner die Herausgabe von Tuttle's angeführtem Werke endigt:

> „Ermanne dich! Nein, du gehörst nicht dir;
> Dem großen guten All gehörest du.
> Wenn einst mein Genius die Fackel senket,
> So bitt' ich ihn vielleicht um Manches, nur
> Nicht um mein Ich, und trinke froh
> Die Schaale Lethe's."

Du hast die Unsterblichkeitsidee für dein ethisches Verhalten nicht nöthig. Da aber reißt dir der Tod die Gattin von der Seite, dein ganzes Seyn, dein Leben, dein Fühlen, dein Denken ist mit ihr zusammengewachsen gewesen, sie war ein Theil von dir geworden, wie du ein Theil von ihr. Die Hälfte deines Wesens erscheint dir genommen. Diese Lieblichkeit, diese Güte und Milde, dieses edle Menschenbild — nun ein leeres Nichts? Was du für dich selbst nicht fürchtest, fürchtest du es gar nicht für sie? Dich willst du gern hingeben, verloren an das All; aber ihre Seele vermagst du in deinen Gedanken nicht der Vernichtung zu überliefern! Freund, du bist mit deinen letzten Fragen noch lange nicht in Ordnung! Und während du so mit deinem Schmerze ringst, während deine Liebe an ihrem Grabe festgebannt haftet, bleibt deine Liebe auf die Dauer ganz ohne alles Hoffen? Die Weltphysik bietet dir allerdings keinen Anhalt dafür; der Körper ist in seine Atome zerfallen. Allein, vielleicht fängst du nun an zu ahnen, daß jede religiöse Idee, welche vom Beginn der Menschenentwicklung durch die Menschheit, und sey es im Anfange noch so roh, fortläuft, ein geistiges, ein ethisches Gesetz der Menschennatur beurkundet, und somit jeder Mensch auch dieser Idee den seinem individuellen Wesen, seiner Bildung entsprechenden Inhalt verleiht. Du erringst dir dein Weib, die dir entrissen ist, aus ihrem Grabe geistig wieder, in dir lebt sie jetzt fort, und du lebst mit dem festen Gedanken an sie ein sittlich gesteigertes geistiges Leben, das hebend und fördernd auch zurückwirkt auf deine Kinder, deine Freunde. Du ahnest, indem du die Menschheit durch die Geschichte hin als ein großes Ganzes überblickst, daß, wie keine wirthschaftliche Arbeit auf Erden verloren geht, so keine sittliche Arbeit; sie zieht ihre Kreise weiter. Hudson Tuttle sagt, jeder Hammerschlag, der auf den Erdkörper gethan wird, muß nach den körperlichen Gesetzen durch das All hinzittern. Die Menschheitsgeschichte ist eine Fortsetzung der Naturgeschichte; jeder geistige, jeder ethische Pulsschlag des Einzelnen schwingt in ihr fort, in welcher Weise, das wirst du nicht ermitteln, sobald du nach physikalischen Gesetzen die ethische Welt ermessen willst — Andere fassen die Unsterblichkeit anders auf, die letzten Fragen bleiben dir noch immer unbeantwortet; das Ende deines Wissens ist der Anfang deines Ahnens!

Wenn nun dergestalt in der Brust des Einzelnen, der auf der Bildungshöhe der Zeit zu stehen glaubt, an dem Sarge eines geliebten Wesens die Räthsel des menschlichen Daseyns wieder laut ihre Lösung fordern, und er in dieser Stimmung sich nach Trost und Zuspruch sehnt, wie viel mehr muß da der weniger durchgebildete Mensch dankbar die Hand des Mannes ergreifen, der in der Erfüllung des geistlichen Berufs ihm in seinem Schmerze aufzuhelfen sucht! Die Seelsorge ist ja das eigentliche Amt des Pfarrers, sey es nun, daß er von der Kanzel herab sein Wort an Tausende richtet, sey es, daß er ermahnend und beruhigend in ein Kämmerlein tritt, wo nur ein Menschenherz tief leidet. Von der Wiege an bis zum Grabe hin' steht neben dem Erdenpilger bei den trüben Wendungen seiner Reise der Vertreter des geistigen, sittlichen Lebens. Wer unverbunden mit der gesellschaftlichen Gliederung in atomistischer Einsamkeit für sich haust und in dem intellektuellen Absolutismus seines Ichs dem Durchschnittsmenschen seiner Nation die kulturliche Berechtigung versagt, der mag immerhin über die Sitte spotten, daß der Geistliche den Todten auf seinem letzten Wege begleitet und von der frischen Gruft aus an die Umstehenden, denen der ganze Ernst des Daseyns in dem Augenblicke sich vor die Augen stellt, Trost zu spenden sucht. Bei einem richtigen Verständniß der socialen Menschennatur dagegen und bei einer gerechten Würdigung der Bedingungen, auf welchen der religiöse Verband der Menschen unter einander beruht, muß man sich einräumen, daß auch dieser Gebrauch neu einzurichten wäre, wenn er sich nicht im Laufe der Jahrhunderte herausgebildet hätte. Es ist so oft als die höchste sittliche Aufgabe des Menschen bezeichnet, für Andere zu leben und zu wirken; bleibt es denn nicht aber die edelste Wirksamkeit, das geistige Wohl der Mitmenschen zu fördern? Ehre allen denen, die durch ihre wirthschaftliche Betriebsamkeit Hunderten in ihrer Nähe Gelegenheit zum Broderwerb darbieten, Ehre den Männern der Wissenschaft, welche die menschlichen Kenntnisse und Kräfte vermehren, allein auch volle Ehre den von wahrem, christlichem Geiste beseelten Vertretern der Kirche, aus deren Munde die ethische Hülfe bei den menschlichen Leiden kommt! Du selbst hast dich entschlossen, ruhig deinem Tode in's Angesicht zu blicken, du ahnest das einheitliche Leben der Welt, das auch in dir pulst und schwingt, du unterwirfst dich ihm mit Ergebung, was immer auch aus dir werde. Wie vielen Menschen ist es indessen möglich, bei den Sorgen des Tages die gleiche ruhige Höhe der Weltanschauung zu erklimmen? Auch in dieser Beziehung herrscht hienieden eine Arbeitstheilung. Ein Einzelner arbeitet sich da hinauf und bietet nun seine geistigen und

ethischen Errungenschaften den Andern nach der Stufe ihrer Bildung
dar. Nicht Jeder vermag in philosophischer Resignation zu sterben.
Der Selbsterhaltungstrieb liegt tief in der menschlichen Natur
begründet. Außerdem drängen sich an manches Sterbelager noch
die schwersten Sorgen um die Hinterbleibenden, oder es gilt, Abschied zu nehmen von einem milden, holden Glücke, wie es denn
doch auch auf Erden blüht. Dazu ist der Körper, der seiner Auflösung entgegengeht, schwach, er entzieht dem Ringen der Seele
auch die äußerlichen Stützen. Wer erleichtert nun dem Sterbenden
die letzten schweren Augenblicke? Der Geistliche, dessen Lebensaufgabe diese Tröstung mit sich bringt, der in hundert und aber hundert Fällen es bereits kennen gelernt hat, wie in solchen Momenten der Angst dem menschlichen Gemüthe zu helfen ist. In der
ganzen Familie des Kranken ist vielleicht keine Persönlichkeit vorhanden, die ihm als geistiger Arzt mildernden Balsam darzureichen
vermöchte, oder die Umgebung selber hat bei dem Gedanken an die
nahe Trennung die eigene feste Haltung verloren. Der Geistliche
dagegen, der im religiös-socialen Verbande der Gemeinde waltende
Seelsorger, hält hier wieder an seinem Platze. Du hast dich mit
der Predigt in der Kirche ausgesöhnt, die in der Geschäftsruhe des
Sonntags den Sinn der Menschen über die Kümmernisse der Woche
im geselligen Vereine emporhebt, die Taufe deines Kindes hat dir
die Beruhigung gewährt, daß auch über deinen frühen Tod hinaus
nicht nur für sein bürgerliches Recht, sondern auch für seine sittliche Ausbildung gesorgt werden wird, die Confirmation ist dir zu
einem Akt geworden, der die nunmehrige Selbstständigkeit des
jungen Menschen zur Anerkennung bringt. Du gibst es zu, daß
wenn Mann und Weib den Ehebund eingehen, neben dem bürgerlichen Vertrag auch die Weihe der Kirche wohlthuend wirkt, und
du vertreibst nicht mehr den Trost des Geistlichen von dem Schmer-
zenslager des Sterbenden; du erkennst die Kirche als einen naturgemäßen religiös-socialen Verband an, und ihre Einrichtungen,
ihre Gebräuche, selbst ihre Symbole erscheinen dir nicht mehr als seltsam und überlebt — aber! . . . gut, wir verstehen dieses Aber.

Wir haben bisher darzulegen versucht, wie die Religion selber in der Menschennatur begründet liegt; der Mensch erfaßt sich darin in seinen Beziehungen zu dem Gesammtleben der Welt und bildet sein religiöses Bewußtseyn, seinem socialen Wesen gemäß, in einem gesellschaftlichen Verbande aus. Stufenweise mit seiner übrigen Entwicklung entfaltet sich auch seine religiöse Anschauung; sie durchbricht nach und nach die nationalen Absonderungen, die Mensch= heit begreift sich als Einheit, in dem Christenthume verwandeln sich die alten Stammesreligionen zu einer Menschheitsreligion. So verwächst der neu gefundene religiöse Gedanken mit der social= politischen Gliederung des Mittelalters und macht mit den Ver= änderungen des europäischen Staats= und Kulturlebens neue Wand= lungen durch. Ferner ist von uns angedeutet worden, wie sein geistiger Gehalt sich der jedesmaligen Bildungshöhe der Menschheit anpaßt, wie das Symbol eine Nothwendigkeit ist, damit er dem Durchschnittsstandpunkte der Menschen zugänglich werde, und wie die Einrichtungen der Kirche der ihr zufallenden Seelsorge entsprechen. Dagegen haben wir bisher kaum ein Wort über die Verirrungen ge= äußert, welche die Kirche in ihrer geschichtlichen Entwicklung gezeigt hat und noch zeigt, die Brücke ist noch nicht geschlagen, die uns über die tiefe und breite Kluft zwischen dem modernen Bewußtseyn und den positiven Dogmen des Christenthums zu dem christlich= religiösen Gesellschaftsverbande zurückführt. Daß der Historiker jene Verirrungen nicht übersieht oder gar als gleichgültig erachtet, wird wohl Niemand voraussetzen. Im Namen der Religion überhaupt, wie des Christenthums insbesondere, sind entsetzliche Verbrechen auf Erden begangen worden. Wenn im Beginne der Menschheitsgeschichte in den Theokratien, wie wir erwähnt haben, den Uebermittlern des göttlichen Willens naturgemäß eine große Gewalt über die unge= bildete Menge zufiel, so hat auch später, bis auf die Gegenwart hin, der religiöse Verband nur zu oft eine Priesterherrschaft auf= geworfen, welche, statt die religiöse Entwicklung der Masse weiter zu fördern, im eigenen Interesse den Fortschritt der Menschheit, nicht bloß auf dem Gebiete der Religion, sondern auf allen Feldern der Erkenntniß, zu hemmen suchte. Jene erwähnte Kluft ist zum größten Theile von den Vertretern der Kirche selber gegraben worden.

Aber erwäge man doch zunächst einmal, was denn im Gange der Menschheit ein Zeitraum von siebentausend Jahren, wie unsere Geschichtsforschung ihn einigermaßen zu überblicken vermag, für die langsame, allmählige Ausbildung des staatlichen und religiösen Verbandes bedeuten will. Der Naturalismus nimmt Aeonen in Anspruch für das Festwerden unseres Planeten; soll da der Schöpfungsproceß der geistigen Natur sich etwa in wenigen Augenblicken vollenden? Noch sind keine vierzehn Generationen über den Erdball hinweggegangen, seit Amerika entdeckt und das Copernikanische System aufgestellt wurde. Noch liegt die Abschaffung der Hörigkeit im deutschen Staatsleben um kein halbes Jahrhundert hinter uns. Wir sind erst jetzt in die Periode eingetreten, in welcher wir selbstbewußt unser politisches Gefüge unserem gesellschaftlichen Gefüge anzupassen suchen und auf das Gleichgewicht der social-politischen Kräfte im Staate seine Gesundheit zu gründen streben. Unter solchen Verhältnissen wäre es ja nicht nur unmöglich, sondern geradezu unnatürlich gewesen, daß neben der so mangelhaften Staatsgliederung, neben den unhaltbar gewordenen, der Vergangenheit angehörenden politischen Dogmen eine vollendete kirchliche Gliederung mit einem dem Zeitgeiste ganz entsprechenden, religiösen Dogma stehen sollte. In der gesammten Vorzeit ist der religiöse und politische Gesellschaftsverband auf das Innigste verwachsen gewesen. Und wenn auch die Gegenwart darnach trachtet, beiden ihr selbstständiges Leben für sich zu ermöglichen, so bleibt doch die Bildung einer Zeitepoche immer eine in sich einheitliche; dem jedesmaligen Zustande des Staatslebens wird allemal der Zustand des kirchlichen Lebens gemäß seyn, die Entwicklung der Menschheit ist ein organischer Proceß.

Es unterliegt keinem Zweifel, die größere staatliche Gesundheit, der wir unbestreitbar entgegengehen, wird auch eine größere kirchliche Gesundheit zur Folge haben. Unser gesammtes öffentliches Leben ist erst jetzt im Begriff, wirklich öffentlich im eigentlichen Sinne des Wortes zu werden. Den gesellschaftlichen Mächten wird immer mehr Gelegenheit geboten, sich, unter den Bedingungen eines geordneten menschlichen Zusammenlebens überhaupt, ihren berechtigten politischen Ausdruck zu verschaffen. Die Erstarrung des

Staates, welche die geringe ökonomische und kulturliche Bewegung
der letzten Jahrhunderte mit sich brachte, beginnt sich zu lösen;
vertrauend auf seine eigene gesunde Kraft, bedarf er dann für sich
der kirchlichen Stützen nicht mehr. Also wird dadurch auch eine
neue Bewegung in unser kirchliches Leben kommen. Bisher war
die Kirche durch den Staat, wie durch eine Mauer, von der all=
gemeinen kulturlichen Bethätigung der Nation fest abgeschlossen;
statt sich mit derseben zu verständigen und zu verbinden, trat sie
ihr feindlich gegenüber. Denn eben im Dienste des Staates und
in ihrer Abgetrenntheit von dem geistigen Ringen der Zeit, hatte
sie sich daran gewöhnt, ihren wahren ethischen Gehalt über dog=
matische Aeußerlichkeiten in den Hintergrund zu stellen. Lang in
seinem vortrefflichen Buche: „Ein Gang durch die christliche Welt,"
weist es schlagend nach, wie bei den deutschen Reformatoren selber
ein Umschlag ihrer religiösen Anschauungen und Auffassungen ein=
tritt, sobald die deutschen Territorialstaaten die protestantische Kirche
in ihren Bau einfügen. Der augenscheinliche Rückschritt, welchen
der Protestantismus im siebenzehnten und achtzehnten Jahrhundert
in Deutschland macht, hängt auf das Nächste mit der gleichzeitigen
ökonomischen Verarmung des Bürgerthums in Folge der inneren
und äußeren Kriege und der Ausbildung des staatlichen Absolutis=
mus zusammen. Durch das ganze öffentliche Daseyn ging keine
frische Kraftströmung mehr, welche es in Fluß gehalten und die
alten social=politischen Gebilde weiter entwickelt hätte. Demnach
verfiel auch die Kirche in den Dogmatismus, der stets in einer
politisch öden Periode auftritt. Die Kirche, naturgemäß die sociale
Zusammenfassung des menschlichen Strebens nach den höchsten gei=
stigen Gütern, wurde zu einer offenen Feindin jeder freien geistigen
Bewegung. Wie einst in Konstantinopel ward auch bei uns die
Religion, deren Wurzel im Gemüth liegt, zu einer fast juristischen
Interpretation dogmatischer Sätze. Daher waren denn alle die
Männer, welche ein neues Geistesleben in Deutschland anbahnten,
von vornherein mit der Kirche zerfallen. Sie wurden von ihr mit
mehr oder weniger ungerechten Gewaltmaßregeln verfolgt; während
sie selber, da sie keine Aussöhnung ihres geistigen Daseyns mit

ihrer erstarrten Kirche hoffen konnten, geradezu auf die Vernichtung
derselben hinzuarbeiten suchten. Der Witz, der Hohn über die in
der Vergangenheit geschichtlich aufgetretenen Einkleidungen der re=
ligiösen Gedanken wurde zu einer anerkannten Waffe, deren Er=
folgen die Menge zujauchzte. Auch unsere Zeit hat den nämlichen
Kampf gesehen und sieht ihn noch. Statt daß die feinsten Ergeb=
nisse der Geistesarbeit an die Kirche zur Fortbildung ihres Inhaltes
abgegeben wurden, stellte sich die Mehrzahl der Geistesarbeiter
außerhalb aller und jeder Beziehung zur Kirche; weil diese in ab=
geschlossener Einseitigkeit nur der Vergangenheit und nicht der Gegen=
wart leben wollte. Dem Polizeistaate entsprach, wie Lang bemerkt,
die Polizeikirche; da hatte demnach das menschliche Gemüth keine freie
Bahn, um in socialer Gemeinschaft das individuelle Religionsbedürf=
niß mit den wissenschaftlichen Resultaten in Einklang zu bringen.

In dieser Weise vermögen indessen, wie gesagt, die Zustände
nicht zu bleiben, sobald das staatliche Leben aus seiner Erstarrung
erwacht, und daß es erwacht, dafür bürgt das Gesetz der ewig
vorwärtsschreitenden menschlichen Entwicklung. Es treten wohl in
der Geschichte mehrfach Perioden ein, in welchen dem ersten Anscheine
nach der fortfließende und immer breiter werdende Strom der mensch=
heitlichen Geistesentfaltung in's Stocken geräth, ja gar rückwärts
seine Wellen bewegen will. Forscht man indessen dem ganzen innern
Zusammenhange des organischen Processes genauer nach, so zeigt
sich gewiß allemal, daß bei solchen scheinbaren Stockungen neue
Momente und Elemente in denselben hineingetreten sind, die sich
erst mit der gesammten Fluth vermischen müssen, ehe diese ihren
Weg weiter verfolgt. Wenn wir von Einzelnheiten absehen, dann
läßt sich gewiß der Satz aufstellen, der gesammte Verlauf der
deutschen Geschichte, von jener Zeit an, wo sie zuerst mit Rom in
Berührung gerieth, konnte gar nichts anders seyn, als er gewesen
ist. Die Feudalperiode, die Rückwirkungen der Kreuzzüge, das
Aufblühen des Bürgerthums, die Verarmung des Landes, als der
Welthandel neue Bahnen einschlug, Alles ergiebt sich naturgemäß
aus den socialen Grundmächten, wie sie in Europa vorwalteten.
Immer aber erleidet mit den ökonomisch=politischen Veränderungen

das Kulturleben, die Kirche, entsprechende Umwandlungen. Und ebenso wird es in der Zukunft seyn. Der gegenwärtige politische Kampf in Deutschland ist unbedingt auch ein kirchlicher Kampf. Mit der festen Begründung der politischen Freiheit wird auch die kirchliche Freiheit fest begründet, nicht aber etwa die Kirche vernichtet werden; denn die Menschennatur bleibt ihrem innersten Wesen nach stets dieselbe. Das religiöse Bedürfniß des Menschen dauert fort, so lange noch ein Menschenherz auf Erden schlägt; stets sucht es nach sittlicher Befriedigung, und stets wird es diese Befriedigung im socialen Vereine zu erreichen streben. Die neu errungene kirchliche Freiheit indessen, die Befreiung der Kirche vom Staate, schließt auch ihre Befreiung aus der Knechtschaft des starren Dogmatismus in sich. Sie wird wieder von der allgemeinen Kulturströmung erfaßt werden, und ihr religiöser Inhalt auf's Neue das feinste Sublimat dieser Kulturströmung seyn. Die Zeit wird kommen, wo das wachsende Verständniß der socialen Menschennatur auch diejenigen Geister in den kirchlichen Verband zurückführt, die jetzt feindlich außerhalb desselben halten. Sie gerade können und müssen am meisten dazu beitragen, daß die Kirche ihre Wiedergeburt vollzieht.

Allein jagen wir nicht vielleicht in dieser unserer Anschauung von der social-kulturlichen Aufgabe der Kirche unerreichbaren Idealen nach, wird bei der zugestandenen menschlichen Unvollkommenheit jemals in ihrem Verbande eine Versöhnung von Wissenschaft und Religion stattfinden? Wenn es möglich gewesen wäre, den Deutschen z. B. im zehnten Jahrhundert die heutigen Kulturzustände im Vaterlande zu schildern, sie würden das vorgeführte Bild sicher ebenfalls ein unerreichbares Ideal genannt haben. Noch vor vier Generationen war die Aufhebung der Leibeigenschaft ein Ideal, noch für unsere Großväter die Durchführung der constitutionellen Monarchie. Die socialen Ideale sind nichts anders als die Vorahnung von der Weiterentwicklung der socialen Menschennatur nach ihrem eigensten innersten Wesen. Naturgemäß werden sie alle der Zukunft anheimgestellt, um, sobald sie im Gange der Menschheit erreicht sind, neuen Idealen Platz zu machen. Dieses im Geiste vorgenommene Voraussetzen der nachfolgenden thatsächlichen Entwicklung, wie es an sich ein sociales Gesetz beurkundet, ist nämlich im Grunde auch nur ein Ziehen von Consequenzen aus den in der ganzen Vergangenheit historisch sich kundgebenden socialen Gesetzen. In der Menschheits-, in der Geistesgeschichte, die als die Fortsetzung der Kosmogonie erfaßt wird, entsprechen die auseinander hervorgehenden Gebilde den sich über einander lagernden Erdschichten unseres Planeten; jedes der Zeit nach frühere Gebilde ist und bleibt die nothwendige Vorbedingung des Folgenden, ein ewiges Werden, ein unaufhörliches Aufsteigen zu höheren, vollenbeteren Gestaltungen, zu deren Herausarbeitung alle Einzelnen, je nach der Stellung, die ihnen in der großen menschlichen Arbeitstheilung geworden ist, mitwirken; mögen die Einen dabei bloß die körperliche Nahrung mit der Schwielenhand beschaffen, während die andern die Denkarbeit verrichten. Seit Jahrtausenden mühen sich die Menschen um eine klarere Erfassung der Religion, seit Jahrtausenden sucht dieses Bestreben sich mit den übrigen menschlichen Erkenntnissen in Einklang zu bringen, und seit Jahrtausenden geht das religiöse Ringen innerhalb gesellschaftlicher Gliederungen, d. h. in kirchlichen Verbänden vor sich. Auch durch die kommenden Jahrtausende wird sich derselbe Zug geltend machen. Das Gottsuchen des Menschen ist die höchste Aufgabe des menschlichen Lebens, dem die Lösung aller übrigen Aufgaben schließlich doch bloß als Mittel dient.

Zwei Gesichtspunkte müssen wir indessen, wenn wir die künftige Stellung der Kirche zu der allgemeinen Kultur im Voraus ahnend abmessen wollen, stets im Auge behalten, um so mehr, da die Gegenwart sie vielfach unberücksichtigt läßt. Zunächst nämlich wird und kann die Fortentwicklung der Religion und der Kirche, wie jede menschliche Fortentwicklung überhaupt, nur auf historischer Basis vor sich gehen. Den Zusammenhang der Gegenwart mit der Vergangenheit vermag man ebenso wenig willkürlich abzuschneiden, die Geschichte ebenso wenig ganz frisch auf einer tabula rasa zu beginnen, als den körperlichen und geistigen Zusammenhang des Einzelnen mit der Reihe seiner Vorväter zu vernichten. Das heute lebende Ich ist ja das letzte Produkt dieser langen Menschenreihe;

in gleicher Weise ist auch das sociale Gebilde in der Gegenwart emporgewachsen aus allen ihm vorangegangenen Entwicklungsstufen. Die atomistische abstrakte Philosophie hat den Proceß des organischen Werdens in der Geschichte nie verstanden; deßwegen hat sie denn auch geglaubt, aus dem Zusammenspiel ihrer Denkkategorien neue Religionen schaffen zu können. Eitler Wahn! Ist das Christenthum in nothwendiger organischer Entfaltungsfolge aus der gesammten Kulturarbeit Altasiens hervorgegangen, trägt es noch heute viele Züge in sich, die an die Kette seiner Voreltern erinnern, so wird auch die Religion der Zukunft bei den europäischen Kulturvölkern sich von der Grundlage des Christenthums nicht entfernen. Sie mag seinen ethischen Gehalt immer mehr verfeinern, seine Symbole immer mehr vergeistigen, christlich wird sie stets unbedingt bleiben, sie kann die geschehene religiöse Vorarbeit der Menschheit niemals entbehren. Denn im Christenthume hat sich zuerst in der Geschichte der Gedanken der allgemeinen Menschheitsreligion festgesetzt und den Schwerpunkt des religiösen Lebens in das Gemüth verlegt. Als der Mensch sein Erdenleben begann, ging er von der unbegrenzten Selbstsucht aus; der in ihm waltende thierische Instinkt stellte den eigenen Nutzen als den Compaß für all sein Handeln hin. Jahrtausende mußten verfließen, ehe im gesellschaftlichen Zusammenhange des menschlichen Daseyns, den Geboten des Egoismus gegenüber, das Gebot der Liebe herausgearbeitet werden konnte. Mit diesem Gebote setzte dann die allgemeine christliche Menschheitsreligion ein; das menschliche, das ethische Leben in der Geschichte fing an, sich von dem früheren thierischen Leben zu scheiden, um fortan im großen Zusammenhange seine Weiterentwicklung zu verfolgen. Das Symbol hat ganz Recht, wenn es sagt, daß in dem Christenthume Gott zum Menschen geworden ist. Das intellektuelle menschliche Selbstbewußtseyn war längst in der Sinneswelt und im Gegensatze zu ihr erwacht, jetzt erwachte das ethische Selbstbewußtseyn der Menschheit. Sie wurde ein neues Gesetz in sich gewahr und suchte nun, im Zusammenhange mit ihrer übrigen Bildung, diesem neu entdeckten Gesetze in seinen Einzelnheiten nachzuforschen. Von solchem Boden aus hat die christliche Religion ihre Keime getrieben

und ist zu dem Kulturbaume geworden, unter welchem die abend=
ländische Menschheit wohnt. Ihre Wurzel, ihr Stamm läßt sich
nicht umhauen, man müßte denn die ganze Menschheit umhauen
können. Die Blüthen desselben werden von Jahrhundert zu Jahr=
hundert wohl feiner und lieblicher werden, die Früchte, die sie
zeitigen, stärkender für den täglichen Kampf des menschlichen Da=
seyns; aber einen andern Baum könnt ihr nicht an seine Stelle
setzen. Diese historische Wahrheit wird alsbald klar, wenn das
Individuum sich aus der Vereinzelung seiner Denkthätigkeit mit
dem Gesammtkörper der Menschheit in geistigen Zusammenhang
bringt, sich nur als einen kleinen Bestandtheil des Ganzen fühlt,
der sich nicht von dem Gehorsam gegen die im Ganzen waltenden
organischen Gesetze loszusagen vermag. Nicht in dem Kopfe des
Einzelnen, sondern in dem socialen Verbande der Menschheit liegt
die Erkenntnißquelle aller religiöser Wahrheit; dieser sociale Ver=
band vermag sich aber nicht zu lösen von der ganzen langen Ver=
gangenheit, welche er durchgemacht hat.

Und wenn dergestalt das Gesetz der organischen Entwicklung
der Menschheit es verbürgt, daß die im Christenthume nun einmal
gefundene Religion ihrem innersten Wesen nach für alle Zukunft
die menschliche Religion abgeben wird, so gebietet dasselbe Gesetz
auch den mähligen, langsamen Fortschritt ihrer Ausbildung. Die
Religion, welche den socialen Verband der Menge, die Kirche, trägt,
ist eben Eigenthum der Menge, sie hängt ihrer Form nach von der
geistigen Eigenart der Menge ab. Das geistige Leben des Volkes
aber ist und bleibt an die Beschränkungen gebunden, welche ihr die
tägliche Ernährungsarbeit auferlegt; Bildungsstufen werden für
alle Zukunft innerhalb einer Nation vorhanden seyn, und das
geistige Leben der Frauen ist auch ein anderes als das der Männer.
Kämpfen wir daher gegen den politischen Absolutismus, so gilt es
nicht minder gegen den Absolutismus der Intelligenzaristokratie zu
streiten, die aus Unkenntniß des socialen Gefüges einzig nach sich
und ihren Bedürfnissen die Welt regeln will. Es hat immer einen
Esoterismus und einen Exoterismus gegeben, auch die Zukunft
wird ihn beibehalten. Allein wenn im Alterthume der Esoterismus,

welcher sich mit der politischen Macht verband, zu einer staatlichen
Unterdrückung der Masse führte, so darf derselbe in der Gegen=
wart, die der politischen Freiheit zustrebt, nicht nach socialen Unter=
jochungen trachten. Unsere Zeit kennt keine Kasten mehr; die freie
Arbeit herrscht eben so gut auf dem Gebiete der geistigen Bethäti=
gung als der gewerblichen. Jeder Einzelne kann sich daher in
individueller Freiheit zu dem religiösen Esoterismus hinaufarbeiten;
die Menge als solche wird jedoch niemals zu demselben gelangen.
Ihre religiöse Weltanschauung bleibt also ihr Recht, das ihr nicht
verkümmert werden muß. Erst sobald ein religiöser Gedanke von
dem Durchschnittsmenschen einer Nation erreicht worden ist, ver=
mag er zu einer socialen Wahrheit zu werden. Wie im Entwick=
lungsgange des einzelnen Menschen von seiner Kindheit an das
Symbol nicht entbehrt werden kann, ebenso ist in dem Entwicklungs=
gange einer Nation, eines Bruchtheiles der Menschheit, das Symbol
unentbehrlich. Steht indessen die Menschheit in ihrem gesammten
Leben auf der historischen Basis, dann ist auch das historisch ge=
wordene Symbol die einzig gangbare Brücke vom Esoterismus der
Wenigen zu dem Exoterismus der Vielen. Hast du dich auf dem
Standpunkte der Socialistik mit dem Bestande und den Einrich=
tungen der Kirche ausgesöhnt, so söhne dich auch im Hinblick auf
die organische Ausbildung der Menschheit, auf den Zusammenhang
von Vergangenheit und Gegenwart, und in Anbetracht der unver=
meidlichen Abstufung der Bildung in der Masse mit den historischen
Symbolen des Christenthums aus. Der gesund werdende Staat
wird die Kirche ebenfalls gesunden lassen; auf's Neue beginnt sie
dann in der Vergeistigung der Symbole sich mit dem wissenschaft=
lichen Bewußtseyn der Zeit in Beziehung zu bringen, so weit es
die Durchschnittsbildung der Menge zuläßt. Darin liegt, unseres
Erachtens, die social=kulturliche Aufgabe der Kirche in der Gegen=
wart und der nächsten Zukunft. Daß sie dieselbe jedoch erfülle,
dazu kannst auch du nur dann mitwirken, wenn du selber Theil
nimmst am social=kirchlichen Leben, nachdem dir, wie gesagt, die
Socialistik den Fortbestand der Kirche außer Frage gestellt hat!

Druckfehler.

Es muß heißen

Seite 26 9. Zeile von oben: Aller von Allen, statt: Aller vor Allen.
„   63 8. „   von oben: dabor statt: dafür.
„   80 0. „   von unten muß vereinigte wegfallen.
„   115 4. „   von oben: benannten statt: bekannten.
„   120 1. „   von oben: bes.
„   139 17. „   von oben: wahrhaft constitutionelle statt: wahrhafte constitutionelle.
„   182 11. „   von oben: sowohl . . . als statt: weder . . . noch.
„   207 5.. „   von oben: Politiker statt: Kritiker.
„   337 20. „   von unten: die sich nicht in gesunder Weise.
„   367 1. „   War statt: Wer.